中国注册人力资源管理师职业资格认证教材

薪酬福利管理

胡昌全 编著

·中国人力资源开发研究会中国注册人力资源管理师考试认证中心组织编写·

COMPENSATION MANAGEMENT

中国发展出版社

图书在版编目（CIP）数据

薪酬福利管理/胡昌全编著．—北京：中国发展出版社，2006.10（2013.5 重印）

（中国注册人力资源管理师职业资格认证教材）

ISBN 978-7-80087-963-0

Ⅰ．薪… Ⅱ．胡… Ⅲ．①企业管理：劳动工资管理—资格考核—教材 ②企业管理—职工福利—资格考核—教材 Ⅳ．F272.92

中国版本图书馆 CIP 数据核字（2006）第 109448 号

书　　名：薪酬福利管理
著作责任者：胡昌全
出 版 发 行：中国发展出版社
（北京市西城区百万庄大街 16 号 8 层　100037）
标 准 书 号：ISBN 978-7-80087-963-0
经 销 者：各地新华书店
印 刷 者：北京广益印刷有限公司
开　　本：700×1000mm　1/16
印　　张：21.25
字　　数：421 千字
版　　次：2006 年 10 月第 1 版
印　　次：2013 年 5 月第 3 次印刷
印　　数：10001—12000 册
定　　价：35.00 元
联 系 电 话：（010）68990642　68990692
购 书 热 线：（010）68990682　68990686
网 络 订 购：http：//zgfzcbs.tmall.com//
网 购 电 话：（010）68990639　88333349
本 社 网 址：http：//www.develpress.com.cn
电 子 邮 件：fazhanreader@163.com

序

不断发展与变化的人力资源管理

这是一个不断变化和发展的世界。20年多前，人力资源作为一个概念被引进我国，人力资源作为一个新词汇被应用；10多年前，第一本人力资源领域的中国人文核心期刊——《劳动与人事》正式更名为《中国人力资源开发》；5年前，我国领导人提出“人力资源是第一资源”和“强化人力资源开发是我国的基本国策”；3年前，中国人力资源开发研究会推出首个由专业的人力资源研究机构研发的针对我国人力资源从业者的培训认证体系；而今天，我国的人力资源从业者已达500万以上，招聘、猎头、咨询、培训、测评、人力资源信息化等各种人力资源服务企业和机构达数十万家之众。

这样的巨变反映了一个事实：我国的人力资源管理在迅速地发展与变化。这样一个事实也要求我们的人力资源专业机构不能躺在功劳簿上睡大觉，必须为了我国人力资源的发展而孜孜以求，自身也需要不断地变化和创新。

于是，在注册人力资源管理师职业资格认证推出暨该项目第一套指定培训教材面世三周年之际，中国人力资源开发研究会中国注册人力资源管理师考试认证中心重新组织编写的这套“中国注册人力资源管理师职业资格认证教材”以崭新的面貌跟读者见面了。

重编教材基于以下两个原因：

一是为了适应人力资源管理的发展和企业人力资源从业者的需要。

人力资源专业知识和技能的发展日新月异，特别是近几年来，我国的人力资源管理水平更是随着经济的迅猛发展和企业的壮大而迅速提升，其特点、重点与3年前有了很大差别，社会对人力资源管理的需求也有了更高要求；与此同时，国内外关于人力资源管理的开发和研究也与时俱进，人力资源管理的理论和实践能力都在原有基础上迈上了新的台阶。因此，把新的研究和实践成果展示给广大的人力资源从业者，并根据目前的新要求、新特点提供符合需求的新教材是很有必要的。

二是为了适应中国注册人力资源管理师职业资格认证项目的发展。

3年并不是一段很长的时间，但3年也足以证明一个项目的决策和实施是否正确。经过3年的努力，注册人力资源管理师职业资格认证项目已经完善了对HR从业者的培训体系的建设,并建立了一套行之有效的培训效果保障体系，成为我国人力资源业界的培训标杆，并在2006年初更名为“中国注册人力资源管理师职业资格认证项目”。

3年来，中国注册人力资源管理师职业资格认证站在我国人力资源培训认证的前沿，项目的体系和知识要点不断更新，学员队伍迅速扩大，学员需求也越来越高。为了进一步提高注册人力资源管理师职业资格认证的含金量，打造中国人力资源业的顶尖队伍，推动中国人力资源事业的发展，下一步的工作重点将是建立中高级人力资源管理人员的资格考试和评价体系，努力探索人力资源管理人员的培训与选拔、评价、推荐相结合的有效途径，加强资格评价及培训认证工作的科学化、制度化和法制化建设。综合分析，实行项目的全国统考和对人力资源从业者的统一评审的条件已基本成熟。因此，中国人力资源开发研究会于2005年底成立了中国注册人力资源管理师考试认证中心，全面推进该项目的考试评审体系的建设。2006年，注册人力资源管理师考试认证中心的中心工作就是实行全国统考，开展各种后续服务，完善该项目的体系建设。

对人的评价是一门科学。我们的评价体系将结合目前国际流行的评价方法，考、评结合，知识、技能并重，力争在很短的时间内建立HR的国内评价标准。为了与这一目标配套，我们必须有一套体系更完备、理论更先进、知识更丰富、技术更标准、内容更实用、使用更方便的教材。

基于这两个原因，我们自2005年底便开始组织这套教材的编写。教材的作者全部是在中国注册人力资源管理师项目培训一线担任主力讲师的老师们，他们既有深厚的专业功底和实践基础，也因为一直站在人力资源管理发展的前沿，始终跟一线的人力资源高管们站在一起并对新知识和新技术而有最真实的体会和感悟，保证了教材的实用性。由他们编写的这套教材既与CHRP培训内容和考试内容配套，同时也能满足所有的人力资源从业者的需要，可以说是目前国内人力资源专业最权威的培训教材。

具体来说，这套教材有以下几个显著的特点：

1．突出实用性。教材编写以突出实用性为主，理论和概念讲述简洁、精练。图书的整体风格突出实用性和可操作性。

2．形式活泼，可读性强。文中广泛运用插图和表格，使得教材文字变得直观、鲜活，增加读者的感性认识。文后增加大量的习题和讨论，以及阅读材料和网站资源，便于读者进一步提高。

3．案例、知识点丰富。正文和案例窗口及知识点相互穿插，既可以阅读正文，也可以跳跃式地阅读相关材料或进行思考。

4．内容新颖。本套教材的内容不仅结合实际，并且能反映人力资源领域的最新技术和研究成果。

这套教材由原来的7种增加为9种。在原有的《人力资源战略与规划》、《绩效管理》、《薪酬福利管理》、《员工任用》、《企业培训》、《职业生涯管理》和《劳动关系管理》的基础上增加了《人才测评》和《人力资源信息化管理》。增加这两个模块就是为了适应目前企业对人力资源管理的新要求。一方面，新的人才测评技术在人力资源管理的各个阶段越来越发挥着重要的作用；另一方面，各种人力资源信息化系统在企业中得到越来越广泛的应用。作为一个开放的体系，中国注册人力资源管理师职业资格认证项目对这些新的要求和变化不能熟视无睹。在广泛地征求专家和学员的意见之后，我们将这两个模块纳入到我们的培训认证体系中。

我们相信，有广大人力资源从业者的支持，有众多专家和专业机构的努力，中国人力资源管理水平会蒸蒸日上。我们中国人力资源开发研究会愿做一块人力资源事业的垫脚石，与大家一起构建宏伟的人力资源大厦。

李　震

2006 年 6 月

前 言

在竞争日益激烈的21世纪，企业之间的竞争逐步凝聚在以人力资源为载体的软竞争要素方面。在新的竞争环境下，企业所具备的一些传统竞争优势，包括资金优势、规模经济、地方政府垄断等都成为一时的、短暂的优势，企业只有快速构筑自身的人力资源竞争力，才能真正增强企业核心竞争力，企业才能永葆青春。

目前，我国企业人力资源建设与管理并不尽如人意：一是管理比较薄弱，很多人力资源问题仅仅是其他管理问题的一种表现；二是激励失灵，中国企业员工对激励的需求变化多端，要求不像我们想像得那么理性和简单，像鼓励员工参与决策、规划职业生涯等等很多手段和方法在大多数企业都是难以持久的，目前激励处于一个比较尴尬的阶段；三是薪酬没有起到应有的保健和激励作用。我认为中国企业的员工大多数处在生理的、安全的和人际的需要状态，因此他们大多数比较看重的是薪酬。遗憾的是，很多企业通过单一的加薪方式或减薪方式来激励员工，却往往没有起到很好的效果，甚至有的企业由于加薪还起到了负激励作用。因此如何使企业的薪酬激励最大化，成为当前中国企业人力资源管理范畴内研究的主题。

基于这样一种现实，企业要构筑自身强有力的人力资源竞争力，必定要加强人力资源管理基础工作。在人力资源管理过程中，薪酬、福利和保险是与员工息息相关的要素，设计合理的、有竞争力的薪酬体系才有助于企业吸引和留住人才，而科学系统的福利、保险机制是维系员工切身利益和企业整体目标实现的有力保障。有了规则可循，有了机制可依并不能解决问题，组织中的人力资源管理人员还必须要具备全面的人力资源管理专业知识和实践经验，了解组织面临的内外部竞争环境，了解最先进的人力资源管理理念、方法和技巧，具备强执行力和全局战略意识，这样才能发挥更大的作用，引领人力资源管理工作走向科学化、实效化，这也正是本书编写的重要原因之一。

本书的内容侧重于企业薪酬管理体系的设计、原理、程序及方法，详细介绍了薪酬、福利和保险三方面的组成和应用，通过对我国企业的薪酬现状的总结，系统归纳出三种核心的计酬模式，即：基于职位的薪酬体系、基于能力的薪酬体系以及基于绩效的薪酬体系。本书主要围绕这三大体系阐述薪酬设计的理念、步骤以及相关案例。同时，为了体现完整性、系统性和科学性，本书对薪酬概念、工作分析、岗位价值评价、薪酬调查以及保险福利等内容进行了系统的阐述。

本书以企业薪酬管理为主线，对薪酬体系与结构、付薪策略与原则、福利与保险做了完整深入的分析，力求凸现结构完整性、内容实用性、实践与理论交融性的特点，注重案例分析和资源共享，并遵循本学科专业特点和规律，既系统介绍了企业薪酬、福利和保险的基本原理、结构、规律，又融入现代人力资源管理的核心理念与实际操作方案，力求简单中见真理，实践中寻规律，为广大企业管理人员、人力资源管理学员和对人力资源管理有兴趣的同仁，提供理论与实际操作相结合的有效模板和共同探讨的平台。

本书得以出版，首先要感谢人力资源管理开发研究会的老朋友李直先生。本人通过五年的管理咨询、六年的国有企业管理实践和七年的系统管理理论学习，对我国企业的人力资源管理有了一些粗浅的理解和认识，也写了一些相关文章，一直想通过以写书的方式将一些感悟系统整理出来，有幸应李直先生邀请参加编写中国注册人力资源管理师职业资格认证考试系列教材，并承担了“薪酬福利管理”这本书的编写，使自己的夙愿得以实现。

在编写的过程中，参考了大量的相关文献和书籍，由于篇幅所限不能一一列出，在此向相关作者表示感谢。本书得到人力资源管理实践者孙玉斌先生、企业人力资源经理查红女士、北京理工大学研究生崔运峰和陈明同学、中国科学院研究生孙昌双同学在基础资料方面的热情支持，得到文案策划人刘爱华女士的协助，同时得到夫人严德茹女士、同学江成震先生和高东平先生的关心和帮助，在此深表谢意。

由于笔者学识有限，加之时间紧迫，此书仓促编成，书中错误和不足之处在所难免，竭诚欢迎各位读者、专家批评指正。

胡昌全
2006年8月于北京

目　录

第1章 薪酬概论

本章学习目标

1. 了解人力资源管理的本质；
2. 了解人力资源管理的基本职能；
3. 掌握薪酬管理的基本概念；
4. 掌握薪酬模式的主要影响因素；
5. 掌握薪酬管理与其他人力资源管理职能的关系。

引导案例

猎狗的成功之路

一只猎狗将兔子赶出了窝，并一直追赶它，追了很久猎狗仍没有捉到兔子。牧羊看到这种情景，讥笑猎狗说："你们两个中小的反而跑得快。"猎狗回答说："你不知道，我们两个完全不同！我仅仅为了一顿饭而跑，兔子却是为了性命而跑呀！"这话被猎人听到了，猎人想：猎狗说得对啊，那我要想得到更多的猎物，得想个好法子。于是，猎人又买来几只猎狗，并决定凡是能够在打猎中捉到兔子的猎狗，可以得到几根骨头，捉不到的就没有饭吃。这一招果然有用，猎狗们纷纷去努力追兔子。

就这样过了一段时间，问题又出现了。大兔子非常难捉到，小兔子好捉，但捉到大兔子得到的骨头和捉到小兔子得到的骨头差不多，于是猎狗们便都专门去捉小兔子。猎人经过思考后，决定不再将分得骨头的数量与是否捉到兔子挂钩，而是采用每过一段时间就统计一次猎狗捉到兔子的总重量，并按照重量来评价猎狗及决定其一段时间内的待遇。于是猎狗们捉到兔子的数量和重量都增加了，猎人很开心。

又过了一段时间，猎人发现，猎狗们捉的兔子的数量又少了，而且越有经验的猎狗，捉兔子的数量下降得就越厉害，于是猎人又去问猎狗。猎狗说："主人，我们把最好的时间都奉献给了您，但是我们随着时间的推移会变老，当我们捉不到兔子的时候，您还会给我们骨头吃吗？"猎人有了论功行赏的想法：分析与汇总所有猎狗捉到兔子的数量与重量，规定如果捉到的兔子超过了一定的数量后，即使捉不到兔子，每顿饭也可以得到一定数量的骨头。猎狗们很高兴，便都努力去达到猎人规定的标准。

一段时间之后，终于有一些猎狗达到了猎人规定的标准。这时，其中有一只猎狗说："我们这么努力，只得到几根骨头，而我们捉的猎物远远超过了这几根骨头。我们为什么不能给自己捉兔子呢？"于是，有些猎狗离开了猎人，自己捉兔子去了，骨头与肉兼而有之。猎人意识到猎狗正在流失，并且那些流失的猎狗像野狗一般和自己的猎狗抢兔子。情况变得越来越糟，于是猎人进行了改革，使得每条猎狗除基本的骨头外，可获得其所猎兔肉总量的 *n*%，而且随着时间加长，贡献变大，该比例还可递增，并有权分享猎人总兔肉的 *m*%。就这样，猎狗们与猎人一起努力，将野狗们逼得叫苦连天，纷纷强烈要求重归猎狗队伍。

日子一天一天过去，冬天到了，兔子越来越少，猎人的所得也一天不如一天。而那些服务时间长的老猎狗们老得不能捉到兔子，但仍然无忧无虑地享受着那些它们自以为是应得的大份食物。终于有一天猎人再也不能忍受，把它们扫地出门，因为猎人需要是身强力壮的猎狗。被扫地出门的老猎狗们得了一笔丰厚的赔偿金，于是它们成立了骨头公司。它们采用连锁加盟的方式招募野狗，向野狗们传授猎兔的技巧，它们从猎得的兔子中抽取一部分作为管理费。当赔偿金几乎全部用于广告后，它们终于有了足够多的野狗加盟，公司开始赢利。骨头公司许诺给加盟的野狗能得到公司 *n*%的股份。这实在是太有诱惑力了。这些自认为是怀才不遇的野狗们都以为找到了好时机：终于做公司的主人了，不用再忍受猎人呼来唤去的，不用再为捉到足够多的兔子而累死累活，也不用眼巴巴地乞求猎人多给两根骨头而扮得楚楚可怜。这一切对野狗来说，比多吃两根骨头更加受用。于是野狗们拖家带口地加入了骨头公司，一些在猎人门下的年轻猎狗也开始蠢蠢欲动，甚至很多自以为聪明实际愚蠢的猎人也想加入。

好多同类型的公司像雨后春笋般地成立了，骨易、骨网、华骨……一时间，森林里热闹起来。有个猎人与骨头公司进行合作谈判的时候，老猎狗出人意料地把骨头公司卖给了猎人。老猎狗们从此不再经营公司，转而开始写自传《老猎狗的一生》，后来又写了《如何成为出色的猎狗》、《如何从一只普通猎狗成为一只管理层的猎狗》、《猎狗成功秘诀》、《成功猎狗 500 条》、《穷猎狗，富猎狗》，还将老猎狗的故事搬上了荧屏，取名《猎狗花园》，四只老猎狗成为了家喻户晓的明星，收版权费而没有风险，利润更高。

思考与讨论题

1．猎狗们靠什么活着？

2．猎人为什么不断调整分配方式？

3．在不断改进的分配方案中，哪些猎狗会得到的比较多？

4．猎狗是如何走向成功的？

1.1　人力资源管理概述

在“引导案例”中，我们可以看出，薪酬设计时必须考虑企业目标和员工意愿，但员工目标与企业目标永远是一对矛盾，仅考虑企业目标员工不满意，仅考虑员工目标企业难以发展。我们要做到实质公平、显性公平统一的关键是标准的统一。标准的统一来自价值标准的统一，一个方面是企业的战略目标或者组织目标需要的客观的价值标准，另一个方面是全体员工想要的价值标准，两个价值标准肯定不会完全一致。在不一致的情况下，我们的薪酬导向是依员工的还是依企业的，这就是一个相互结合的问题。一方面如果片面强调企业的战略和目标，那员工就走了。这就是说我们在制定战略目标和组织目标的时候要考虑员工的预期，因为员工是企业最重要的相关利益者之一，所以应当把战略目标和组织目标向员工靠近；另一方面是做员工的思想工作，因为一些员工存在的价值观可能与社会不匹配、与企业发展不匹配、与同行标准不匹配。就是说，需要我们建立一个公平机制，企业和员工各让一步，这样思想意识就统一起来了。在思想意识统一的前提下，企业的薪酬导向至少不会错，剩下的仅是薪酬设计的技术手段问题了。

1.1.1　人力资源管理的本质

1. 人力资源管理的本质是消除或降低员工个人目标与企业目标不一致时产生的“委托代理”成本

人力资源管理问题出现的根本原因是什么？不同的管理者可能会有不同的看法。一些学者和管理者发现，组织目标和职业经理人的个人目标是天然不一致的，这种天然的不一致就会导致人力资源管理的许多问题。由于目标不一致，员工在工作中追求个人价值最大化而不是企业价值最大化，就会出现企业常见的以下四大问题。

（1）内部人控制：由于核心的工作信息掌握在员工手中，员工往往利用手中掌握的无形资源与企业老板讨价还价，来获取工资的晋升、职位的升迁或其他一些现实的利益，以达到其个人的目标，实现自己的价值最大化。

（2）产生寻租行为：员工在工作过程中会有一定的自由掌控空间，即有一定的自由度，工作中可左可右、可这样也可那样的事情很多，在这种情况下，很多员工会利用这种自由度获取自己的利益和好处，追求自己的个人目标，实现个人价值最大化，这就是典型的寻租行为。寻租行为分为两种类型：一种是企业允许的，例如利用工作时间进行学历考试的学习；另一种是企业不允许的，例如利用采购的权利收受供应商的好处。

（3）决策失误：决策的员工群体由于掺杂了个人目标和个人利益，没有完全从企业价值最大化的角度去考虑问题，导致决策失误率很高，最终使企业正确地去做错误的事情，耗费了许多稀缺的资源和能力在无意义的事情上，给企业带来不可估量的损失，有的高层决策甚至会给企业带来灾难。

（4）核心能力丧失：在人才自由流动的市场运行机制下，当员工的个人目标与企业目标没有任何一致时，员工会自动辞职。而核心员工离职不仅仅是简单的人才流失，而且是凝聚在人才身上的技术资源、信息资源、管理能力以及经验知识等深层次的核心能力的流失。例如，曾在伊利集团工作的职业经理人牛根生的流失对伊利集团来说就是一种核心能力的流失。

2. 搭建人才可以起舞的人力资源管理平台

由于组织目标和个人目标不一致产生的人力资源问题是难以避免的，而企业人才的数量也是符合 20/80 原则的，一般是 20% ~ 30%的核心骨干创造 70% ~ 80%的成绩，一般的员工流来流去是正常的。因此对于一个人力资源管理工作者，必须为企业搭建一个核心人才可以起舞的平台。搭建良好的人力资源管理平台要从以下三个方面来考虑。

（1）尽量让企业的组织目标概念更大。比如说企业在确定组织目标的时候，不单单是逐利，要变成一个逐步向非营利型组织渐进的企业，承担更多的社会责任或员工责任，这样组织目标就泛化了，就能够吸纳更广范围的人才加入。如果企业只是追求利润最大化，那么只能吸引一些短期以逐利为目的的员工。很多国外的大公司，包括戴尔、惠普这样的公司，它们的软竞争力表现为在组织目标中承担更多的社会责任。这种责任的扩大，导致企业的社会美誉度越来越高，其吸引人才的可能性就越来越大。因此，企业应首先扩大组织目标的内涵。

（2）尽量让员工消除非理性的个人目标。我国现在是转型经济，从计划经济到市场经济转型过程中有很多的机会，很多人仅靠机会一夜之间就成为了著名企业家、歌星、富翁，社会变得越来越浮躁。在这种情况下，一般企业员工心态浮躁，急功近利，有钱就干，没有钱就不干，什么理想、目标都抛在脑后。人力资源工作者应该做好员工的沟通工作，明确有能力做事的员工的职业生涯，使员工看清自己的未来和目标，逐步唤醒员工。我们现在外界的诱惑太多，往往会使人失去自我，产生一些非理性的个人目标，而只有消除非理性的个人目标，才能励精图治，不怕十年磨一剑，走向真正的成功。

（3）尽量建立个人目标和组织目标的沟通机制，假设企业能够使组织目标与个人目标达成一致。当然从动态的角度看，组织目标在变化，个人目标也在变化，所以两者会不一致。无论作为企业的人力资源经理，还是作为企业的一把手，必须建立一个比较好的沟通平台，让组织目标和个人目标始终保持沟通，组织上想做什么，个人想做什么，能够互相理解和包容。

3．构建完善的人力资源管理体系

从企业的角度出发，为了使企业价值最大化，必须建立完善的人力资源管理体系，以便约束和引导企业员工按照企业目标去努力工作，这个体系应该从以下三个层面进行系统构建。

（1）以责任为核心构建人力资源管理体系。首先是划分责任，通过组织分工体系、业务流程体系和规章制度体系，让员工清楚该做什么，不该做什么，自己做什么，他人做什么，把责任划分清晰。其次是落实责任，责任划分清楚以后，如何落实也同等重要。企业应建立科学合理的考核奖惩机制，各项工作落实得好，企业就给予对应的奖励，落实得不好就会受到相应的惩罚，只有这样，企业的各项工作才能有条不紊地开展。所以以责任为核心的人力资源管理机制必须要在企业里建设起来。以事为核心看清楚企业的责任管理体系，对员工的行为进行约束，用制度和流程剥夺一切凌驾于企业价值最大化之上的任何权力。当然制度和流程不能把所有的事情规定下来，企业需要成立几个委员会，如薪酬考核委员会、技术委员会，日常管理委员会负责处理一些例外的事情，大部分事情按照流程和制度进行，也就是用流程和制度约束所有的员工，包括企业的高层管理人员和骨干人才。

（2）以胜任力为核心构建人力资源管理体系。企业通过责任体系把事情落实下来还不够，还应当看一看承担责任的人有没有能力完成工作。责任划分得再清楚，如果员工没有能力做好工作，对企业来讲也是没有意义的。因此企业应该再搭建一个管理平台，形成“能者上，平者让，庸者下”的人才内部合理流动和动态调整的机制，也就是胜任力管理。为什么很多国有企业人才流失严重呢？除了薪酬方面的原因外，最重要的原因是企业没有给人才一个公平的晋升机会。一家企业的人力资源经理谈他们的用人机制时形容他们的用人制度就像“三峡大坝”，没有能力的员工像长江底下的泥沙一样在大坝下越积越多，而有能力的员工像江水一样通过大坝流走了，结果表层的水越来越少，底层的泥沙越来越多，企业不想要的员工越积越多，而企业需要的人才像水一样越流越少，这就是他们企业人才结构的发展趋势。我们可以想像这样的企业有何竞争力可言？构建胜任力管理体系，首先必须要建立企业岗位的胜任力模型，各岗位需要做什么事情，需要承担多大的责任，需要什么样的任职资格，必须由人力资源部门会同各部门实事求是地确定下来。其次，根据各岗位对胜任力的要求通过评聘或竞争上岗的方式对企业的人员结构进行调整，把合适的员工放在合适的位置上。最后，逐步建立企业内部的人才测评机制和科学的用人机制。只有这样，企业才能以胜任力为核心辨识人才和用好人才。目前，我国企业像联想、海尔、华为等都在建立胜任力管理体系。

（3）以价值观为核心构建人力资源管理体系。一个企业有了健全的责任管理体系和胜任力管理体系，基本上能够做到规范化管理，但这样的企业还缺少生机，缺乏创新，这就需要企业构建价值观管理体系。一个企业有没有战斗力更大程度上有赖于一种士气、一种精神，尤其是一定要把企业核心班子成员统一到企业价值观上来。企业的很多重大决策都是来自于高层管理人员，如果领导班子成员价值观离散，就容易导致决策失误，而重大决策失误对企业的杀伤力可能是致命的。企业构建价值观体系，首先要确定企业的理想和追求是什么，即明确使命、愿景；其次需要构建价值观体系，企业倡导什么、反对什么，一定要旗帜鲜明，价值观体系包括人才理念、经营理念、营销理念等方面；最后是要将价值观理念融入到管理制度体系中，把价值观作为规章制度之“魂”，利用制度强制扭转员工的行为，逐步养成行为习惯，也就变成了文化的东西。

以上三个层面，对于管理基础薄弱的中国企业来说，在短时间内很难完全建立起来，还需要耐心和坚持不懈的努力。目前，我国大多数企业尚处在第一层面的管理状态，上升到第二层面的企业为数不多，像联想、海尔等国内优秀企业尚处在建立过程之中，到第三个层面的中国企业几乎没有。多数企业还处在企业文化“上墙”的阶段，价值观没有深入到员工的内心，因为中国企业本身发展的历史比较短，仅有二三十年甚至几年的历史，企业本身没有形成强势的企业文化，再加上用人方面倾向于急功近利，往往看重的是能力，很少要求其价值观与企业是否一致。因此，在今后一段时期内，企业应针对不同的层次和群体用不同的管理体系来管理，用责任体系来约束企业所有员工，用胜任力体系来管理企业的核心骨干，用价值观体系来管理企业的高层管理人员。

1.1.2 人力资源管理的基本职能

现代人力资源管理的基本理念是以“人”为核心开展各项人力资源管理，注重人的开发与培训，通过人力资源整体素质的提升和最佳人力资源组合来获取竞争优势，通过改变员工的态度和行为激发员工的最大能量。但人力资源部门完成以上职能仅是完成了人力资源管理职能的一半，另外一半则是以“事”为核心展开各项人力资源管理，注重组织权责分工和岗位设计，通过清晰组织目标和优化业务流程来分配企业的资源，通过分析企业需求和岗位需求构建岗位胜任力模型来打造企业核心竞争力。因此，人力资源管理的基本职能应当围绕人力资源管理的最终目标——“人事相宜”展开，即企业的事有合适的人去做，企业的员工有合适的事做。见图 1-1 人力资源管理基本职能逻辑关系。

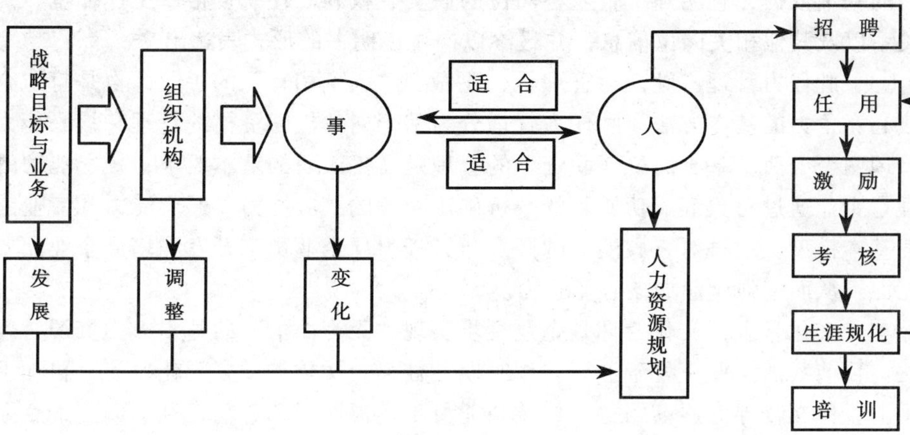

图 1-1　人力资源管理基本职能逻辑关系

1. 以"事"为核心的人力资源管理职能

企业管理追求的最高境界是正确地做正确的事，以"事"为核心的人力资源管理职能主要是保证企业能够正确地做正确的事。首先是企业必须做正确的事，企业做的事是否正确主要依赖企业的发展战略。因此，人力资源管理部门必须参与企业发展战略和战略目标的制定，清晰企业战略目标，以企业目标为指导制定人力资源管理战略；其次是正确地做事，企业要保证正确地做事必须选择适合的业务运作模式和组织管理模式。因此，人力资源管理部门必须参与企业具体的业务管理和组织管理，清晰企业的内部管理运作模式，即人力资源部门必须是"内行"，然后通过分析，科学合理地进行岗位设计，开展定岗、定责、定能（定胜任力）、定编以及定员。

（1）人力资源战略管理：企业战略一般分为公司层战略、业务战略以及职能战略。公司层战略主要是公司层面的业务组合的确定以及资源、能力的分配。业务战略主要是竞争战略，是公司的具体业务如何在市场上与竞争对手竞争并进一步发展壮大，是对业务发展的系统规划。职能战略主要是战略支撑管理体系，它是通过公司内部资源、能力的整合和培育，确保公司层战略和业务战略目标的实现，体现和细化在各职能模块中，如资本战略、技术战略、营销战略、人力资源战略等方面。其中人力资源战略主要是保证企业发展战略的实现和未来的人力资源保障，是人力资源的总量、素质、能力、结构等方面的具体要求和策略。

（2）职位管理：职位管理是人力资源管理的基础，分为岗位设计和工作分析两个方面。岗位设计是企业规范化管理的基石，组织管理主要解决分工体系和协作体系，分工体系通过岗位职责体现，协作体系通过流程和制度体现，岗位职责、流程和规章制度共同支撑起企业的规范化管理的基本框架。工作分析是人力资源管理的基础，它是招聘、任用、薪酬、考核、职业生涯以及培训等人力资源职能开展的基本依据，它明确了企业各岗位的职责、权利、任职资格、工作环境、工作关系以及其他相关岗位信息，并最终以岗位说明书的形式表达出来。

（3）胜任力管理：胜任力管理是企业做到“人事相宜”的手段，也是打造企业核心竞争力的基本方法。胜任力管理分为基于岗位任职资格的管理和核心能力的管理两个方面。基于岗位任职资格的管理是员工入职的基本要求；核心能力的管理是企业通过对关键成功要素的分析确定企业的核心能力、通用能力和专业能力的基本模型，通过对三大能力的开发与管理引导企业员工开发和培养企业需要的能力，从而增强企业的核心竞争力。

（4）文化管理：文化管理是企业逐步实现“无为而治”的基本人力资源管理方法。目前我国企业正处于经济转型时期，社会、文化趋于多元化发展，再加上我国的主流文化导向逐渐弱化，导致企业员工变得浮躁和急功近利。因此，企业塑造优秀和强势的企业文化是长久吸引和留用核心人才的根本手段，是增强企业软竞争力的关键所在，也是打造基业常青的必要手段。缔造卓越的企业文化主要是围绕理念层树立与企业发展历史、行业特点以及战略相适应的价值观体系，通过制度体系和文化推广逐步增强文化管理的力量。

2．以“人”为核心的人力资源管理职能

以“人”为核心的人力资源管理职能主要围绕人力资源管理的直接目标，即：激发员工潜力、促进员工做出业绩、提升员工能力以及改善员工的工作态度等方面。这部分职能主要包括：人力资源规划、招聘、任用、激励、考评、职业生涯以及培训等。

（1）人力资源规划：人力资源战略与现实的人力资源管理紧密结合就是人力资源规划。根据组织战略的需要把企业对未来人力资源结构、人员素质能力提升、人力资源职能提升等的要求以规划的形式确定下来，每年根据战略的变化进行盘点和修正，形成可执行的人力资源年度计划，用于指导人力资源管理工作，作为年度人力资源管理的工作目标。

（2）招聘：对于市场化的企业来讲，员工的自由流动是正常的，根据企业的需要会合理淘汰一部分不适合企业需要的员工，员工根据自己的职业生涯发展也会另谋职业。企业通过内部人员的调配后总有一些空缺的岗位需要招聘。另外，随着企业战略的调整、人才结构的调整以及业务发展的需要，企业会新设一些岗位，这就需要通过外部招聘来满足企业的用人需要。招聘职能发挥的好坏会给未来的人力资源管理带来较大的影响，企业在招聘方面的成本增加，会降低人力资源管理的成本，两者的边际成本一致时，招聘效果最佳。

（3）任用：随着岗位职能的扩大和变化，对任职者的胜任力会提出更高的要求；另外，员工由于能力的增长会提出承担更大的责任和职位晋升的需求。因此，企业需要建立一种“任人唯贤”的游戏规则，通过任用管理，使人员和岗位保持动态的调整和平衡。

（4）激励：在人员与岗位比较匹配的情况下，员工能否给企业创造更高的价值取决于企业的激励手段，企业依据不同层次员工的不同需求可制定不同的激励方式。激励分为物质层面的激励和精神层面的激励，许多激励理论都是基于这两个层面。目前对中国企业的员工，最基本的激励手段是物质激励。在此基础上，根据不同群体的需求进行个性化的激励。

（5）考评：考评就是指挥棒，考核什么员工就重视什么，考核最重要的作用是将组织目标层层传递到业务单元、部门和员工层面，从而约束员工的工作行为。同时，通过考核手段，能够看清员工的工作业绩、能力和态度，从而为激励、晋升、培训以及职业生涯规划提供基本依据。

（6）职业生涯：员工能够长期跟随企业发展最终取决于企业是否能够给员工提供长期的发展平台。企业的职业生涯管理职能，能够清晰地告诉员工未来如何发展，能够发展到什么程度；同时，也能够指导员工有针对性地提升和培养自己的能力，使员工始终有进步感和努力的方向目标，从而引导员工长期与企业共同发展。

（7）培训：企业所处的市场经营环境经常处于变化状态，因此，企业需要不断提升和改变整体的竞争能力。而这种竞争力最终体现在员工的素质能力的提升，通过基于竞争的培训会使企业逐步将员工的能力素质调整到企业需要的状态。另外，通过专业培训，可以不断提升员工的专业技能，从而不断提升员工和组织的绩效。

1.2　薪酬概述

1.2.1　薪酬的基本概念

薪酬在英文中为 Compensation，字面意思是指平衡、弥补和补偿。员工、股东、社会、管理者对薪酬的理解是不一样的，但都是围绕着企业对劳动力的补偿或交易来理解。在经济学上，薪酬是指劳动者依靠劳动所获得的所有劳动报酬的总和。现代意义上的企业薪酬，是指企业以法定货币和法定形式定期或不定期支付给为实现企业目标而付出劳动的员工的一种劳动回报。狭义的薪酬包括直接经济报酬和间接经济报酬两个方面。直接经济报酬包括以工资、奖金和利润分成等形式表示的个人所获得的显性货币化收入；间接经济报酬包括转为住房、医疗和退休养老保障等各种福利的隐性货币化收入。广义的薪酬还包括企业提供的工作内容本身的挑战性、趣味性和成就感，良好的工作环境，合理的政策和机制，高素质的人力资源结构和良好的同事关系，弹性工作时间以及一定的社会地位等许多非经济报酬内容。也有观点把物质层面的回报称为外在薪酬，把精神层面的回报称为内在薪酬。薪酬具体包括的内容见图 1-2 所示。

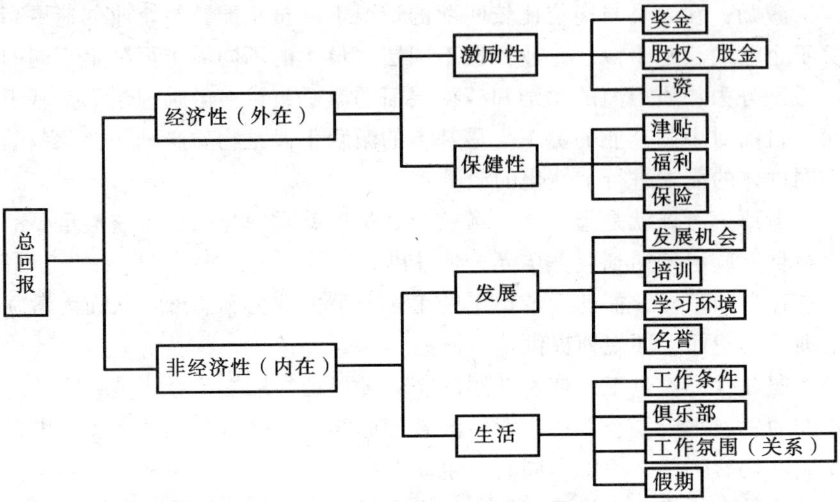

图 1-2　薪酬包括的内容

薪酬管理是企业人力资源管理的重要环节。薪酬是组织战略目标通过岗位设计和绩效考核结果的体现，企业需要的价值通过组织管理体系和相关的人力资源管理体系层层传递到员工，根据企业的需要和员工的价值趋向制定一定价值分配的游戏规则，即薪酬体系。薪酬管理体系直接与组织的战略规划相联系，从而使员工能够把他们的努力和行为集中到组织目标上去。因此，企业的薪酬管理需要科学合理的设计，但更重要的是其他人力资源管理职能一定要与之相匹配。

从图 1-2 可以看出，员工通过劳动获取的外在经济性报酬主要是工资、奖金、股权、福利、津贴（含补贴）、保险等方面。具体薪酬分配方案可以设计成许多种不同的形式，企业在以上基本报酬单元基础上使用的薪酬形式也是多种多样的，多数企业通常采用的薪酬主要包括四种形式：基本工资、绩效工资、奖金、福利保险。下面分别介绍六种外在经济性报酬薪酬形式的概念。

（1）基本工资（base pay）。基本工资是企业为已完成的工作而支付的基本现金薪酬。它反映了工作和技能的价值，但往往忽视员工之间实际表现的差异，一般情况下，企业会按周期进行固定发放。

（2）绩效工资（merit pay）。绩效工资是对过去工作行为和已取得成就的认可。作为基本工资之外的报酬，绩效工资往往随员工的业绩变化而调整，反映了不同员工或不同群体之间的绩效水平差异。

（3）奖金（incentive pay）。奖金是企业在达成或超出企业目标时或因为一些特殊事项（如技术创新、工艺革新等）而向员工支付的激励性报酬。它可以是长期的，也可以是短期的；可以与员工的个人业绩挂钩，也可以与团队或公司业绩挂钩，还可以与个人、团队、公司混合为一体的业绩挂钩。奖金往往是属于额外或不定期的，主要包括年终奖金、利润分享（激励性奖金）、收益分享和特别奖金等。各企业的奖金形式会有所不同，但奖金的激励实质是一样的。奖金和绩效工资不同，虽然两者对员工的业绩都有影响，但奖金主要影响员工未来的行为；而绩效工资则侧重于对过去突出业绩的认可。

（4）津贴（allowance）。津贴是指为补偿员工特殊或额外的劳动消耗或因其他特殊原因而支付给员工的一种工资形式，包括补偿员工特殊或额外劳动消耗的津贴、保健津贴、技术津贴、年功津贴及其他津贴。津贴具有如下特点：首先，津贴体现的是员工劳动所处的环境和条件的差别，是调整地区、行业和工种之间的工资关系的方式；其次，津贴具有单一性，它是根据某一特定条件、为某一特定目的而制定的；此外，津贴具有较大的灵活性，可以随工作环境、劳动条件的变化而变化。

（5）福利（benefit）。是社会和企业保障的一部分，指企业支付给员工的除工资、奖金之外的附加报酬，主要包括国家法定福利和企业自定福利两部分。国家法定福利是指国家规定的企业应当向员工提供的福利，包括养老金、医疗保险、失业保险等。企业自定福利是指企业根据自身情况和员工需求，自定不同的福利项目，如提供必要的安全培训教育、良好工作条件、子女教育补助等。

（6）股权（stock）。股权主要包括员工持股计划（employee stock ownership plan，ESOP）和股票期权计划（stock option）。ESOP 主要针对企业中的中基层员工，而股票期权则主要针对中高层管理人员、核心业务和技术人才。股权激励是对员工的中长期激励薪酬方式。其中，ESOP 不仅是针对员工的一种长期激励方式，而且是将员工的个人利益与组织的整体利益相结合，优化企业治理结构的重要方式。

1.2.2　薪酬的功能

薪酬的功能主要体现在对员工、企业和社会三个方面。

1. 对员工的功能

（1）维持和保障的功能。劳动是员工脑力和体力的支出，员工作为单位劳动力要素的提供者，单位只有给予其足够的补偿才能使其不断投入新的劳动力。因此，薪酬首先需要保证员工能维持基本的生活水平，购买各种必要的生活资料以维持劳动力的正常再生产；其次，薪酬应包括员工支付学习、培训或进修等方面的费用；此外，薪酬还应包括员工一定的生活享乐和工作便利等支出。薪酬结构中的岗位工资或基本工资是员工的基本收入，维持其基本生活水平；津贴和福利是为员工提供保障和方便的收入。

（2）激励功能。激励功能是单位用来激励员工按照其旨意行事的职能，对员工的激励包括物质激励和精神激励(员工自我价值的实现),企业若要在激烈的人才竞争中留住或吸引人才,必须在物质和精神两方面激励员工,提高员工的满意度和工作积极性。

2. 对企业的功能

(1)从经济学角度看,薪酬对企业具有保值增值功能,表现在薪酬能够为企业和投资者带来预期收益的资本。

(2)从管理学角度看,合理的薪酬设计和科学的薪酬管理能够控制经营成本,改善经营绩效,塑造和强化企业文化,强化企业的核心价值观,激励员工努力工作,为企业创造更多价值,促进企业的可持续发展,从而支持了企业战略的实施。

3. 对社会的功能

薪酬对社会有劳动力资源的再配置功能,市场薪酬信息时刻反映着劳动力的供求和流向等情况,并能自动调节薪酬的高低,使劳动力供求和流向也逐步趋向平衡。劳动力市场通过薪酬的调节,可以实现劳动力资源的优化配置,并能调节人们择业的愿望和就业的流向。

1.2.3 薪酬体系的主要模式

企业薪酬模式的设计一般建立在价值评价的基础上,通过科学合理地评价员工为企业所创造价值来进行价值分配。按照 3P 理论模型,存在着岗位(position)、个人能力(personality)、业绩(performance)三种不同的衡量方式,因而也就产生了三种不同的薪酬模式即:以职位(岗位)为基础的薪酬模式,以能力为基础的薪酬模式和以业绩为基础的薪酬模式。当然多数企业根据实际情况还会采取其他的评价方式,如市场交易价值、员工历史贡献价值以及员工未来发展预期价值。

(1)以职位为基础的薪酬模式。是通过员工的职位来确定员工为企业创造的价值,进而确定其薪酬的多少。其基本思想在于:不同岗位对知识、技能有不同的要求,承担职责的大小也不一样,所以不同岗位对企业的价值贡献不同。这种基于职位的薪酬体系目前被中国企业广泛应用。

(2)以能力为基础的薪酬模式。是通过对员工的技能或能力即员工所具备的与工作相关的知识、技能、经验等因素进行评价,来确定其为企业所创造的价值并进行付酬。基于能力的薪酬体系的特点是关注和尊重员工个人能力的发展,鼓励员工通过不断提高自身的任职能力和工作业绩,实现薪酬水平的不断提高,这种基于能力的薪酬体系特别适合高新技术和知识型企业,符合企业建立学习型组织的要求。

(3)以业绩为基础的薪酬模式。是通过对员工工作业绩进行评价,即员工的完成任务情况、工作行为、态度等一系列的绩效指标的评价来确定其薪酬。基于绩效的薪酬体系在企业被普遍使用,尤其是市场化程度比较高、竞争比较激烈的行业，这种薪酬模式更为适用。

三种薪酬模式的比较如表 1-1 所示。

表 1-1 三种不同薪酬模式的比较

薪酬模式	以职位为基础	以能力为基础	以业绩为基础
使用对象	职能人员 管理人员 一般操作人员	研发人员 技术人员及工人 其他靠知识、技能创造价值的员工	销售人员及工人 其他业绩易于衡量的人员
表现形式	基础工资（职位、职务工资）	基础工资（知识、技能、能力工资）	佣金制 绩效工资 奖金

1.2.4 薪酬设计的基本准则

在进行薪酬设计时，不同的企业会有不同的企业目标导向，从薪酬管理的系统性方面考虑，薪酬设计不仅仅要围绕目标导向，更重要的是要着眼于提升企业的整体人力资源管理水平和内部管理水平。因此，薪酬设计时需要遵循企业的自然规律和原则，具体有以下七个设计原则。

1. 战略导向原则

“战略导向”一词已被广泛应用于企业战略管理领域中。薪酬设计上的战略导向原则是指将企业的薪酬体系构建与企业发展战略有机结合起来，使企业的薪酬体系成为实现企业发展战略的重要杠杆之一。企业在发展的不同生命周期阶段，因为外部市场环境的变化，竞争程度的不同和企业自身优劣势的转变，都会迫使企业制定不同的发展战略。企业战略的调整必然导致薪酬体系的重建或调整。依据战略导向原则，企业应该对“核心人力资源”在政策上予以倾斜，设计相对较高的薪酬水平，如特殊津贴、长期福利等，或者为他们设计单独的薪酬序列，实行不同的薪酬政策。

对正经历高速变化的公司而言，战略导向原则的意义体现得比一般企业更为深刻。在快速成长过程中需要把握方向，及时提供支持发展的资源。简而言之，薪酬设计的战略导向原则对企业成长的意义在于：从薪酬角度前瞻性地为企业在激烈的市场竞争环境中完成自我成长提供内部导向。

2. 竞争原则

竞争原则给员工传递的信息是“适者生存”和“竞争是发展的原动力”，这与公司所处的外部的竞争环境相协调。它鞭策员工时刻处于积极向上的精神状态，从容应对一切变化。

企业要想吸引和留住优秀的人才，就必须制定出一整套对人才有吸引力并在同行业中处于较优水平的薪酬政策，并较好地发挥薪酬的激励作用。这应该根据企业的实际情况和所需要的人才类型而定。比如，一个在市场中处于领先地位的企业或成长期的企业，可能会将本企业的薪酬水平定在市场的较高水平；当企业急需人才时，企业可能会开出较高的年薪以吸引优秀的专业人才，而处于市场追随地位的企业，其薪酬水平可能会等于或低于市场平均水平。

3. 激励性原则

激励是薪酬的最基本的功能，薪酬设计的激励性原则包括两个层面的含义：一是要求企业尽可能满足员工的实际需要。不同的员工需求各异，同样的激励在不同的时期和不同的环境中对同一员工起到的激励作用可能也不同；二是薪酬系统在各岗位或职位的标准上要设定合理的差距，要与员工的能力、绩效、岗位的责任标准等结合起来。

由于员工之间存在着个人能力、职位（岗位）职能之间的差别，在设计薪酬系统时要考虑不同员工群体之间的差异而采用不同的薪酬模式。例如，中高层管理人员多采用年薪制，基层员工多采用计件工资制、计时工资制，专业技术人员多采用技能工资制，销售人员多采用底薪加奖金提成的模式。

4. 经济性原则

企业为了满足激励性和竞争性原则而提高薪酬标准，这一方面提高了企业的人工成本，另一方面，根据边际收益递减性，当企业的薪酬标准达到一定程度后，增加的薪酬为员工所带来的边际效用和为企业带来的收益也都在递减。这时，企业的管理者就不仅要考虑薪酬系统的吸引力和激励性了，还要考虑经济性原则即企业承受能力的大小、利润的合理积累等问题。企业要合理配置劳动力资源，劳动力资源数量过剩会导致企业薪酬的浪费。企业的分配制度就是在有限的资源和资金内寻求一种最有效的薪酬和福利组合，以确保在最低的成本下保持企业在人才市场的竞争力和员工的满意度。

5. 合法性原则

近期，在一些企业特别是民营企业频繁发生拖欠工资的劳动纠纷，国家和地方相继出台了许多法规法令。《中华人民共和国劳动法》中就有许多是有关付酬方面的规定，如国家关于最低工资、工资支付、养老保险、禁止使用童工、保障妇女和残疾人的权益等。这是任何一个企业在设计薪酬系统时都必须严格遵守和执行的。

6. 透明原则

透明包括三方面的含义：薪酬政策的透明、薪酬管理操作的透明以及相关信息传递的透明。强调透明原则同时具有经济学和管理心理学的双重意义：从经济学角度来讲，信息的对称性与最大化，是个体选择利益最优决策的前提；从管理心理学的角度来讲，员工了解目标的期望值和效价，才能产生更强的激励力量。自我意识较强、文化素质较高的知识员工更是强调透明。另外，薪酬制度的透明化是保证薪酬分配内部公平和员工个人公平的有力支柱，它向员工表明：组织的薪酬制度是建立在公平、公正、公开基础之上的，薪酬的高低有其科学依据和合理性，鼓励所有员工监督其公正性，并对组织的薪酬分配提出申诉或建议。

当然，一些企业制定了科学合理的薪酬制度后，如果薪酬水平差距太大，为了消除员工心理上的不公平感，在政策透明、操作透明的前提下，对员工个人工资水平方面的信息可以实行保密制度。

7. 公平原则

公平原则是薪酬设计中最基本和最重要的原则，它解决的是企业薪酬中的内部一致性、外部一致性、纵向一致性和横向一致性的问题，考虑的是员工的投入产出比。公平原则有三种表现形式：外部公平、内部公平和员工个人公平。

（1）外部公平。所谓的外部公平性，强调的是本企业薪酬水平同竞争对手的薪酬水平的相对高低以及由此产生的企业在劳动力市场上竞争能力的大小。企业做到外部的公平性可以起到保留和激励员工、控制劳动力成本、塑造企业形象等重要作用。企业在确定薪酬水平的时候会受到来自外部劳动力市场和产品市场的双重压力，压力的大小取决于组织所面临的特定的竞争环境。一般而言，企业可以因地制宜采取薪酬领袖政策、市场追随政策、拖后政策或混合政策。

（2）内部公平。所谓的内部公平，就是薪酬政策中的内部一致性。这里讲的决定报酬的内部公平准则，依据的不是从事这一工作的员工个人，而是工作本身。这意味着组织内部报酬水平的相对高低，应该以工作的内容为基础，或者以工作所需要的技能的复杂程度为基础，当然也可以是工作内容、技能要求的某种组合。总之，内部公平强调的重点是根据各种工作对组织整体目标实现的相对贡献大小来支付报酬。

内部公平性问题主要是通过职位分析、职位描述、职位评价建立职位等级结构来实现的。中国的绝大多数国有企业职务差所对应的薪酬差仍然不大，总体水平偏低，激励力度不够，这势必造成关键领导岗位、技术岗位的吸引力不足，无法吸引和保留优秀人才，不能很好地进行绩效激励。

（3）员工个人公平。所谓的员工个人公平，指的是对同一个组织中从事相同工作的员工的薪酬，进行相互比较时公平性是否成立。员工个人之间的公平性要求组织中的每个员工得到的薪酬与他们各自对组织的贡献相互匹配。内部一致性强调的重点是工作本身对薪酬决定的作用，而员工个人贡献因素强调的则是员工个人对薪酬决定的影响。因此，公司的薪酬政策还应该反映员工个人方面的差异在薪酬决定中的影响。显然，一个内部公平的薪酬制度必须关注员工是否真正创造了价值，创造了多少价值。有多少有效付出就会获得多少回报，这样的薪酬制度才是公平的。具体而言，可以实行绩效调薪、年功工资、绩效奖励与认可计划等。

1.2.5 设计薪酬系统的策略

企业在设计薪酬体系的策略时主要应考虑内部激励性和外部竞争性两个因素。内部激励性主要体现为薪酬结构的方式和工资单元之间的比例关系，外部竞争性主要体现为薪酬水平的高低。

1. 薪酬结构策略

薪酬结构是指企业总体薪酬所包含的固定薪酬部分（即基本薪酬）和部分浮动薪酬（即奖金和绩效薪酬）所占的比例。供企业选择的薪酬结构策略有以下四种。

（1）高激励低保健型薪酬模式。这是一种激励性很强的薪酬模型，绩效薪酬是薪酬结构的主要组成部分，基本薪酬等处于极其次要的地位，所占的比例很低（甚至为零）。也就是说，薪酬中固定部分比例比较低，而浮动部分比例比较高。在这种薪酬模型下，员工能获得多少薪酬完全依赖于工作绩效的好坏。当员工的绩效非常优秀时，薪酬则很高；而当员工绩效非常差时，薪酬则很低甚至为零。

（2）低激励高保健型薪酬模式。这是一种稳定性很强的薪酬模型，基本薪酬是薪酬结构的主要组成部分，绩效薪酬等处于极其次要的地位，所占的比例很低（甚至为零）。也就是说，薪酬中固定部分比例比较高，而浮动部分比较少。这种薪酬模型下，员工的收入非常稳定，几乎不用努力就能获得全额的薪酬。

（3）调和型薪酬模式。这是一种既有激励性又有稳定性的薪酬模型，绩效薪酬和基本薪酬各占一定的比例。当两者比例不断调和、变化时，这种薪酬模型可以演变为以激励为主的模型，也可以演变为以稳定为主的薪酬模型。

（4）混合型薪酬模式。这种策略的特点是针对不同的职位、不同人才的特点选择不同的薪酬结构策略。比如，对于严格要求自己、积极要求上进而且喜欢接受挑战的员工可以采用高弹性的薪酬模型，对于老老实实做事、追求工作和生活稳定的员工可以采用高稳定型的薪酬模型。

2. 外部竞争性策略

外部竞争性策略主要体现在薪酬水平方面，通过市场调查获取的薪酬水平状况来确定企业的薪酬水平，主要有以下四种策略。

（1）市场领先策略。市场领先策略就是将薪酬定位于市场水平以上，在市场中居于领袖地位。实行高薪有利于招募到大量高素质的人才，以完善企业的组织结构，提高组织的工作效率。

采用这种策略的企业希望自己的高投入能获得对等的投资效益，采用市场领先策略的益处包括：

第一，较高的薪酬水平能够吸引大量可供选择的员工，能够招聘到那些掌握关键产品技术的人员，从而减少企业在发展道路中的产品探索等过程。高水平的薪酬能够使企业选择员工的余地变大，从中寻找到企业真正需要的人员或者是能充分适合企业的人员，从而完善企业的人员结构。

第二，高水平的薪酬减少员工的离职率，员工的稳定节约了人员流失成本、人员转换成本以及培训开发成本，同时也避免了核心员工流失到竞争对手那里所带来的竞争压力。

第三，高水平的薪酬不仅能够增加员工的忠诚度、归属感，而且还能抵消工作本身的种种不利因素，如工作环境差、工作内容枯燥单一等，有利于员工心理平衡。

实行薪酬市场领先策略给企业带来许多益处，但同时这类企业也承受着巨大的管理压力。因为高薪固然能为企业吸引和招募到一流的员工，但是如果企业不能通过良好的组织结构设计来实现对优秀员工的合理配置，充分调动他们的主动性、积极性、创造性，进而促进企业效益的提高创造更多的利润，那么高薪就转变成企业的负担了。

（2）市场追随策略。追随策略就是根据市场的平均水平来确定本企业的薪酬水平。追随型的薪酬策略力图使本企业的薪酬成本接近竞争对手的薪酬成本，同时使本企业吸纳员工的能力接近竞争对手吸纳员工的能力，这种策略能使企业避免在竞争中或在保留高素质员工队伍方面处于劣势，但由于实施追随策略的企业在竞争性的劳动力市场上没有独特的优势可言，它们主要以获得有潜力的员工为主，需要时刻关注市场平均水平以及市场薪酬领先者的薪酬变化，随时调整自己的薪酬水平，以保持相对的竞争优势。

（3）市场滞后型策略。市场滞后型策略因为工资低于市场水平可以在短期内节约成本，但对企业来讲只能是权宜之计，除非企业要退出该市场领域。一般情况下，企业在采取滞后型策略时必须考虑其他方面的补偿，包括提高员工对企业的承诺度，凝聚员工，培养其团队意识。比如，在高科技行业中，一些企业员工的薪酬低于市场平均水平，但是员工却可以以合理的价格购买企业股票或者股票期权，这种将薪酬与未来高收入组合在一起的薪酬组合不仅不会影响企业吸引和保留人才的能力，反而会激励员工更加努力工作，为未来的高收益而努力。此外，这种薪酬水平策略也可以与其他因素相结合而得到适当的弥补，如良好的工作环境、富有挑战性的工作、高福利、理想的工作地点、杰出的同事等。

（4）混合策略。顾名思义，混合策略就是企业混合使用以上两种或三种薪酬策略，根据岗位的不同和员工的重要程度分别制定不同的薪酬水平，而不是纯粹依据岗位的高低来提供薪酬。另外，企业可适当降低基本薪金在总薪酬中的比重，提高激励性薪酬的成分。这样，虽然企业的基本薪酬低于市场平均水平，但是如果能够实现部门目标、企业目标，总体上员工的薪酬还是高于市场平均水平。这种做法不但能够激起员工的斗志，还能促进企业经营绩效的增加，更能培养员工的团队精神，有利于营造学习型组织。

混合策略的优点在于灵活性和针对性，对于稀缺的人才以及企业希望保留的关键岗位上的人才采取薪酬市场领先策略，对于劳动力市场中的富足人员采用追随型策略甚至是滞后型策略，不仅有利于控制企业的薪酬成本，而且还有利于塑造企业尊重知识、尊重人才的形象。在企业内部不同的岗位上实施不同的市场薪酬策略，也有利于企业文化的传递以及经营目标的实现。

1.2.6 薪酬管理

薪酬管理就是企业在战略思维的基础上对本企业员工报酬的支付标准、发放水平、要素结构进行确定、分配和调整的过程。传统薪酬管理仅具有物质报酬分配的性质，而对员工的行为及心理特征考虑较少，其着眼点是物质报酬；而现代企业薪酬管理的着眼点转移到了人，转移到对人的影响及作用上。企业经营首先要树立目标，企业目标的实现有赖于对员工的激励，现代薪酬管理将物质报酬的管理过程与员工激励过程紧密结合起来，使之成为一个有机的整体。

薪酬管理的主要内容包括三个方面：一是确定企业的薪酬战略；二是设计企业的薪酬结构；三是全面实施薪酬管理。如图 1-3 所示。

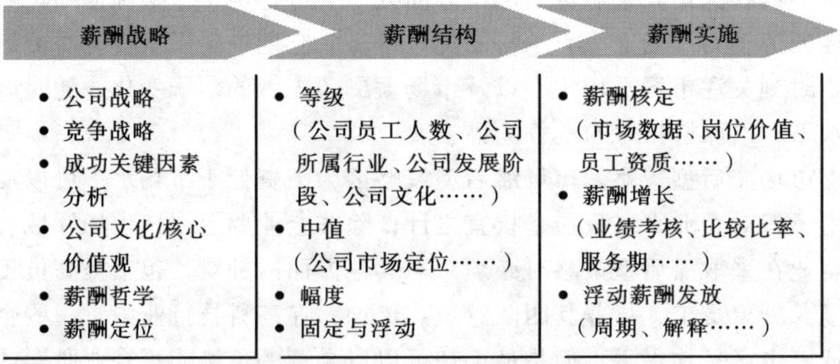

图 1-3 企业薪酬管理的内容

薪酬管理必须以公司战略为出发点，以“激励”的特征引导、塑造员工行为，在一定的薪酬预算范围内，做到吸引、激励和保留公司关键人才。许多企业现象可以反映出企业的薪酬管理是否有效，比如对企业业绩影响巨大的关键员工是否认同该体系，全体人员有没有积极主动的工作态度，有没有看到薪酬变革带来的结果等等。

1.2.6　薪酬管理与其他人力资源管理功能模块的关系

薪酬管理与人力资源规划、岗位管理、绩效管理、招聘、培训等各职能一样，都是人力资源管理体系的有机组成部分。它不但与其他职能有逻辑的关联关系，更重要的是与其他职能之间有相互依存、相互联动的关系，不能把薪酬管理单独割裂开来，因此，必须清晰薪酬管理与其他职能模块的关系，在薪酬设计时才能系统思考并考虑相互之间的匹配性。具体逻辑关系如图 1-4 所示。

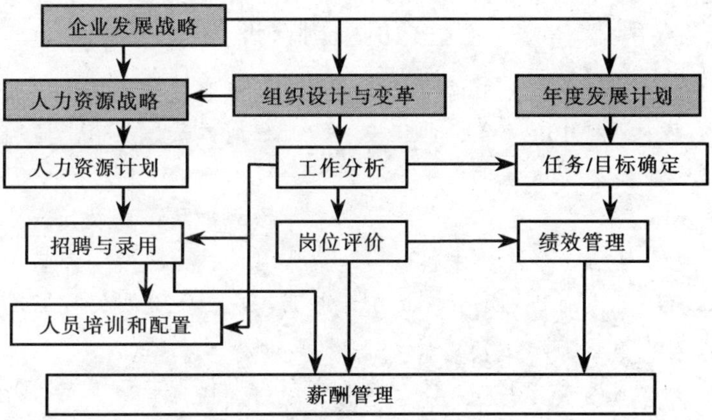

图 1-4　薪酬管理与其他人力资源功能模块的逻辑关系

本章小结

1. 本章阐述了人力资源管理的本质和主要功能模块。

2. 主要介绍了薪酬管理的相关概念，设计薪酬系统的基本原则、策略、影响因素以及薪酬战略等相关内容。

关键术语

- 人力资源管理
- 薪酬
- 薪酬模式
- 薪酬策略

思考题

1. 人力资源管理的本质是什么？

2. 薪酬主要包括哪些内容？

3. 设计薪酬系统的基本准则是什么？

4. 为何说公平原则是薪酬设计系统中最基本和最重要的原则？

5. 掌握薪酬水平及其外部竞争性决策的类型有几种？不同的薪酬策略的作用是什么？结合实际分析某企业的特点，并说明该选用什么样的薪酬策略？

案例讨论

诺基亚的薪酬管理

诺基亚的成功对电信业来说，就是一个令人折服的传奇：一个以造纸起家的芬兰小公司，历经 130 多年，非但没有为时代所淘汰，反而走向世界，从摩托罗拉和爱立信等老牌电信巨头手中夺过了手机老大的宝座。在中国，诺基亚更是如日中天，不但以超过 50%的市场占有率傲视群雄，更以其产品战略上的步步领先成为了中国市场上“手机时尚”的代名词。为了解读诺基亚公司的成功，近日，《IT 时代周刊》记者专访了诺基亚（中国）公司的员工，对其内部富有竞争力的薪酬制度进行了了解。

毕业于中国人民大学工商管理专业的小张，现任诺基亚（中国）公司总部的销售助理。谈到诺基亚的薪酬体系时，小张认为：“制度里就有一种吸引力，有一种让人感觉受重视、受公平待遇的魅力，而且绝不是纸上谈兵，那种从思考到操作细节的严谨，就让人明白，这是实实在在的自己身边的事。”

1. 帮助员工明确工作目标

当代管理大师肯·布兰查德在其著作《一分钟经理》中指出：“在相当多的企业里，员工其实并不知道经理或者企业对自己的期望，所以在工作时经常出现‘职业偏好病’——即做了过多经理没有期望他们做的事，而在经理期望他们出成绩的领域里却没有建树。造成这样的情况，完全是由于经理没有为员工设定目标，或者没有把目标设定清晰地传递给员工。”这个观点指明了员工绩效管理中一个长期为人忽视的问题——在许多情况下，员工的低效业绩并不是因为员工的低能力或低积极性，而是因为目标的不明确。而绩效体系是整个薪酬体系的基础，如果没有解决好这个问题，薪酬体系的合理性与公平性必然会受到影响。精于管理的诺基亚公司看到了这个问题，其解决方案比肯·布兰查德的方案更具前瞻性和战略性。

肯·布兰查德指出，解决这个问题的办法是“一分钟目标确定”，让经理向员工清晰地表达他对员工的工作期望。而诺基亚公司则认为，不但要针对每一个员工的工作目标，更要对员工的发展方向进行明确的界定与有效的沟通。只有这样，员工才能在达成眼前工作目标的基础上，与企业的发展保持同步，才能在企业成长的同时，找到自己更大的发展空间。而且诺基亚提倡，在这个目标确定的过程中，员工才是主要角色，经理则应该从旁引导。小张告诉《IT 时代周刊》记者，为了达到这个目标，诺基亚启动了一个名为 IIP 的项目：每年要和员工完成两次高质量的交谈，一方面要对员工的业务表现进行评估；另一方面还要帮助员工认识自己的潜力，告诉他们自己的特长在哪里，应该达到怎样的水平，以及某一岗位所需要的技能和应接受的培训。通过 IIP 项目，员工可以清晰地感受到诺基亚希望员工获得高绩效而拿到高薪酬，并且不遗余力地帮助员工达到这个目标。

2．薪酬参数保持业内竞争力

诺基亚公司认为，优秀的薪酬体系不但要求企业有一个与之相配的公平合理的绩效评估体系，更要在企业间表现出良好的竞争力。比如说，如果业内 A 层次的员工获得的平均薪酬是 5000 元，而诺基亚付给企业内 A 层次员工的薪酬只有 3000 元，这就很容易造成员工流失，这样的薪酬体系是没有竞争力的。但是，如果企业员工的薪酬水平远高于业内平均水平，就会使企业的运营成本高于同业，企业的赢利能力就会削减，这同样也是不利于企业发展的。

如何解决这一矛盾呢?小张详细地向记者解释了诺基亚的方法。为了确保自己的薪酬体系具备业内竞争力而又不会带来过高的运营成本，诺基亚在薪酬体系中引入了一个重要的参数——比较率，计算公式为：诺基亚员工的平均薪酬水平/行业同层次员工的平均薪酬水平。例如：当比较率大于 1，意味着诺基亚员工的平均薪酬水平超过了行业同层次员工的平均薪酬水平；比较率小于 1，则说明前者低于后者；等于 1，说明两者相等。

为了让比较基数——行业同层次员工的平均薪酬水平能保持客观性和及时性，诺基亚每年都会拨出一定的经费，让专业的第三方——市场调查公司进行大规模的市场调查。根据这些客观数据，再对企业内部不同层次的员工薪酬水平作适当调整，务求每一个层次的比较率都能保持在 1~1.2 的区间内。这样既客观有效地保持了薪酬体系在业内的竞争力，又不会带来过高的运营成本。

3．重酬精英员工

巴雷特法则又称 20/80 法则，它概括性地指出了管理和营销中大量存在的一种现象。比如：20%的顾客为企业带来了 80%的利润，或 20%的员工创造了企业 80%的绩效。据此，营销界衍生出一套大客户管理理论与方法，促进了人力资源管理的一种新理论——重要员工管理的产生。

小张表示，诺基亚是重要员工管理理论的推崇者，例如，诺基亚的薪酬比较率明显随级别升高而递增，在3～5级员工中，其薪酬比较率为1.05，而在更高一层的6级员工中，其薪酬比较率为1.11，到了7级员工，这个数字提高到了1.17。也就是说，越是重要的、对企业有贡献的精英员工，其薪酬比较率就越高。这样就确保了富有竞争力的薪酬体系能吸引住企业的重要员工。

这使得诺基亚的薪酬体系有一个特征，即级别越高的员工，其薪酬就越有业内竞争力，这样，高层次人员的稳定性有了较好保证，有效避免了高层动荡给企业带来的影响，使企业发展战略保持了良好的稳定性，而这对于企业的持续发展来说是至关重要的。

在不同层次的薪酬结构上，诺基亚也根据重要员工管理原则有相应的规划，其薪酬结构上有三个趋向性特征：基本工资随着等级的升高而递增；现金补助随着等级的升高而降低；绩效奖金随着等级的升高而升高。小张认为，前两点保证了诺基亚的薪酬体系在稳定性方面会随着员工等级的升高更有行业竞争力，其目标在于保持高层员工的稳定性。而第三个特征则注重鼓励高层次员工对企业做出更大贡献，因为高层次员工的绩效对企业整体效益的影响是数倍甚至是数十倍于一般员工的。

重要员工管理理论在诺基亚薪酬体系中的应用，保证了高层员工的稳定和更好的绩效表现，同时也给低层次员工开拓了一个广阔的上升空间，表现出相当强的生命力与极大的激励性。

4．注重本土化与人性化的薪酬制度

如果说以上是先进管理理论在薪酬体系中的灵活应用，让人感受到一种来自理性制度的优越，那么，诺基亚在薪酬体系中表现出来的本土化与人性化就足以让人享受到来自感性上的安全感。

记者在诺基亚北京公司薪酬体系的“现金福利”部分说明中，有一个排满中国节日的现金福利发放表：春节每个员工发放现金福利600元，元旦300元，元宵节100元，中秋节200元，国庆节300元，员工生日400元。

诺基亚是一个典型的跨国公司，其现金福利的发放虽然不算一个大数目，却完全是按照中国传统的节日来设计的，其中体现出的对中国文化的理解，让中国员工有被尊重与被照顾的感觉，员工生日现金福利的发放，更是让员工感受到细致入微的个性化关怀。

在薪酬体系中表现出来的对中国文化与中国员工的尊重，使员工们“受尊重、被确定”的组织认同需求得到满足，无疑是诺基亚薪酬制度上的另一个闪光点。“以人为本”，诺基亚不但这样说了，也的确这样做了。这套兼具理性与感性的薪酬体系，就是诺基亚文化的完美表现。它深刻揭示出：诺基亚130多年的传奇并非偶然，严谨的态度和宽容的文化也是其成功的重要因素。

资料来源：盖勇，马恩编著，《薪酬管理》，山东人民出版社 2004 年版。

思考与讨论题

1．简述诺基亚公司薪酬体系的主要内容。

2．诺基亚公司的薪酬体系设计原则是什么?为什么要这样设计?

3．诺基亚公司在薪酬方面是从哪些方面做到让员工满意的?

4．诺基亚公司薪酬体系对于我国企业薪酬管理有哪些重要启示?

第2章

战略薪酬

本章学习目标

1. 了解战略性薪酬管理的内涵；
2. 掌握公司战略、人力资源管理战略、薪酬战略和薪酬管理的关系；
3. 掌握战略性薪酬管理对企业人力资源部门提出的要求；
4. 掌握薪酬管理与企业经营战略之间的关系；
5. 掌握薪酬战略与企业竞争战略之间的关系；
6. 掌握全面薪酬战略的内涵及主要特征；
7. 掌握构建战略导向薪酬管理体系的方法。

引导案例

西南航空公司成功的秘诀

——战略性报酬体系的构建

西南航空公司成立于1971年，创始人是现任公司董事会主席的赫伯·科勒尔和董事会成员罗林·金。他们最早的经营理念是想创办一家最高效率、最多服务内容、提供最低成本的航空公司。该公司在成立3年后就开始赢利，成功地度过了经济萧条、石油禁运和取消价格管制等重大危机事件，很快从一家地区性的航空公司成长为全世界最成功的主要航空公司之一。在西南航空32年的发展历程中，它的业绩水平和所获得的各种褒奖令世人瞩目。让我们简单回顾一下它所取得的成就：

（1）1998年西南航空被《财富》杂志评为全世界“最佳工作场所”。

（2）西南航空是整个20世纪90年代航空行业赢利能力最强的公司。在所有主要航空公司中，西南航空是销售收入增长最快的公司。

（3）西南航空获得了英国交通部（DOT）颁发的“三冠王”（Triple Grown）称号，这是英国交通部的最高评级，只有在三项主要指标上都排名第一的公司才能获得这项荣誉。

（4）西南航空连续 7 年获得“客户最满意奖”。

（5）西南航空在所有主要的航空公司中是运营成本最低的，每英里座位成本仅为 7 美分。

（6）2002 年，当世界航空业受到“9·11”恐怖事件影响而面临严重危机时，西南航空是仅存的唯一一家依然保持赢利的美国航空公司。

这个荣誉清单还可以继续列下去，无论用哪个标准来衡量，西南航空公司都取得了非凡的成绩。而且，这些成就的取得是在行业环境经历重大变革的情况下发生的。航空业正在发生重组、兼并和联合，居高不下的燃料成本，航空价格管制被取消，对营运、装备和服务程序的规范进一步加强，恐怖事件频频发生等等，这些都逼迫各大航空公司做出快速的反应。许多专家指出，航空业现在已经成为全世界发展最困难的行业。那么，西南航空的成功秘诀是什么呢？按照公司创始人赫伯·科勒尔自己的说法，是公司的人本文化。而人本文化并不是自发形成的，其营造的关键是公司实施的战略、薪酬和奖励体系。许多观察家和分析师都认为西南航空的薪酬和奖励体系是以公司整体战略目标为导向来构建的，其报酬体系支撑并不断强化公司战略目标的实现和经营哲学，可变薪酬和奖励计划是公司战略管理流程的重要组成部分。

西南航空的战略性报酬体系可分为四类：战略性的基本工资、战略性的福利、战略性的激励计划和战略性的特殊贡献奖赏计划。

1. 战略性的基本工资

西南航空公司的工会化程度很高，33000 名员工中有 816 名是工会成员，大部分人员的基本工资被纳入到工会合同的框架。集体谈判的过程和最终结果被认为是极富战略性的。一般来说，工资谈判协议会确定与市场水平相一致或稍低于市场水平的报酬水平，这将有助于控制劳动力成本，以确保与公司的低成本战略相适应。同时，工会合同约定的工资和资历相关，这一点非常关键，因为西南航空非常看重员工为公司长期服务和对公司的长期承诺。此外，员工能够通过不同的薪酬计划来分享公司的成功，从而提高他们的总体报酬。事实上，许多西南航空的员工都是百万富翁。

西南航空支付给 CEO 的报酬要低于同等规模的其他航空公司 CEO 的水平。其他高级经理的收入水平稍高于市场平均水平，但是他们持有的公司股票就少了很多。这种做法主要是给予公司的高层管理者较少的现金报酬，但是通过股票所有权的奖励，让他们分享为股东创造的更多的价值，激励他们致力于公司长期财务业绩的增长。经理们购买股票期权也没有特别的折扣，他们购买公司股票的机会和其他员工一样，以此体现内部的公平。

2．战略性的福利

西南航空提供的福利清单令人印象深刻，它包括传统的福利计划和少数创新的方案。像其他许多公司一样，西南航空为员工提供医疗保险、人寿保险、伤残保险和生活补贴等一系列免费的福利。此外，员工及其家庭成员可免费乘坐西南航空公司的航班，并享受其他航空公司打折的旅行机票。员工在一些特殊的日子（如生日、结婚纪念日等）能收到公司的特别礼物并且有一起庆祝的机会。一系列福利方案的背后体现的是西南航空的战略意图和经营哲学："员工是公司最重要的资产"，西南航空将尽最大的努力来帮助和照顾这些非常重要的利益相关者。

3．战略性的激励计划

两个主要的可变报酬方案是全公司范围的利润分享计划和员工持股购买计划。利润分享计划于1973年开始实施，它鼓励每个员工尽可能控制成本，因此是富有战略意义的。根据员工的个人收入水平和公司的赢利状况，每位员工都获得同样的分享机会。那些工作时间更长或承担加班飞行任务的员工将获得更大比例的利润分享。过去，该计划以现金和延期支付的退休金这两种方式向员工支付分享的利润。后来，在员工要求改革的建议下，到1990年，全部奖金都以延期支付的方式进行。这样，员工就能够在退休的时候得到更多保障。

退休金计划有各种各样的投资选择，其中包括购买西南航空公司的股票。通过这些购买，员工们现在持有了公司12%的股票。因为这项投资，许多服务年限较长的员工在退休时都非常富有。这对组织而言非常重要，有效地强化了员工对组织的长期承诺。公司的股票购买计划让所有员工和经理们共同来分担风险，也分享成功和收益。除进行收益分享投资之外，员工可以在工资额中扣除或通过股票购买计划按一定折扣购买公司的股票。近几年公司与飞行员们签订的合同使得飞行员们能通过股票期权和增加工资延期支付的方式对公司进行更大的投资。因此，利润分享计划和股票期权计划使得员工能敏锐地意识到公司业绩和他们的利益休戚相关。在西南航空公司的每个基地都设有公司股票价格的显示屏，这样，员工们每天都能看到公司及自己的财务状况。

4．战略性的特殊贡献奖赏计划

西南航空通过推行一系列特殊贡献奖赏计划，来鼓励和强化期望员工表现的行为，推进公司战略的实施，支撑企业的基本价值观。

在公司总部和各个基地都会有各种各样的特殊贡献奖赏计划，公司的首席执行官和高级经理们会出席这些庆祝仪式并亲自给员工颁奖，他们向员工和优胜者传递的是，他们非常鼓励并认可与公司战略和价值观保持一致的员工行为。

这些特殊贡献奖赏计划包括"心中的英雄"计划、总裁奖和"成功的精神"

奖励。"心中的英雄"奖励计划是 1992 年由西南航空公司的文化管理委员会设立的，他们希望设计一种奖励方式来鼓励那些无名英雄——客户很少能看到的在幕后辛勤工作的员工。公司建立跨部门的联合委员会来制定奖励标准，评判优胜者。每年会有个因后台工作而对客户服务产生积极、重大影响的团队被评选出来。这一奖励的获得者要到情人节那天才会被正式公布，并在公司总部达拉斯举行盛大的庆祝典礼。优胜团队的名字将被喷涂在西南航空某架携有"心中的英雄"徽章的飞机上，有关这一团队先进事迹的报道将出现在公司飞机上的杂志和新闻通讯中。

一年一度的总裁奖将颁发给那些能极好地表现出推动公司战略目标实现所需的价值观和行为的员工：如关注顾客需求，不辞辛苦地帮助和支持同事，以身作则，信守承诺，服从命令，将快乐带到工作中，支持变革等。每个获奖者都可以得到由公司副总裁签署的纪念章、一份现金奖励和一张纪念日的合影照片。获奖者的照片将被张贴在公司的新闻通讯里。

"成功精神奖"通常是每个月发放一次，给 10～12 名极好地按照公司价值观行事的员工。这些奖励的候选者通常由同事或顾客通过西南航空的内部系统进行提名。公司委派的一个跨部门的联合委员会做出最终的评判。每个获奖者都会被邀请到公司的总部，由 CEO 亲自读提名信并颁发象征"成功精神"的小别针和附有 CEO 照片的相框。有关获奖者事迹的报道将发表在公司的新闻通讯上。

在西南航空还有其他多种形式的奖励计划，包括"让我们一起做得更好"、"通往未来的机票"、"走一英里"、"帮助之手"、"坚持服务"、"酷兵奖"、"最高扳手奖"、"超级明星"、"闪耀之星"和"荣誉之声"等。这些奖励都有共同的特征，就是不断鼓励员工努力去实现公司的使命、战略和经营目标。

有人认为这些奖励计划是耗费成本的。但是，正如赫伯·科勒尔所说的："这些计划的价值在于它长远的影响和效果。如果你是一个统计学家，你不会用这些奖赏计划，因为你会说，如果我们不做，我们可以节省很多钱，但西南航空在美国航空公司中一直保持最低的客户投诉纪录，谁能说这些不值得呢？"

虽然没有普遍适用的薪酬战略，在某个企业获得成功运用的报酬管理体系未必适用于所有的企业，然而，西南航空公司的成功经验仍然具有很强的借鉴意义。这给我们的关键启示是：企业的薪酬体系必须要与组织的战略目标和经营哲学保持高度的一致。在西南航空公司的案例中，员工的基本工资、激励报酬（收益分享和股票购买计划）、福利方案和特殊贡献奖赏计划等都紧紧围绕公司的低成本战略、关注客户需求、以人为本、重视员工长期承诺等经营理念来设计和制定。西南航空的报酬制度始终在传达和强调同一个讯息：公司将鼓励那些对实现组织成功发挥关键作用的理念和行为。通过构建战略性的薪酬体系，西南航空公司取得了巨大的成功，它也因此成为全世界最具吸引力和最受赞赏的雇主之一。

资料来源：文跃然，《薪酬管理原理》，复旦大学出版社 2005 年版。

思考与讨论题

1. 西南航空公司的成功经验是什么？
2. 西南航空公司是怎样设计战略导向薪酬的？

2.1 战略薪酬管理概述

许多国有企业在进行薪酬设计和管理时往往是注重效率优先和按劳分配的导向，比较市场化和相对现代的企业往往开始注重薪酬的公平性、竞争性、透明性等导向。随着我国市场经济体制的成熟、完善以及中国经济的快速发展，许多行业竞争越来越激烈，外部经营环境变化也越来越快，逼迫着许多企业不断调整企业经营方向和经营目标，这种战略性的调整使得战略支撑的内部管理模式和管理机制也需要迅速适应调整和变革，作为人力资源管理核心职能之一的薪酬管理也需要随着战略的变化而变化。许多企业管理者逐步认识到“薪酬必须跟着战略走”，这也成为了未来薪酬管理新的发展趋势。战略性薪酬在国内企业的实践中还没有形成可借鉴的模式和经验，大部分企业处在摸索的阶段，许多相关理论和经验来自于经营比较成功的国外企业。

2.1.1 战略性薪酬的概念与内涵

战略性薪酬管理实际上是如何看待薪酬管理的一整套崭新理念。美国学者路易斯·R·乔米兹–米嘉和塞瑞瑟·M·威尔鲍（Luis R. Gomez-Mejia, Theresa M. Wellbourne, 1988）将薪酬战略定义为“在特定条件下会对组织绩效和人力资源的有效使用产生影响的一系列重要的报酬支付选择”。薪酬战略的核心是通过一系列报酬策略选择来帮助组织赢得并保持竞争优势。在通常情况下，企业需要首先确定自己的战略：我们应该进入并停留在什么行业？我们靠什么赢得并保持在本行业或相关产品在市场上的优势？企业的整体人力资源政策应该如何设计？等等。一旦企业的战略确定下来，企业接着需要回答的一个问题就是：我们如何才能依靠薪酬决策来帮助企业立于不败之地？这些关于如何帮助企业赢得并保持竞争优势的相关薪酬决策就是我们所说的战略性薪酬决策，它主要需要回答以下几个方面的问题？

（1）薪酬管理的目标是什么？即薪酬如何支持企业的经营战略。当企业面临着经营和文化压力时，应该如何调整自己的薪酬战略。

（2）如何达成薪酬的内部一致性？即在企业内部，如何对不同职位和不同的技能或能力的员工支付不同的薪酬？

（3）如何达成薪酬的外部竞争性？即相对于竞争对手，企业在劳动力市场上的薪酬水平应该如何定位？

（4）如何认可员工的贡献？即基本薪酬调整的依据是什么？是个人或团队的效率，还是个人的知识、经验增长以及技能的提高，抑或仅仅是生活成本的变化？是否需要根据员工的不同表现及其业绩状况制定不同的绩效奖励计划？

（5）如何管理薪酬系统？即对于所有员工而言，薪酬决策的公开性和透明程度应该是怎样的？应该由谁来设计和管理薪酬体系？

（6）如何提高薪酬成本的有效性？即如何有效控制薪酬成本？等等。

2.1.2　公司战略、人力资源管理战略、薪酬战略和薪酬管理的关系

企业战略分为三个层次，分别是公司层战略、业务竞争战略和职能战略。

（1）公司战略（corporate strategy）：包括产业选择及在产业内扩张方案的选择。

（2）业务竞争战略（business strategy）：包括产业选择及在产品领域内的竞争方式选择，如波士顿产品矩阵及波特的三种基本竞争战略。

（3）职能战略（function strategy）：部门（职能）的战略方向选择和战略设计。

按照以上划分标准，人力资源管理战略是职能战略的重要组成部分，薪酬战略是人力资源管理战略的重要组成部分。薪酬战略属于战略层面的内容，其涉及的内容相对比较宏观，如薪酬水平定位（领先、滞后、匹配等）、基本工资支付基础（能力工资、职位工资等）、奖金支付基础（绩效工资、收益分享、成本节省、利润分享、期权期股等）。而薪酬管理是薪酬战略落实到战术层面的具体管理实践，包括薪酬制度层面和技术层面的内容，其涉及的薪酬要素选择是具体化和可操作化的，包括薪酬结构、薪酬水平、奖金、福利等基本薪酬管理制度和薪酬调查、职位评价和具体的薪等薪级设计等。

图 2-1 表示的是企业战略、人力资源战略、薪酬战略和薪酬管理的关系。它体现的是“全面薪酬管理体系”的思想，这一体系主要包括三个层面的内容：战略层面、制度层面和技术层面。其中战略层面是薪酬管理体系设计的整体指导思想（企业战略驱动人力资源战略，进而影响薪酬战略）；制度层面是薪酬管理体系设计的具体内容（包括薪酬结构、薪酬水平、奖金、福利等，确保内部公平性、外部竞争性，体现员工贡献和价值）；技术层面则主要是薪酬管理体系设计所涉及的一些具体技术方法，如外部薪酬调查、职位评价和薪酬等级的设计等。

企业战略会影响到薪酬战略和薪酬管理的一些基本问题。一般来说，企业战略对薪酬管理有如下几种影响。

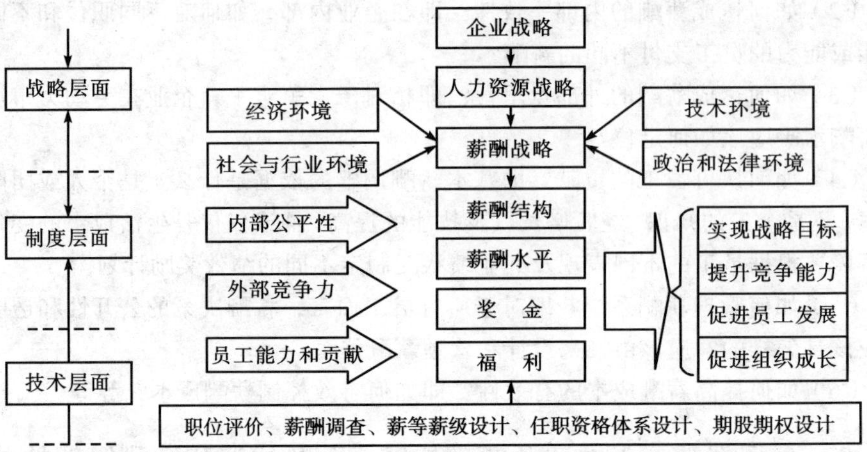

图 2-1　企业战略、人力资源战略、薪酬战略和薪酬管理的关系

（1）战略决定企业员工的类型、规模和数量结构，从而确定了报酬的支付对象和支付规模。根据企业战略和发展需要，我们可以对企业内部各层各类的人才进行价值排序，从而确定企业的核心人力资源。根据管理学的 20/80 原理，20%的人创造 80%的价值。因此关注这 20%的核心人才，并通过激励最大限度地发挥其工作积极性和创造性，是企业薪酬体系设计关注的重点。

（2）战略决定薪酬水平与市场工资水平的关系，即企业要根据战略对报酬支付水平进行定位。薪酬水平的定位可分为三类：一类是领先策略，就是企业发放的报酬高于市场平均工资水平；一类是跟随策略或称之为匹配策略，是指企业发放的报酬等同于市场平均工资水平；另一类是滞后策略，即企业发放的报酬落后于市场平均工资水平。一般来说，企业的支付能力、所处的发展阶段和所属的行业性质在一定程度上决定了企业支付工资的水平。

（3）不同层级的员工因承担的战略责任不同，其报酬也存在差异。战略责任是一个重要的可付酬要素。一般来说，组织中层级越高的人员，其承担的战略责任就越大，其报酬与战略因素相挂钩的比重就越高。

（4）组织的经营战略会影响和确定薪酬结构的设计，从而确保薪酬结构与组织战略保持一致，实现薪酬结构的内在公平性，推动战略有效实施。在强调创新和市场快速反应的今天，宽带薪酬作为一种与企业组织扁平化、流程再造、团队导向、能力导向等管理战略相匹配的新型薪酬结构应运而生。宽带薪酬最大的特点就是压缩级别，强调在组织中用较少的工资等级、较大的工资级差来代替以往较多的工资等级，将原来十几甚至二三十个级别压缩成几个级别，并将每个级别中的薪酬范围拉大，从而形成一个新的宽带化的薪酬结构，以适应当前激烈的市场竞争环境和业务发展的需要。

（5）不同的战略目标会导致不同的激励方向，从而决定企业薪酬战略激励的重点。

2.1.3　从企业战略到薪酬管理

在不考虑具体的职能战略的情况下，企业战略通常可以划分为两个层次：一是企业的发展战略或公司战略；二是企业的经营战略或竞争战略。前者所要解决的是企业的扩张、稳定还是收缩的问题，通常包括成长战略、稳定战略和收缩战略三种；后者所要解决的则是如何在既定的领域中通过一定的战略选择来战胜竞争对手的问题，通常可以划分为创新战略、成本领袖战略和客户中心战略三种。企业所采取的战略不同，其薪酬水平和薪酬结构也必然会存在差异，薪酬管理与企业战略相匹配，这是战略性薪酬管理的必然要求。

1．公司战略与薪酬战略

（1）成长战略。成长战略是一种关注市场开发、产品开发、创新以及合并等内容的战略。它又可以被划分为内部成长战略和外部成长战略两种类型：前者是通过整合利用组织所拥有的所有资源来强化组织优势的一种战略，它所注重的是自身力量的增强和自我扩张；后者则是试图通过纵向一体化、横向一体化或者是多元化来实现一体化战略，这种战略往往通过兼并、联合、收购等方式来扩展企业的资源或者强化其市场地位。

对于追求成长战略的企业来说，它们所强调的重要内容是创新、风险承担以及新市场的开发，等等。与此相联系的薪酬战略往往是企业通过与员工共同分担风险，分享企业未来的成功来帮助企业达成自己的目标，同时使得员工有机会在将来获得较高的收入。这样，企业需要采用的薪酬方案就应当是在短期内提供水平相对较低的固定薪酬，但是实行奖金或股票选择权等计划，从而使员工在长期工作中能够得到比较丰厚的回报。IT 行业的许多企业采取的都是这种薪酬策略。此外，成长型企业对于灵活性的需要是很高的，因此它们在薪酬管理方面往往比较注意分权，赋予直线管理人员较大的薪酬决定权。同时，由于公司的扩张导致员工所从事的工作岗位本身在不断变化，薪酬系统对于员工的技能比对他们所从事的具体职位更为关注。

当然，内部成长战略和外部成长战略之间的差异决定了两者在薪酬管理方面也存在一定的不同，其中，采用内部成长战略的企业可以将薪酬管理的重心放在目标激励上，而采用外部成长战略的企业却必须注意企业内部薪酬管理的规范化和标准化。

（2）稳定战略或集中战略。稳定战略是一种强调市场份额或者运营成本的战略。这种战略要求企业在自己已经占领的市场中选出自己能够做得最好的部分，然后把它做得更好。采用稳定战略的企业往往处于较为稳定的环境之中，增长率较低，企业维持竞争力的关键在于是否能够维持住自己已经拥有的技能。从人力资源管理的角度来说，主要是稳定已经掌握相关工作技能的劳动力队伍为出发点，因而这种企业对于薪酬的内部一致性、薪酬管理的连续性以及标准化有比较高的要求。在薪酬管理方面，薪酬决策的集中度比较高，薪酬的确定基础主要是员工所从事的工作本身。从薪酬的构成上看，采取稳定战略的企业往往不强调企业与员工之间的风险分担，因而较为稳定的基本薪酬和福利的成分比较大。就薪酬水平来说，这种企业一般追求与市场持平或者略高于市场水平的薪酬，但长期内薪酬水平不会有太大的增长。

（3）收缩战略或精简战略。收缩战略通常会被那些由于面临严重的经济困难因而想要缩小一部分经营业务的企业所采用。这种战略往往是与裁员、剥离以及清算等联系在一起的。由于采用收缩战略的企业本身的特性，我们不难发现，这种企业对于将员工的收入与企业的经营业绩挂钩的愿望是非常强烈的。除了在薪酬中降低稳定薪酬部分所占的比重之外，许多企业往往还力图实行员工股份所有权计划，以鼓励员工与企业共担风险。此外，像斯坎伦计划这样的收益分享计划，也是在那些面临财务困难的企业中率先开始实行的。

2．企业竞争战略与薪酬战略

（1）创新战略。创新战略是以产品的创新以及产品生命周期的缩短为导向的一种竞争战略。采取这种战略的企业往往强调风险承担和新产品的不断推出，并把缩短产品从设计到投放市场的时间看成是自身的一个重要目标。这种企业的一个重要经营目标在于充当产品市场上的领袖，并且在管理过程中常常会非常强调客户的满意度和客户的个性化需要，而对于企业内部的职位等级结构以及相对稳定的工作评价等则不是很重视。因此，这种企业的薪酬系统往往非常注重对产品创新、生产方法和技术创新给予足够的报酬或奖励，其基本薪酬通常会以劳动力市场上的通行水平为基准并且会高于市场水平，以帮助企业获得勇于创新、敢于承担风险的人。同时，这种企业会在工作描述方面保持相当的灵活性，从而要求员工能够适应不同环境的工作需要。

（2）成本领袖战略。所谓成本领袖战略，实际上就是低成本战略，即在产品本身质量大体相同的情况下，企业可以以低于竞争对手的价格向客户提供产品的一种竞争战略。追求成本领袖战略的企业是非常重视效率的，尤其是对操作水平的要求很高，它们的目标是用较低的成本去做较多的事情。这种企业通常会比较详细具体地对员工所从事的工作进行描述，强调员工工作岗位的稳定性。在薪酬水平方面，这种企业会密切关注竞争对手所支付的薪酬状况，使企业的薪酬水平既不能低于竞争对手，最好也不要高于竞争对手，宗旨是在尽可能的范围内控制薪酬成本支出。在薪酬构成方面，这种企业通常会采取一定的措施提高浮动薪酬或奖金在薪酬构成中的比重。这一方面是为了控制总体的成本支出，不至于因薪酬成本的失控导致产品成本上升；另一方面也为了鼓励员工降低成本，提高生产效率。

（3）客户中心战略。客户中心战略是一种以提高客户服务质量、服务效率、服务速度等来赢得竞争优势的一种战略。采用这种战略的企业所关注的是如何取悦客户，它希望自己以及自己的员工不仅能够很好地满足客户所提出来的需要，同时还能够帮助客户发现一些他们自己尚未明晰的潜在需要，并设法帮助客户去满足这些潜在需要。客户满意度是这种企业最为关心的一个绩效指标。为了鼓励员工持续发掘服务客户的各种途径，以及提高对客户需要做出反应的速度，这类企业的薪酬系统往往会根据员工向客户所提供的服务的数量和质量来支付薪酬，或者是根据客户对员工或员工群体所提供服务的评价来支付奖金。

根据几种典型的竞争战略来安排人力资源战略，并据此设计企业薪酬战略，见表 2-1。

表 2-1　　不同竞争战略对应的薪酬战略

竞争战略	商业反馈	人力资源战略	薪酬体系
创新者：提高产品的复杂性，缩短产品生命周期	• 产品的领导地位 • 转向大众化生产和创新 • 周期	• 灵敏 • 有冒险精神 • 富创新意识	• 鼓励产品创新和生产过程的改革 • 薪酬以市场为基础 • 灵活的工作描述
成本控制者：注重效率	• 操作精确 • 寻求节省成本的方法	• 少用人 • 多办事	• 重视竞争对手的劳动成本 • 提高可变工资的比率 • 重视生产力 • 重视系统控制和工作分工
关注顾客：提高顾客期望	• 密切与顾客的关系 • 售后服务 • 对市场反应迅速	• 取悦顾客 • 超过顾客期望	• 以顾客满意为基础的激励工资 • 以与顾客交往为依据评价工作和技能

资料来源：冯宪，《薪酬管理》，浙江大学出版社 2005 年版。

2.2　全面薪酬战略

1．全面薪酬的概念和内涵

由于传统的薪酬战略无法适应企业和员工的需要，因此必须根据新的经营环境和企业战略制定新的薪酬战略，这种新的战略就是全面薪酬管理战略。全面薪酬战略摒弃了原有的科层体系和官僚结构，以客户满意度为中心，鼓励创新精神和持续的绩效改进，并对娴熟的专业技能提供奖励，从而在员工和企业之间营造出一种双赢的工作环境。

与传统薪酬战略相比，全面薪酬战略强调的是外部市场敏感性而不是内部一致性，是以绩效为基础的可变薪酬而不是年度定期加薪，是风险分担的伙伴关系而不是既得权利，是弹性的贡献机会而不是工作，是横向的流动而不是垂直的晋升，是就业的能力而不是工作的保障性，是团队的贡献而不是个人的贡献。因此，在全面薪酬战略下，不同的薪酬构成所扮演的角色和发挥的作用也出现了变化。

（1）基本薪酬。在企业支付能力一定的情况下，尽量将基本薪酬水平紧密地与竞争性劳动力市场保持一致，以保证组织能够获得高质量的人才——利用基本工资来强调那些对企业具有战略重要性的工作和技能。同时，基本薪酬还起着充当可变薪酬的一个平台的作用。

（2）可变薪酬。全面薪酬战略非常强调可变薪酬的运用。这是因为，与基本薪酬相比，可变薪酬更容易通过调整来反映组织目标的变化，在动态环境下，面向较大员工群体实行的可变薪酬能够针对员工和组织所面临的变革和较为复杂的挑战做出灵活的反应。这不仅能够以一种积极的方式将员工和企业联系在一起，为在双方之间建立起伙伴关系提供了便利，同时还能起到鼓励团队合作的效果。此外，可变薪酬一方面能够对员工所达成的有利于企业成功的绩效提供灵活的奖励；另一方面，在企业经营不善时可变薪酬还有利于控制成本开支。事实上，集体可变薪酬、利润分享、一次性奖励以及个人可变薪酬等多种可变薪酬形式的灵活运用，以及由此而产生的激励性和灵活性，恰恰是全面薪酬战略的一个重要特征。

（3）福利。全面薪酬战略之下的福利计划也是针对企业的绩效并且强调经营目标的实现的，而并非是像过去那样单纯地为了追随其他的企业。全面薪酬战略强调为迎接未来的挑战而创新性地使用福利计划，要求企业必须重视对间接薪酬成本进行管理以及实行合理的福利成本分担。必须认识到，间接薪酬只是作为全面薪酬管理的核心要素的基本薪酬和可变薪酬的一种补充，而不是其替代者。因此，在全面薪酬战略的引导下，许多企业的收益基准制养老金计划已经被利润分享计划或缴费基准制的养老金计划所代替，原有的许多针对性不强的福利计划也逐渐被弹性福利计划所取代。

2. 全面薪酬战略的主要特征

（1）战略性。传统的薪酬战略往往只着眼于薪酬的外部竞争力和内部公平，采用的工具也较为简单，主要是要素计点法等工作评价法以及绩效加薪方案，而全面薪酬管理的关键就在于根据组织的经营战略和组织文化制定全方位薪酬战略。它着眼于可能影响企业绩效的薪酬的方方面面，它要求运用所有各种薪酬方式如基本薪酬、可变薪酬、间接薪酬来达到适当的绩效目标，从而力图最大限度地发挥薪酬对于组织战略的支持功效。

因此，全面薪酬战略实际上是企业经营战略、财务战略以及组织文化的一种延伸。它强调薪酬管理是与组织的战略联系在一起的，关于财务结果、产品或服务、客户、市场份额、营销以及质量等方面的特定战略目标，成为企业制定薪酬方案以及进行薪酬沟通的重要基础。无论是直接薪酬计划还是间接薪酬计划，都要根据组织的特定经营状况以及所面临的人力资源挑战（质量、劳动力成本）来进行及时调整。此外，企业还必须全面审查总的薪酬成本，其中包括薪酬的分配方式以及从每一单位薪酬支出中所获得的价值，从而从总体上在薪酬和组织绩效之间得出一条明确的线索。

（2）激励性。全面薪酬管理关注企业的经营，是组织价值观、绩效期望以及绩效标准的一种很好的传播工具。它会对与组织目标保持一致的结果和行为给予报酬（重点是只让那些绩效足以让组织满意以及绩效优异的人得到经济回报，对于绩效不足者，则会诱导他们离开组织）。实际上，关注绩效而不是等级秩序是全面薪酬战略的一个至关重要的特征。正如杰伊·舒斯特和帕德里夏·津海曼所说："传统薪酬虽然也自称奖励业绩，但实际上是以职务、职位和内部均衡为标准的。新的薪酬方法与之形成鲜明对比，它突出员工与公司业绩之间的联系，员工所获得奖励的多少是与他们自己的努力奋斗和公司业绩的上升相关的。纵观整体薪酬前景，新的薪酬体制将确保每个元素——基本薪酬、可变薪酬和福利都起作用。"

在全面薪酬战略下，竞争性的薪酬是与竞争性的绩效结果直接联系在一起的，企业在制定直接和间接薪酬政策时总是力求从花在薪酬上的每一分钱上获得某些经营收益。在全面薪酬战略中可能会采取多种奖励计划，以对员工个人以及员工群体的绩效给予补偿，员工薪酬的升降取决于其个人的绩效、所在团队或群体的绩效以及整个组织的绩效。组织进行绩效衡量的指标则可能包括生产率、市场份额的增长、客户满意度、质量、经济附加值、新能力的开发、新产品的创造、全球市场的渗透等各种定量和定性指标以及过程和结果指标。

（3）灵活性。全面薪酬战略强调薪酬系统的灵活性，这是因为尽管有效的全面薪酬战略将注意力集中在组织希望达到的目标上，但是还必须保持一定的弹性，以便当组织遇到未能预见的困难，从而不得不进行变革或者出现需要强调的新重点时，能够快速地做出反应。不仅如此，企业所需要的这种对经营与财务战略提供支持的全面薪酬战略还应当是简单的、直接的和富有弹性的，因为简单和富有弹性的战略更容易鼓励行动，而复杂和严格的战略可能会带来困惑和行动的消极。

全面薪酬战略认为，在公司的短期和长期经营计划与薪酬之间并不存在某种不可更改的联系，一旦公司的发展方向发生变化，薪酬系统应当随时变化，不存在适用于所有企业的所谓最佳薪酬方案，甚至也不存在对于一家企业来说总是有效的薪酬计划。随着经营环境的变化，企业的种类愈加多样化，企业的战略目标和组织性质也出现了日益明显的多元化，因此，全面薪酬战略要求企业能够根据不同的要求设计出不同的薪酬应对方案，以充分满足组织对灵活性的要求，从而帮助组织更加适应不断变化的环境和客户的需求。

（4）创新性。与旧有薪酬制度类似，全面薪酬管理也沿袭了譬如收益分享这样一些传统的管理举措。但在具体使用时，管理者却采取了不同于以往的方式，以使其应用于不同的环境，并因时因地加以改进，从而使这些制度重新焕发生机，更好地支持企业的战略和各项管理措施。与以往相比，全面薪酬管理更加强调各种薪酬技术和管理手段的互补性和匹配性。一旦过去那些单一薪酬管理手段不能奏效的时候，就要求企业通过提供混合搭配的解决方案，将收益分享、弹性福利计划与技能工资以及胜利分享等薪酬方案结合起来，来反映组织的经营战略，传播组织的目标。全面薪酬战略非常强调的一点是，薪酬制度的设计必须取决于组织的战略和目标，充分发挥良好的导向作用，而不能是机械照搬原有的一些做法，或者是简单拷贝其他企业的薪酬计划。

（5）沟通性。进入20世纪90年代以后，经营环境和企业管理实践的变化已经使得员工成为企业是否能够保持竞争力的一个主要因素；企业的管理过程也被看成是为员工提高绩效和生产率以及进行创新提供便利的服务手段，而不是一种简单的控制过程；管理本身的含义也已经从过去的层级制度和官僚主义演变成为领导。在这种情况下，企业与员工之间能否建立起一种积极的、双赢的关系，能否进行有效的沟通就成为组织成功的关键。

尽管员工除了所获得的薪酬之外还有许多其他的工作理由，但是薪酬仍然是组织与员工之间的一个关键沟通要素。有效的薪酬管理可以确保组织所发出的信息是准确的、恰当的，从而为组织通过员工来谋取竞争优势提供了一个新的机会。作为一种理想的全面薪酬战略，必须能够将组织的价值观、使命、战略、规划以及组织的未来前景传递给员工，界定好员工在上述每一种要素中将要扮演的角色，从而实现企业和员工之间的价值观共享和目标认同。此外，全面薪酬战略非常重视制定和实施全面薪酬管理战略的过程，这是因为它把制定计划的过程本身看成是一种沟通的过程，企业必须通过这样一个过程使员工能够理解组织为什么要在薪酬领域采取某些特定的行动。

2.3 战略性薪酬管理体系

按照战略性薪酬管理的要求，薪酬系统的设计不仅是一项单纯技术层面的工作，而是要持久地促进企业向战略目标方向发展的一项系统工程。该工程的设计和实施必须从三个层面进行：从公司战略层面来思考薪酬分配与战略目标的内在关系；从整体薪酬分配框架结构来考虑各项分配制度的独特作用和相互关系；从技术层面来有效设计各项分配制度，使制度能有效运用。换言之，战略、制度和技术是一个不可分割的有机整体。

2.3.1　战略导向的薪酬管理体系的构建

1．薪酬对企业战略实施的作用

一个好的薪酬战略和薪酬管理体系设计至少能在三个方面影响和推进企业战略的实施：

（1）通过设计高效的薪酬管理体系，能帮助企业有效控制劳动力成本，保持成本竞争优势。

（2）通过设计有市场竞争力的薪酬方案，能帮助企业吸纳和保留核心人才，从而使企业保持核心能力优势。

（3）通过设计确保内部公平性的分层分类的薪酬方案，能帮助企业有效激励员工，改变员工的态度和行为，促进员工的行为与组织目标保持一致，从而推动企业战略有效实施，赢得竞争优势。

2．形成薪酬战略的步骤

乔治·T·米尔科维奇（Gerge T. Milkovich）认为，形成一个薪酬战略需要四个简单的步骤（见图 2-2）。

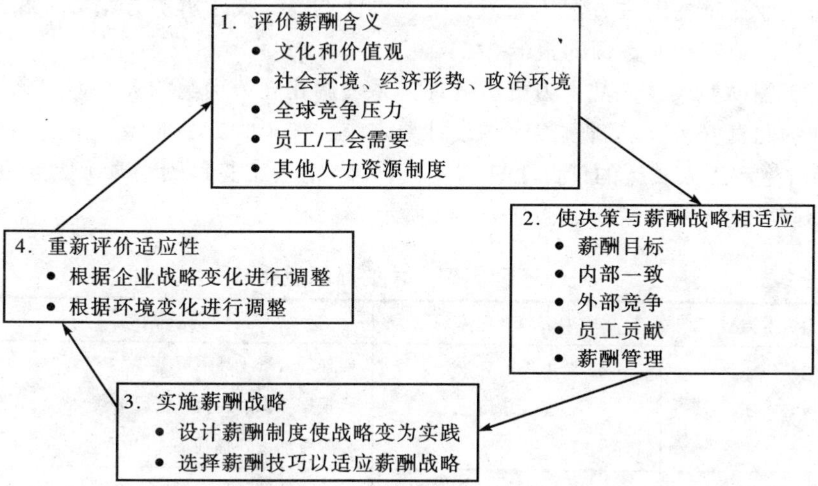

图 2-2　形成薪酬战略的关键步骤

资料来源：Gerge T. Milkovich，《薪酬管理》（第六版），中国人民大学出版社 2002 年版，第 27 页。

（1）评价文化价值、全球化竞争、员工需求和组织战略对薪酬的影响。

（2）使薪酬决策与组织战略和环境相适应。

（3）设计一个把薪酬战略具体化的薪酬体系。

（4）重新衡量薪酬战略与组织战略和环境之间的适应性。

3．针对不同类型人才的薪酬战略设计策略

对于核心人才，其人力资源管理体系以“承诺”为基础，强调员工对企业的忠诚，以建立稳固的心理契约。其薪酬战略的设计要点是：支付较高的报酬，薪酬水平通常高于市场平均工资水平，以确保报酬具有市场竞争力，吸引和获取一流的核心人才为企业服务；以知识、经验和资历为报酬支付的基础，多采用能力工资体系；重视风险收益和长期激励，如采用期股、股票期权和员工持股等方式，将其报酬所得与企业的长期经营业绩紧密挂钩，以最大限度激励和保留核心人才；给予核心人才较高的特殊福利，如住房、带薪休假、俱乐部会员金卡、养老年金等，这类特别福利通常采用延期支付或分期支付的方式，以尽可能激励和保留核心人才。

对于通用人才，其人力资源管理体系以“生产率的提高”为基础，强调充分利用员工的专业技能，提高企业的经营业绩。其薪酬战略的设计要点是：支付较高的报酬，薪酬水平通常高于或相当于市场平均工资水平，以确保报酬具有市场竞争力，吸引足够合格的专业人才为企业服务；以绩效和业绩作为报酬支付的基础，多采用业绩工资体系，如对销售人员采用的佣金制度。

对于独特人才，其人力资源管理体系以“保持良好的合作关系”为基础，强调与独特人才之间的密切合作。其薪酬战略的设计要点是：按照合同约定，根据他们为企业提供的解决方案（知识方案、设计方案、技术解决方案等）和工作成果，支付给他们相应数额的报酬。

对于辅助型人才，其人力资源管理体系强调建立劳动契约关系，要求员工服从企业的职责安排。其薪酬战略的设计要点是：按小时或临时签订的合同支付报酬，如对生产工人实行的计件工资制度，企业与清洁工签订的小时工服务协议等。

不同类型人才的薪酬战略如表 2-2 所示。

表 2-2　不同类型人才的薪酬战略

人力资本类型	人力资源管理体系	薪酬战略
核心人才	基于承诺	• 外部公平（高工资） • 根据知识、经验、资历付薪 • 股权加额外福利
通用人才	基于生产率	• 注重外部公平（市场工资率） • 为绩效付酬
独特人才	基于合作关系	• 根据合同付酬，为知识付酬
辅助性人才	基于命令和服从	• 按小时或临时签订的合同付酬

4．基于战略的薪酬体系设计

米尔科维奇认为不同的人力资源管理战略（包括薪酬战略）要适应不同的企业战略，即企业和薪酬战略之间联系得越紧密或彼此越适应，企业的效率就会越高。设计成功的薪酬体系，可支持公司的经营战略，能承受来自社会、竞争以及法律法规等各方面的压力，最终目标是使企业赢得并保持竞争优势。因此薪酬体系应随着企业战略的改变而改变，具体应当知道以下几个问题：

（1）我们该经营什么？站在整个企业的高度，明确企业总体的战略定位、战略选择和战略实施方案。

（2）我们如何在经营中取胜？从业务部门的层次来分析，为确保组织总体战略的实施，我们应该确定哪些相应的业务部门战略？

（3）为推动战略实施，企业的人力资源管理应该做出哪些相应的辅助和配合？针对企业战略和业务部门战略，制定相应的人力资源管理战略。

（4）明确整体的人力资源管理战略之后，相应的薪酬战略和薪酬管理制度是什么？在一定的社会环境、市场环境和法律环境下，从职能或制度的层面，构建整体的薪酬策略。

（5）通过实施具体的薪酬管理政策和制度，影响和改变员工的态度和行为，激励员工最大限度地为组织做出贡献，帮助企业赢得竞争优势。

根据路易斯·R·乔米兹–米嘉和米尔科维奇等人的研究，对应于企业不同的经营战略，企业要采取不同的更具体的薪酬方案。例如，创新战略强调冒险，其方式是不再过多重视评价和强调各种技能或职位，而是应该把重点放在激励工资上，以此鼓励员工大胆创新，缩短从产品设计到顾客购买之间的时间差。成本领先战略以效率为中心，注意控制劳动成本，强调少用人、多办事，其方式是降低成本、鼓励提高生产率、详细而精确地规定工作量。以顾客为核心的战略将顾客的满意度作为员工业绩的评价指标，提出按顾客满意度来给员工支付报酬。基于战略的薪酬体系设计应包括的基本步骤如图 2-3 所示。

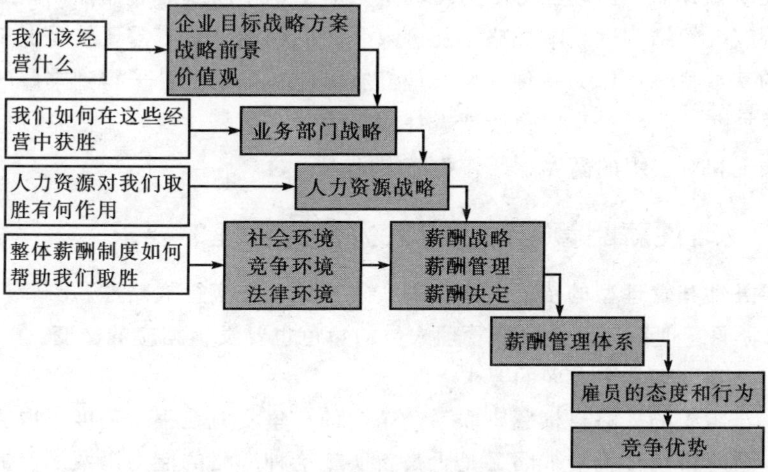

图 2-3　基于战略的薪酬体系设计

资料来源：Gerge T. Milkovich，《薪酬管理》（第六版），中国人民大学出版社 2002 年版，第 25 页。

2.3.2 薪酬管理与其他人力资源管理职能之间的战略匹配

在当今这种变革激烈的经营环境中，薪酬管理早已不再只是人力资源管理体系中的一个末端环节或者仅仅充当一种保健因素，它的作用和影响已经超越了人力资源管理乃至企业管理框架的局限，直接影响到企业的经营战略本身。关于薪酬管理与其他人力资源管理职能之间的战略匹配性问题，我们可以用图 2-4 来描述。在实践中，越来越多的企业在探讨如何通过加强薪酬战略与组织目标之间的联系，来使得企业的经营变得更为有效。

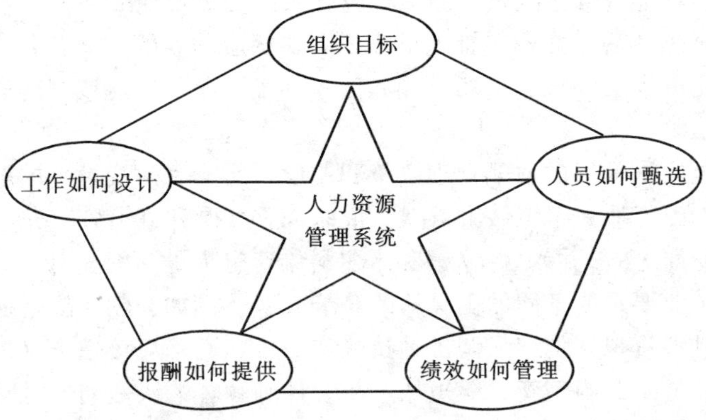

图 2-4 薪酬管理与其他人力资源管理职能之间的战略匹配关系

以微软公司为例，作为一家在计算机软件领域占据绝对优势的高科技公司，它的经营战略和组织文化都甚为强调员工的绩效表现、创新能力以及组织承诺。因此，在薪酬方面，微软在劳动力市场上采取了基本薪酬滞后而浮动薪酬和股权所占比例较大的结构性薪酬战略。在进入公司的初期，员工需要接受低于市场平均水平的基本薪酬；作为一种补偿，他们有可能在以后的日子得到丰厚的可变薪酬、绩效加薪、收益分享以及股票选择权等等。当然，这些收益都是以他们杰出的绩效表现和对组织的高度承诺作为前提的。

2.3.3 战略性薪酬管理对企业人力资源管理的要求

与事务性和管理型的传统薪酬管理实践相比，在实行战略性薪酬管理的企业中，人力资源管理部门以及薪酬管理人员的角色也要发生相应的转变，具体来说，它们应当达到以下几个方面的要求。

（1）与组织的战略目标紧密联系。企业的竞争实力在很大程度上取决于其是否制定了适应市场环境的战略，是否具备实施这种战略的能力以及所有的员工是否认同这一战略。而当薪酬战略与企业的战略相适应时，它就能有效地实现对员工的激励，增强他们对组织目标的承诺，促使他们帮助组织成功地实现这种经营战略。因此，战略性薪酬管理的第一要义就是要在薪酬战略和组织的战略目标之间建立起一种紧密的联系。

（2）降低事务性活动在薪酬管理中所占的比重。从薪酬管理的活动内容及其性质来看，薪酬管理活动可以划分为常规管理活动、服务与沟通活动以及战略规划活动三种类型。在战略性薪酬管理的思路之下，用于日常管理型的活动相对传统组织所占的比重下降，而在服务和沟通以及战略规划方面所花费的时间则有所上升。在传统组织中，日常管理活动、服务与沟通活动以及战略规划活动三者之间所花费的时间比重大约是 70%、20%和 10%；而在实行了战略性薪酬管理的组织中，三者之间的时间比重为 20%、50%和 30%左右。

（3）实现日常薪酬管理活动的自动化。在战略性薪酬管理理念下，高效率组织往往把有关职位、能力、角色、员工以及市场的数据整合到同一个计算机系统当中去，在相当大的程度上实现自动化管理。事实上，常规性薪酬管理活动的自动化和系统化，是确保人力资源管理部门以及人力资源专业人员减少在日常管理活动中的时间耗费的一个主要途径。以编制职位说明书和完成工作评价为例，在自动化管理的情境之下，管理者只需要把相关数据输入并保存在电脑当中或者直接通过在线的专业人力资源管理软件，就可以很轻松地得到严格合乎规范、经过专家认可的职位说明书。而工作评价的任务也可以通过在线操作来实现，经过大量的统计分析才能得出最终结果。

不仅如此，许多薪酬管理软件早已超出了对工作进行对比、编写工作说明书、记录薪酬数据等功能。一些先进的薪酬管理软件还可以建立组织的薪酬模型，对不同员工和职位进行薪酬比较，从而协助管理者做出最优的薪酬决策。

（4）积极承担新的人力资源管理角色。在传统组织中，薪酬管理者包括其他人力资源管理者在企业中所能够发挥的作用都并不是很大，尤其是许多业务部门的人将人力资源管理部门看成是一个专业狭窄、跟不上变革、职能发挥欠佳的部门，造成这种状况的主要是以下两个方面的原因：其一，企业中的人力资源管理者包括薪酬管理者不能迅速感知组织内外环境和经营策略发生的变化，不了解企业的经营和业务流程，因而提不出对企业的战略实现能够产生支撑和推动作用的建议，结果只能是从本职工作出发而不是从企业的战略出发来做人力资源管理工作包括薪酬管理工作；其二，他们由于承担了很多本来应该由直线管理者承担的事务性工作，消耗了大量的精力和时间，因而难以超越事务性的工作去进行战略性的思考，所以总是与处于业务一线的其他管理人员显得格格不入。

而在战略性薪酬管理这一全新管理理念之下，对薪酬的管理与组织的其他所有管理职能都实现了整合，薪酬管理并不仅仅是那些所谓的薪酬专家的专利，直线管理者甚至普通员工都要参与其中，企业让薪酬管理者能够及时和准确地获知组织中所发生的所有变化（而并不仅仅只是薪酬方面的变化），同时把他们从繁杂的管理事务中解脱出来，使他们由官僚体制的捍卫者转变为真正可以提供建议和支持的、具有全局眼光的领域专家。

综上所述，企业必须从战略的层面来看待薪酬以及薪酬管理，必须清醒地认识到，尽管薪酬与薪酬管理对于员工以及企业都具有重大的影响作用，但是薪酬本身却并不能领导企业的变革过程，不能界定应当进行何种变革，也不能决定应当建立何种价值观，更不能取代有效的领导。因此，在大多数情况下，薪酬制度和薪酬政策应当是服从于而不是领导企业的总体经营战略以及与之相关的其他人力资源管理政策。作为企业赢得竞争优势的一个重要源泉，薪酬以及薪酬管理必须能够支持企业的经营战略，与企业的文化相容，并且具有对外界压力做出快速反应的能力。

聚　焦

蓝色巨人 IBM 公司的变革过程体现了企业薪酬战略与组织战略调整之间的匹配关系。在 20 世纪 80 年代末之前的很多年里，在大型计算机主机市场上近乎居于垄断地位的 IBM 公司的薪酬体系所强调的是内部一致性，职位等级细分，薪酬等级分明，员工薪酬按照严格的等级次序在薪酬等级中循序渐进的攀升，绩效奖励或风险性薪酬的比重很小。但是到了 80 年代末期，计算机行业发生巨大变化的时候，IBM 公司几乎是转瞬间就丧失了它原来的竞争优势。面对外部市场的变化，IBM 公司重新调整了自己的战略和竞争策略，与此同时，公司的薪酬体系也相应开始强调成本控制、风险分担以及以客户和市场为导向的报酬哲学，最终企业从举步维艰的境地中重新又走入了正轨。

本章小结

1. 本章先重点讲述了战略薪酬的含义，接着阐述了企业战略对薪酬战略的影响。
2. 提出全面薪酬策略概念并对其进行了详细的剖析。
3. 介绍了战略导向薪酬管理体系的构建思想。

关键术语

- 薪酬战略
- 企业战略
- 全面薪酬战略

思考题

1. 什么是战略薪酬管理？

2. 您认为公司战略、人力资源管理战略、薪酬战略和薪酬管理的关系是什么？

3. 如果您认为薪酬战略和薪酬管理是人力资源战略的支持体系，您如何理解人力资源战略？

4. 全面薪酬战略的内涵及主要特征是什么？

5. 如何构建战略导向的薪酬管理体系？基于战略的薪酬系统设计应从哪三个层面进行？如何进行？

案例讨论

IBM 高绩效的薪酬文化

IBM 有令人羡慕的名声，通常被认为是力量、成功和道德的化身，这与其坚持贯彻道德规范、注重职场作风有着直接的联系。公司一再强调，每个职员的行为要符合高标准的道德规范，现在如此，将来也是如此。IBM 的座右铭是：负你应负的责任；公司的名誉在你的手中；公平竞争；合乎道德；追求卓越；从商业实践和法律知识中寻找答案；慎重处理信息；不要自夸；不要欺骗；公平待人；不做场外交易；严格守密。要使员工行为真正达到这样的规范，则必须在企业内形成浓厚的企业文化，以引导员工和指导他们的行为模式。为此，IBM 采取了一套独特和有效的薪酬管理体系，以促进企业文化的形成。

IBM 的薪金管理能够通过薪金管理达到奖励进步、督促平庸的目的。IBM 已经将这种管理发展成为高绩效的文化。

1. IBM 的工资福利项目

基本月薪：对员工基本价值、工作表现及贡献的认同。

综合补贴：对员工生活方面基本需要的现金支持。

春节奖金：农历新年之前发放，使员工过一个富足的新年。

休假津贴：为员工报销休假期间的费用。

浮动奖金：当公司完成既定的效益目标时发出，以鼓励员工的贡献。

销售奖金：销售及技术支持人员在完成销售任务后的奖励。

奖励计划：员工由于努力工作或有突出贡献时的奖励。

住房资助计划：公司提取一定数额奖金存入员工个人账户，以资助员工购房，使员工在尽可能短的时间内用自己的能力解决住房问题。

医疗保险计划：员工医疗及年度体检的费用，由公司解决。

退休金计划：积极参加社会养老统筹计划，为员工提供晚年生活保障。

其他保险：包括人寿保险、人身意外保险、出差意外保险等多种项目，关心员工每时每刻的安全。

休假制度：鼓励员工在工作之余充分休息，除法定假日外，还有带薪年假、探亲假、婚假、丧假等。

员工俱乐部：公司为员工组织各种集体活动，以加强团队精神，提高士气，营造大家庭气氛，包括各种文娱体育活动、大型晚会、集体旅游等。

虽然 IBM 的薪金构成包含了以上诸多因素，但里面却没有学历工资和工龄工资。在 IBM，学历是一块很好的敲门砖，但绝不会是获得更好待遇的凭证。IBM 员工的薪金跟员工的岗位、职务、工作表现和工作业绩有直接关系，工作时间长短和学历高低与薪金没有必然关系。

2．IBM 公司的薪酬发放方式

IBM 公司采取了与个人承诺计划结果相结合的方式。在 IBM，每一个员工工资的涨幅会有一个关键的参考指标，这就是个人业务承诺计划——PBC。只要你是 IBM 的员工，就会有个人业务承诺计划。制定承诺计划是一个互动的过程，你和你的直属经理坐下来共同商讨这个计划怎么做得切合实际。几经修改，你其实已和老板立下了一个一年期的军令状。老板非常清楚你一年的工作及重点，你自己对一年的工作也非常明白，剩下的就是执行。到了年终，直属经理会在你的军令状上打分，直属经理当然也有个人业务承诺计划，上头的经理会给他打分，大家谁也不特殊，都按这个规则走。IBM 的每一个经理掌握了一定范围的打分权力，他可以分配他领导的那个队（组）的工资增长额度，他有权力将额度如何分给这些人，具体到每一个人给多少。IBM 在奖励优秀员工时，是在履行自己所称的高绩效文化。

3．IBM 的个人业绩评估计划

从三个方面来考察员工的工作情况：第一是制胜，胜利是第一位的。首先你必须完成你在 PBC 里面制定的计划，无论过程多艰辛，达到目的最重要。第二是执行。执行是一个过程，它反映了员工的素质，执行是非常重要的一个过程监控量。第三是团队精神。在 IBM 埋头做事不行，必须合作。在 IBM 采访时有一个强烈的感觉：IBM 是非常成熟的矩阵结构管理模式，一件事会牵涉很多部门，有时候会从全球的同事那里获得帮助。所以连成一组意识应该成为第一意识，工作中要随时准备与人合作。

4．IBM 为员工的薪酬福利待遇提供多种双向沟通的途径

如果员工自我感觉非常良好，但次年初却并没有在工资卡上看到自己应该得到的奖励，会有不止一条途径让你提出个人看法，包括直接到人力资源部去查自己的奖励情况。IBM 的文化中特别强调沟通——双向沟通，不存在单向的命令和无处申述的情况。IBM 至少有四条制度化的通道给你提供申述的机会。

（1）高层管理人员面谈（主管）。员工可以借助“与高层管理人员面谈”制度，与高层经理进行正式的谈话。这个高层经理的职位通常会比你的直属经理的职位高，也可能是你经理的经理或是不同部门的管理人员。员工可以选择任何个人感兴趣的事情来讨论。这种面谈是保密的，由员工自由选择。面谈的内容可以包括个人对问题的倾向和意见、自己所关心的问题，所反映的这些情况公司将会交直接有关的部门处理，所面谈的问题将会分类集中处理，不暴露面谈者身份。

（2）员工意见调查（职员意见审视）。这条路径不是直接面对你的收入问题，而且这条通道会定期开通。IBM 通过对员工进行征询，可以了解员工对公司管理阶层、福利待遇、工资待遇等方面有价值的意见，使之协助公司营造一个更加完美的工作环境。很少看到 IBM 经理态度恶劣的情况，恐怕跟这条通道关系密切。

（3）直言不讳（speak up）。在 IBM，一个普通员工的意见完全有可能会送到总裁郭士纳的信箱里。“Speak up”就是一条直通通道，可以使员工在毫不牵涉其直属经理的情况下获得高层领导对你关心问题的答复。没有经过员工同意，“Speak up”的员工身份只有一个人知道，那就是负责整个“speak up”的协调员，所以你不必担心畅所欲言过后会带来的风险。

（4）申诉（open door）。IBM 称其为“门户开放”政策。这是一个非常悠久的 IBM 民主制度。IBM 总裁郭士纳刚一上任就一改 IBM 的作风，他经常反向执行 open door，直接跑到下属的办公室问某件事干得怎么样了。IBM 用 open door 来尊重每一个员工的意见。员工如果有关工作或公司方面的意见，应该首先与自己的直属经理恳谈。如果有解决不了的问题，或者你认为不便于和直属经理讨论，可以通过 open door 向各事业单位主管、公司的人事经理、总经理或任何总部代表申诉，你的申诉会得到上级的调查和执行。即使是到了离职面谈的阶段，IBM 也不放弃解决薪酬方面问题的努力。

5. IBM 的薪金保密制度

IBM 的薪金是背靠背保密的，薪金没有上下限，工资涨幅也不定，没有降薪的情况。如果你觉得工资实在不能满足你的要求，那只有走人。如果因为工资问题要辞职，IBM 不会让你的烦恼没有表达的机会，人力资源部会非常惋惜地挽留你，而且跟你谈心。IBM 会根据情况，看员工真实的要求是什么，一是看他的薪金要求是否合理，是否有 PBC 执行不力的情况，如果是公司不合理，IBM 会调整，公司对优秀员工非常重视。第二种情况是看员工提出辞职是以增资为目的，还是有别的原因。通过交谈和调查，IBM 会让每一个辞职的人以一种好的心态离开 IBM。

为了使自己的薪资有竞争力，IBM专门委托咨询公司对整个人力资源市场的待遇进行详细了解，再根据市场的情况对公司员工的工资涨幅进行调整，使自己的薪资有良好的竞争力。

思考与讨论题

1．IBM高绩效的薪酬文化体现了全面薪酬管理的哪些特点？

2．IBM的薪酬设计理念对你所在企业的薪酬管理有哪些启示？

第 3 章

工作分析

本章学习目标

1. 了解工作分析的概念、含义及在人力资源管理中的作用；
2. 理解以企业战略和经营目标为导向的工作分析的思路；
3. 熟悉工作分析的信息收集方法和工作分析方法；
4. 掌握工作分析的内容和分析原则；
5. 熟悉并能够组织、实施工作分析工作；
6. 掌握工作说明书的编写内容及其要求。

引导案例

该谁来擦地板

一个机床操作工不慎将水洒在了机床周围的地板上，车间主任让操作工把洒在地板上的水打扫干净，操作工拒绝执行，理由是任职说明书里没有包括清扫的条文。车间主任顾不上去查岗位说明书，就找来一名服务工来做清扫工作，但是服务工同样拒绝，理由相同，服务工认为该由勤杂工来完成。车间主任威胁服务工说要解雇他，因为这种服务工是分配到车间做杂务的临时工，服务工勉强同意，但是干完活后服务工立即投诉车间主任。

有关人员接到投诉以后，看了这三类人员的岗位说明书。机床操作工的岗位说明书规定：操作工有责任保持机床的清洁，使之处于可操作的状态，但并未提及清扫地板。服务工的岗位说明书规定：服务工有责任以各种方式协助操作工，随叫随到，即时服务，但也没有包括清扫工作。勤杂工的岗位说明书确实包括了各种形式的清扫工作，但其工作时间是从工人正常下班以后开始。

思考与讨论题

1. 操作工和服务工为什么拒绝执行车间主任的指令？

2. 服务工为什么投诉车间主任?
3. 该问题出现的根本原因是什么? 怎样解决?

3.1 工作分析概述

3.1.1 工作分析的概念及内涵

工作分析又称职位分析，是指从组织战略、经营目标及业务流程出发，对组织中各个工作岗位的设置目的、职责、工作内容、工作关系、工作环境等工作特征以及对该岗位任职员工的素质、知识、技能要求等任职条件进行调查、分析后进行客观描述的过程。工作分析的结果是形成工作流程、工作关系图及岗位说明书，其目的是为了保证企业活动的有序和规范。薪酬设计中的工作分析就是先把要做的事情“看”清楚，然后再进行相关人员、绩效等其他方面的分析。

工作分析包含着三个层次的内容：一是基于流程的工作分析，就是对组织中业务流程所涉及各项工作的种类和属性进行分析，这种分析是企业进行组织设计和岗位设置的前提和依据；二是基于岗位的工作分析，是针对具体岗位的职责范围、工作内容、工作条件、权限安排以及任职者所应具备的知识技能素质和生理、心理素质等因素所进行的分析，也是通常意义上的工作分析；三是“泰勒式”的工作分析，即对某一项具体工作的操作过程、步骤所进行的分析，如对一名装卸工人在装卸货物时需要前后移动的距离、手臂上举的高度、身高多少的人适合从事这一工作等的分析。

3.1.2 工作分析的目的及意义

不同的组织、组织的不同阶段的工作分析的目的有所不同，有的组织的工作分析是为了使现有的工作内容、任务要求及职责更加明晰或合理化，有的是对新工作的工作规范做出规定，还有的企业进行工作分析是为达到流程的优化以提高组织的运作效率。工作分析是人力资源管理中最基础性的工作，是现代人力资源管理的基础，因为工作分析和人力资源管理的主要职能密切相关，概括起来包括以下几个方面：

（1）通过工作分析增强了组织人力资源规划的准确性和有效性。在组织发展的过程中，组织会因为环境、机会的变化而引起业务、组织结构及人员类型、数量的变化。在这些变化中，为了满足组织在适当的时候能够有足够的工作人员来完成组织的任务，就需要通过人力资源规划的过程满足其人力资源供给。在规划过程中，需要根据组织的情况首先获得关于各工作岗位的人员数量、类型的信息，这类工作需要通过工作分析来完成。

（2）人员甄选录用。笔者最近提供咨询服务的一个企业非常重视员工的学历，片面强调高学历，人力资源部门在招聘时硬性要求应聘者最低要求是本科生，动辄要求研究生。然而，用人部门对人力资源部门的“高标准”并不领情，因为在实际工作中，高学历员工并不具备从事一线生产人员所需的素质，而且容易因为感觉“屈才”而萌生去意，导致很多员工像是过山车一样，屁股还没坐热人就走了。

从以上事例看出，由于没有组织工作分析而不能客观界定任职资格，所以在招聘时没有可遵循的依据，最后导致员工大量流失。任职资格匹配就意味着正好满足，要想让应聘者和职位正好匹配起来，就需要组织工作分析，通过工作分析可以获取有关职务的任职资格信息，如性别、年龄、学历、专业、工作经验、知识技能、社会交往能力等等，这些信息是组织进行人员甄选录用的基本标准。

（3）人员培训计划。员工培训越来越受到企业的重视，很多企业在培训上可谓一掷千金，但是效果却总是差强人意。要不就是培训走形式，培训老师来时热情高涨，老师一走什么也没有留下来；要不就是员工不愿意参加培训，使培训变成了一种负担。究其原因，很多企业忽略了培训需求分析，培训内容和员工的培训需求相脱节。

通过工作分析可以确定工作职责以及相应的工作要求，并在此基础上确定指导与培训内容。这样的培训所涉及的工作内容和责任才能准确反映实际工作的要求，使员工在培训中学到的知识、技能与未来工作的实际要求相一致，继而能够提高员工参与培训的主动性，使培训收到较好的效果。

（4）绩效考核。也就是考察员工的职责履行情况，具体来讲就是工作业绩和工作表现。设置考核指标是要根据不同的岗位来合理设置，通过工作分析可以明确职位的职位设置目的、工作职责和工作内容等信息，这些信息是组织进行绩效考核的基本依据。

（5）确定薪酬等级。现在企业在设计薪酬体系时，岗位价值是确定该职位薪酬等级的主要依据，通过工作分析，能够从工作责任、所需技能、完成的任务等几个方面对工作岗位的相对价值进行界定，确定工作岗位在组织中的相对价值，使组织中使用的工资水平有明确的、可解释的基础，从而有助于维持薪酬的内部公平性。所以要对每个岗位的职位价值进行评估，形成企业的相对价值体系，而不管采用哪种评估办法，都是把通过工作分析得到的岗位职责、任职资格（包括学历、工作经验和工作技能等）、工作环境等因素作为职位价值评估的主要要素。因此，工作分析是职位价值评估的前提。

（6）职业发展规划。现代的企业员工越来越注重自我能力的培养与发展，企业管理者应该从公司发展和员工职业特征角度来为员工设计职业发展规划。要想真正“充实”职业发展路径，就需要系统的工作分析，通过工作分析来明确界定每个职位的具体任职资格，以及为达到任职资格所需要的相关职业培训，为员工将来的发展指明方向。所以工作分析是个人职业发展规划的基础。

3.1.3 工作分析的沿革及发展趋势

1. 工作分析的历史沿革

工作分析的研究首先源于美国。美国人泰勒在20世纪初对组织管理进行了一系列的研究，泰勒的研究被认为是科学工作分析的开始。后来，工作分析在企业界的推广成功，对西方国家的公务员制度产生了重要影响。

现代意义上的工作分析还与人员选拔、测评等人力资源的管理和开发工作密切联系在一起。1905年，心理学家比内和医生西蒙应法国教育部的要求编制了世界上第一套智力测验题，该测验对于筛选弱智儿童非常有效。于是，在第一次世界大战和第二次世界大战期间，人们把测验应用于军人的选拔和安置上并获得了极大的成功。后来人事选拔和测评又被广泛应用于商业，而且变得越来越重要。

20世纪70年代以来，结构化、定量化的工作分析方法不断涌现。著名的有工作者指向的职位分析问卷法（PAQ）、职务指向的职能工作分析法（FJA）等等。同时也出现了关键事件法、功能性工作分析、工作要素分析等新的方法。1979年，德国工效学家沃特·罗莫特（Walter Rohmert）根据他几十年工作设计研究的总结，提出了工作分析工效学调查法，被公认为是“工作分析”的创始人。

现在，越来越多的企业认识到了工作分析对企业管理的作用和意义。从最初的仅仅为了工艺流程的设计和人员的招聘发展到了应用工作分析的结果进行绩效考核、培训、薪酬管理等，工作分析受到了越来越多企业的重视与欢迎。

2. 工作分析的发展趋势

未来的全球竞争将会更加激烈，组织中工作任务的分配将越来越灵活，层级将会减少，员工间的直接沟通将明显增多，以提高组织运作效率。为了完成组织目标，员工可以积极地做组织最需要他做的事情，他们将拥有决策和执行的权力，而不用得到高层管理者的允许。组织工作从基于任务向基于流程方向的转变，为内部或外部顾客创造价值；未来的组织主要依靠自我激励，经理们的职责就是激励员工努力工作，业绩评价将以团队或工作单元的成果作为考核的标准。

人们价值观的变化及计算机技术的不断进步和社会竞争环境的变化，对工作的影响比较明显，今后工作分析的发展将更加灵活和富有弹性，有许多学者则提出工作研究（work study）应该取代工作分析。

3.2 工作分析的内容与原则

3.2.1 工作分析的内容

工作分析应该分析的是岗位当时正在发生的工作的现状，一般包括两个方面的内容：工作描述（即工作的具体特征）和任职说明（即岗位对任职人员的各种要求）。具体包括以下几个部分。

（1）工作职责和任务。工作职责和任务说明了岗位任职者在组织中承担的职责、所需完成的工作活动和工作内容，在必要时可以是某些活动的要求，如“以达到”、“保证”等表达方式，还包括组成工作的各种任务的重要性程度、相对消耗时间、复杂性及对其他员工的责任。

（2）工作关系。工作关系包括了岗位在组织中的相对位置、拥有权限、所受监督、工作安排、工作指导等岗位间的关系等，也包括晋升机会、对内部和外部的协作关系以及工作中接触到的财、物、信息等资源。工作关系明确了岗位的汇报关系、管理对象，同时也指明了员工在组织内发展的职业生涯中的晋升方向，可以让员工有意识地努力，进行自我开发和发展训练。

（3）工作活动过程。该部分强调岗位操作的过程、程序，有的还包含了工作标准和工作衡量方法。通过分析，规范工作完成的方法、程序和要求，能够在组织中不断完善某一工作任务的最佳方法和程序并进行推广；同时，如果能长期采用标准化方法来收集、修改组织工作的最佳方法和工作流程，能达到对工作知识的收集和管理的效果，让组织通过不断改善工作方法和流程，实现程序、方法的不断优化。

（4）工作使用的设备、机械、工具、仪器。指明了该岗位在正常情况下完成岗位任务需要使用的设备、工具、仪器，也表明了岗位对操作技能的基础要求。

（5）对工作岗位任职者的要求。包括经验、教育程度、所受培训、生理及心理要求、协调能力、社会技能等多方面的要求。

（6）与工作相关的事物。包括工作所处理的对象、所应用的知识、所产出的产品或服务、记录的相关文件等。

（7）工作环境。包括工作环境分析和危险性分析，它是指完成工作任务的特定的环境及危险性。

其他有的还包含绩效衡量指标方面的因素。

3.2.2　工作分析的原则

贯彻一定的原则、按照一定的程序和流程来实施工作分析，能够使工作分析顺利地按照要求来进行，从而产生较好的结果和效果。工作分析需要明确以下几项原则。

（1）目标明确原则：不论是对组织内部还是部门内各工作岗位职责分析，必须以完成组织目标为依据，检查部门职责和岗位职责如何为实现组织目标做贡献。全面的工作分析需要从组织目标、经营业务开始，将组织内需要达成的任务分解为各部门的目标、职责，将部门的职责分解到岗位形成岗位职责，岗位工作任务也必须体现岗位工作职责对部门职责、组织目标的贡献。

（2）分工与协作原则：分工与协作在组织运行中是有机结合的两个方面，劳动分工体现的是职能化、专业化发展方向，使员工能专注于一定的工作领域。由于存在劳动分工，就需要协作将各种局部分工的工作结合起来，形成组织目标的实现形式。在工作分析中，需要分析部门、岗位职能是否体现专业化分工、合理协作的原则，是否能体现有效实现组织目标原则。

（3）工作流程合理原则：通过不同工作环节的协作，将各部门、岗位分工的工作结合在一起，这些不同环节的工作结合就是组织的工作流程。在整体的工作分析中，需要分析组织任务在各部门、岗位间衔接的合理性，按照高效益、低成本的原则进行工作流程的组合与调整。

（4）责、权、利相统一原则：全面的工作分析必然面对岗位责、权、利三方面的关系问题，一定的职能必须配备一定的权力作为保障才能实现其岗位任务，否则，出现问题只能导致问题上移，影响工作的正常进行。

（5）成本适当原则：任何组织都需要以有限的资源最有效地达到组织目标。因此，在工作分析过程中，必须分析组织目前的工作设置是否能以最有效的方法、合理的成本实现组织预定目标。成本的范围包括时间、物资、人力等一切为达到组织目标投入的有形和无形的资源。

3.2.3 工作分析需要收集的信息及来源

工作分析所需信息包括岗位外部环境信息、与工作相关的信息、与任职者相关的信息三个部分，见表 3-1。

表 3-1　　工作分析信息收集表

岗位外部环境信息	
• 组织远景、目标与战略	• 行业标杆岗位情况（以行业中领先的和主要竞争对手为主）
• 组织年度经营计划与预算	• 客户（经销商）信息（包括客户档案、客户经营管理模式、客户投诉记录等）
• 组织经营模式	• 顾客信息包括内在需求特点、顾客调查、顾客投诉等
• 组织结构、业务流程/管理流程	• 外部供应商信息
• 人力资源、财务、营销管理等	• 主要合作者与战略联盟信息
• 组织提供的产品、服务	• 主要竞争对手信息
• 组织采用的技术	
• 有关研发、采购、生产、销售、客户服务的有关信息	
• 组织文化类型与特点	
与工作相关的信息	
工作内容/工作情景因素	工作特征
• 工作职责	• 职位对企业的贡献与过失损害
• 工作任务	• 管理幅度

续表

与工作相关的信息	
工作内容/工作情景因素	工作特征
• 工作活动 • 绩效标准 • 关键事件 • 沟通网络 • 工作成果（报告、产品等）	• 所需承担的风险 • 工作的独立性 • 工作的创新性 • 工作中的矛盾与冲突 • 人际互动难度与频繁性
与任职者相关的信息	
任职资格要求	人际关系
• 教育程度 • 专业知识 • 工作经验（一般经验、专业经验、管理经验） • 各种技能 • 各种能力倾向 • 各种素质要求（包括个性特征、职业倾向、动机、内驱力等）	• 内部人际关系（与直接上级、其他上级、下属、其他下级、同事之间的关系） • 外部人际关系（与供应商、客户、政府机构、行业组织、社区之间的关系）

3.3 工作分析的方法与工作分析的实施

3.3.1 工作信息的获取方法

在进行工作分析前，首先要根据分析目的收集岗位工作的重点信息，如为绩效考核而进行的工作分析侧重于工作绩效产出的衡量与组织在相应时期对工作岗位的要求；为岗位评价而进行的工作分析侧重于岗位间不同的工作责任、所需技能、努力程度和不同工作环境间可量化的比较；为建立任职资格体系所进行的工作分析侧重于每个工作岗位对员工的知识、技能要求以及标准等。确定收集的重点信息后，可以选用不同的信息收集方法。

1. 观察法

观察法是指由工作分析者通过对岗位任职者直接或间接的观察、记录，了解任职者的工作内容、收集有关工作信息的方法。观察法是一种最直观的方法，它可以直接了解到被观察者的行为、所需完成的操作，同时分析者也能观察到任职者在各项工作环节的消耗时间，所得到的信息也不会受任职者自我报告的影响。因而，在主要由身体操作的活动组成的岗位中，用于行为化的工作分析、了解工作任职者在工作中的实际表现和实际工作过程和步骤，观察法比较有效。

但是，观察法只能观察到任职者的外部表现，而对于内在的反应和思维活动却无法了解到。所以观察法只适合于操作、行为性工作分析，而不适合于抽象的智力、心理活动信息的获取，例如管理岗位、技术研发岗位、设计人员等就不宜只使用观察方法。另外，观察法观察到的信息只是任职者某一时间段的工作情况，对于不同时间内的工作任务和操作有所变化的情况，观察法会因得到的信息不足难以说明实际情况。还有，如果被观察者指导自己处于被观察之中时，特别是了解观察结果用于确定自己的薪酬时，自己的行为、表现也会与正常情况的反应有所不同。另外，观察法不能得到有关任职者资格要求的信息。

2. 访谈法

访谈法是工作分析人员通过与岗位工作人员访谈获取岗位相关信息的方式，包括与任职者单独访谈、对承担同类工作的任职者进行群体访谈、对熟悉该岗位的任职者的上级进行访谈三种形式。

（1）对任职者单独访谈：一般来说，任职者本人对自己的工作最为了解，最了解工作的任务、如何完成、在工作中存在哪些困难及如何解决这些困难。因此，对岗位调查访谈而言最有发言权的首先是岗位任职者本人，但是，如果任职者本人没有了解工作分析的意义或他认为工作分析的结果影响到他的收入时，任职者可能过分夸大工作的责任、难度、权限等。

（2）对同类岗位的任职者进行群体访谈：当对单个任职者访谈可能使信息有所遗漏，或单个任职者对工作的片面理解造成的信息不准确时，可以采用多个任职者访谈的方法来避免此类问题。

（3）与熟悉该岗位的上级访谈：由于实际工作中，主管对属下承担的工作较为了解，或一般来说主管本人就是从该岗位晋升上来的，所以工作岗位的直接主管对工作比较清楚，即使通过单个或群体访谈已经收集到有关信息后，再向主管确认所得岗位信息的真实性、可靠性、全面性也是必要的。

实施访谈法应注意以下几点：① 选择合适的时间、地点：不要在太忙碌繁忙的时间或快要上下班的时间；选择安静不受干扰的环境。② 选择适当的访谈对象：挑选合格、有责任心的岗位任职者或岗位任职者的直接上级。③ 向被访谈者介绍访谈目的，建立与被访谈者之间的信任。④ 多使用开放式问题，鼓励被访谈者发表更多的观点，以便了解更多的信息。⑤ 每次只提一个问题。⑥ 全面选择与看待访谈信息，例如有的任职者为了表明自己最适合该岗位，把岗位的任职条件按照自己的条件来描述。所得的信息需要与相关岗位人员或直接上级确认。⑦ 为了有效使用访谈法，在最短时间内得到尽可能多的有用信息，在访谈实施前首先应确定结构化的访谈提纲是较为常用的方法。

3. 问卷调查法

问卷法是通过让任职者或相关人员填写问卷收集工作分析所需信息的方法。问卷法是一种有效的收集信息的方法，在实际工作中较为常用，一般在初步了解工作信息的基础上，编制结构化问卷，定向收集有关工作信息，然后进行综合、比较、归纳等分析工作，从同职务的问卷中找出共同的有代表性的回答，并据此写出工作（职务）描述，再征求该职务工作者的意见，进行补充和修改。为了全面、系统进行描述，最好将各项任务一一列举，越全越好，然后再归类整理，分析评估。

设计职务分析调查问卷时的注意事项：① 明确要获得何种信息，将信息化为可操作的问题。② 每个问题的目的要明确，用语应简洁易懂，必要时可以附加说明。③ 调查表的调查项目可根据职务分析的目的加以调整，内容可简可繁。④ 问卷设计应尽量规范化，问题不宜提得过多。

使用职务调查问卷时的注意事项：① 对调查表中的调查项目应进行必要的说明解释。② 应及时回收调查表，以免遗失。③ 对调查表提供的信息做认真的鉴定，结合实际情况做必要的调整。

4. 现场日志法

现场日志法要求任职者在一段时间内实时记录自己一天内做的工作，按照工作日的时间顺序记录下自己工作的实际内容，形成某一工作岗位一段时间内工作活动的全景描述。现场日志能给工作分析员提供有关任职者工作活动的概要信息，能让分析员了解任职者日常做什么，以及各项工作的时间分配等信息。

目前企业采纳最多的是将问卷调查法和访谈法结合起来使用，这主要是因为这两种方法实施程序较简单，并可在短期内得到所需信息。

5. 关键事件技术法

关键事件是导致工作成功或失败的行为特征或事件（如成功与失败，赢利与亏损，高效与低产，等等）。关键事件技术（critical incidents technique，CIT）是要求职务分析人员、管理人员、本岗位员工或与本岗位有关的职工，将劳动过程中的“关键事件”详细加以记录，在大量收集信息后，对岗位的特征和要求进行分析研究的方法。此法由 J. C. Flannagan 在 1954 年发展起来的，其主要原则是认定员工与职务有关的行为，并选择其中最重要、最关键的部分来评定其结果。它首先对该职务多方面有所了解的人员进行调查，要求描述该职务半年到一年内能观察到且能反映其绩效好坏的一系列事件。这种方法考虑了职务的动态特点和静态特点。对每一事件的描述内容包括：导致事件发生的原因和背景，把握什么是导致该事件的主要因素，什么是行为的一般后果；员工特别有效的或多余的行为；关键行为的后果；员工自己能否支配或控制上述后果；分析大量关键事件发生的频率、重要程度、对任职者能力要求，整理形成工作描述与工作规范。

在大量收集这些关键信息以后，可以分类并总结出有关职务的关键性特征和行为要求。关键事件法既能获得有关职务的静态信息，也可以了解职务的动态特点。

关键事件法的主要优点是将研究的焦点集中在职务行为上，因为行为是可观察的、可测量的，同时，通过这种职务分析可以确定行为可能的利益和作用。但这个方法也有两个主要的缺点：一是费时，需要花大量的时间去搜集那些关键事件并加以概括和分类；二是关键事件的定义是显著对工作绩效有效或无效的事件，这就遗漏了平均绩效水平，而对工作来说最重要的一点就是要描述“平均”的职务绩效，因此利用关键事件法，对中等绩效的员工就难以涉及，因而全面的职务分析工作就不能完成。

6．其他标准化分析方法和工具

（1）职位分析问卷。职位分析问卷（position analysis question，PAQ）任务调查表基本上是用于对职务本身的统计分析，难以确定人员行为方面的影响。与此相对照，人员定向的信息内容则描述如何完成某一工作，注意对工作人员的行为做出一般概述。职业分析问卷正是以对人员定向的工作要素的统计分析为基础。该表由 194 个项目或职务要素构成，这些项目可分为六个主要方面：信息输入（员工在何处及怎样得到某职务所需要的信息）、心理过程（完成职务所需的推理、计划、决策等）、工作输出（员工操作所需的体力活动及他们所使用的工具和设备）、人际活动（人际信息交流、人际关系、个人联系、管理和相互协调等）、工作情境与职务关系（工作条件、物资和社会环境）、其他方面（工作时间安排、报酬方法、职务要求、具体职责等）。每一个项目既要评定其是否是一个职务的要素，还要在一个评定量表上评定其重要程度、花费时间及困难程度。PAQ 给出了 6 个计分标准，即信息使用度（U）、所需耗费时间（T）、适用性（A）、对工作的重要程度（I）、承担责任（P）、其他特殊计分（S）。在使用职位分析问卷时，用这六个评价因素对所需分析的职务一一分析核查，按照 PAQ 给出的计分标准确定职务在职务要素上的得分。

职位分析问卷的优势在于：它对工作进行了等级划分并提供了一种量化的分数顺序或顺序轮廓，于是，就可以运用职位分析问卷法所得出的结果对工作进行对比，以确定比如说哪一种工作更富有挑战性，然后你可以依据这一信息来确定每一种工作或工资的等级。职位分析问卷的缺点主要表现在以下两个方面：第一，由于没有对职务的特殊工作活动进行描述，因此，职务中行为的共同之处就使任务之间的差异变得模糊了。第二，PAQ 的可读性差，具备大学水平以上者才能够理解其各个项目，任职者和主管人员如果没有受过 10～12 年以上的教育就难以明白。尽管如此，PAQ 仍是劳动心理学领域中使用最广泛、最受欢迎的职务分析问卷之一。①

PAQ 是一种以人为中心的工作分析方法，也可称做人员定向问卷法，而管理

① 戴良铁，伍爱：《人力资源管理学》，暨南大学出版社 1999 年版。

职位描述问卷法（MPDQ）则是常用的一种工作定向问卷法。前者集中了解员工工作行为，后者强调本身的条件和结果。例如，要了解车间主任的生产管理职责就可采取两种不同的形式，在人员定向问卷中，调查项目可写“在销售旺季，注意产品质量的变化，并在问题发生之前预测质量变化情况”；而在工作定向问卷中，调查项目可写“在产品质销售旺季，保持产品质量的应有水平”。同样是生产管理职责，前者注意行为本身，后者注意行为的结果。

（2）功能性工作分析。功能性工作分析法（Functional Job Analysis，FJA）是分析非管理性工作最常使用的一种方法，它既适用于对简单工作的分析，也适用于对复杂性工作的分析。所谓功能分析法，就是从工作活动单元职能作用的角度，对工作进行分析的一种方法，在这种方法中，分析者把工作行为单元划分为三类：对人员作用、对实物作用、对信息的作用。每一类的功能作用又按由低到高的水平划分为若干层次，最后对所分析岗位的工作功能做出具体的评判。

功能性工作分析法不仅仅是依据信息、人、物三个方面的工作进行分类，它对工作的分类还考虑以下因素：在执行工作时需要得到多大程度的指导？执行工作时需要运用的推理和判断能力应达到什么程度？完成工作所要求具备的数学能力有多高？执行工作时所要求的口头及评议表达能力如何？功能性工作分析还确定了工作的绩效标准以及工作对任职者的培训要求。在工作职能分析中，功能定义是最为重要和基本的，它们是整个职能分析的基础与依据。

（3）管理职位描述问卷调查法。管理职位描述问卷调查法（management position description question，MPDQ）是一种管理职位描述问卷方法，是以工作为中心的工作分析方法。这种问卷法是对管理者的工作进行定量化测试的方法，它涉及管理者所关心的问题、所承担的责任、所受的限制以及管理者的工作所具备的各种特征。

3.3.2　工作分析方法

在工作分析中，首先要确认的是组织中的每一项应该完成的工作是否都有相应的员工来承担，员工所承担的工作任务对实现组织目标是否有益，只有这样才能确保组织中的所有任务都落实到员工身上、员工所承担的工作对组织是有益的。工作分析通常包括以下方面的分析。

（1）工作职责和任务的分析：包括工作职责和任务的完整性、合理性、系统性三个方面。完整性分析就是确保组织的全部任务落实在相应的员工身上，这个过程需要从组织目标分析开始，将组织目标分解为各分支机构或部门的工作任务，再将各分支机构或部门的任务分解并落实到每一个员工需要完成的任务。工作职责和任务的合理性主要就职责和任务的范围及其重要程度进行分析。工作和任务的系统性分析就是分析组织、部门中的各项任务是否具备各种与工作流程相关的系统性，职责与任务是否按权限分配、控制与完成。

（2）工作投入-产出分析：工作投入分析主要指为完成组织目标，工作岗位所需的人员的类型与现在岗位人员的匹配性如何？产出分析指工作的有形产品或无形的服务的结果及其数量、质量、时间、成本等一系列的分析。

（3）工作权限分析：各个岗位是否拥有完成工作任务所需要的权力，包括人、财、物、信息等。

（4）工作流程与工作关系分析：工作任务从组织外部开始，在组织间各部门进行传递，最终得到产出的过程就是工作流程。工作过程是指组织中的成员为了完成某一特定的任务，需要做一系列相关的工作。目标明确的组织需要定义各部门如何配合才能完成组织的任务，各个岗位清楚的定义完成工作任务的过程，工作分析需要界定为达到组织或部门目标所需要的工作流程，如工作任务如何在工作岗位间传递、各个工作岗位需要产生的工作结果等等。

（5）工作环境条件分析：分析工作环境对员工身心健康可能带来的影响、完成工作任务所需生理条件的要求。

3.3.3 工作分析的流程、组织与实施

1. 工作分析的流程

包括了准备阶段、实施阶段、信息分析与整理、分析结果运用与修订阶段四个阶段，如图 3-1 所示。

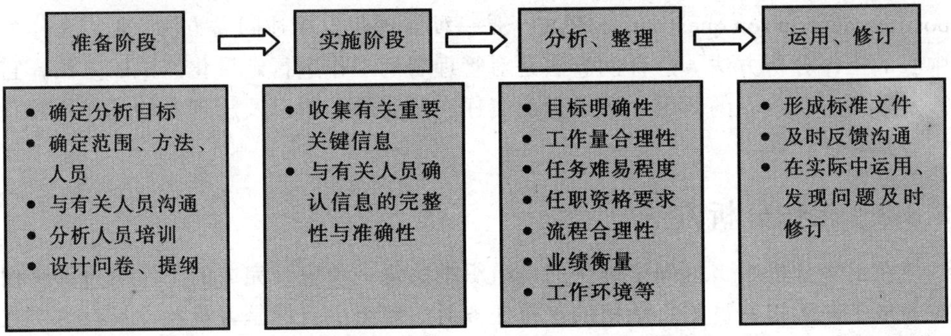

图 3-1 工作分析流程

2. 工作分析的组织实施

岗位分析是一项技术性很强、复杂而细致的工作，必须有充分的认识和准备。

（1）准备阶段。这阶段主要是成立工作小组，制定工作分析规范，设计调查方案，规定调查的范围、对象和方法。具体做法：① 根据岗位分析的总目标和总任务，对企业各类岗位的现状进行初步了解，掌握相关基础数据和资料，设计岗位调查时间和调查方案。② 工作分析过程中领导及相应岗位成员的态度与配合度是工作分析能否成功的前提条件，因此，工作分析进行前需要就分析的目的、意

义、需要配合事项向有关领导和岗位成员充分的沟通，以得到他们的理解、信任与合作。③ 制定计划，根据岗位分析的任务和程序进行分解，以便逐项完成，并对岗位分析人员进行培训，使他们掌握岗位调查的内容和具体的实施步骤及方法。④ 编制各种调查问卷和提纲。广泛收集各种资源（6W1H）：工作内容（What）；责任者（Who）；工作岗位（Where）；工作时间（When）；怎样操作（How）；为什么要做（Why）；为谁而服务（For Whom）。

（2）实施调查阶段。这阶段的主要任务是根据调查方案，对各岗位进行认真细致的调查研究。调查通常是结构化问卷调查和访谈法，还可以结合资料分析、现场观察、关键事件、工作日记、小组讨论等方法，广泛、深入地搜集有关岗位工作的各种数据和资料。

（3）分析整理阶段。这阶段是岗位分析的关键环节，是对岗位调查的结果进行深入的分析，并初步整理出岗位说明书。岗位分析并不是简单、机械地收集和积累某些信息，而是要以正确、开放和创新的思路与观念，对各个岗位的特征和要求全面考察，审核已收集的各种信息；创造性的分析，发现有关工作或工作人员的关键要求；归纳、总结出工作分析的必需材料和要素。具体如何进行分析呢？可从四个方面进行：① 职务名称分析：职务名称标准化，以求通过名称就能了解职务的性质和内容。② 工作规范分析：工作任务分析；工作关系分析；工作责任分析；劳动强度分析。③ 工作环境分析：工作的物理环境分析；工作的安全环境分析；社会环境分析。④ 工作执行人员必备条件分析：必备知识分析；必备经验分析；必备操作能力分析；必备心理素质分析。在深入分析和认真总结的基础上，提出岗位说明书。

（4）反馈总结与修订阶段。这阶段主要是对岗位分析的初步结果进行反馈与修正，最后形成完整的岗位说明书。岗位说明书的内容必须经过不断反馈与修正，才能把工作的误差降到最小。有些企业往往忽略这阶段的工作，导致岗位说明书的内容存在漏洞或不合理，容易引起工作的混乱和员工的不满。同时，要注意总结岗位分析调查工作中的问题和经验。由于组织的经营活动不断变化，会直接或间接引起组织分工协作体制的相应调整，由此，可能产生新的任务，部分原有职能的消失，可在以后适当的时间进行岗位说明书的调整和修正。

3.4 工作分析的成果描述——岗位说明书的制作

3.4.1 一般内容和要求

岗位说明书一般包含了岗位职责和工作规范两个部分的内容。岗位职责描述部分解决的是本岗位人员必须做的事情；任职资格要求部分解决的是从事本岗位工作的人员必须具备的条件。岗位职责是对工作岗位的工作职责、工作活动、工作条件，以及工作对人身安全危害程度等工作特性方面的信息所进行的书面描述；工作规范则是全面反映工作对从业人员的品质、特点、技能以及工作背景或经历等方面要求的书面文件。一般的岗位说明书应该包括以下内容：

（1）工作标识。包括工作岗位名称、部门、汇报关系、岗位编号、工作分析日期等等，根据需要还可增加工资等级、工资水平、定员人数等，视具体情况而定。

（2）工作概要。即用简单的语句对工作总体职责、性质的简单描述。

（3）职责与任务。列明任职者从事的工作在组织中承担的职责、所需完成的活动或工作内容。

（4）工作联系。描述因工作与组织内岗位、部门的上下、平行等关系或组织外的机构所发生的联系，并简要列举发生联系的频次、接触目的和重要性情况。

（5）绩效标准。为了让员工在明确工作职责的同时，清楚自己努力的目标，应尽量在此说明绩效要求。根据岗位的职责、任务、内容的要求，还可以列举出各项工作的绩效要求，包括考核的指标及其权重、晋升和转换的岗位等。

（6）工作条件。说明岗位所在的工作环境条件，如工作场所、工作环境的危险性、职业病的危险性、工作时间特征、工作的均衡性、工作环境的舒服程度等。

（7）任职条件。也叫岗位规范，可细分为三个方面：一是任职者的思想、心理、身体、知识、能力等素质要求；二是任职者所需的最低学历、工作年限、工作经验（从事过的岗位）、职称要求等；三是任职者所需的培训要求（应说明培训的内容、方式、时间等）。此外，还可增加一栏备注部分，以方便个别岗位的需要。

此外，有的岗位说明书还包括了工作的操作过程、步骤和程序。

3.4.2 岗位说明书的作用

（1）从招聘的角度来说，岗位说明书是作为招聘依据。如果某岗位缺人，该岗位所属部门就可以依据该岗位职务说明书到招聘部门去要人。招聘人员并不是凭自己的好恶来招人，而是依据该岗位职务说明书中的“任职资格”以及“技能”要求等进行筛选，招到最合适的人选。这样可以较好地避免由于主观人为因素而造成的招聘来的人员并不能胜任该岗位，也在一定程度上杜绝了招聘中的舞弊行为，做到了因岗设人、因职设人，从而大大提高了工作效率。

（2）从工作分配的角度说，岗位职务说明书应该是上级安排工作的主要依据。管理层首先应对部门职责有较清楚的认识，对每个员工所从事的岗位有充分的认识，什么岗位负责什么工作并不是完全凭管理层主观的想法，而是依据该岗位的职务说明书分配工作任务。

（3）从考核的角度来说，岗位职务说明书是确定员工考核范围的主要依据。

从职务说明书的工作内容、工作职责和要求对每位员工进行考核，考核范围应仅限于职务说明书中所列的工作内容和职责，对其所在岗位应做的工作中所表现的德、能、勤、绩进行考核。对于不属于本岗位职责的事情，由于其他原因员工做了事，也不应列入对其业绩的考核范围。否则会造成“种了他人的田，荒了自己的地”，这并不是企业所追求的目标。

（4）从薪资、福利角度来说，岗位职务说明书应是员工薪资标准的基础。确定一个包括岗位工资在内的薪酬结构，每一岗位确定一个基本岗位工资，在此岗位的员工的基本岗位工资应是相同的，不同的是他们的基础工资、工龄工资、津贴以及与个人能力业绩相关的奖金等其他部分。确定这一标准应依据职务说明书中所反映的工作内容，通过职位评定专家小组进行评定，有助于同工同酬、同岗同酬目标的实现。

（5）从员工工作的规范角度来说，职务说明书规定了员工的主要工作内容，让员工知道：什么是我该做的、什么是我负责的、什么是我协助的、我应具有什么样的特殊能力、我要在哪些方面提高、需要哪些培训、我还应具备什么样的知识等等，员工会自觉向公司所要求的方向努力。

（6）从员工职业发展规划角度来说，职务说明书还给出了员工未来职业发展方向，比如员工可以认识到目前所在的岗位、上级岗位是什么、这一方向最高能做到什么、需要什么任职资格、自身还欠缺什么、我有什么优势、我如何通过努力获得提升，等等。

3.4.3　岗位说明书的编写步骤

1．岗位说明书的编写流程步骤（见图 3-2）

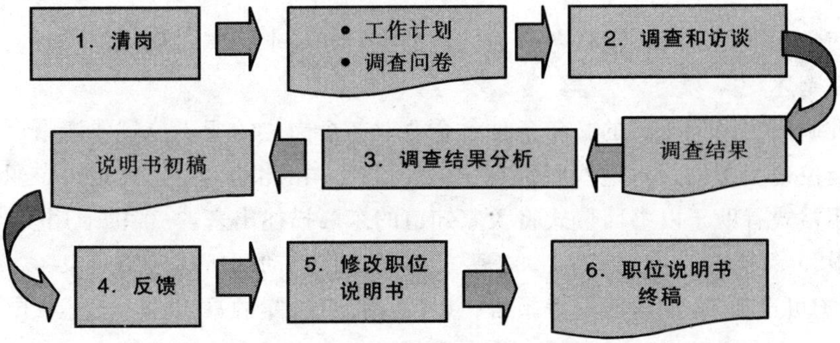

图 3-2　职位说明书编写流程

（1）组建编写小组。一般由以下人员组成：公司高层领导任组长；各部门负责人负责本部门的岗位；人力资源部提供方法、工具、指导培训；分析人员操作；顾问提供咨询等。职务说明书的编写最好在一个固定的办公地点由小组成员统一进行，以便于及时沟通。每个成员侧重编写本部门或个人最为熟悉的职务说明书，一个部门完成后再进行下一个部门。

（2）小组对问卷和访谈结果进行总体统计、审核、评估，针对同一职位但回答差异很大的项目要进行商议，以取得统一意见。

（3）工作小组全体成员讨论制定职务说明书的编写规范，如按行政和业务分类展开工作职责和内容。

（4）定期、定时进行全组成员沟通，以便及时纠正偏差。

（5）编写。每个成员在编写过程中要及时与相应部门主管及相应职位工作执行人进行沟通，使职务说明书尽可能与职位的实际情况相符。

（6）岗位说明书编写完毕后，要经过岗位成员确认和有关领导的审核确认。

2. 编写岗位说明书的要求

（1）准确描述岗位职责。岗位职责，就是描述该岗位应该做哪些事情，包括职责、任务、衡量标准三个部分。工作职责是对岗位所需完成工作的概括性描述，由一系列或者一个工作任务构成；工作任务是对职责的进一步分解和说明，职责是完成工作任务的结果，见表3-2。

表3-2　岗位职责示例

职责	职责表述：负责制定公司年度工作计划，并组织实施	
	工作任务	组织收集与公司年度工作计划相关的材料和数据
		根据公司总体工作规划，组织制定年度工作计划
		上报公司领导，经审批后负责组织实施
		根据公司实际情况变化，负责工作计划的修订工作

衡量标准是对每一项任务应该达到的程度和要求，主要从时间、数量、质量方面来阐述。

准确描述岗位职责的必备条件：企业对各个岗位的职责分配要清晰；编制、审核岗位说明书的人对这些职责有清晰的了解。在此基础上，确定岗位职责描述的通用格式有助于以书面形式将大家知道的东西描述出来。一般的通用模式是“表述权限和参与方式的动词”＋“需要完成的工作或动词所指向的对象”＋“职责目标”（可选项），如审核财务报告，以确保信息披露的真实性。表述权限和参与方式的动词在企业中一般可划分为决策行为、管理行为、思考行为、参谋行为、直接业务行为。对岗位职责描述的逻辑性通常按照以下方法：① 将同一类职责排列在一起；② 对带有流程性的工作按照流程或时间先后顺序排列；③ 对于非流程性的工作，根据职责分类在整个工作中的地位、作用或相互关系进行排列。

（2）准确描述岗位权限。岗位的权限与职责密不可分，有责必有权，责权对等才能顺利完成岗位工作。一般企业的潜力分为以下几类：① 人事管理权：包括任免、考核、薪酬、奖惩等方面。② 财务管理权：包括预算、资金支出、财务信息方面的权限。③ 信息管理权：指企业各类核心信息的创造、修改、查看、发布、审查的权利。④ 业务（技术）管理权：对具体业务、技术工作开展的管理权利。

（3）准确描述任职资格。任职资格要求是指为完成岗位工作，并保证良好的绩效而对任职者提出的一系列要求，包括对任职者知识、经验、个性特征、技能、能力等方面的要求。任职资格要求是岗位说明书的重要组成部分，是实现岗位职责的保证，在企业招聘、培训、职业生涯规划、薪酬管理等各方面具有十分重要的作用。任职资格要求条件可分为显性、半显性、隐性的。显性要求包括年龄、身体条件、受教育程度、工作经验、职业资格等方面；半显性要求包括专业知识、专业技能方面；隐性的要求包括了各种技能、能力水平、个性特征等。这三类特征的可衡量性逐渐减弱，但对绩效的影响程度逐渐增强。

通过以上流程和要求，便可以编写职务说明书了。表 3-3 是职位说明书样本。

表 3-3　　人力资源部部长职位说明书

岗位编号：　　　　　　　　　　　　编写日期：

职位名称：人力资源部部长 工资等级： 工资水平： 定员人数：1 人 所在部门：人力资源部				直接上级：行政总监 所辖人员：2 人（人事管理、薪酬考核人员） 编写人： 审定人：		
本职概述：全面主持人力资源部各项工作						
职责一：制定集团人力资源规划和部门工作计划					平均占工作时间百分比：	
工作任务	序号	工作内容			工作标准	
	1	根据集团发展，制定人力资源规划和人员需求计划			员工结构适合集团的需要	
	2	根据集团总计划，制定部门年度和月度工作计划			计划切实可行	
	3	实施年度和月度工作计划			保证计划按进度实施	
	序号	工作权限	工作责任	工作频次	工作关系	
					内部关系	外部关系
	续 1	建议权	部分	一年一次	各部门	人力资源市场
	续 2	制定	部分	一月一次		
	续 3	执行权	全部	日常		
职责二：建立健全专业管理制度					平均占工作时间百分比：	
工作任务	序号	工作内容			工作标准	
	1	根据工作需要，制定专业管理制度			符合集团实际，可操作性和可执行性强	

续表

工作任务	序号	工作内容				工作标准
	2	负责监督管理制度的实施执行				保障制度的严格实施
	序号	工作权限	工作责任	工作频次	工作关系	
					内部关系	外部关系
	续 1	制定权	部分	不定期	相关单位（部门）	
	续 2	监督权	全部	日常	相关单位（部门）	
职责三：对下属进行指导和培养						平均占工作时间百分比：
工作任务	序号	工作内容				工作标准
	1	工作指导和服务				为下属提供宽松有利的工作条件和及时到位的服务及帮助
	2	对下属的培养和激励				使下属工作积极主动，能力能充分发挥和不断提高
	3	对下属的任用、举荐和淘汰				客观公正，保证人与岗位相匹配
	序号	工作权限	工作责任	工作频次	工作关系	
					内部关系	外部关系
	续 1	指挥协调	全部	日常		
	续 2	奖惩权	全部	日常		
	续 3	提名权或建议权	部分	不定期		
职责四：协调部门内外关系						平均占工作时间百分比：
工作任务	序号	工作内容				工作标准
	1	协调与其他部门及上级领导的关系				保持良好的关系，使与其他部门的工作配合协调顺畅
	2	协调与相关主管部门关系				保持良好关系，不因此影响工作的开展
	3	受理员工的申诉和争议的仲裁				处理客观公正
	4	与各大专院校建立关系				联系广泛，重点学校保持友好关系
	序号	工作权限	工作责任	工作频次	工作关系	
					内部关系	外部关系
	续 1		全部	日常	行政主管、各部门	
	续 2		全部	日常	行政主管	人事局、社保局、劳动
	续 3	仲裁权	全部			
	续 4		全部	日常	行政主管	各大专院校

续表

<table>
<tr><td colspan="6">职责五：为集团下属公司提供人力资源管理支持和服务</td><td>平均占工作时间百分比：</td></tr>
<tr><td rowspan="9">工作任务</td><td>序号</td><td colspan="4">工作内容</td><td>工作标准</td></tr>
<tr><td>1</td><td colspan="4">工资审核</td><td>确保工资发放合理，准确无误</td></tr>
<tr><td>2</td><td colspan="4">日常人力资源管理的指导和服务</td><td>积极主动，服务周到</td></tr>
<tr><td>3</td><td colspan="4">员工的任用、调配和辞退</td><td>客观公正，竞争上岗</td></tr>
<tr><td rowspan="2">序号</td><td rowspan="2">工作权限</td><td rowspan="2">工作责任</td><td rowspan="2">工作频次</td><td colspan="2">工作关系</td></tr>
<tr><td>内部关系</td><td>外部关系</td></tr>
<tr><td>续 1</td><td>审核权</td><td>部分</td><td>日常</td><td>各下属公司</td><td></td></tr>
<tr><td>续 2</td><td>建议权或监督权</td><td>支持</td><td>日常</td><td>各下属公司</td><td></td></tr>
<tr><td>续 3</td><td>审核权或建议权</td><td>部分或支持</td><td>一年一次</td><td>各下属公司</td><td></td></tr>
<tr><td colspan="7">任职资格（胜任本岗位工作的基本要求）：</td></tr>
<tr><td colspan="2">职业道德</td><td colspan="5">有较高的个人素养、宽广的胸怀，有责任心、进取心</td></tr>
<tr><td colspan="2">教育水平、职称</td><td colspan="5">大专以上、中级职称</td></tr>
<tr><td colspan="2">参考专业</td><td colspan="5">人力资源管理或行政管理</td></tr>
<tr><td colspan="2">工作经验</td><td colspan="5">三年以上中型企业相关工作经验，具有丰富的人力资源管理经验</td></tr>
<tr><td colspan="2">相关知识</td><td colspan="5">人力资源管理知识、综合管理知识、心理学、计算机、英语等</td></tr>
<tr><td colspan="2">相关技能</td><td colspan="5">较强的沟通能力和协调能力，学习能力强、思路清晰，善于解决问题和化解矛盾</td></tr>
<tr><td colspan="2">身体条件</td><td colspan="5">精力充沛、身体健康，可经常加班</td></tr>
<tr><td colspan="2">年龄条件</td><td colspan="5">40 岁以下</td></tr>
<tr><td colspan="7">其他：</td></tr>
<tr><td colspan="2">所需工具/设备</td><td colspan="5">计算机、电话、办公桌椅、橱柜等相关设施</td></tr>
<tr><td colspan="2">工作环境</td><td colspan="5">可集体办公、安静明亮</td></tr>
<tr><td colspan="2">工作时间特征</td><td colspan="5">正常工作时间</td></tr>
<tr><td colspan="7">备注：</td></tr>
</table>

本章小结

1. 介绍工作分析的含义及意义。
2. 重点讲述工作分析系统，工作分析所需信息的获取方法、来源。
3. 工作分析的内容、原则、工作分析方法。
4. 工作说明书的编写要求与方法。
5. 提供了一些分析问卷和工作说明书的样本。

关键术语

○ 工作分析　○ 岗位说明书　○ 岗位　○ 权责　○ 任务

思考题

1. 什么是工作分析？工作分析的方法有哪些？
2. 什么是问卷调查法？如何进行问卷调查？
3. 工作分析的作用有哪些？
4. 为什么岗位说明书的格式多种多样？
5. 如何设计适合本企业的岗位说明书？
6. 在日常管理中如何发挥岗位说明书的作用？

案例讨论

工作分析产生的价值

工作分析的价值绝不仅仅是岗位说明书的价值，还有分析过程中对于公司目标的分解和分析、组织结构的调整和审视、岗位设置与岗位职责的重新认识与梳理等作用。

价值之一：工作再设计

可以利用工作分析过程中提供的信息，根据组织发展需要重新审视组织结构，界定工作和改进工作方法，并提高员工的工作参与程度，从而提高员工的积极性和责任感。

价值之二：工作岗位设置

工作岗位的设置科学与否，直接影响一个企业的人力资源管理的效率和科学性。在一个组织中设置什么岗位，设置多少岗位，每个岗位上安排多少人，安排什么样的人员，这些问题的解决都直接有赖于工作分析的科学结果。一般来说，工作岗位的设置主要考虑以下原则：

（1）因事设岗原则：设置岗位既要着重于企业现实，又要着眼于企业发展。按照企业各部门职责范围划定岗位，而不应因人设岗，岗位和人应是设置和配置的关系，而不能颠倒。

（2）规范化原则：包括规范名称和职责范围等，对企业脑力劳动者的岗位规范不宜限制过细，应强调创新。

（3）整、分、合原则：在组织整体规划下应实现岗位的明确分工，在分工基础上进行有效综合，使岗位职责既明确又能同步协调，以发挥最大的企业效能。

（4）最少岗位数原则：可以最大限度地节约人力成本，又尽可能缩短岗位之间信息的传递时间，减少“滤波”效应，提高组织的运作效率。

（5）人事相宜的原则：根据岗位对人的素质要求，选聘相应的工作人员，并安置到合适的工作岗位上。

价值之三：岗位说明书

岗位说明书的编写是在岗位信息的收集、比较、分类的基础上进行的，是工作分析的最后一个环节，也是工作分析的成果。岗位说明书是岗位性质类型、工作环境、资格能力、责任权限及工作标准的综合描述，用以表达岗位在单位内部的地位、工作关系以及对工作人员的要求。它体现了以“事”为中心的岗位管理，是考核、培训、录用及指导员工的基本文件，也是岗位评价的重要依据。

价值之四：通过岗位评价确定岗位等级

通过工作分析，提炼评价工作岗位的要素指标，通过岗位评价确定工作岗位的相对价值，根据岗位价值或任职能力制定薪酬制度及确定培训内容等。

第 4 章

岗位评价

本章学习目标

1. 了解岗位评价的含义及意义；
2. 熟悉怎样构建符合企业实际情况的岗位评价系统；
3. 熟悉并理解岗位评价的原则及确定评价指标体系的方法；
4. 熟悉常见的岗位评价方法；
5. 重点掌握评分法的操作步骤，能够应用评分法进行岗位评价的操作；
6. 了解岗位评价易出现的问题并能够采取措施预防；
7. 掌握岗位评价结果的处理及在工资结构设计中的应用。

引导案例

××公司的员工由于对薪酬很不满意，导致对工作缺乏责任心，积极性和主动性都不够，公司高层决定请咨询公司介入解决这一问题。咨询公司开始认为是工资水平偏低造成的，因为员工说工资已经好几年没涨了。经过调查发现，职工的薪酬水平在当地并不算低，公司的工资也按照国家要求涨了几次，只是员工不太关心，没有感觉到。咨询公司在访谈中发现：人们认为职能工作人员及中层管理人员的工资偏高，特别是根据业绩贡献发放的奖金偏高。职能工作者的奖金与生产一线工作人员相当，但是他们的工作轻闲且工作环境比较舒适；中层干部有的认为自己工作付出的多，与所得不匹配：同样是部长，保卫部、供应部、储运部跟生产部和研发中心的部长差不多，最苦的就是新产品车间了，工作最忙，各方面的管理、操作流程还不熟练，因而事情较多，出的问题也多，看上去还没什么成绩。所以，员工感觉薪酬缺乏公平感，工作干好、干坏基本上一样。公司高层和人力资源部也发现了这些问题，关键是如何才能够解决呢？经过广泛的调查分析，咨询公司认为该公司薪酬的内部公平性是个关键性问题，再就是绩效考评不到位，薪酬和绩效过程缺乏沟通造成员工的不理解。

思考与讨论题

1. 员工积极性不高的主要原因是什么？
2. 中层管理人员为什么对薪酬不满意？
3. 假设您是咨询公司人员，该如何着手解决该公司存在的问题？

4.1 岗位评价概述

岗位评价也被称为职位评价、岗位评估，是指在工作分析的基础上充分收集工作岗位各方面的信息，以工作岗位的工作内容和对组织的价值贡献为依据，对岗位的责任大小、工作强度、所需任职条件等特性进行评价，以确定岗位间相对价值的过程。其结果是形成工作岗位的相对价值，最终形成企业内部岗位的相对价值体系，该体系反映了各岗位对企业贡献的相对比率。

岗位评价有三大特点：一是"对岗不对人"，即岗位评价的对象是企业中客观存在的岗位，而不是任职者；岗位评价衡量的是岗位的相对价值，而不是绝对价值。二是岗位评价过程是根据预先规定的衡量标准对岗位的主要影响指标逐一进行测定、评比、估价，由此得出各个岗位的量值，使岗位之间有对比的基础。三是岗位评价先对性质相同的岗位进行分类，然后根据评定结果再划分出不同的等级。

岗位评价的对象要素通常包括工作的任务和责任、完成工作所需要的技能、工作对组织整体目标实现的相对贡献大小、工作的环境与风险等因素，这些内容恰恰是工作分析所提供的信息，因此工作分析是职位评价的基础。按照岗位评价结果所形成的岗位薪酬比率支付岗位的薪酬，可以客观反映各工作岗位的相对价值，起到平衡薪酬，达到内部公平的作用。

在组织内，为岗位进行价值评价有着非常重要的意义和作用：

（1）岗位评价展示了组织、战略认可的报酬要素，从而实现了组织战略与薪酬体系的有效衔接，对企业发展和获取核心竞争力指明了操作方向。

（2）通过岗位评价建立岗位价值序列，为制定科学合理的薪酬结构提供了依据，有利于实现薪酬的内部公平性，有利于保持员工的薪酬满意度和工作积极性，并为以后薪酬调整和新的岗位的薪酬定级提供了科学的手段。

（3）岗位评价提供了与员工进行薪酬沟通的依据，为薪酬差异提供了解释的基础。岗位评价还可以使员工与员工之间、管理者与员工之间对报酬的看法趋于一致和满意。各类工作与企业对应的报酬相适应，使企业内部建立起连续的等级，从而使员工明确自己的职业发展和晋升途径，便于员工理解企业的价值标准，引导员工朝更高的目标前进。

（4）岗位评价还为员工参与管理、参与薪酬体系的制定提供机会，有效传达了组织对员工在工作职责、能力要求等方面的期望，有利于员工对组织薪酬体系和薪酬制度的理解，有利于实现薪酬的激励导向作用。

（5）岗位评价对“事”不对人的特点，使每一个岗位在企业中的地位和相对价值真正能够脱离“人”的因素。而且根据岗位本身预先确定的各种因素的描述，实现了人力资源管理所要求的“事前作用”，使企业管理者真正以投资的眼光看待工资福利的管理，有利于加强人工成本预算，建立以人工成本管理为主要内容的企业内部约束机制。

（6）岗位的“事”在经过评价之后，使得岗位有了明确的等级要求，不仅为企业人力资源配置提供了一个公平、公开、竞争的平台，有利于人才与岗位的优化组合，而且为企业实施各种形式的岗位培训奠定了良好的基础，便于企业规划制定全面的人才培训计划。

4.2 岗位评价体系

4.2.1 岗位评价的原则

岗位评价需要遵循一定的原则才能保证评价结果的公平性和客观性，一般需遵循以下原则：

（1）对事不对人原则。岗位评价的对象是该工作岗位，而不是目前在这个岗位上工作的人，充分体现了公平性和客观性。

（2）一致性原则。所有岗位必须通过相同的评价工具进行评价，以保证结果的正确性和可比性。

（3）评价因素无重叠、无遗漏原则。岗位评价考察的各项因素彼此间是相互独立的，各项因素都有其各自的评价范围，这些范围彼此间是没有重叠和遗漏的。

（4）针对性原则。评价因素应尽可能结合企业实际，这需要在实际评价之前与评价人员进行充分的沟通，确定评价因素。

（5）独立原则。参加评价的人员必须独立地对各个职位进行评价，不能商量评价。

（6）反馈原则。对于各个岗位评价的结果，应该及时进行反馈，让参与评价的人员能够及时了解对该岗位评价的情况、产生偏差的原因以及其他人的观点，及时调整自己的思路。

（7）过程参与原则。适当的让员工参与到岗位价值评估工作中，容易让大家对结果产生认同感，也有利于增强岗位价值评估结果的合理性。

4.2.2 评价指标、权重、指标等级定义与赋分

指标因素定义的一致性和因素选择的紧密衔接是工作评价成功的关键。为了减少理解上的误差，我们对报酬要素进行界定和定义，给出理解报酬要素的通俗易懂的语句，详尽描述报酬要素的内涵和外延，这就是指标定义。在描述指标的岗位间差异的同时，赋予不同评价指标不同的分值，以便于理解岗位差异和给出不同的分值，这就是指标的赋分。分值的不同反映了各个指标在整体评价体系中的重要程度。

1. 岗位评价指标的选取

（1）岗位评价指标选取的原则。① 实用性原则。选择评价指标时必须从企业的实际出发，全面体现岗位的特点，以提高岗位评价的应用价值。② 普遍性原则。所选择的岗位评级指标应该对不同岗位普遍具有适用性和代表性，而不是仅仅适用或反映个别岗位的特点。③ 可评价性原则。评价指标具有可评价性的评价结果才具有科学性，才能体现岗位劳动的差别。因此，所选择的评价指标在实际运用过程中，能按统一的评价标准进行独立的评价，并且能定量化或数量化。④ 全面性原则。评价指标的全面性是指评价因素能全面反映岗位的特点，体现不同岗位的差别，反映出岗位劳动对企业的贡献。因此，对影响岗位评价诸因素的选择既不能遗漏也不能重复，必须从多方面选择多个评价因素，通过多因素综合评价来实现全面、科学的评价。

（2）选择岗位评价指标的方法。选择岗位评价指标的方法多种多样，目前企业大多数都采用因素分析法。也就是从企业的实际出发，对企业生产和岗位劳动状况进行全面分析，并遵循选择指标原则，寻找出影响和决定岗位劳动状况和劳动量的所有因素，然后确定评价指标。选择过程应该是由表及里、由粗到细、层层分析，即从总体到局部，从粗到细的过程。

如 CRG 方法是从瑞士的国际资源管理集团 CRG 引进的方法，一共有 7 项评价标准：① 组织影响力：在组织中起什么作用？对组织影响有多大？规模有多大？② 监督管理：管理多少部门？多少人？管理什么样的岗位？③ 责任范围：工作独立性怎样？责任的广度和宽度有多大？④ 沟通技巧：交往频度如何？技巧难度有多大？⑤ 工作复杂性：要求什么样的知识和经验？⑥ 解决问题的难度：是否需要很强的创造性？⑦ 工作环境条件：工作环境和条件怎样？

（3）岗位评价指标体系的特点。① 普遍性和特殊性相结合。岗位评价的指标体系都是以岗位为对象，以岗位劳动过程为内容反映岗位劳动量的，与岗位劳动量有着密切的关系，这是共性；对于不同企业，其指标体系的构成不尽相同，各

具特色，这是其个性。构成指标体系的各个指标，既有反映劳动普遍性的指标，又有反映劳动特殊性的指标。② 软硬指标同时并存。软指标是目前尚不能用仪器或其他技术方法测定的指标，主要由人们的主观评价得出，即功能评定，包括劳动责任、劳动技能、劳动心理中的各指标；硬指标是可以通过仪器仪表或其他技术方法测定出来结果的指标，包括劳动强度和劳动环境中的各指标，主要运用技术测定法，所以也可以把这类指标称为测定指标。软硬指标的结合，可以使对问题的说明更透彻和全面。③ 相对指标和绝对指标的配合。各指标的权重系数是预先确定的固定值，无论岗位各指标的值是大是小，它对各岗位来说都是统一不变的；而各指标的评价结果是由各岗位的相对比较确定的，不同岗位相互比较后，其评价结果是不同的。但就权重系数而言，对所有岗位都是一样的，它是一个绝对值。④ 单项指标与综合指标的综合。岗位评价指标体系的综合指标包括两个方面：一方面是指劳动心理因素中的择业心理和择岗心理；另一方面是指最终综合评价结果，即用指标体系的全部指标对岗位进行全面综合评价后所得的评价总分，这是不容置疑的。

2. 分数分析法评价指标体系的建立

一般分数分析法是以数字代表工作报酬因素的价值量，这些价值量加起来就是工作的总的价值量，各个工作的相对价值量差异就是通过总的价值量来体现的。分数分析法是通过比较报酬因素对工作进行评价的，根据对于公司的价值，为每一个报酬因素定义并赋分，分数的大小代表了该因素对于工作的相对重要性。一般通过以下几个步骤确立评价指标体系。

（1）选择基准岗位，以便对基准岗位进行分析。一般基准岗位是从外部找到的，为评价本公司的岗位提供参考分数。基准岗位一般具有几个特征：工作内容是大家熟知、长期相对稳定且被雇员认可的；是很多不同的雇员都从事的工作岗位；代表公司被评价的一系列工作；被劳动力市场广泛用来确定工资水平的。

（2）在基准工作岗位的基础上选择报酬因素。能够对该要素定义，并能把该岗位工作与其他工作价值的不同区别开来。报酬因素还可能被细分为具体的相关因素或次级因素。

（3）定义不同级别的报酬因素。虽然报酬因素是用来描述一系列基准工作的，但是各个工作的范围和内容都不一样，因此，进行评价时可把每个因素划分成不同的级别，代表每个工作中该因素的水平。为了减少理解上的误差，我们对报酬要素进行界定和定义。划分级别的数量依据方案的复杂程度而定。

（4）决定每一个因素的重要性。因素的重要性反映了该因素对于工作的总价值的重要性，通常用占总价值量的百分比来表示。一般先把所有的因素根据重要性排序，由管理层或工作委员会讨论决定该重要性的百分数。

（5）为每一个报酬赋分。首先决定一套报酬因素中每一报酬因素的最大值，每一报酬因素的总分数以步骤四的重要性为基础，薪酬专业人员确定报酬因素的每一级别的分数，级别越高，分数越大。每增加一级，增加的分数相等。最高级别的分数就是该因素的最大分数。

（6）检验报酬因素级别和分值。应该随机抽取几个工作岗位，依照该评价指标体系独立评价，得出分值。仔细考虑计算出的等级结构是否符合公司的战略计划和工作内容。如有明显不合理的地方，应该重新考虑报酬因素的定义、重要性。

4.2.3　岗位评价方法

目前通用的职位评价方法有四种，即职位排序法、职位分类法、因素比较法、要素计点法（评分法）。其中职位分类法、职位排序法属于定性评估，评分法和因素比较法属于定量评估。不同方案的特点也不相同，企业进行岗位评价时使用哪种评价方法要根据企业的特点和需要进行选择。下面对职位排序法、职位分类法和因素比较法简单介绍，主要介绍评分法中的 IPE 法和适用于管理、技术类岗位的海氏法。

1. 职位排序法

职位排序法是一种整体性的职位评价方法，根据岗位的某一因素特征或综合因素特征对岗位进行整体的比较后，进而将职位按照相对价值的高低排列出职位次序的评价方法，包括简单排序法与交错排序法。简单排序法是按照全体评价岗位的评价因素由高到低排列的方法。交错排序法是从评价岗位中挑选某评价因素最高的，再挑最低的；然后挑出次高的，再挑出次低的，…… 如此循环，直至排完。

职位排序法的主要优点是简单、容易操作、省时省力。一旦标准工作岗位及其相应位置被确定后，排列其他岗位就相对简单。另一个优点是每个岗位是作为一个整体来进行评定的，从而避免了对工作要素的分解而引起的矛盾和争论。总之，排列法采用直观的方法，对数量不太多的互相联系的工作岗位进行测评往往能得出正确和满意的结果。主要缺点是这种方法带有一些主观性，评价者多依据自己对职位的主观感觉进行排序；另外，对职位进行排序无法准确得知职位之间的相对价值关系。此评价方法适用于较小规模、职位数量较少的组织。

操作步骤为：① 进行工作分析，了解岗位信息；② 选择评价小组成员，确定需要评价的岗位；③ 选择报酬要素，保证评价者采用一致的工作特质对工作岗位进行排序，从而使不同评价人员的各种判断具有可比性，排序法可以看做将整体的报酬要素作为评价的标准；④ 选择基准岗位；⑤ 将基准岗位排序，并将其他岗位按与基准比较后的结果排序；⑥ 评价人员的结果平均后，确定岗位的等级。

基准岗位指在大多数组织中都存在，工作职责和对任职者的要求差异不大的岗位，如人力资源部经理、财务部经理等，便于不同组织间薪酬水平的对比。一般选择基准岗位时在组织中选择10%～15%或20个左右的基准岗位进行标准化评价，其他岗位通过与基准岗位对比而得出。

2．职位分类法

所谓职位分类法，就是通过制定出一套职位级别标准，将各个职位与标准进行比较，并归到各个级别中去，其前提是不同等级的职位对技能和责任要求不同，在这一显著特点的基础上，将职位划分出一套等级系统。职位分类法的关键是建立一个职位级别体系，包括确定等级的数量和为每一个等级建立定义与描述。分类法与岗位参照法有些相像，不同的是它没有进行参照的标准岗位，它是将企业的所有岗位根据工作内容、工作职责、任职资格的不同要求划分不同的类别（一般可分为管理工作类、事务工作类、技术工作类及营销工作类等），然后给每一类岗位确定一个价值的范围，并且对同一类的岗位进行排列，从而确定每个岗位不同的岗位价值。

分类法的具体操作步骤：

（1）岗位分析。岗位分析是基础的准备工作，目的在于收集岗位各种有关的资料、数据。

（2）岗位分类。按照生产经营过程中各类岗位的作用和特征，首先将全部岗位划分为若干个大类、中类、小类。

（3）建立等级结构和等级标准。由于等级数量、结构与组织结构有明显的关系，因此这一步骤比较重要和复杂。它包括以下四个方面：① 确定等级数量。等级的数量取决于工作性质、组织规模、功能的不同和有关人事政策，不同企业根据各自的实际情况选择一定的等级数量，并没有统一的规定和要求。② 确定基本因素。通过这些基本因素测评每一职位或工作岗位的重要程度。当然，不同的机构选择的因素也不同，应根据实际情况灵活处理。③ 确定等级标准。因为等级标准为恰当区分工作的重要性程度以及确定工作评价的结果提供了依据，所以它是这一阶段的核心。在实际操作中，一般是从确定最低和最高的等级标准开始的。④ 岗位测评和列等。等级标准确定后，对岗位的测评和列等就根据这些标准，将工作说明书与等级标准逐个进行比较，并将工作岗位列入相应等级，从而也评定出不同系统、不同岗位之间的相对价值和关系。

职位分类法的主要优点是简便，易于理解和操作，适用于大型组织、对大量的职位进行评价。另外，由于等级标准都参照了制定因素，使其结果比排列法更准确、客观。当出现新的工作或工作进行变动时，按照等级标准很容易确定其等级。职位分类法的缺点是对职位等级的划分和界定存在一定的难度，有一定的主观性，如果职位级别划分的不合理将会影响对全部职位的评价；另外，这种方法对职位的评价也是比较粗糙的，只能得出一个职位归在哪个等级中，职位之间的价值量化关系也不是很清楚；再者，职位分类法适合职位性质大致类似、可以进行明确的分组并且改变工作内容的可能性不大的职位。

3. 因素比较法

因素比较法是根据职位的通用工作特征定义职位的评价等级，并以此评价关键职位。由于关键职位应得报酬是可知的，那么在评价其他职位时，只要与关键职位的各个要素进行比较，就可得出各评价要素应得的货币价值。因素比较法不关心具体岗位的岗位职责和任职资格，而是将所有岗位的内容抽象为若干个要素，根据每个岗位对这些要素的要求不同而得出岗位价值。比较科学的做法是将岗位内容抽象成五种因素：智力、技能、体力、责任及工作条件。评估小组首先将各因素区分成多个不同的等级，然后再根据岗位的内容将不同因素和不同的等级对应起来，等级数值的总和就是该岗位的岗位价值。

因素比较法的步骤为：① 成立岗位评估小组；② 确定岗位评估所需要的因素，即智力、技能、体力、责任和工作条件；③ 选出若干具有广泛代表性的标杆职位或关键岗位；④ 将各种标杆岗位/职位按照各因素对各岗位的要求和重要性进行依次排列，形成标杆岗位/职位分级表；⑤ 将各种标杆岗位/职位的现行工资，按前面所确定的标准进行适当的分配，编制标杆岗位/职位工资表和因素工资分配尺度表；⑥ 将标杆岗位/职位以外的各岗位/职位逐项与建立起来的标杆岗位工资表和因素工资分配尺度表进行比较，一个要素一个要素地进行判定，找到最类似的相应标杆职位，查出相应的工资，再将各项因素工资相加，便得到该岗位/职位的工资。

因素比较法的优点就是可以根据在各个报酬因素上得到的评价结果计算出一个具体的报酬金额，这样可以精确反映出职位之间的相对价值关系，这种复杂方法的运用不会产生理解问题或雇员的接受问题，并且能够把工资结构和基准职位的相对等级或劳动力市场上通行的工资更紧密地联系起来。

应用因素比较法时，应该注意两个问题：一是薪酬因素的确定要慎重，一定要选择最能代表职位间差异的因素；二是由于市场上的工资水平经常发生变化，因此要及时调整基准职位的工资水平。但是由于我国处于多种薪酬体制并存时期，同时国内薪酬体制透明度较低、劳动力市场价格处于混沌状态，因而使用因素比较法的基础数据不足。目前因素比较法在国内基本未得到使用。

4. 要素计点法

要素计点法也叫评分法，就是选取若干关键性的薪酬因素如责任、知识技能、努力程度、工作环境因素等，每一个要素被分成几个次级要素并对每个因素的不同水平进行界定，同时给各个水平赋予一定的分值，这个分值也称作是“点数”。然后按照这些关键的薪酬因素对职位进行分析和定分，把各个要素的分数进行加总就得到每个职位的总分数，这个总分数值决定了它在岗位序列中的位置，也决定了职位的薪酬水平。一旦确定了评价的因素及其加权系数，整个计划的执行比非分析法简单。由于它是通过运用明确的因素对工作进行个别的判断，因此主观判断的随意性要比非分析法小得多。

其实施过程为：确定评价职位范围→进行职位分析→选取报酬要素→建立指标和等级定义→赋予指标权重和分值→标杆职位测试→方案修正与推广。

要素计点法的主要优点是：能够较准确地确定相对价值，评定准确性高，定量分析得到了充分的体现；可以对评估数据进行系统性的分析；评估结果易转化为薪资级别；具有一定的精确性和连续性。

要素计点法的主要缺点是工作量大、操作过程较为复杂，而且提前要与员工进行充分的沟通，以对要素理解达成共识。对于规模较小的企业，要素计点法的使用可能会使简单问题复杂化，会不如非量化的方法实用。

要素计点法是目前薪酬设计中运用最广泛的一种工作评价方法，其理论和实践也相对较为丰富，国内比较知名的咨询公司如北大纵横在进行咨询时都采用此方法进行岗位评估。目前较为通用的 IPE、Hay 氏三要素法都是基于要素计点法而开发的具体的职务评价方案。

以上四种评价方法的比较见表 4-1。

表 4-1　　四种评价方法的比较

方　法	是否量化	评估的对象	比较的方法	优　点	缺　点
职位排序法	非量化的方法	对职位整体进行评估	是在职位与职位之间进行比较	简单，容易操作，省时省力	主观性大，无法准确确定相对价值，适用于小型企业
职位分类法	非量化的方法	对职位整体进行评估	是将职位与特定的级别标准进行比较	灵活性大，可以用于大型组织	对职位等级的划分和界定存在一定的难度，无法确定相对价值
因素比较法	量化的方法	对职位要素进行评估	是在职位与职位之间进行比较	可以较准确确定相对价值	因素的选择较困难，市场工资随时在变化
要素计点法	量化的方法	对职位要素进行评估	是将职位与特定的级别标准进行比较	可以较准确地确定相对价值，适用于多类型岗位	工作量大，费时费力

4.2.4　常见的评价方案介绍

1. 国际职位评估法

国际职位评估法（international position evaluation，IPE）是美国美氏（Mercer）咨询开发的岗位价值评价工具，通过“职位因素提取”并给予评分的职位价值测量。2000 年后 Mercer 将其评价工具即国际职位评价系统进一步完善，升级到第三版：它把原来的 7 因素（对企业的影响、监督管理、责任范围、沟通技巧、任职资格、解决问题难度、工作环境因素）简化为 4 个一级因素，包括影响、沟通、创新、知识；并将这 4 个一级因素分解为 10 个二级评价因素、104 个级别，共 1225 分。IPE 具有先进、易用、易懂，易于向员工和管理层解释和易于辨别职位之间差别的特点。这套系统的运用可以剔除由于职衔带来的混淆，适用于所有层级的综合性体系。

IPE 评估体系就是一个建立在上述 4 个因素上的打分系统，这 4 个因素覆盖了确定职位大小的关键的决定因素，每一个因素可分为 2～3 个方面，每一方面依次又有不同级别和相应的权重分。评估过程只需为每一方面选择适当的级别，决定该级别相应的分值，然后把所有分数加起来得出总分便可。

因素 1：影响。本因素考虑的是职位在其职责范围内、操作中所具有的影响性质和范围，并以贡献作为修正。该因素主要考虑以下三个维度：职位在组织内部的影响；组织规模；职位的贡献大小。

因素 2：沟通。本因素着眼于职位所需要的沟通技巧。首先，决定任职者所需的沟通类型，然后再选定对职位最困难和具挑战性的沟通的描述后决定。该因素主要考虑以下两个纬度：职位的沟通方式和组织架构。

因素 3：创新。本因素着眼于职位所需的创新水平，首先确定对职位期望的创新水平，然后决定该创新水平的复杂程度，明确职位的要求（即识别并改进程序、服务和产品，或者发展新的思想、方法、技术、服务或产品）。该因素主要考虑以下两个纬度：职位的创新能力和职位的复杂性。

因素 4：知识。知识是指工作中为达到目标和创造价值所需要的知识水平。知识的获得可能是通过正规教育或者工作经验，首先指定应用知识的深度，然后指出该职位是属于团队成员、团队领导，还是多个团队经理，最后确定应用知识的区域。该因素是确定职位所要求的知识的性质，以及完成的目标和创造的价值。该因素通过测量两个纬度：确定知识水平和确定知识深度。

2. 海氏三要素职位评价方案

海氏工作评价系统又叫“指导图表–形状构成法”，是由美国工资设计专家爱德华·海于 1951 年研究开发出来的。它有效解决了不同职能部门的不同职务之间相对价值的相互比较和量化的难题，在世界各国上万家大型企业推广应用并获得成功，被企业界广泛接受。海氏工作评价系统实质上是一种评分法，各种工作职位虽然千差万别、各不相同，但总有其共性，即都存在着某种具有普遍适用性的因素，该评价系统可以将之归结为知能水平、解决问题能力和风险责任三个基础要素。根据这个系统，所有职务所包含的最主要的付酬因素有知能水平、解决问题能力、风险责任三种，每一个付酬主因素又分别由数量不等的子因素构成，如表 4-2 所示。

表 4-2　　海氏（Hay Group）评估法三要素及其子要素的构成

因素	知能水平			解决问题能力		风险责任		
纬度	专业知识	管理诀窍	人际关系技巧	思维环境因素	解决问题难度	行动自由度	行为后果影响	风险责任
等级数	8	5	3	8	5	9	4	4
具体描述	1. 基本的 2. 初等业务 3. 中等业务 4. 高等业务 5. 基本专门技术的 6. 熟练专门技术的 7. 精通专门技术的 8. 权威专门技术的	1. 起码的 2. 有关的 3. 多样的 4. 广博的 5. 全面的	1. 基本的 2. 重要的 3. 关键的	1. 高度常规 2. 常规性的 3. 半常规性 4. 标准化的 5. 明确规定的 6. 广泛规定的 7. 一般规定的 8. 抽象规定的	1. 重复性的 2. 模式化的 3. 中间型的 4. 适应性的 5. 无先例的	1. 有规定的 2. 受控制的 3. 标准化的 4. 一般性规范的 5. 有指导的 6. 方向性指导的 7. 广泛性指引的 8. 战略性指引的 9. 一般性无指引的	1. 间接后勤 2. 间接辅助 3. 直接分摊 4. 直接主要	微小 少量 中级 大量

海氏评估法对所评估的岗位按照知能水平、解决问题能力和风险责任三个要素及相应的评价图表、标准进行评估打分，得出每个岗位的评估分。其中“知能”得分和“应负责任”评估得分都是绝对分，而解决问题是通过知能的投入，所以解决问题的评估分是相对知能的百分值，经过调整后才是绝对分，然后根据海氏提出的三种职务形态对三个得分进行权衡和计算，权衡后的计算结果才是该岗位评比实际的最后得分。海氏评价系统的因素定义及子因素分级说明如表 4-3。

表 4-3　　海氏评价系统的因素定义及子因素分级说明

付酬因素	付酬因素定义	子因素	子因素释义
知能水平	主要是工作绩效达到可接受的水平所必需的专门知识及相应的实际运作技能的总和	专业理论知识	对该职务要求从事子行业领域的理论、实际方法与专门知识的理解。该子系统分八个等级，从基本的（第一级）到权威专门技术的（第八级）
		管理诀窍	为达到要求绩效水平而具备的计划、组织、执行、控制、评价的能力与技巧。该子系统分五个等级，从起码的（第一级）到全面的（第五级）
		人际技能	该职务所需要的沟通、协调、激励、培训、关系处理等方面主动而活跃的活动技巧。该子系统分为“基本的”、“重要的”、“关键的”三个等级
解决问题的能力	在工作中发现问题，分析诊断问题，提出权衡与评价对策，做出决策等的能力	思维环境	指定环境对职务行使者思维的限制程度。该子因素分八个等级，从几乎一切按既定规则办的第一级（高度常规的）到只做了含糊规定的第八级
		思维难度	指解决问题时对当事者创造性思维的要求，该子因素分五个等级，从几乎无需动脑只需按老规矩办的第一级（重复性的），到完全无先例可供借鉴的第五级（无先例的）
承担的职务责任	指职务行使者的行动对工作最终结果可能造成的影响及承担责任的大小	行动的自由度	即职务能在多大程度上对其工作进行个人性指导与控制，该子因素包含九个等级，从自由度最小的第一级（有规定的），到自由度最大的第九级（一般性无指导的）
		职务对后果形成的作用	该因素包括四个等级：第一级是后勤性质作用，即只在提供信息或偶然性服务上出力；第二级是咨询性作用，即出主意与提供建议；第三级是分摊性作用，即与本企业内外其他几个部门和个人合作，共同行动，责任分摊；第四级是主要作用，即由本人承担主要责任
		职务责任	即可能造成的经济性正负后果。该子因素包括四个等级，即微小的、少量的、中级的和大量的，每一级都有相应的金额下限，具体数额要视企业的具体情况而定

利用海氏评估法在评估三种主要付酬因素方面不同的分数时，还必须考虑各岗位的“形状构成”，以确定该因素的权重，进而据此计算出各岗位相对价值的总分，完成岗位评价活动。海氏认为职务具有一定的“形状”，这个形状主要取决于技能和解决问题的能力两个因素相对于职务责任的对比和分配，如图 4-1 所示。

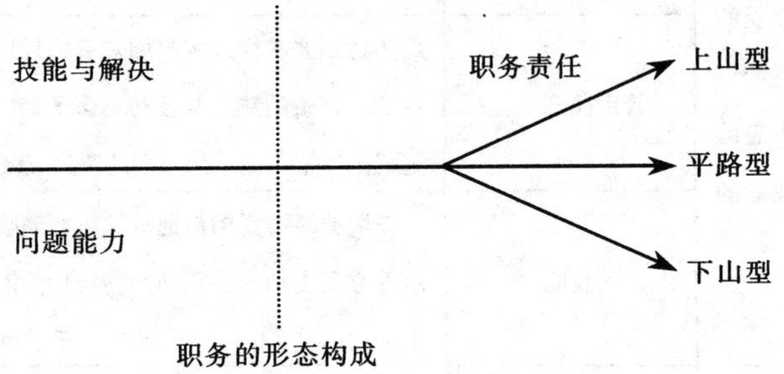

图 4-1 职务形态图

从这个角度出发，企业中的岗位可分为三种类型：① 上山型。此岗位中的责任比技能与解决问题的能力重要。如公司总裁、销售经理、负责生产的岗位等。② 平路型。技能和解决问题能力在此类职务中与责任并重、平分秋色，如会计、人事等职能岗位。③ 下山型。此类岗位的责任不及技能与解决问题能力重要，如科研开发、市场分析等岗位。根据三种职务的职务形态构成，赋予三种职务三个不同因素以不同的权重，即分别给三种职务的技能和解决问题的能力两个因素与责任因素赋予代表其重要性的一个百分数权重，这两个百分数之和恰为 100%，综合加总时，可以根据企业不同工作职位的具体情况赋予二者以不同的权重。在实际应用时认为海氏法更加适合于管理、技术岗位的评估。

4.3 岗位评价的实施

4.3.1 岗位评价的流程

岗位评价的总体过程如下所示：

确定评价目的→确定评价时是使用单一方案还是多种方案→组建评价小组→选择评价方法→选择报酬要素→制定评价方案→培训与试评价→正式实施评价→评价结果的使用（建立岗位价值结构和内部一致性的薪酬结构）。

图 4-2 为岗位评价实施的过程和细节。

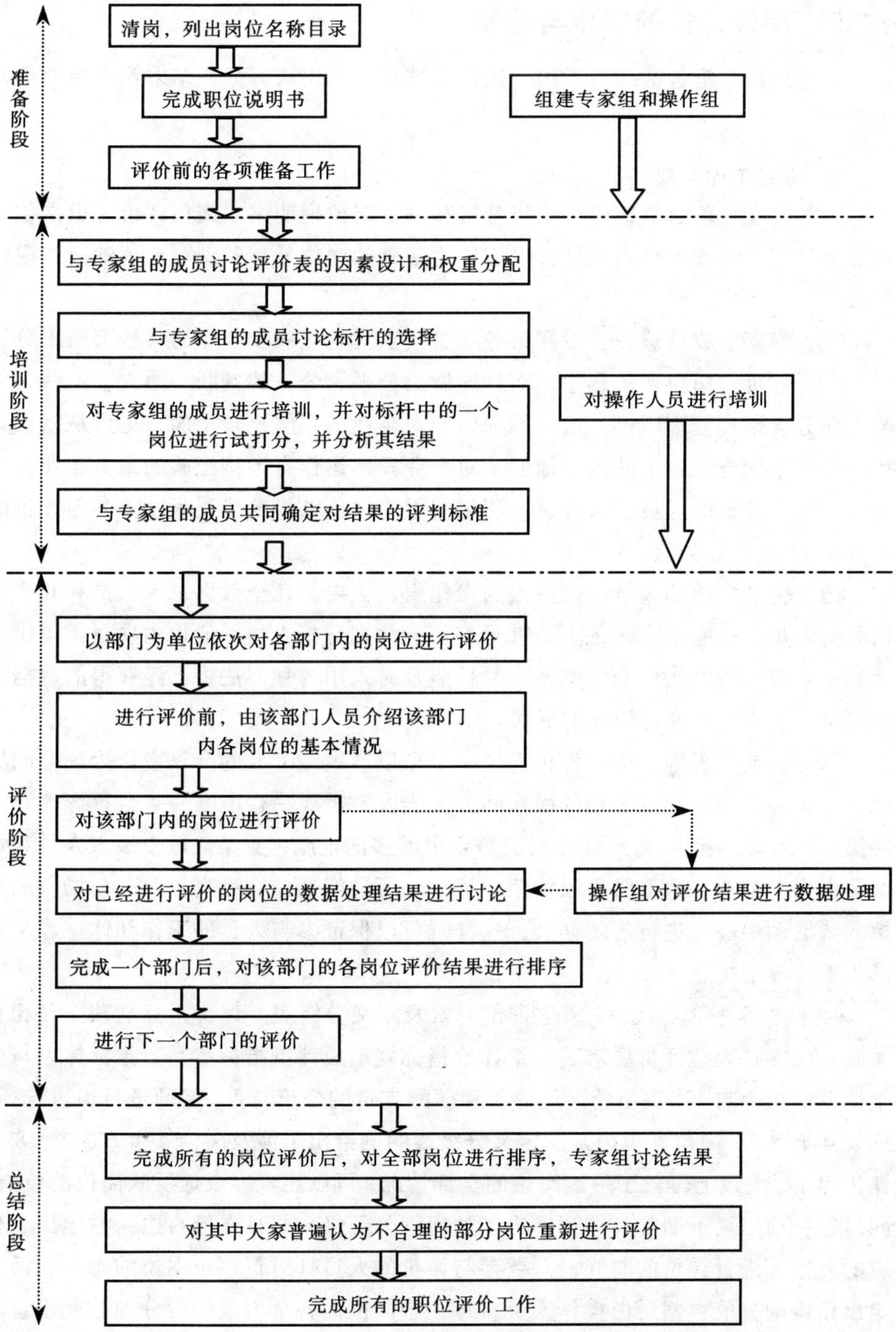

图 4-2　岗位评价实施过程

4.3.2 岗位评价的实施与控制

岗位评价实施包括准备工作、培训与试打分、正式打分、结果输入与处理四个阶段。

1. 准备工作阶段

（1）确定评价目的，进行工作分析和编写岗位说明书。岗位评价是以岗位分析为基础的，因此，必须先进行以工作为基础的岗位分析和编写规范的岗位说明书。

（2）专家组成员选择。专家组各成员要求对企业或者企业的某些部门十分了解，对要评价的岗位比较熟悉，而且能做出公平、公正的判断。通常，这些人中的大部分会来自管理职位，这是因为他们对企业的了解比较全面，也可从基层寻找一些骨干来充实这个队伍，他们是对企业具体运作有丰富经验的来自企业各个部门、各个环节的人员，来源越广泛越能提高评价结果的接受程度。参与评价的人数在 15 人左右为宜。

（3）辅助实施的人员，这些人为操作组，主要是几个数据录入人员和几个数据分析人员。一般 5 个录入人员就足够了。数据分析人员一般也由项目组提供，他们要对评分法的操作非常熟悉，并且能及时采用各种方法将已经获得的数据整理成可以直观反映评价情况的形式。

（4）场地和设施。岗位评价需要一个可以容纳 20 人的会议室作为评分的场地，还需一个小的数据处理的操作间。大会议室需要一台电脑、一台投影仪和一块黑板（或者白板）。数据处理间里需要足够多的电脑，要保证每个录入人员和每个分析人员都有一台电脑可以使用。评价场所最好选择在远离企业办公场所的宾馆或者活动中心，进行封闭办公，这样既可以保证参与人员的工作和休息，又可以不受外界干扰。

（5）准备评价工具——岗位评价因素及定义分级表。评价指标既独立又相互关联，能完整表达评价要求。一组评价指标就组成评价指标体系，指标体系与权重体系的正确与否，决定着岗位评价和薪酬支付的公正与否，必须进行慎重选择。如表 4-4 所示，岗位评价因素及定义分级表明确给出了涉及岗位 4 个方面共 28 个评价因素，大致上覆盖了一般岗位的全部情况，可以比较客观地反映岗位的价值。同时每一项因素下面都具体列示出了如何划分等级，并且在最右边一栏给出了相应的分值。进行评价的时候，只要参与评价的人员针对每一个岗位的每一项因素给出相应的分值，然后由操作人员将每一个岗位的各个因素的得分加总起来，就是该岗位的评价结果。

表 4-4　　岗位评价因素与定义分级表

1. 责任因素		
指标序号	（1）风险控制的责任：指在不确定的条件下，为保证贸易、投资、产品开发及其他项目顺利进行，并维持我方合法权益所担负的责任。该责任的大小以失败后损失影响的大小作为判断标准	分值
0	无任何风险	0
1	仅有一些小的风险。一旦发生问题，不会给公司造成多大影响	20
2	有一定的风险。一旦发生问题，给公司所造成的影响能明显感觉到	40
3	有较大的风险。一旦发生问题，会给公司带来较严重的损害	60
4	有极大风险。一旦发生问题，对公司造成的影响不仅不可挽回，而且会导致经济危机甚至倒闭	80
指标序号	（2）直接成本\费用控制的责任：指在正确工作状态下，因工作疏忽而可能造成的成本、费用、利息等额外损失方面所承担的责任	分值
1	不可能造成成本费用等方面的损失	5
2	造成较小的损失	15
3	造成较大的损失	20
4	造成重大的损失	25
5	造成不可估量的损失	40
指标序号	（3）指导监督的责任：指在正常权力范围内所拥有的正式指导、监督职责。其责任的大小根据所监督、指导人员的数量（所有下属的数量）决定	分值
0	不监督指导任何人，只对自己负责	0
1	监督指导下属 3 人以下	10
2	监督指导下属 4 ~ 10 人	15
3	监督指导下属 11 ~ 20 人	20
4	监督指导下属 21 ~ 35 人	25
5	监督指导下属 36 ~ 50 人	30
6	监督指导下属 50 人以上	40
指标序号	（4）内部协调责任：指在正常工作中，需要与之合作共同开展业务的协调活动。其责任的大小以所协调对象的所在层次、人员数量、频繁程度和失调后果大小作为判断基准	分值
0	不需要与任何人进行协调，若有，也是偶尔与本部门的一般职工协调	0
1	仅与本部门职工进行工作协调，偶尔与其他部门进行一些个人协调，协调不好一般不影响自己和他人的正常工作	7
2	与本部门和其他部门职工有密切的工作联系，协调不好会影响双方的工作	15
3	几乎与本公司所有一般职工有密切工作联系，或与部分部门经理有工作协调的必要。协调不好对公司有一定的影响	22
4	与各部门的经理及负责人有密切的工作联系，在工作中需要保持随时联系和沟通，协调不好对整个公司有重大影响	30

续表

指标序号	（5）外部协调的责任：指在正常工作中需维持密切工作关系，以便顺利开展工作方面所负有的责任，其责任大小以对方工作重要性作为判断标准	分值
0	不需要与外界保持密切联系	0
1	需要与外界保持日常性、常规性联系	10
2	需要与外界发生特别多联系	20
3	需要与外部单位负责人保持密切联系，联系的原因往往涉及重大问题或影响决策	30
指标序号	（6）工作结果的责任：指对工作结果承担多大的责任。以工作结果对公司影响的大小作为判断责任大小的基准	分值
1	只对自己的工作结果负责	10
2	需要对自己和所监督、指导者的工作结果负责	15
3	对整个工作组的工作结果负责	20
4	对整个部门的工作结果负责	30
5	对整个公司的部分部门工作结果负责	40
6	对全公司的工作结果负责	55
指标序号	（7）组织人事的责任：指在正常工作中，对人员的考核、工作分配、激励等具有法定的权力	分值
0	不负有组织人事的责任	0
1	仅对个别职工有分配工作任务、考核和激励的责任	10
2	对一般职工具有分配工作任务、考核和激励的责任	25
3	对基层的负责人有分配工作任务、考核和激励的责任	40
4	对中层领导具有分配工作任务、考核和激励的责任	50
指标序号	（8）法律上的责任：指在正常工作中需要拟订和签署具有法律效力的合同，并对合同的结果负有相应的责任。其责任的大小视签约、拟订合同的重要性及后果的严重性作为判断基准	分值
0	不参与有关法律合同（技术协议）的制定和签约	0
1	需要偶尔拟订具有法律效力的合同条文（技术协议），并对结果负部分责任	10
2	需要经常拟订具有法律效力的合同条文（技术协议），并对结果负部分责任	15
3	工作经常需要审核各种业务或其他具有法律效力的合同（技术协议），并对结果负有全部责任	20
指标序号	（9）决策的层次：指在正常的工作中需要参与决策，其责任的大小根据所参与决策的层次高低作为判断基准	分值
1	工作中常做一些小的决定，一般不影响他人	6
2	工作中需要做一些大的决定，只影响与自己有工作关系的部分一般职工（相当于组长级）	12
3	工作中需要做一些对所属人员有影响的决策（相当于副部长级）	18
4	工作中需要做一些大的决策，但须与其他部门负责人共同协商方可（相当于部长级）	24
5	工作中需要参加最高层次决策（相当于副总以上级）	30

续表

2. 知识技能因素		
指标序号	（1）最匹配学历要求：指顺利履行工作职责所要求的最适宜的学历要求，其判断基准按正规教育水平判断	分值
1	高中、职业高中或中专毕业	5
2	大学专科	10
3	大学本科	15
4	硕士	20
5	博士	30
指标序号	（2）知识多样性：指在顺利履行工作职能时需要使用多种学科、专业领域的知识。判断基准在于广博不在精深	分值
1	不需要涉及其他学科知识	7
2	需要相近专业知识的支持	14
3	需要两门以内跨专业学科知识支持	22
4	需要两门以上跨专业学科知识支持	30
指标序号	（3）熟练期：指具备工作所需的专业知识的一般劳动力需多长时间才能胜任本职工作	分值
1	3 个月之内	4
2	3～6 个月	8
3	6～12 个月	12
4	1～2 年	16
5	2 年以上	20
指标序号	（4）工作复杂性：指在工作中履行职责的复杂程度。其判断基准根据所需的判断分析、计划等水平而定	分值
1	简单的、独自的工作	8
2	只需简单的提示即可完成工作，不需计划和独立判断	16
3	需进行专门训练才可胜任工作，但大部分时候仅需一种专业技术，偶尔需要进行独立判断或计划	24
4	工作时需要运用多种专业技能，经常做独立判断和计划	32
5	工作要求高度的判断力和计划性	40
指标序号	（5）工作经验：指在达到工作基本要求后，还必须运用某种必须随经验不断积累才能掌握的技巧。判断基准是掌握这种必需的技巧所花费的实际工作时间	分值
1	3 个月以内	5
2	3～6 个月	10
3	6～9 个月	15
4	9～12 个月	20
5	1～2 年	28
6	2～5 年	36
7	5 年以上	40

续表

指标序号	（6）工作的灵活性：指工作需要灵活处理事情的程度。判断基准取决于工作职责要求	分值
0	属于常规性工作，很少或不需要灵活性	0
1	大部分属于常规性工作，偶尔需要灵活处理一些一般性问题	10
2	工作中一般属于常规性的工作，经常需要灵活处理工作中所出现的问题	20
3	工作中一大半属于非常规性的工作，主要靠自己按具体情况进行灵活妥善处理	30
4	非常规工作，需要在复杂多变的环境中灵活处理重大的偶然性问题	40
指标序号	（7）语言应用能力：指工作所要求实际运用的文字知识程度	分值
1	一般信函、简报、便条、备忘录和通知	10
2	报告、汇报文件，总结（非个人）	15
3	公司文件或研究报告，或一般使用外语	20
4	合同或法律条文，或熟练使用外语	25
指标序号	（8）数学或计算机知识：指工作所要求的实际数字运算或计算机知识的水平。判断以常规使用的最高程度为基准	分值
1	只需使用整数加减	5
2	使用基本工具软件（办公自动化软件）	10
3	使用计算机开发工具软件	25
指标序号	（9）专业技术知识技能：指为顺利履行工作职责具备的专业技术知识素质和能力的效能要求	分值
0	基本不需要专业技术知识	0
1	只需要常识性的专业技术知识，该知识很容易被大家掌握	10
2	工作所需要的专业技术知识要求较高，该知识很难被掌握	20
3	该岗位所需要的专业技术知识要求非常高，该知识涉及公司的竞争能力	40
指标序号	（10）管理知识技能：指为顺利履行工作职责具备的管理知识素质和能力的要求	分值
0	工作简单，基本不需要管理知识	0
1	工作需要基本的管理知识	10
2	需要较强的管理知识和管理能力来协调各方面关系	20
3	需要非常强的管理能力和决断能力，该工作影响到公司正常的生产与经营	35

续表

指标序号	（11）综合能力：指为顺利履行工作职责具备的多种知识素质、经验和能力的总体效能要求	分值
1	工作单一、简单，无需特殊技能和能力	10
2	工作规范化、程序化，仅需某方面的专业知识和技能	20
3	工作多样化，对灵活处理问题要求高，需综合使用多种知识和技能	35
4	非常规性工作，需在复杂多变的环境中处理事务，需要高度综合能力	50
	3. 努力程度因素	
指标序号	（1）工作压力：指工作本身给任职人员带来的压力。根据决策迅速性、工作常规性、任务多样性、工作流动性及工作是否被时常打断进行判断	分值
1	极少迅速做出决定，工作常规化，工作很少被打断或者干扰	10
2	很少迅速做出决定，对工作速度没有特定要求，手头的工作有时被打断	20
3	要求经常、迅速做出决定，任务多样化，手头的工作常被打断，或工作流动性强	30
4	经常迅速做出决定，任务多样化，工作时间很紧张，或工作流动性很强	40
指标序号	（2）脑力辛苦程度：指工作时对注意力集中程度的要求。根据集中精力的时间、频率等进行判断	分值
1	工作时以体力为主，不用集中精力	6
2	工作时不必高度集中精力，只从事一般强度脑力劳动	12
3	少数工作时间必须高度集中精力，从事高强度脑力劳动	20
4	一般工作时间必须高度集中精力，从事高强度脑力劳动	25
5	多数工作时间必须高度集中精力，从事高强度脑力劳动	30
指标序号	（3）工作地点稳定性：指工作时是否经常变换工作地点，主要根据出差时间的长短进行判断	分值
0	累计出差时间小于 1 个月/年	0
1	累计出差时间 1 个月～3 个月/年	4
2	累计出差时间 3 个月～6 个月/年	8
3	累计出差时间 6 个月～9 个月/年	14
4	累计出差时间大于 9 个月/年	20
指标序号	（4）创新与开拓：指顺利进行工作所必需的创新与开拓精神和能力的要求	分值
0	全部工作为程序化、规范化，不用开拓创新	0
1	工作基本规范化，偶尔需要开拓创新	15
2	工作时常需要开拓和创新	30
3	工作性质本身即为开拓和创新的	40

续表

指标序号	（5）工作紧张程度：指工作的节奏、时限、工作量、注意力转移程度和工作所需对细节的重视所引起的工作紧迫感	分值
1	工作的节奏、时限自己掌握，没有紧迫感	10
2	大部分时间的工作节奏、时限自己掌握，有时比较紧张，但时间持续不长	20
3	工作的节奏自己无法控制，明显感到工作紧张	30
4	为完成每日工作需要加快工作节奏，持续保持注意力的高度集中，每天下班时经常明显感到疲劳	40
指标序号	（6）工作均衡性：指工作每天忙闲不均的程度	分值
1	一般没有忙闲不均的现象	7
2	有时忙闲不均，但有规律性	14
3	经常有忙闲不均的现象，且没有明显的规律	21
4	工作经常忙闲不均，而且忙的时间持续很长，打破了正常的作息时间	30
	4. 工作环境因素	
指标序号	（1）职业病或危险性：因工作所造成的身体疾病，或工作本身可能对任职者身体所造成的危害	分值
1	无职业病的可能，或没有可能对身体造成危害	0
2	会对身体某些部位造成轻度伤害，或不注意可能造成人体轻度伤害	6
3	对身体某些部位造成能明显感觉到的损害，或发生意外可造成明显伤害	12
4	对身体某些部位造成损害致使产生痛苦，或工作危险性大，有可能造成很大伤害	20
指标序号	（2）工作时间特征：指工作要求的特定起止时间	分值
1	按正常时间上下班	7
2	基本按正常时间上下班，偶尔需要早到迟退	14
3	上下班时间视工作具体情况而定，但有一定的规律，自己可以控制安排	21
4	上下班时间根据工作具体情况而定，并无规律可循，自己无法安排控制	30

当然，表 4-4 中给出的是一般企业共有的、常见的一些因素。可根据各企业实际情况以表 4-4 为基础进行某些因素的调整，去掉一些明显对企业不适用的因素，增加一些能够体现客户、企业、员工贡献和企业价值取向的关键因素。

（6）打分工具——岗位评价打分表。依据因素定义表和企业实际岗位评价的需要设计岗位打分表，表 4-5 是一个打分表的样板，是评分人员用以打分记录的表格，也是电脑录入人员使用的表格。

表 4-5 岗位评价打分表

部门：公司高管

因素类别	因素编号	因素	权重	总经理	党委书记	生产副总	总会计师
责任因素	1.1	风险控制的责任	60				
	1.2	成本控制责任	50				
	1.3	决策的层次	40				
	1.4	领导管理的责任	30				
	1.5	内部协调责任	40				
	1.6	外部协调责任	30				
	1.7	工作结果责任	40				
	1.8	组织人事的责任	40				
	1.9	法律上的责任	20				
知识技能因素	2.1	最低学历要求	20				
	2.2	知识多样性	30				
	2.3	专业技术知识技能	40				
	2.4	管理知识	40				
	2.5	胜任工作时间	20				
	2.6	创新与开拓	40				
	2.7	工作灵活性	40				
	2.8	语言文字应用能力	20				
	2.9	综合能力	50				
努力程度因素	3.1	工作压力	30				
	3.2	精力集中程度	40				
	3.3	工作复杂性	40				
	3.4	工作紧张程度	30				
	3.5	工作均衡性	30				
	3.6	体力要求	30				
环境因素	4.1	职业病	30				
	4.2	工作时间特征	40				
	4.3	环境舒适性	50				
	4.4	危险性	30				

（7）纠错工具——数据偏差校正。在岗位评价过程中，人们对各个岗位中各项指标的理解肯定是不同的，因此差异的存在是必然的。为了确保岗位评价的科

学性和一致性，我们一定要制定一个标准，符合这个标准的数据可以通过，不符合的则需要重新打分。

2. 进行试打分与培训阶段

（1）培训专家组是评价成败的关键。培训的内容主要包括工作评价的作用和意义，工作评价方法，报酬要素的定义与分级，工作评价流程，评价中应注意的问题和处理方法。

（2）试打分。试打分可以让专家们在动手时自己体会因素定义的深刻含义。一般选择7~8个标杆岗位，这些岗位也是来自企业的各个层面的。试打分时，许多成员会提出许多疑惑，通过反复解释及操作，7~8个岗位下来大家对因素定义表有了清楚的理解。对操作组人员也在培训和实际操作中，他们将获得的分数录入电子表格中，并且按照事先设计好的方案将结果统计出来。接下来的工作就是看看试打分的结果会不会和我们预期的相差很远。如果评价结果有明显的问题就要调整因素定义表的指标和权重，修改过的因素定义表与客户讨论后，可以进行下一轮的试打分。

3. 正式评分阶段

利用电脑和投影仪逐个演示职位说明书，评分一般按照部门或岗位分组进行。在一组岗位打分结束后，收集打分表，送交给操作组成员，操作组成员就开始进行录入。与此同时，专家组成员开始对下一组岗位进行打分。操作组录入人员录入完每一组数据，就交给分析人员。一旦所有数据收集齐以后，就可以得到统计结果。按照事先设计的方案，我们可以选择出数据偏差较大的岗位交给主持人，由主持人安排第一次重新打分。

4. 评分的结果简单处理阶段

在进行完正式打分以后，我们得到了所有岗位的分数。将这个分数排列起来，得到所有岗位的分数排列表，这个表就是我们进行评价工作的成果。最后还要在不同等级之间进行对等规定，如第一等第10级自第二等第1级，依此类推，使岗位评价的结果形成一个相互衔接的完整体系。在不同类别之间，也可进行类似规定，如可以规定在同一等级上技术类人员的工资标准可略高于管理类人员。

4.4 岗位评价结果的处理与运用

无论通过上述哪种方法进行工作评价，最后我们都将会得到组织内部职位之间的相对价值，只不过有的方法是采用顺序的形式表达，有的方法是采取分值的方式表达，有的方法采取等级的方法表达。但最终我们都需要将职位价值进行分析整理，形成岗位等级结构并应用在薪酬设计中。

4.4.1　形成岗位等级结构

岗位评价完毕后，得到的结果是各个岗位的分值，下一步就是建立岗位等级结构。在建立岗位等级结构前先将岗位分类，一般按照工作性质分为高层管理、中层管理、职能、生产操作、技术及研发、营销等岗位，接下来的工作就是把每类的岗位按照岗位评价分数分成 A、B、C 等不同的级别。岗位分类的级别数及分数差别可能相同也可能不同，企业中的岗位应该分为多少级由企业规模、组织结构、工作的变化来决定，一般 6 ~ 8 个级别。岗位分布表如表 4-6 和 4-7 所示。

表 4-6　　高管人员岗位分布表

A 级（800 分以上）			B 级（700 ~ 800 分）			C 级（650 ~ 700 分）		
岗位名称	岗位定员	岗位得分	岗位名称	岗位定员	岗位得分	岗位名称	岗位定员	岗位得分
总经理	1	836	生产副总	1	787	总经理助理	2	681
党委书记	1	813	总工程师	1	736			

表 4-7　　中层管理岗位分布表

A 级（550 ~ 600 分）			B 级（500 ~ 550 分）			C 级（450 ~ 500 分）			D 级（400 ~ 450 分）		
岗位名称	岗位定员	岗位得分	岗位名称	岗位定员	岗位得分	岗位名称	岗位定员	岗位得分	岗位名称	岗位定员	岗位得分
			质管部经理	1	510	质管部副经理	1	464			
生产技术部经理	1	585	生产技术部副经理	2	518						
			安保部经理	1	545	安保部副经理	2	491			
						保卫部部长	1	482	保卫部副部长	1	412

把组织的所有岗位归级定位后就形成了岗位结构图，可以根据岗位评价得分

计算出岗位系数。岗位系数的差别不能作为工资差别的依据，只能作为计算岗位工资差别的参考。

4.4.2 在岗位等级结构的基础上与市场薪酬水平对接——形成工资结构

工资结构设计是岗位评价结果的运用过程，工资结构线是公司工资结构的直观表现形式，它清晰显示出了各岗位的相对价值与其对应的岗位工资之间的关系。

岗位价值与工资之间的关系可以是线性的关系，也就是说，职位价值与工资是成正比的，随着职位价值的提高，工资按照一定的比率升高。如图 4-3 所示。图中的 A、B 两条线就是工资随着职位升高的价值增长曲线，也就是工资曲线。这两条曲线反映了两种不同的薪酬哲学：工资曲线 A 比较陡峭，斜率较大，说明组织想要拉大不同价值的职位之间的薪酬差距；工资曲线 B 比较平缓，斜率较小，说明薪酬差距较小，组织不希望收入差距过于悬殊。对于一个组织来说，到底需要把薪酬差距拉大还是尽量均衡一些，完全取决于企业的实际情况，按照更能够对员工起到激励作用的方式来确定。

有的情况下，工资与职位的价值之间并不是成正比的。例如在图 4-4 中，工资曲线 C 和 D 所表明的工资随职位价值增长的情况并不是按照相同的比率增长的。

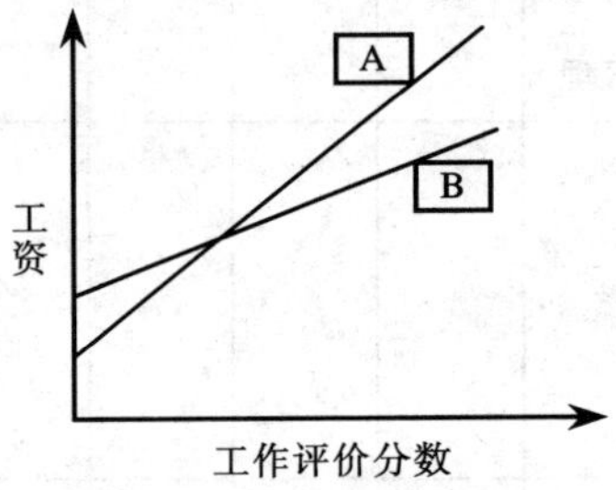

图 4-3 线性工资曲线

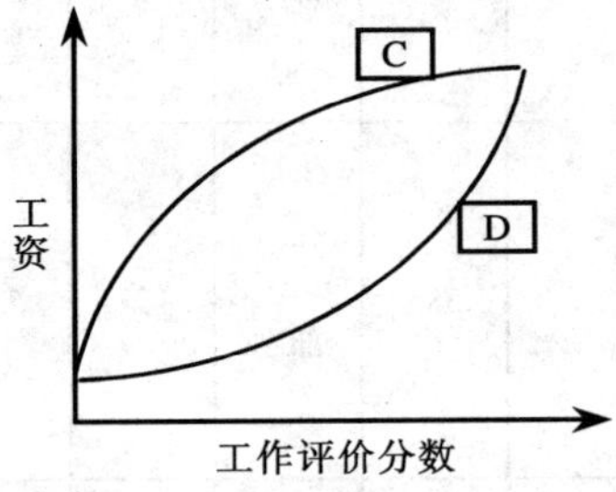

图 4-4 非线性工资曲线

把岗位等级换算成工资结构，还必须确定工资水平、等级数、等级交叉程度（一个较低等级中最高的工资档次与相邻高等级中最低档次的交叉程度）。

一般岗位薪酬与市场薪酬水平对接的方法：公司整体水平与市场同类企业整体水平对比；根据组织的岗位类别的不同与市场薪酬水平的对比。依据组织的付酬策略与市场薪酬水平的关系有领先型、匹配型和拖后型三种。以下是一家企业岗位评价后形成的岗位工资表（见表 4-8）。

表 4-8 某企业岗位工资表

		集团宽带				第三方服务公司宽带						弘信弘远宽带					电子所及装备部宽带			
岗位工资级别	岗位工资	行政工勤	一般管理	中层管理	高层管理	行政工勤	一般管理	中层管理	高层管理	营销	技术	一般管理	中层管理	高层管理	营销	技术	一般管理	中层管理	高层管理	技术
26	6400				12				12					12					12	
25	6000				11				11					11					11	
24	5600				10				10					10					10	
23	5200			14	9			14	9				14	9				14	9	
22	4800			13	8			13	8				13	8				13	8	
21	4400			12	7			12	7				12	7				12	7	
20	4000			11	6			11	6				11	6				11	6	
19	3600			10	5			10	5				10	5				10	5	
18	3400			9	4			9	4				9	4				9	4	
17	3100			8	3			8	3				8	3				8	3	
16	2900			7	2			7	2				7	2				7	2	
15	2500			6	1			6	1				6	1				6	1	
14	2250		13	5			13	5		3		13	5		3		13	5		
13	2000		12	4			12	4		2		12	4		2		12	4		
12	1750		11	3			11	3		高级 1		11	3		高级 1		11	3		
11	1500		10	2			10	2		4		10	2		4		10	2		
10	1400	3	9	1		3	9	1		3		9	1		3		9	1		
9	1100	2	8			2	8			2		8			2		8			
8	950	高级 1	7			高级 1	7			中级 1		7			中级 1		7			
7	750	7	6			7	6			5		6			5		6			
6	650	6	5			6	5			4		5			4		5			
5	550	5	4			5	4			3		4			3		4			
4	450	4	3			4	3			2		3			2		3			
3	300	3	2			3	2			初级 1		2			初级 1		2			
2	250	2	1			2	1					1					1			
1	200	初级 1				初级 1														

本章小结

1. 本章主要介绍了岗位评价体系的建立方法，岗位评价的原则及实际操作方法，报酬要素的选择，以及评价指标体系中权重、定义、赋分等知识。

2. 对各种评价方法及其优缺点进行了分析，着重对应用较多的评分法进行了讲解，详细论述了方法的应用操作过程，使得我们能够应用科学的评价方法对本单位的岗位进行评价。

3. 介绍了岗位评价后的结果在工资结构中的应用，以及岗位评价中常见的问题和岗位评价的局限性。

关键术语

- 岗位评价
- 要素比较
- 评分
- 评价指标

思考题

1. 对企业为什么要进行岗位评价？
2. 对岗位评价主要有哪些方法，应怎样选择？
3. 对岗位评价的评价指标如何确定？
4. 对岗位评价结果应如何分析？
5. 对岗位评价如何与薪酬建立联系？

案例讨论

岗位评价指标体系示例

进行岗位评价，首先要有一套适用于本企业生产经营特点的岗位功能测评指标体系。岗位评价指标一般根据四要素即工作责任、劳动技能、劳动强度和劳动条件来确定，每个要素中被划分为若干项目。这些要素的具体内容大体上包括了劳动岗位对劳动者专业技术和业务知识要求，所消耗体力的要求，应承担的责任和接触有毒有害物质对身体健康的影响程度等。下面按岗位评价的四大要素，细分为15个项目，以百分制测评来说明岗位评价指标体系。

1. 第一要素：工作责任大小，占20分

工作责任大小指劳动者在企业生产、安全、消耗、管理等方面所负责任的差别。工作责任大小可划分为 5 个项目。

（1）生产责任，指劳动者在生产过程中所处地位和在完成产品产量和达到质量要求中所负的责任。（4 分）

（2）安全责任，指劳动岗位发生事故的风险程度，以及事故的危害程度。（4 分）

（3）设备责任，指劳动者使用设备的价值量大小和复杂难易程度，以及对生产的影响情况的差异。（4 分）

（4）消耗责任，指劳动者在生产过程中的物质消耗和产品成本的影响程度的差别。（4 分）

（5）管理责任，指在指导、协调、分配、考核等管理工作上的责任大小。（4 分）

2．第二要素：劳动技能高低，占 40 分

劳动技能高低指劳动者为胜任本岗位工作所必须具备的专业技术知识和实际操作能力的差异。劳动技能高低可划分为 4 个项目。

（1）工艺要求，指各劳动岗位在生产加工工艺过程中的加工精度和操作要求高低不同的差异。（10 分）

（2）技能要求，指劳动者胜任本岗位应具有的经验和技术水平的要求差异。（10 分）

（3）用脑程度，指劳动者为完成本岗位工作所需脑力、视力、听力的集中程度和应变要求差异。（10 分）

（4）知识要求，指各岗位劳动者胜任本岗位工作的知识结构要求。（10 分）

3．第三要素：劳动强度，占 25 分

劳动强度指劳动者为完成本岗位工作所消耗的体力和精神紧张程度的差异。劳动强度可划分为 4 个项目。

（1）操作形式，指劳动者在生产过程中由于看管设备的复杂系数不同、台数不同所形成的不同操作形式。（8 分）

（2）工时利用，指劳动者在该岗位劳动的工时利用程度，以及劳动定额考核方法的差异。（8 分）

（3）班次形式，指各岗位劳动班次有一班制、两班制、三班制等不同班次形成的差异。（5 分）

（4）体力强度，指劳动中消耗体力的强度不同的差异。（4 分）

4．第四要素：劳动条件，占 15 分

劳动条件指各劳动岗位所处的工作环境是否存在有毒有害物质，以及高温、噪音等对劳动者身体健康的影响程度。劳动条件可划分为 3 个项目。

（1）工作环境，指劳动者在生产过程中的作业环境对身体健康的影响，如

粉尘、噪声、高温等环境。(5 分)

(2)有害物质的危害程度，指劳动者在生产过程中接触有毒有害物质对身体健康的危害程度。(5 分)

(3)人心向往，指按劳动心理学原理和历年人员流向，不同劳动岗位所形成的人心所向的差异，有择业心理、择岗心理和岗位心理等影响的差异。(5 分)

思考与讨论题

根据企业的实际情况，应该怎样制定岗位评价指标体系?

第5章

薪酬体系设计

本章学习目标

1. 了解薪酬体系、薪酬结构的含义;
2. 掌握基于职位的薪酬体系的特点、应用范围和制定过程;
3. 掌握基于能力的薪酬体系的特点、应用范围和制定过程;
4. 掌握基于绩效的薪酬体系的特点、应用范围和制定过程;
5. 掌握常见薪酬结构的适用范围和设计方法;
6. 了解薪酬方案的制定方法。

引导案例

联想集团的薪酬管理

联想集团无疑是中国最成功的高科技企业之一，下面我们从薪酬管理的角度探索联想集团成功背后的原因。

1. 薪酬构成

目前联想集团员工的薪酬构成分为四部分，即基本工资、奖金、股票期权和福利。

（1）基本工资。在确定员工的基本工资时，联想坚持的基本原则是“以岗付薪”，并充分考虑员工的能力和业绩。

为确定各岗位的相对价值，确保内部公平，联想集团采用 IPE 岗位评价工具，本着够用（起到框定作用、达到标杆效果）、适用（上岗人员的资质同岗位要求基本一致）、好用（岗位间具有横向可比性）的原则，在对集团 100 多个标杆岗位进行了全面而系统的评估之后，利用插值比较法确定了集团所有岗位的岗位等级。在此基础上，结合外部薪酬调查，联想建立了覆盖集团所有岗位的基本工资体系。

联想集团基本工资的调整一般分为两种情况：

其一，工资标准的调整。工资标准的调整主要建立在外部薪酬调查的基础之上。为确保薪酬的外部公平，联想每年都会进行一次薪酬调查。根据薪酬调查结果，结合公司的薪酬战略和支付能力，决定是否需要调整和调整幅度等。

其二，工资级别的调整。员工工资级别的调整一般分为两种情况：一是因为员工岗位变动如职位晋升或员工业绩优异所引起的日常调整；二是年度调整，年度调整的主要依据是员工的年度考核结果。

（2）奖金。在联想，奖金的发放是严格基于业绩的。集团根据业绩确定各事业部的奖金，各事业部根据奖金，按奖金分配方案进行自主分配。原则上，员工的奖金主要由其所在部门/团队的业绩以及个人的业绩决定。在考核各事业部的业绩时，联想一般会采用短期绩效指标和战略调节因子两个指标。

短期绩效指标多以财务指标为主，如销售额、利润等。在确定事业部的年度经营目标如利润时，集团根据事业部的历史数据和未来预测，确定一个基数，然后以此为基准，从易到难将经营目标分成多档：档次越高（完成目标的难度越大），其对应的奖励系数（完成或者超额完成）和扣减系数（没有完成目标）就越大。各事业部根据自己的预期，自行选择其中的某一档作为来年的经营目标。用这样的方式确定事业部的目标，具有以下优点：降低了总部和事业部在确定年度经营目标过程中的谈判成本，避免了因谈判能力不足而引起的奖金在各事业部之间的分配不公；鼓励各事业部根据实际情况给自己设置难度大的经营目标；由于年度经营目标是由事业部自己认定的，是内生而非外部强加的，所以它能更好地使各事业部根据目标制定切实可行的工作计划，以保证目标的完成甚至超额完成。

为了确保各事业部在关注短期目标的同时关注长期战略目标，公司设置了战略调节因子。常见的战略调节因子包括：新产品的销售收入占总销售收入的百分比、员工满意度、战略性市场的拓展情况等。

（3）股票期权。股票期权是联想集团长期激励的主要方式。为了使员工利益与公司利益有机结合起来，公司对满足一定条件的员工提供股票期权。股票期权的具体数量由员工的岗位级别、年度考核业绩等因素决定。

（4）特色福利。联想的福利待遇比较优厚，除法定福利外，目前颇受员工欢迎的福利项目有：① 补充医疗保险。在基本医疗保险外，公司为员工建立了补充医疗保险。根据该保险计划，员工生病住院的绝大部分费用均由公司和社会保险机构承担。② 出国休假。员工在联想工作每满5年，即可获得出国休假机会一次，在由公司提供的备选项里选择自己喜欢的旅游线路，费用由公司承担。休假期间，工资照发。③ 带薪休假。员工工作满3个月后，即可享受带薪休假。员工当年因工作原因不能休假的，由公司按休假天数计发工资。员工的休假天数由其在联想的服务年限决定。

2．薪酬管理

联想建立了两级人力资源管理体系：集团人力资源部的主要职责是根据集团战略，制定并执行集团的人力资源战略，根据人力资源战略，搭建统一、运转高效的人力资源管理平台，开发人力资源管理工具，总结人力资源管理方法等；各事业部的人力资源管理部门的主要职责是根据集团统一的人力资源战略和本系统的业务特点，在本系统内落实集团人力资源战略，建立人力资源管理制度，执行人力资源管理活动如招聘、培训、考核等。

在薪酬管理上，薪酬结构、薪酬政策、基本工资标准（即基本工资总共分多少级、每级对应的工资额）、股票期权的授予和管理、各事业部奖金的确定等重大事项由集团人力资源部负责。薪酬管理上的日常事务如员工的基本工资的确定和等级调整、奖金在事业部内的具体分配等则由事业部的人力资源部门根据集团统一的政策，结合本系统的实际具体执行。

在联想，员工的薪酬是严格保密的。谁违反了薪酬保密规定，谁就是触犯了企业天条。联想的薪酬保密程度及其执行力度在国内同等规模的企业里实属罕见。

3．理论基础

也许与联想初期的创业者大部分都是科学家这一历史背景有关，联想在做任何事情的时候，都非常强调有理有据。联想的薪酬设计亦不例外。下面我们从战略和具体操作这两个层面来分析联想是怎样保证其在薪酬设计上有理有据的。

联想集团的人力资源管理与传统的人事管理的一个重大区别，就是人力资源管理是基于战略的。联想的人力资源管理模型就很好地体现了这一点（见图 5-1）。

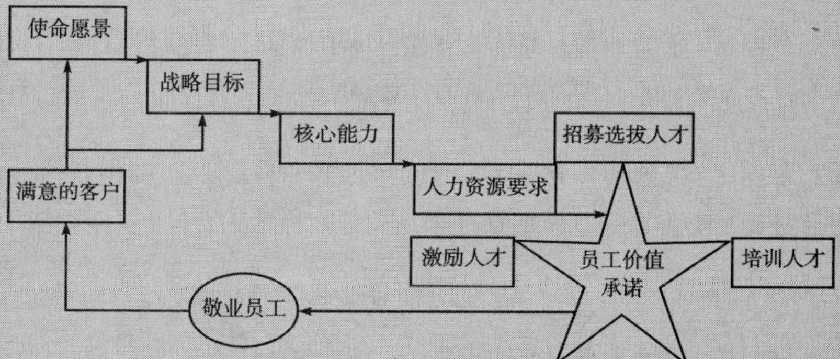

图 5-1　联想的人力资源管理模型

为了使读者能进一步理解该模型，我们补充以下几点：

（1）虽然在使命愿景和战略目标的确立过程中，人力资源部门一般不会充当主角，但是作为公司的战略合作伙伴，人力资源部门不仅应当而且必须参加使命愿景和战略目标的制定工作。

（2）战略性人力资源管理所关心的主要问题是：怎样从使命愿景和战略目标导出并界定企业所需的核心能力？通过怎样的途径和活动来培育和发展实现公司使命愿景和战略目标所需的核心能力？

（3）核心能力的载体主要是员工和组织。战略性人力资源管理的主要任务就是通过人力资源管理活动，培育和发展员工能力，并通过知识管理，把员工能力内化为组织能力。

（4）员工价值承诺包括两个方面的含义：第一，认同企业的核心价值观。核心价值观从本质上讲是企业高层尤其是一把手对怎样有效经营企业的根本看法。员工对企业核心价值观的认同度越高，企业的凝聚力和向心力就越强，企业所需的管理成本和监督成本就越低。第二，在价值交易基础上建立稳固的心理契约。从本质上讲，企业和员工之间的关系是一种基于利益的交易关系：员工提供企业生产经营所需的服务，作为回报，企业提供员工实现自我所需的条件如金钱、荣誉和发展空间等。要维系、巩固并扩大这种交易关系，单纯靠法律契约如合同等显然不够，必须建立涵盖面更广的心理契约——企业和员工之间的心理契约越牢固，企业和员工之间的交易关系就越持久，企业和员工之间交易所需的成本就越低。

联想是怎样把这一模型创造性地应用于实践，并为公司获取竞争优势的呢？在培育公司核心能力的过程中，联想的基本思路如下：

（1）根据愿景（“高科技的联想、服务的联想和国际化的联想”）和战略确定公司所需的核心能力，如研发能力、方案整合能力、国际化运作能力、资本运作能力等。

（2）把核心能力转化为任职资格体系和岗位要求。

（3）通过相应的人力资源管理活动，如推行任职资格体系、培训、考核等，不断培育和发展公司所需的核心能力。

联想所有的人力资源管理活动，都是围绕员工价值承诺展开的。联想的员工价值承诺的主要内容是：对企业而言，联想将“为员工创造发展空间，不断提升员工价值——联想，成就人，成就于人”；对员工而言，企业希望员工能“将个人追求融入到企业的长远发展之中”。作为激励人才的重要组成部分，围绕员工价值承诺，联想的薪酬管理实行了以下几个措施：

（1）基于岗位、能力和业绩的基本工资以及严格基于业绩的奖金，保证员工收入能随着员工能力和贡献的增长而增长。

（2）股票期权让员工能共享企业的发展成果，使自觉“将个人追求融入到企业的长远发展之中”的员工能得到丰厚和长远的回报。

（3）福利不仅是员工共享公司发展成果的直接体现，更能免除员工的后顾之忧，使其能全身心地投入到工作和学习之中，从而更有效地提升企业和自身价值。

联想薪酬设计的理论基础采用的是“3P”理论，即根据员工所在职位（pay for position）、所拥有的能力（pay for person）和所表现出来的业绩（pay for performance），综合确定员工的薪酬。

在“3P”理论的具体应用中，针对不同的薪酬项目、不同的员工，侧重点亦有所不同。如在确定员工的基本工资时，主要考虑岗位，辅之以绩效和能力；又如在确定员工的奖金时，主要考虑的是业绩；在不同的职位之间，比如在研发部门，为了给研发人员提供双重晋升通道，联想执行了以能力为主的工资体系。

? 思考与讨论题

1．联想薪酬管理的成功主要表现在哪些方面？

2．从长远的角度看，联想薪酬管理存在哪些隐忧？

3．联想薪酬设计的理论基础是什么？

目前随着我国市场经济体制的成熟与发展，企业之间的竞争逐步由规模、资产等“硬件”要素转移到技术、信息、管理、技能等“软件”要素方面，而这些要素的载体是企业的人力资源，因此，企业竞争的决胜力量越来越依赖于人力资源的管理与开发。而在中国目前的经济发展阶段，大多数企业员工处于马斯洛需求层次理论的较低层次，比较关注的是即期收入和待遇，所以企业激励员工最常用和最直接的手段毫无疑问应当是薪酬福利激励。由于行业性质、企业特点和管理不同，企业采用的薪酬模式千差万别，薪酬理论也千变万化，导致企业在选择薪酬模式时往往疑惑重重。

无论何种薪酬模式都应紧紧围绕企业的价值评价来设计，一般情况下企业的价值评价不外乎三个方面，即岗位价值、个人价值和业绩贡献价值。因此，本书把薪酬体系归纳为三种类型（见图 5-2）：第一种是基于职位的薪酬体系，以职位为主要考虑因素，在此基础上构建的薪酬体系；第二种是基于能力的薪酬体系，以能力为主要考虑因素，在此基础上构建的薪酬体系；第三种是基于绩效的薪酬体系，以绩效为主要考虑因素，在此基础上构建的薪酬体系。完全基于职位，或完全基于能力，或完全基于绩效的薪酬体系是非常少见的，无论是国内企业还是国外企业使用的薪酬体系，大多是以一个因素为主，兼顾另外一个或几个因素。

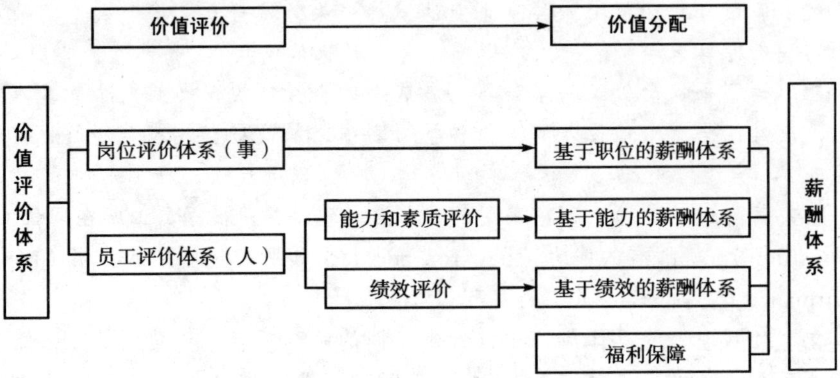

图 5-2　三种类型的薪酬体系

5.1　基于职位的薪酬体系

5.1.1　基于职位的薪酬体系的含义和特点

基于职位的薪酬体系，就是以职位的价值作为支付薪酬的基础和依据，在职位价值基础上构建的支付薪酬的方法和制度。比如，货车司机是甲公司的一个职位，首先确定货车司机这个职位在甲公司的相对价值和在社会上的绝对价值，然后根据货车司机这个职位的价值，确定支付该职位的薪酬。用同样的方法，确定甲公司其他职位的价值和薪酬水平，这样，就基本形成了甲公司的薪酬体系。这样形成的薪酬体系就是基于职位的薪酬体系。

从上面的定义可以看出，基于职位的薪酬体系主要考虑的是职位价值，即员工承担的具体工作和责任，担任某种具体的职位也就获得与之相匹配的待遇。完全基于职位的薪酬体系相对比较少见，大部分基于职位的薪酬体系是以考虑职位价值为主，以考虑个人能力、工作绩效为辅。这样，确定的某职位的薪酬就是一个薪酬区间，而不是一个薪酬点。例如，甲公司给货车司机定的月标准薪酬为 1500 元，该职位的月薪酬范围为 1300 ~ 1700 元：驾龄较短，路况不熟悉，经验不丰富的货车司机的月工资标准可以定为 1300 元或 1400 元；驾龄较长，路况熟悉，经验丰富的货车司机月工资标准可以定为 1600 元或 1700 元。

基于职位的薪酬体系具有以下优点：

（1）分配相对公平。基于职位的薪酬体系主要建立在岗位价值评价的基础上，反映了岗位之间的相对价值，基本做到了内部公平；同时，在确定企业薪酬水平时，一般情况下会参考同行业、同区域的社会薪酬水平，基本能够做到外部公平。

（2）比较直观、易懂。基于职位的薪酬体系比较直观，容易向广大员工进行说明和解释。因此，无论是设计薪酬体系，还是推行薪酬体系都比较方便，同时管理的成本也比较低。

（3）薪酬和工作目标结合比较紧密。基于职位的薪酬体系主要的考虑因素是职位内容和职位价值，而职位内容和工作内容与工作目标又紧密相连，因此，这样的薪酬体系与工作目标结合是比较紧密的。

（4）与职位体系结合紧密。薪酬体系与职位体系紧密结合，便于企业内人力资源的一体化管理。

但是，基于职位的薪酬体系还存在一些缺点：一是对于能力强而又无法晋升的员工的激励性不够。企业内往往存在这样一少部分员工，他们的能力很强，由于他们职位的原因，薪酬待遇的相对水平不高，激励性不够。二是稳定性强，而变化不足。由于职位一般是相对稳定的，基于职位的薪酬也是相对稳定的，这样的薪酬不会由于环境的变化而产生较大的增加或较大的减少，这样也就没有薪酬较大增加或较大减少带来的对员工的正激励或负激励。

5.1.2 基于职位的薪酬体系的应用范围

在我国，多数企业沿用了计划经济时期的级别工资制，有的企业虽然在档案工资的基础上进行了工资改革，如改革岗位技能工资制或岗位绩效工资制，但是大多数企业管理者忽视了岗位性质和岗位特点，这样容易导致实行工资制度时一刀切，进入薪酬管理中的误区。如应该采用职位薪酬体系，企业却采用了能力薪酬体系；应该采用绩效薪酬体系，企业却采用了职位薪酬体系。

根据工作的性质划分，企业的职位可以分为管理类、销售类、研发类、生产类和工勤类等职类，以上的职类性质有的是能力导向，有的是过程导向，有的是结果导向。职位薪酬体系主要应用于过程导向的岗位，这类岗位的典型特点是对能力和业绩不容易区分和界定，如管理岗位、行政工勤岗位、部分专业管理岗位、部分生产技术管理岗位等。

5.1.3 采用基于职位的薪酬体系的条件

企业采用基于职位的薪酬体系，应当满足以下几个前提条件。

（1）岗位描述是否清晰、规范。职位薪酬体系是在岗位价值评价的基础上建立的，因此，企业必须做到岗位描述清晰规范。首先，企业要根据工作内容的不同，明确划分出所有职位：职位的工作内容必须明确、具体；各职位工作内容之间不能有重复和交叉；各职位的权力需要明确、具体；各职位需要的知识、能力和经验需要明确、具体。也就是说，这些职位需要具备工作分析的条件。其次，在各职位明确的基础上，需要建立系统的、清晰的职位体系。

（2）职位的工作内容是否稳定。每个职位的工作内容必须是相对稳定的，不能是经常变化的。如果工作内容经常发生变化，工作的难度也会经常发生变化，对员工的知识、能力和经验的要求也会经常发生变化，岗位相对价值也就发生了变化，这样就会影响基于职位的薪酬体系的公平性和合理性。

（3）职位和员工的能力是否匹配。基于职位的薪酬体系要求职位所需的能力和员工的能力应当基本匹配，否则就会发生不公平的现象，给企业带来很多的问题。如果员工的能力低于职位要求的能力，员工就会不合理地多获得一部分薪酬，正常的工作也无法按时、保质完成；如果员工的能力高于职位要求的能力，员工就会不安于现状，工作积极性降低导致人力资源浪费。

5.1.4 基于职位的薪酬体系设计步骤

设计基于职位的薪酬体系一般从三个方面进行，见图 5-3。

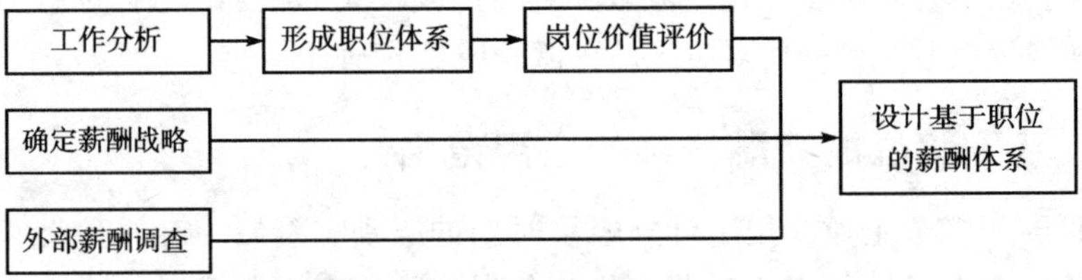

图 5-3 设计基于职位的薪酬体系的基本步骤

1. 岗位价值评价

对企业的职位价值进行评价时，一般要采取三个步骤：第一，工作分析。工作分析就是了解、掌握关于特定工作有关的信息，然后对这些信息进行分析、界定和确认，并把这些信息描述出来，形成职位说明书；第二，根据整理出来的职位，形成本企业的职位体系；第三，对所有职位进行价值评价，根据职位评价结果进行整理，划分为不同的职等。

2. 确定薪酬战略

每个公司都有不同的薪酬战略，根据本企业薪酬水平和外部薪酬水平的差异，薪酬战略可以分为：领先薪酬战略、跟随薪酬战略、滞后薪酬战略和混合薪酬战略四类。

（1）领先薪酬战略：企业的薪酬水平高于外部平均水平。企业采取领先薪酬战略的目的一般是激励和稳定员工队伍，抓住有利的市场时机，快速发展。

（2）跟随薪酬战略：企业的薪酬水平与外部平均水平相同或基本相同。企业采取跟随薪酬战略的目的一般是保持和外部相同的薪酬水平，利用本企业在其他方面的优势，与其他公司进行竞争。

（3）滞后薪酬战略：企业的薪酬水平低于外部平均水平。企业采取滞后薪酬战略的目的一般是节省人力成本，尽可能得到现金资产，以获取高额的利润或进行新的投资。

（4）混合薪酬战略：企业的某些职位的薪酬水平可能高于外部平均水平，某些职位的薪酬水平可能与外部平均水平相同或基本相同，某些职位的薪酬水平可能低于外部平均水平。企业采取混合薪酬战略的目的一般是根据不同职位的具体情况，确定合适的薪酬水平，以达到利益或效果的最大化。

每个企业都应根据本企业的具体情况和外部的竞争环境，合理确定本企业的薪酬水平。

3. 外部薪酬调查

绝大多数企业在决定本企业薪酬水平时，都要进行薪酬调查，有的复杂、详细，有的简单。薪酬调查的目的是了解特定区域、特定行业内，一些企业的薪酬战略、薪酬水平、薪酬体系和薪酬结构等信息，为制定本企业的薪酬政策，确定本企业的薪酬水平提供依据。这样，通过职位评价、薪酬战略的确定、外部薪酬调查，就基本上形成了基于职位的薪酬体系。

5.1.5　基于职位的薪酬体系常见模式

基于职位的薪酬体系的常见模式主要有三种：职位薪酬制、职务薪酬制和职位年薪制。

1. 职位薪酬制

职位薪酬制是根据员工职位的价值确定的计酬方式。这种计酬方式是企业普遍应用的薪酬形式之一。

（1）从各职位关系的表示方法上划分，职位薪酬制可以分为职位等级薪酬制和职位薪点薪酬制。所谓职位等级薪酬制就是根据职位的价值排序，进行分类和划分等级，最后再划分薪酬等级的薪酬制度。表 5-1 是某公司实际应用的职位等级薪酬表，我们可以从中看出职位等级、薪酬等级和薪酬标准之间的关系。

表 5-1　　某公司职位等级薪酬表

岗位层次	岗位等级	岗位名称	所属部门	薪等	薪酬标准（元）
高层	十四级	总经理		十四等	12000
	十三级	副总经理		十三等	10000
中层	十二级	贸易发展部经理	贸易发展部	十二等	8000
		市场发展部经理	市场发展部		
	十一级	财务部经理	财务部	十一等	7000
		审计监察部经理	审计监察部		

续表

岗位层次		岗位等级	岗位名称	所属部门	薪等	薪酬标准（元）
中层		十　级	人力资源部经理	人力资源部	十　等	6000
			投资实业部经理	投资实业部		
			战略规划部经理	战略规划部		
		九　级	政策研究部经理	政策研究室	九　等	5500
			综合部经理	综合部		
		八　级	后备干部	人力资源部（各部）	八　等	5000
基层	主管员工级	七　级	明星员工	各部	七　等	4500
		六　级	市场研发主管	市场研发部	六　等	4000
			业务经理	贸易发展部		
		六　级	审计监察主管	审计监察部	五　等	3000
			市场调研员	贸易发展部		
		五　级	项目经理	投资实业开发部		
			审计监察助理	审计监察部		
			报表管理专员	财务部		
			薪酬、考核管理专员	人力资源部		
			资金调度员	财务部		
			出口管理专员	财务部		
			法律事务专员	战略规划部		
	普通员工级	四　级	招聘、培训管理专员	人力资源部	四　等	2500
			业务员	贸易发展部		
			市场研发助理	市场研发部		
			会计管理专员	财务部		
			项目管理专员	投资实业开发部		
			综合管理员	综合部		
			业务规划专员	战略规划部		
			网络管理员	战略发展部		
		三　级	出纳	财务部	三　等	2000
			人事管理专员	人力资源部		
			党务、政审专员	政策研究部		
			企业文化专员	政策研究部		
			外事、物业管理专员	综合部		
			车辆、老干部管理专员	综合部		
		二　级	前台管理专员	综合部	二　等	1500
			文件档案管理专员	综合部		
		一　级	待岗员工	人力资源部（各部）	一　等	1200

所谓职位薪点薪酬制，就是对每个职位进行职位评价，根据职位评价的结果确定每个职位的薪点数，然后根据每个职位的薪点数确定薪酬额。例如，某公司根据职位评价的结果，最终确定前台的薪点为 550，行政主管的薪点为 1000，人力资源招聘主管的薪点为 1500，如果每个点是 2 元，那么前台工资为 1100 元，行政主管工资为 2000 元，招聘主管工资为 3000 元。另外还有一种职位系数薪酬制，这种薪酬制度的本质和职位薪点薪酬制是一样的，就是把每个职位的薪点用职位系数代替了，这里就不再赘述。

（2）如果从职位对应薪酬标准的多少来划分，职位薪酬制可以分为一职一薪制和一职多薪制。所谓一职一薪制，就是每个职位对应一个薪酬标准的薪酬制度。例如，某公司办公室主任对应的工资标准为 5000 元。所谓一职多薪制，就是每个职位对应一个薪酬区间，根据员工的能力、经验等，在薪酬区间里合理确定员工薪酬的薪酬制度。例如，某公司办公室主任对应的工资标准为 4000～6000 元，办公室张主任工作经验丰富，工作能力较强，该公司人力资源部给他最终确定的薪酬标准为月薪 5500 元。

2．职务薪酬制

职务薪酬制是根据员工在组织中担任的职务而确定的计酬方式。这种方式对于职务等级上没有差别而工作内容不同的职位，薪酬是基本相同的。职务薪酬制是一种简化了的基于职位的薪酬制度，这种薪酬制度在以前的国有企业中比较常见，另外，在政府机关、公共事业单位中也比较常见。

与职位薪酬制类似，从各职务关系的表示方法上划分，职务薪酬制可以分为职务等级薪酬制和职务薪点薪酬制；从职务对应薪酬标准的多少来划分，职务薪酬制可以分为一职一薪制和一职多薪制。例如，某大型国有企业人事劳资处规定，科长的工资标准为月薪 2500 元，副科长的工资标准为月薪 2000 元，处长的工资标准为月薪 4000 元，副处长的工资标准为月薪 3500 元。

3．职位年薪制

职位年薪制是根据实行年薪员工的职位价值而确定的计酬方式，年薪总额一般分为按月发放部分和年终发放部分。按月发放部分一般不进行考核，直接发放；年终发放部分一般是综合考核后发放。年薪制适合企业的高级管理人员、核心岗位人员等。

职位年薪制的特点是薪酬总额是基于职位设计的，按月发放部分的总额占薪酬总额的大部分，按月发放部分的总额大于年终发放部分。例如，某大型民营企业集团为子公司总经理制定了年薪制方案，年薪总额为 50 万元，月薪 3 万元每月按时发放，剩余 14 万元在年终考核后计算发放。

5.1.6　基于职位与能力结合的薪酬体系

在企业的实际应用中，完全基于职位的薪酬体系和完全基于能力的薪酬体系是比较少的，大多数企业采取的是以基于职位的薪酬体系为主，同时结合能力、绩效要素，或是以基于能力的薪酬体系为主，同时结合职位、绩效要素。

以基于职位的薪酬体系为主，同时结合能力要素，这种方式在企业中是最为常见的。基于职位与能力因素结合的薪酬体系主要有三种模式。

（1）薪酬宽带的形式：以基于职位的薪酬体系为主，同时结合能力要素设计薪酬宽带，确定某个员工的薪酬标准，员工所在职位的薪酬范围一般在一个标准薪酬的范围内，企业需要根据员工的具体工作能力，在这个薪酬范围内确定员工的具体薪酬。例如，甲公司给人力资源招聘主管定的月标准薪酬为4000元，该职位的月薪酬范围为3200~4800元。能力较弱，招聘经验较少的人力资源招聘主管的月工资标准可以定为3200元；能力较强，招聘经验丰富的人力资源招聘主管的月工资标准可以定为4800元。

（2）增加技能工资单元：如学历工资、职称工资。

（3）特殊补贴方式：职位工资加特殊补贴，如专家津贴、学历补贴、专业技能补贴。工资加特殊补贴的方式也比较常见。例如，一家生产型企业有一名负责技术的副厂长，同时他也是一位享受国务院特殊津贴的机械专家，公司除了为这名员工根据技术副厂长的职位确定工资以外，还给予每月1000元的技术补贴。

5.1.7 基于职位与绩效结合的薪酬体系

基于职位与绩效结合的薪酬体系，其常见的模式有三种，具体如下。

（1）设绩效单元：将职位薪酬单元分拆，一部分固定发放，一部分与绩效挂钩考核发放。

（2）设奖金单元：分为团队奖金和个人奖励，个人奖励可以分月度、季度和年度。

（3）绩效加薪：每年度末，根据业绩表现增加1~3个月的薪酬。

在基于职位与绩效结合的薪酬体系中，某个职位的基础工资是固定的，该职位上员工工作绩效的差异主要体现在绩效工资和奖金上。绩效工资一般按月发放，工作成绩好、绩效好的员工可以得到较多的绩效工资，工作成绩差、绩效差的员工只能得到较少的绩效工资或者没有绩效工资；奖金可以是月度奖金、季度奖金、半年度奖金、年度奖金或不定期奖金，工作成绩好、绩效好的员工可以获得较多的奖金，工作成绩差、绩效差的员工只能得到较少的奖金或者没有奖金。

5.2 基于能力的薪酬体系

5.2.1 基于能力的薪酬体系的含义和特点

基于能力的薪酬体系，就是以能力的价值作为支付薪酬的基础和依据，在能力价值基础上构建的支付薪酬的方法和制度。构建基于能力的薪酬体系首先必须明确以下几个问题：

- 什么是能力？
- 员工的能力和企业是什么关系？
- 如何准确衡量员工的能力？
- 如何设计基于能力的薪酬体系？

1. 能力的含义

我们这里所谓的"能力"严格来说实际上是一种绩效行为能力，即达成某种特定绩效或者是表现出某种有利于绩效达成的行为的能力，而不是一般意义上的能力。绩效行为能力又被称为素质、胜任能力等，在本节中，我们简单地以能力来代替绩效行为能力的概念。我们这里的能力实际上是指那些能够增加价值以及预测未来成功的要素。

为了更好地理解绩效行为能力，我们可以来看一看 Hay Group 所提出的关于能力的冰山模型。这一模型认为，一个人的绩效行为能力由知识、技能、自我认知、人格特征和动机五大要素构成的。其中，知识（knowledge）是指一个人在某一既定领域中所掌握的各种信息。比如，知道如何运用办公软件处理文件，了解公司的政策以及公司制定年度经营计划的程序等。技能（skill）则是指通过重复学习获得的在某一活动中的熟练程度。比如，在打字、推销产品或者平衡预算方面的技能。自我认知（self-concept）是一个人所形成的关于自己的身份、人格以及个人价值的概念，它是一种内在的自我。比如，自己到底是领导者、激励者，还是不过仅仅是一颗螺丝钉？当自我认知被作为一种可观察的行为表达出来的时候，才会成为一个绩效问题。人格特征（trait）是指一个人的行为中某些相对稳定的特点以及以某种既定方式行事的总体性格倾向。比如，是不是一个好的聆听者、是否容易产生紧迫感等。动机（motive）是指推动、指导个人行为的那些关于成就、归属或者权力的思想。比如，一个人希望达成个人成就并且希望影响他人的绩效的想法。人格特征和动机也只有在可被观察时才会成为一个与绩效有关，从而与薪酬有关的问题。因此，在这个冰山模型中，知识和技能犹如是位于海面上的可见冰山部分，而自我认知、人格特征以及动机是位于海面以下的隐性冰山部分。

"绩效行为能力"这一概念被哈佛大学心理学家大卫·麦克里兰于 20 世纪 70 年代初期首先引入，近年来，它已经成为企业成功经营战略中的一个普遍性的关键组成部分。尤其是进入 20 世纪 90 年代以后，许多企业的好时光已经过去，兼并、流程再造、精简裁员等随之而来，企业不得不密切关注如何激励员工以及使他们关注企业的目标。在这种背景下，具备较高的绩效行为能力成为企业实现价值的一个重要途径，许多组织发现对于这样一些员工的需求变得越来越紧迫。这样的员工不仅具有很强的能力，而且能够与团队共同工作，能够做出决策，同时也能承担更多的责任。此外，对于身处现代企业的员工而言，他们需要掌握的不再仅仅是传统的、单纯的知识和技术，更重要的是那些可以实现高绩效的隐性的能力——团队协同工作的能力、实现特定目标的能力，正是这些不尽相同的能力构成了企业向员工支付薪酬的基础。

2．员工的能力和组织的关系

在长期的成长过程中，员工会积累各种各样的能力，但并不是所有这些能力都是组织所需要的。不同的组织，或同一组织中的不同职位，甚至同一职位在不同时间，其所需的能力是不尽相同的。基于能力的薪酬设计是根据员工所拥有的而且是组织所需要的能力来支付薪酬。这样就衍生出了一个非常重要的问题：怎样才能系统界定组织所需要的能力？

在这里我们介绍一种界定组织所需的能力的思路——斯科特·A·斯内尔（Scott A. Snell）的核心能力界定模型。

在哈默尔（Hamel）和普拉哈拉德（Prahalad）的核心能力（核心能力是技能和技术的集合，它使组织能为客户带来特别的、与众不同的利益）定义的基础上，斯内尔提出了核心能力的判断标准：有价值、很独特、可扩展、能学习。

斯内尔认为，核心能力可分为知识、流程、关系和技术四类。不同的公司，其核心能力是不同的。例如，在麦当劳公司，严格按照流程去处理各种事物就是一种可以带来高绩效的能力。

3．评价员工的能力

在界定了组织所需要的能力后，通常有两种思路来衡量员工的能力。

（1）将组织所需的每一项能力视为一个独立的技能部件，对每个技能部件设置技能等级及与之相对应的衡量标准，然后再根据这些标准来衡量员工的能力。这种方法简单明了，容易较快被理解和接受。

（2）将组织所需的能力细化到职位族中，为每个职位族设置与其相对应的任职资格，然后再根据任职资格的要求来衡量员工所具备的能力。这种方法与职位结合较紧密，应用起来比较方便。

4．基于能力的薪酬体系的评价

（1）产生背景。一系列因素导致了基于能力的薪酬体系的产生，这些因素可以归纳为如下三点。

第一，市场竞争的加剧。基于职位的薪酬体系源于20世纪上半叶以泰勒为代表的科学管理思想。从战略角度看，泰勒的管理思想和管理方法是与大规模生产相适应的，它使企业赢得竞争优势的方式发生了重大改变。但是随着世界经济一体化趋势的加强和市场竞争的加剧以及高素质人才的供不应求，各公司发现它们的成功比以前任何时候都更加依赖于优秀的员工。这正是许多企业采用基于能力的薪酬体系的原动力。

第二，组织结构的变化。信息技术的迅猛发展使组织结构扁平化成为可能。一方面，网络状分布的组织团队代替了固定的工作部门或职位，出现了跨职能、跨部门的团队。另一方面，网络使主要承担上下之间信息沟通的中间管理层失去了应有的作用而得到精简。结果，企业中的较高职位减少了，这使得传统的升迁机会大大减少，在这种情况下，员工已不再把追求高级管理职位作为职业发展的主要目标，他们需要的是较大的自主权和工作弹性。

扁平式组织结构强调员工参与，鼓励员工扩大自己的知识面，注重提高员工技能的通用性和灵活性，借以重新构造组织的边界。在这种新型的工作方式中，员工需要做的工作已不局限于工作说明书中指定的任务。他们必须懂得更多、想得更多，必须不断学习、改革，还要有参与和合作精神。所有这些，都要求基于能力的薪酬体系与之相匹配。

第三，管理理念发生了变化。在一个多世纪的发展过程中，企业经营经历了从生产导向到市场导向的演进过程，目前正进入人力资源导向的时代。企业管理者必须以一种新的思维方式重新思考企业人力资源的角色与价值，建立新的模式和流程来培育企业的核心能力，从而获得竞争的优势。将能力与薪酬挂钩，用报酬引导、刺激员工不断学习，是企业不断提升自身核心能力的重要方法。

（2）基于能力的薪酬体系的优劣分析。基于能力的薪酬体系具有许多优点。如：减少企业推进组织变革和流程重组的阻力，提高企业的灵活性和适应性；鼓励员工对自身的发展负责，使员工对自己的职业生涯有更多的把握；能使员工承担更多、更广泛的责任，而不仅仅是职位说明书中涉及的责任；容易向员工阐述薪酬与能力、职位之间的关系，使员工有动力去提升其能力。

在我们日益以知识和服务为基础的经济中，为能力付酬，对最有能力的人支付最多的钱，似乎是显而易见且合理的行为。而且，一个日益明显的趋势是把能力和薪酬挂钩。然而在决定采用基于能力的薪酬体系以前，我们也应当清楚地看到它的不足：基于能力的薪酬体系通常需要周期性更新能力评估体系，重新鉴定员工的技能，在能力淘汰呈现加速度趋势的今天，无疑会大大增加企业管理工作的成本和难度；增加了企业的人力成本。位于洛杉矶的劳动力有效性中心（the Center for Workforce Effectiveness）在对美国 50 个公司所进行的研究中发现，在 40%的案例中，与能力挂钩的薪酬体系已经失败了，原因主要是受成本的影响：采用基于能力的薪酬体系后，工资成本平均来说上升了 15%，而培训成本上升超过 25%。英格兰的康明斯发动机公司因为这个原因在车间取消了能力薪酬制度，而用团队绩效奖金取而代之。

（3）基于能力的薪酬体系遇到的主要挑战。这些挑战可以归纳为以下五种：

第一，确定员工的能力等级是能力工资实施的核心问题。但是企业根据自身的情况，建立自己的能力评价体系存在着很大困难。这个过程至少包括能力评估的机构、能力评价的要素和能力评价的等级三个方面的内容。这个过程是很复杂的。能力评价机构可由企业自身的专业人员和外聘的专家共同组成能力评价委员会。评价要素的确定则要结合企业的实际情况，突出本企业的特点，保证这些要素与企业的业务相关。而评价的等级不宜过多也不宜过少，过多的等级操作起来非常烦琐，过少的等级对能力的区分度不够，因而对员工的激励性不够。一般来说能力等级设定为4~6个比较合适。

第二，能力的利用问题。能力工资面临的一个最大现实问题是如何有效利用员工所掌握的知识和技能，因为知识、技能和业绩之间并没有必然的因果关系。因此企业在推行能力工资时，必须解决好这个问题，否则就会造成劳动力成本的大量增加，而企业得到的回报却很少。要解决这一问题，企业必须结合自身的实际需要确定能力评价要素，及时对员工的工作进行重新设计。随着员工所掌握的知识和技能的增加，重新设计担任的工作，如让其工作内容丰富化和扩大化等。要将能力工资和绩效工资相结合，用业绩考核来调整员工的收入，能力工资只是基本工资，此外还有一部分报酬是基于业绩的。

第三，能力的培训问题。实行能力工资后，企业对培训的需求必然会增大，企业在培训方面投入的成本也会随之增多。要解决这一问题，可以让员工和企业共同承担培训费用。

第四，能力评价体系的更新问题。企业要不断更新和丰富能力评价的要素、能力评价的要求，并对员工的能力等级定期进行重新评价。这种做法，一方面可以保证能力评价体系适应企业发展的需要，另一方面也可以促使员工持续不断进行学习。

第五，与职位和绩效有机结合的问题。大多数企业在进行薪酬决策时，除了会考虑员工的能力外，仍然还需要考虑职位数量和内容、目标完成情况等因素。所以即便使用基于能力的薪酬体系，也不要100%的基于能力，基于能力的薪酬体系并不是要完全取代或代替传统的基于职位和基于绩效的薪酬设计，而是要与它们融合，并针对不同的企业和不同的环境而有所侧重。

基于能力的薪酬体系将被越来越多的公司所接受。许多公司意识到，对员工的能力给予直接的、有形的报酬是公司战略得以顺利实施的关键因素。然而，基于能力的薪酬体系并非适用于任何企业，它的实施需要一个相当坦诚公开的评价过程，需要一种摆脱业已失效的传统薪酬体系的勇气，更需要管理者以满腔的热诚控制变革对员工带来的影响。只有对这一切准备充分的公司才能在新体系下形成自己的核心竞争力。

5.2.2 基于能力的薪酬体系的应用范围

基于能力的薪酬体系主要适用于员工的能力与组织的绩效以及个人绩效有直接的较大关系的职位，这种职位的工作过程难以控制，结果难以衡量。例如，公司里面的技术骨干、软件公司的主要研发人员、足球俱乐部的球员和教练、生产型企业的技工等。

5.2.3　采用基于能力的薪酬体系的条件

企业采用基于能力的薪酬体系时，需要满足以下两个主要条件：

- 能够科学、合理地界定组织所需要的能力。
- 能够科学、合理地评价员工的能力。

在现阶段的中国企业，界定这两种能力是一件比较复杂的事情，大多数采用能力薪酬体系的企业还处在摸索阶段。所以，基于能力的薪酬体系在中国的应用相对较少。采用能力薪酬体系的企业对于能力的评价和界定多数还处于主观、简单和概括阶段，对能力评价和界定的精度还不够高。

5.2.4　设计基于能力的薪酬体系的基本步骤

一般情况下企业建立能力薪酬体系时，需要经过四个操作步骤。

1. 确定哪些能力是支持公司战略、为组织创造价值，从而应当获得报酬的

在这一步骤上，实际上要求组织界定自己准备支付报酬的能力到底是哪些。因为在不同的战略导向和文化价值观氛围中以及在不同的行业中，作为企业报酬对象的能力组合很可能存在差异。有时，即使不同的企业所使用的能力在概念上一样，但是同样的能力在不同的组织中却很可能有不同的表现。研究表明，最常用的 20 种核心能力包括：① 成就导向；② 质量意识；③ 主动性；④ 人际理解力；⑤ 客户服务导向；⑥ 影响力；⑦ 组织知觉性；⑧ 网络建立；⑨ 指导性；⑩ 团队与合作；⑪ 开发他人；⑫ 团队领导力；⑬ 技术专家；⑭ 信息搜寻；⑮ 分析性思考；⑯ 观念性思考；⑰ 自我控制；⑱ 自信；⑲ 经营导向；⑳ 灵活性。

此外，在实行以能力为基础的薪酬体系时，与技术薪酬体系相同的情况是：企业往往会根据职能领域的不同，分别确定在不同领域中的核心能力。比如说，在供应链上的核心能力和在营销领域、人力资源领域、财务管理以及战略规划领域的绩效行为能力就是不同的。举例来说，某公司在人力资源管理领域的核心能力包括以下四种类型：

- 领导与变革管理能力，包括诚实性、效率性、客观性、前瞻性、风险承担性、决策能力、专业化沟通能力、团队管理能力；
- 经营能力，包括行业知识、战略管理能力、组织知觉能力、全员质量管理能力、通用管理技能、与直线管理团队建立合作伙伴关系能力；
- 人力资源职能的领导力，包括网络建设能力、确定人力资源远景的能力、人员甄选与开发能力、人力资源的价值增值观；

- 人力资源技术能力，包括人力资源规划能力、沟通能力、管理劳动力队伍多元化的能力、甄选配置能力、培训开发能力、人力资源信息系统建设能力、薪酬福利管理能力、健康及安全与保障管理能力、组织有效性评价能力、员工关系管理能力。

又比如，一家跨国的日常消费品生产和销售公司将自己的员工在市场营销领域中具备的核心能力界定为四大类：

- 综合管理技能，包括对公司战略与创新做出贡献、制定销售渠道战略、建立销售基础设施与销售组织、客户供应链接口管理、完成交易、第三方（分销商等）管理；
- 现代商业技能，包括客户开发计划的制定、客户计划的实施；
- 一般商业技能即经销商管理；
- 商业营销技能即商品类别管理。

而该公司对人力资源管理专业人员的能力要求则分为一般能力和专业能力两类。其中，一般能力包括：制定企业战略、业务规划与实施、项目管理、变革管理、业务流程设计与管理、信息管理、信息应用与开发；专业能力包括：人力资源战略管理、人力资源规划与发展、组织开发与变革、招募管理、学习管理、绩效改善、员工关系、薪资福利。

2. 确定这些能力可以由哪些品质、特性和行为组合表现出来，即具备何种品质、特性以及行为的员工最有可能是绩效优秀者

在这一步骤上，企业需要通过观察和直接询问绩效优异者是如何完成工作或解决问题的，来确定优秀绩效者的行为特征有哪些，或者说哪些行为表明员工具备某种能力。比如，上面所提到的那家消费品生产与销售公司就把综合管理技能有中的“建立销售基础设施与销售组织”进一步划分为：理顺客户管理结构、确定价值观、确定角色与职责、优化人员结构、建立支持系统、建立激励与报酬制度、销售区域开发与管理等几项内容，然后对每一项技能所包括的行为做进一步的阐述，比如在“理顺客户管理结构”中，能力被定义为“建立并管理组织结构和支持性服务系统，以根据公司的产品类别和销售渠道目标尽最大可能地创造和发掘客户发展机会”。界定与客户管理有关的个人以及团队所需要掌握的技能组合，需要具有的特征以及需要获得的报酬一项中所包括的行为有：解释当前以及未来的商业需求（如市场的复杂性程度）；检查是否存在其他的可选安排（如对主要客户销售还是零售、是按地理区域还是按产品划分销售单位、是电话访问还是直接拜访）；调查第三方（如代理商、特许经销商、零售商）；设计、调整组织结构以服务客户需求并实现公司自身的目标；明确所需要获得的支持服务的类型（如商业营销、产品类别管理等）。此外，我们还在表 5-2 和 5-3 中分别列举了两家公司关于团队合作能力和影响力两种能力的定义及其等级划分。

表 5-2　　某公司对团队合作能力的定义及其等级划分

能力等级	能力定义
1	合作：自愿参与，支持团队决策，是一个“好的团队成员”，承担自己那份工作
2	分享信息：使其他人能够获得最新的团队进程信息，分享所有相关、有用的信息
3 （可以接受的）	表达积极的期望：对其他团队成员的能力表示出自己的积极期望，以一种积极的态度向团队内外的其他人提起团队中的任何人。在产生冲突时，着眼于寻找冲突产生的原因而不是争论
4	请求投入：看重其他团队成员的投入和专业经验，愿意向同事学习，鼓励所有的团队成员在团队规划过程或者需要决策的时候贡献自己的思想和观点（如“在这个问题上我们还没有听到××的意见”）
5	鼓励他人：赞扬在团队内或团队外工作出色的同事，在团队成员获得新的成绩和进步时对他们给予鼓励，从而使他们感到自己在团队中是有价值的人
6	培养团队精神：采取特殊行动（如准备一场晚会或者出游，设计一种团队 T 恤衫）促进友好气氛、高昂士气以及合作精神在团队成员之间的培养。向团队之外的同事宣传团队的成就和声誉
7 （出色的）	解决冲突：使得团队内部的冲突（个人间的或专业上的）公开化，鼓励采用对团队工作有利的冲突解决方法或者为之提供方便。不隐藏冲突，也不回避冲突，而是试图尽快解决冲突，以使团队协作有效性得以迅速恢复

表 5-3　　绩效行为能力描述样本：影响力

能力水平	行为表现
0	任其自然 引用政策以及进行结果归纳
1 （直接劝说）	寻找原因：运用数据或者具体的例子来劝说 不能使自己的陈述与听众的兴趣和水平相适应 遇到反对意见时只能重复相同的要点
2 （多次劝说尝试）	在劝说无效时尝试使用多种不同的策略，以努力适应听众的兴趣和水平（比如在讨论中提出 2 个或 3 个不同的论据）
3 （建立信任关系；培养双赢思想）	在陈述或讨论中注意贴近听众的兴趣和水平 寻找双赢的机会 在探查对方所关注的问题、兴趣以及情感的时候表现出敏感性和对他人的理解，并利用这种理解来对反对意见进行有效劝说
4 （为施加影响而采取多种行为）	在劝说未成功时，采取多种方法或行为拉进双方的距离，并梳理、影响乃至改变对方的观点

续表

能力水平	行为表现
5 （通过他人施加影响）	运用专家或第三方的力量去施加影响 有计划地与客户、内部同事以及行业同事之间建立并维持一个关系网络 在必要的时候，对某些机会和解决问题的思想组织“幕后”支持

3. 检验这些能力是否真的使得员工的绩效与众不同，只有那些真正有效果、有特色的能力和行为才能被包括在内

4. 评价员工能力，将能力与薪酬结合起来

这是建立能力薪酬体系操作的最后一个步骤。根据界定好的能力类型及其定义，对员工在某领域中所具备的绩效行为能力进行评价，然后将评价的结果与他们所应当获得的基本薪酬结合在一起，显然，在这种薪酬体系中，员工的基本薪酬水平高低取决于他们对于一种工作、角色或者团队职能的理解和执行的能力，他们可以因为具备某些既定能力或者是能力水平提高而得到基本薪酬的提升，一旦能力薪酬体系作为一种基本薪酬被接受，企业就可以将其内化到薪酬体系的其他部分之中，比如作为确定浮动薪酬的基础。

5.2.5 常见的基于能力的薪酬体系

基于能力的薪酬体系的常见形式主要有技术等级工资制、职能等级工资制、职能工资制、能力资格制以及年功工资制。

1. 技术等级工资制

技术等级工资制是工人工资等级制度的一种形式，其主要作用是区分技术工种内部的劳动差别和工资差别。技术等级工资制是按照工人所达到的技术等级标准确定工资等级，并按照确定的等级工资标准计付劳动报酬的一种制度。这种工资制度适用于技术复杂程度比较高、工人劳动差别较大、分工较粗及工作物不固定的工种。技术等级工资制由工资标准、工资等级表和技术等级标准三个基本因素组成。根据这三个因素，可以给具有不同技术水平或从事不同工作的工人规定适当的工资等级。

（1）工资标准，亦称工资率，就是按单位时间（时、日、周、月）规定的工资数额，表示某一等级在单位时间内的货币工资水平。按小时规定的为小时工资标准，按日规定的为日工资标准，按月规定的为月工资标准。我国工人的工资标准大部分是按月规定的，企业可以根据需要，将月工资标准换算为日工资标准或小时工资标准。按照规定的工资标准支付的工资，是职工完成规定的实际工作时间或劳动定额后组织所支付的工资，称作标准工资。

确定工资标准，最重要的是规定好最低一级的工资标准。这是因为：最低一级工资标准是最简单、最不熟练劳动在单位时间内的劳动报酬，它是一切工资差别的基础，确定了它，以它为基数，高于其劳动等级的工资标准就可以按照一定的倍数计算，因为复杂劳动是简单劳动的倍加。最低一级工资标准的确定在很大程度上取决于国家或地区的最低工资限额，在一定程度上反映了整个国家或局部地区的工资水平，如果扣除物价等不可比因素，就可以作为研究各国之间、地区之间工资差别的基础。在工资总额已经确定的情况下，最低一级工资标准的高低决定了各等级工人之间的差别是否合理，因为最低一级工资标准过高，各等级间的工资差别必然过小，形成制度上的平均主义，给高等级工人带来消极影响。

最低一级工资标准应当与国家实行的最低工资保障标准相一致。所以确定和调整最低一级工资标准的因素也应与确定和调整最低工资标准应当综合考虑的因素相一致。

（2）工资等级表。

1）工资等级表的概念。工资等级表是用来规定工人的工资等级数目以及各工资等级之间差别的一览表。它由工资等级数目、工资等级差别以及工种等级线组成，表示不同劳动熟练程度和不同工种之间工资标准的关系。

工资等级数目是指工资有多少个等级。工资等级是工人技术水平和工人技术熟练程度的标志，其数目多少是根据生产技术的复杂程度、繁重程度和工人技术熟练程度的差异规定的。凡是生产技术比较复杂、繁重程度及工人技术熟练程度差别较大的产业或工种，工资等级数目就应规定得多一些；反之，则应少一些。

各工资等级之间的差别，简称级差，是指相邻两个等级的工资标准相差的幅度。级差有两种表示方法：一种是用绝对金额表示；另一种是用工资等级系数表示。所谓工资等级系数，就是某一等级的工资标准同最低一级工资标准的对比关系。它说明某一等级的工资比最低一级工资高出多少倍，某一等级的工作就比最低等级的工作复杂多少倍。知道了最低一级工资标准和某一工资等级的系数，就可以求出某一等级的工资标准。

工种等级线是用来规定各工种（岗位）的起点等级和最高等级的界限。起点等级是熟练工、学徒工转正定级后的最低工资。最高等级线是该工种在一般情况下不能突破的上限。凡技术复杂程度高、责任大以及掌握技术所需要的理论知识水平较高的工种，等级的起点就高，等级线长；反之，则起点低，等级线短。一些技术简单而又繁重的普通工种，由于体力消耗大，其等级起点较高，但等级线不宜过长。工种等级线、学徒期、熟练期、培训期和见习期有国家统一的规定，各单位可以参照使用，具体工种及工种等级线请查阅劳动部颁发的《中华人民共和国工种分类目录》（劳培字[1992]14 号），也可由企业管理技术技能方面的机构确定。

2）制定工资等级表的原则。制定工资等级表的原则有以下三个：

第一，工资增加的幅度，即级差，应当是逐步递增的，或者是累进的。这出于两点考虑：一是鼓励工人向高一等级努力；二是贯彻按劳分配的原则。专门调查表明，技术熟练程度提高一级的可能性是不相同的，工人的技术等级越高，为达到更高一级所需的时间越多。这是因为，随着工人的熟练程度在较高的等级上提高，劳动的复杂程度也一级比一级增加。所以，随着工人熟练程度的提高，他们的工资标准（绝对的和相对的）应当累进递增。

第二，工资等级的数目应当适当。如果等级过多，在工资总额既定的情况下，必然是多等级、小级差，容易出现分配上的平均主义。如果等级数目过少，又会形成分配上的差别过大。一般来说，实行技术等级工资制，设置普通工、初级工、中级工、高级工、技师、高级技师6个等级就可以了。

第三，最高工资标准与最低工资标准的关系，即工资差额的倍数要合理。在工资总额既定的情况下，主要应从以下几个因素考虑：最低，即一级工资标准的高低程度；最高工资标准已经达到的水平；最低一级和最高等级的劳动复杂程度的差别；市场流行工资的实际差异；科技发展的状况对劳动差别的影响。一般是随着劳动差别的缩小，工资等级表的幅度也相应缩小。这是因为在科技进步的影响下，需要投入非熟练劳动和低熟练劳动的工作岗位在减少。而且，简单劳动的标准也在不断提高，有些劳动过去曾被视为复杂劳动，而今却成为简单劳动了。

3）制定工资等级表的步骤。首先，要在分析和比较各产业、各工种劳动差别的基础上，确定等级数目；其次，是划分工种等级线；再次，是确定工资等级表的幅度，即确定最高工资等级标准与最低一级工资标准的倍数。最后，制定工资等级系数，确定级差。当然，也可以先制定工资等级系数，再确定工资等级表的幅度。

（3）技术等级标准，简称技术标准，是按生产和工作分类的所有技术工种工人的技术等级规范，是用来确定工人的技术等级（简称工人等级）和工人工资等级的尺度。它包括“应知”、“应会”和“工作实例”三个组成部分。

“应知”，是指完成某等级工作所应具备的理论知识，也可以同时规定工人应达到的文化水平。“应会”，是指工人完成某等级工作所必须具备的技术能力和实际经验。“工作实例”，是根据“应知”、“应会”的要求，列举某等级工人应该会做的典型工作项目。我国的技术等级标准由国家或国家产业部门统一制定。

技术等级标准明确规定了各工种的初级工、中级工和高级工应具备的专业和技术能力尺度。工人按照技术标准的要求，经过书面考试和实际制作的考试，达到某一技术等级标准的要求，就可以评定为某一技术等级，并相应执行某一等级的工资标准。

2. 职能等级工资制

（1）职能等级工资制的概念和特点。职能等级工资制是按照职工所具备的与完成某种一定职位等级工作所相应要求的工作能力等级确定工资等级的一种工资制度。与职位等级工资制相比较，其主要特点包括：

第一，决定个人工资等级的最主要因素是个人工作能力。即使不从事某一职位等级的工作，但经考核评定其具备担任某一职位等级工作的能力，仍可执行与其能力等级相应的工资等级，而不致因职位的调整而使工资受损，也不致因某等级的职数有限而影响工资等级的晋升。

第二，职能等级及与其相对应的工资等级数目较少。其原因是：对上下相邻不同的职位等级来说，各职位等级所需要的知识和技能的差别不大。因此，可以把相邻职位等级按照职位对工作能力的要求归为同一职能等级。这样制定出来的职能等级一般只有职位等级的一半或更少一些。

第三，需要严格的考核制度。由于决定工资等级的是个人能力等级，所以要确定一个职工的工资等级，首先要确定其职能等级。这就需要制定一套客观、科学而完整的职位等级标准和职能等级标准，并按照标准对个人进行客观、准确的考核与评定；否则，职能等级就很容易只按照资历确定。再有，由于人的能力是不断提高的，且提高得快慢不一，所以还应建立经常性的考核制度，对职工的职能等级定期考核与评定。

第四，人员调整弹性较大，适应性强。这是由第一个特点派生出来的。由于职能工资等级不随职工职位等级的变动而变动，因而有利于人员的变动和调整，能够适应企业内部组织机构随市场变化而做相应调整的要求。

有学者这样判断："职能工资制的上述特点与其他一些因素结合在一起，使其成为未来企业工资制度的改革方向。"

（2）职能等级工资制的形式。按照每一职能等级内是否再细化档次，职能等级工资制可分为一级一薪制、一级数薪制两种形式。按照职工工资是否主要由职能工资决定，职能等级工资制可以分为单一型职能工资制和并存型职能工资制两种形式。单一型职能工资制，指的是工资标准只按职能等级设置，职能等级工资几乎占到工资的全部。但在实际运用中，职能工资也包含了年龄或工龄因素，如一级数薪制在同一职能等级内，个人的工资级别或档次主要决定于工龄的长短。当然，这里的工龄被认为与能力是正相关的。并存型职能工资制，指的是按职能设置的职能工资与年龄要素或基本生活费用确定的生活工资或基础工资并列存在，如在全部工资中职能工资占 60%，生活工资占 40%。一般来说，对刚参加工作的职工来说，生活工资占的比重较大，职能工资的比重较小；随着工龄的增加，生活工资的比重降低，职能工资的比重提高，直到职能工资占绝大部分。严格来说，并存型的工资已不全部由工作能力所决定，事实上已成为一种多元型的工资制。

（3）建立职能等级工资制的操作步骤。

第一步，建立机构，配备人员。

第二步，工作标准化。

第三步，工作分析，将工作分析的结果制成工作说明书（这里的工作，也称职位或职务）。

第四步，工作评价，划分工作等级（工作评价也称职位或职务评价，工作等级也可称职位或职务等级）。

第五步，编制职能等级资格标准表。职能等级资格标准表是在划分职位等级的基础上，将所有不同等级职位及完成该职位工作相应要求的任职能力资格条件，按升序或降序统一列示的一览表，其作用是为评价个人的职能等级提供标准尺度。编制职能等级资格标准一般使用分类法，分为两个层次：一个是编制公司各职种共同使用的标准表，另一个是编制与职位相关的职能基准，即职能分析（见第六步）。根据共同标准，不管什么职种，确定职能资格等级，都必须具备公司某一职能资格等级所要求的职位难度及相应要求的职能资格。编制共同标准表的目的是为在公司内确定不同职种的职能等级资格标准提供统一尺度，以避免因标准不统一而使职种之间有失公平。表 5-4 是某公司统一使用的职能资格标准。

表 5-4　　公司职能资格定义（全公司共用）

职能资格	等　级	职　能	职　位	职　　责	经验系数	主管职位
管理专门职能	9　等	上级专门职能 上级管理职能	参　事	根据企业经营方针，具有根据自身判断指挥、领导多个组织单位的能力，并具备知识、经验以及决断力。其接洽能力、开发能力及管理技能足以完成极其复杂、困难的工作		总经理
	8　等	中级专门职能 中级管理职能	副参事	根据企业经营方针，接受上级在业务方面的主要原则及计划的指示。具有根据个人判断领导、指挥多个组织单位的统率能力，同时也具有参与经营方针执行所需要的业务知识，以及推动方针执行所需要的知识、经验和决断力、对外交涉能力、开发能力或管理能力，可以完成复杂、困难的工作		副总经理
	7　等	初级专门职能 初级管理职能	主　事	根据企业经营方针，接受上级的业务计划指示，具有指挥、统率单位组织或数个科室的能力，同时也有业务方面的专门知识，可以完成需要正确的判断力、理解力、协调企划力、领导力的较为复杂、困难的工作	（大学毕业）18 ~ 19 年，（高中毕业）24 ~ 25 年	科　长

续表

职能资格	等　级	职　能	职　位	职　责	经验系数	主管职位
指导判断职能	6　等	监督职能、企划职能 管理辅助职能	主事辅	依照组织目的或方针，接受上级的概括性指示，必要时能指导经办人员，具有能完成相当复杂的非定型业务所需要的较高层次的专门知识，并且能完成需要实际经验和一定理解力、判断力和统率力的复杂、困难的销售、生产或事务性职务的督导业务	（大学毕业）12～13年，（高中毕业）17～18年	
	5　等	企划助理职能 指导监督职能	主　任	依照组织的目的或方针，接受上级的一般性指示，必要时能指导经办人员，对一定范围的业务可以以其所具有的相当程度的知识、经验为基础，完成需相当程度理解力及指导力的销售、生产或事务性工作	（大学毕业）7～8年，（高中毕业）11～12年	
	4　等	初级指导职能 判断职能	副主任	为达到组织目的，按照上级的概括性指示推动职务工作，接受若干指导以完成日常的判断性业务，对常规业务则能做指导，对于某些事务则可在上级人员的指导帮助下完成	（大学专业）3～4年，（高中毕业）6～7年	
	3　等	熟练定型职能	3 等职员	对于需要某一程度知识及实务经验的销售、生产、事务性工作，按照上级的一般性指示即可独当一面完成，对于简单的一般业务则有指导能力	大学毕业序列	
	2　等	中级定型职能	2 等职员	接受上级具体指示，依照规定的手续可以完成日常的、定型的反复性生产、事务性工作以及不需要特别知识经验的简单性一般业务	专科毕业序列	
	1　等	助理职能 初级定型职能	1 等职员	处理业务时，按照上级的详细指示或所明确规定的手续，可以完成一定狭小范围内的基本的作业，以及不需要特别知识经验的简单业务	高中毕业序列	

第六步，进行职能分析，建立职能基准表。职能分析的对象是人，即在职位评价的基础上，根据职位的要求，收集能够说明和体现个人工作能力的资料，并通过分析和整理建立起个人职能基准表，每人一张。职能基准表的内容主要是列示个人职能要件。职能要件按其内涵可从以下三个方面归纳和列示：① 职工具备的工作能力，主要包括职工具有的知识、经验、技能、理解、判断、决策、计划、监督、与人交涉能力、身体素质等；② 职工表现的工作能力，即指职工在实际工作中所表现出来的工作水平。职工表现的能力水平可通过日常的工作或事务完成情况来观察和度量；③ 职工具有的潜在工作能力。由于某些职位有限，或者组织机构设置不合理等原因，使人与职位不能很好结合，导致某些人不能发挥其能力，但不能就此说明这些人没有能力。因此，除对职工在现有职位上表现出来的能力做出客观评价外，还要对职工能够承担哪些职位的工作给予准确估计，并列示表中。职能分析的目的是通过收集、分析、整理个人的工作能力资料，为其建立职能基准表，以说明职工具有完成哪些职位等级的工作能力。

第七步，进行职能评价并确定职能等级。职能评价的对象仍然是个人。这一步的工作就是把刚刚建立起来的个人职能基准，以职能资格等级标准为尺度，一一对照衡量后，把职工逐一归到不同的职能等级中。职工职能等级的确定，等于职工职能工资等级的确定。

第八步，制定职能等级工资标准表。与岗位等级工资制一样，职能等级工资标准要根据用于职能的工资总额、职能等级数目和职能等级系数以及各职能等级人数计算，必要时还应同市场上的工资水平进行平衡比较。

3. 职能工资制

（1）成功实施职能工资制的关键。职能工资制是一种基于能力的薪酬体系。员工能力是组织的基础，只有高素质的员工构成的组织在市场中才具有竞争力，为了达到增强企业自身竞争力的目的，企业必须鼓励员工不断提高自己的能力，应当根据员工的能力差异作为向其支付报酬的基础。根据能力支付报酬，首先要区分能力的差异，这就需要建立一套对能力进行分类、分级的体系。在职能工资制中，这个体系是任职资格体系，即员工在工作中所需的知识、技能、经验和行为标准等，还需要配套的考核和培训。

成功实施职能工资制的关键有以下四点：① 制定科学的任职资格体系。职能工资制是一种基于能力的薪酬体系，企业首先需要制定出符合自身特点的能力体系，也就是任职资格体系。任职资格体系是在所有职位根据性质分类的基础上，对每一类职位建立各自的能力级别和标准。② 有配套的培训体系。由于员工报酬是基于其在工作中表现出来的能力，所以企业必须根据任职资格体系的内容和标准，针对不同的职种，以及同一职种的不同任职资格等级，开发出具有针对性的课程，帮助员工提高自己的能力。③ 建立具有弹性的组织结构。企业要合理调配员工，使员工所学的新知识、新技能得以运用，提高他们学习的兴趣和信心，企业也可以从中受益,所以企业必须使自己的组织结构更具有弹性。④ 简单的原则。职能工资制不能复杂，否则员工会由于不了解其真正的含义而没有信心，企业也会由于体系复杂而导致操作困难，并对继续推行失去信心。

（2）职能工资制的一般操作程序。该操作程序可分为五步。

第一步，职类、职种、职层划分。职类、职种划分的目的首先是为员工的职业发展设定"跑道"，将所有的职位纳入不同的职类和职种，每个职种根据其对企业的重要程度设定长短不同的"跑道"。员工只要在本职种内不断提高自身的任职能力，其报酬水平就会相应提升。其次是使企业对能力的管理得以实现，对每个职位编定能力标准并对每个员工的能力进行管理几乎是不可能的，因为随着复杂程度的增加，能力标准的可管理性和可操作性就会降低。

职类、职种的划分标准主要是从任职者所需要的知识、技能要求，以及工作责任的相似性角度进行划分的。在具体划分时，首先依据较为粗略的标准将所有职位划分为不同职类，然后根据详细的标准将不同职类中的职位进一步划分为不同职种。如表 5-5 所示。

表 5-5　职类、职种划分模式

职　　位	划分职类	划分职种
所有职位	职类 A	职种 A–A
		职种 A–B
	职类 B	职种 B–A
		职种 B–B
		职种 B–C
		职种 B–D
		职种 B–E
	职类 C	职种 C–A
		职种 C–B
		职种 C–C

职层划分的目的是通过对员工进行职层划分，使企业可以清晰确认哪些员工是企业的核心人员，哪些员工对企业来说重要性相对低一些。有了这样的层级划分，在人力资源管理方面，企业就可以将更多精力花在那些对企业经营具有重要影响的关键人才上，因为他们所具有的知识、技能和战略性能力才是企业核心竞争最有力的支撑。

职层划分标准是从任职者所需要的任职要求和应负职责的差异性角度进行提炼整理的。任职要求是指完成职责范围内的工作所需具备的知识、经验及技能水平等。应负职责是指工作的内容和需要实现的成果，包括对业务的责任和对下属的责任等。表 5-6、表 5-7、表 5-8 是职类、职种、职层划分范例。

表 5-6　　职类划分范例

职　类	划分要素
管理类	对企业经营与管理系统的高效运行和各项经营管理决策的正确性承担直接责任
技术类	对企业产品和技术在行业中的先进性承担直接责任
作业类	对产品产量、质量和生产成本承担直接责任
市场类	对企业产品的品牌及市场占有率承担直接责任
专业类	对为行政管理系统提供的专业管理资讯、参谋和管理服务的质量承担直接责任

表 5-7　　职种划分范例

职　类	职　种	职种划分要素
专业类	计划统计	对集团计划的合理性与数据的及时、准确、完整承担直接责任
	财务	对资金运营的安全与效益承担直接责任
	人力资源开发	对人力资源结构优化、能力提升承担直接责任
	人文管理	对企业文化建设与传播承担直接责任
	风险防范	对构筑风险防范体系及预警系统的有效运行承担直接责任
	专项研究	对企业专项研究的专业性与准确性承担直接责任
	专项管理	对新设及待发育的宏观管理的专业承担直接责任
	事　务	对日常事务处理的及时性与准确性承担直接责任

表 5-8　　职层划分范例

职　层	划分标准
高　层	依据环境变化，把握企业经营方向，主持设定企业战略目标或某一业务发展目标，主持设计规划和改进业务系统，组织实施业务领域的创新（如事业领域创新、产品创新、市场创新等） 培养后备继任者以及中坚人才
中　层	参与企业或某一专业领域的规划设计，依据企业战略规划要求，站在战略和业务系统的高度和角度建立所在业务系统的业务标准及作业规范，监督、判断和指导下属或下级的业务工作，落实企业和部门目标，不断研究和开发业务技术与方法，开展工作方法创新和技术创新，不断提高企业所有部门及业务系统的运行效率 指导下属或下级的职业生涯设计，培养下属或下级的核心专长与技能
基　层	在各自的岗位上严格执行业务标准，熟练掌握业务技术和方法，依据标准独立完成工作任务，能够对工作方法进行技术革新

第二步，确定合理的任职资格体系。任职资格是指员工承担某一职位（工作）所必备的条件与能力，员工任职资格等级的高低取决于其所具备的条件与能力水平的高低。任职资格体系主要的构成要素：任职者的知识、任职者的经验、任职者的技能等。

任职资格标准的制定按以下三点进行：① 成立任职资格标准编定小组。根据职种的划分情况，成立相应的任职资格标准编写小组，编写小组成员应当是本职种比较资深的从业人员，并且在企业已经工作了较长时间。② 编写职层要素内容。每个小组需要在专业人员的指导下，就本职种的各个级别所需具备的知识、技能和经验等要素进行总结，这个过程实际上也是一个对本职工作进行梳理的过程，小组成员就各要素所应包含的内容达成共识。③ 制定职层要素标准。对各要素进行分级，并描述各级别的要求。分级的多少一方面与企业的规模、职种的特点呈正相关关系，另一方面与职种本身对知识、技能和经验等方面要求的跨度呈正相关关系。

第三步，划分职种薪等区间。职种薪等区间是将职种划分、职层划分和薪等划分等因素结合起来，它呈现的是每个职种与薪等、职层的对应关系，反映了企业对不同职种所具有知识、技能和行为标准等因素的价值判断。其划分的标准是依据职种价值评价来确定。

职能工资制是一种基于能力的薪酬体系，企业根据员工在工作中表现出来的知识、技能和行为标准为其支付报酬，员工所拥有的知识、技能和行为标准对于企业的价值由两个基本因素决定，即所在的职种以及在该职种中所处的任职资格等级。

职种价值评价的对象是职种内各个等级任职资格的标准，任职资格的标准包括知识、专业经验与成果、专业技能和行为标准。

职种价值评价的方法是根据一定的评价要素，对某职种任职资格中某个等级标准的各个方面进行评价，分别得出各个子要素的分数，然后加总各子要素分数，得出该职种任职资格等级的分数；将分数按一定的原则划分成区段，每个分数区段对应一个薪等。这样，就将任职资格等级与薪等建立起了联系。由于每个职种任职资格等级的价值不是一个值，而是一个区间，所以，没有必要对职种的所有任职资格等级标准进行评价，只需对某个职种的最高和最低任职资格等级标准进行评价，得出分数，对应相应的薪等，那么最高和最低薪等之间的范围就是该职种的薪等区间。

职种价值的评价过程有以下几个步骤：① 组成评价小组。在进行评价之前，首先要组成一个职种价值评价小组。价值评价并不仅仅是人力资源部的工作，不能只由人力资源部的员工来评价。评价小组的成员应当基本涵盖企业的各个主要部门，并且至少是企业中层以上人员。② 培训小组成员。在开始评价前，对评价小组成员进行培训是一个必要环节，可以保证整个价值评价过程是在一个统一标准下进行的。培训内容包括向评价小组成员讲解职种价值评价的方法，对一个任职资格等级标准范例进行试评价，分析评价结果差异的原因，以及重新评价该任职资格等级范例。③ 职种价值评价。当评价小组成员掌握了评价方法以后，就要对所有职种最高和最低的任职资格等级标准进行价值评价。在评价过程中，对不一致的地方要进行合理性讨论，最终达成一致意见。④ 职种价值评价得分汇总。将每个评价小组成员对每个职种最高和最低的任职资格等级标准的价值评价得分汇总，得出每一职种的最高和最低任职资格等级标准价值评价得分。表 5-9 是一个各职种价值评价得分汇总表的示例。⑤ 划分职种薪等区间。根据职种价值评价得分结果，以及评价分数与薪等对应表，确定每个职种所对应的薪等区间。表 5-10 是一个评价分数与薪等对应示例表。表 5-11 是确定职种薪等的区间图。⑥ 提交高层审议。职种评价小组将职种薪等区间的结果提交给企业高层审议，确认评价结果合理并且符合企业实际情况就可以通过评价结果，如果审议认为评价结果有问题，则进入调整或复评程序。⑦ 对初评结果进行调整或复评。对初评结果有问题的职种进行调整或复评，可以由高层结合公司的战略和对各职种对企业价值和重要性的判断，直接对某些职种的薪等区间进行调整；也可以由高层与评价小组成员就评价结果进行沟通，反馈不同的看法和原因，评价小组成员根据高层反馈信息，对评价结果不合理的职种进行复评后，再提交高层审议。

表 5-9　　职种价值评价得分汇总表

职　类	职　种	最低任职资格等级标准价值评价得分	最高任职资格等级标准价值评价得分
职类 A	职种 A-A	720	1150
	职种 A-B	540	1060
职类 B	职种 B-A	230	870
	职种 B-B	420	920
	职种 B-C	260	850
	职种 B-D	340	840
	职种 B-E	220	630
职类 C	职种 C-A	80	820
	职种 C-B	60	770
	职种 C-C	320	860

表 5-10　　薪等评价分数区段

薪　等	分数区段	薪　等	分数区段
1 等	0～100	7 等	601～700
2 等	101～200	8 等	701～800
3 等	201～300	9 等	801～900
4 等	301～400	10 等	901～1000

续表

薪　等	分数区段	薪　等	分数区段
5　等	401～500	11　等	1001～1100
6　等	501～600	12　等	1101～1200

表 5-11　　　　职种薪等区间

职　类	职　种	薪等区间											
		1	2	3	4	5	6	7	8	9	10	11	12
职类 A	职种 A-A								*	*	*	*	*
	职种 A-B						*	*	*	*	*	*	
职类 B	职种 B-A			*	*	*	*	*	*	*			
	职种 B-B					*	*	*	*	*	*		
	职种 B-C			*	*	*	*	*	*	*			
	职种 B-D				*	*	*	*	*	*			
	职种 B-E			*	*	*	*	*					
职类 C	职种 C-A	*	*	*	*	*	*	*	*	*			
	职种 C-B	*	*	*	*	*	*	*	*				
	职种 C-C				*	*	*	*	*	*			

第四步，设计薪点表。在职能工资制中，员工的收入水平用薪点表示，员工的薪点越高，表明其薪酬水平越高，反之越低。

薪点的本质有二：第一，每个员工的薪点数不同，表明员工在组织中的价值是不同的。第二，薪点数反映的是员工的任职资格等级，也就是员工胜任其所在职种的水平，反映了员工具备的知识、技能、经验对企业的价值。

薪点表反映了薪点的整体分布情况，整个薪点表分为若干薪等（等级），每个薪等中又分成若干薪级（档级）。每个薪等对应一个薪点的范围，相邻薪等之间有很大一部分的区间是重叠的。如表 5-12 所示。

表 5-12　　　　薪点表（部分）

薪等 / 薪点 / 薪级	…	六　等	七　等	八　等	九　等	十　等	…
1　级	…	1200	1700	2200	2700	3500	…
2　级	…	1550	2200	3000	3700	5000	…
3　级	…	1900	2700	3800	4700	6500	…
4　级	…	2250	3200	4600	5700	8000	…
…	…	…	…	…	…	…	…

等差、级差设计的原则：等差是指薪点表中相邻薪等最低薪点数的差额，随着薪等的提高，等差加大。级差是指在同一薪等中相邻薪级的薪点数差额，在同一薪等中，级差相同，薪等越高，薪级越大。

第五步，确定员工薪点数。薪点是职能工资体系的基础，它体现了企业认定的员工的价值，员工的薪点数值直接决定着员工在工资、奖金、福利等方面的报酬水平。

合理确定员工的薪点数需要考虑企业的实际情况、文化特点、高层进行薪酬变革的决心以及员工对新工资体系的期望等因素。确定员工薪点数的基本思路是首先计算出每个员工的标准月收入，然后在员工所在薪等中找到与标准收入相对应的薪级，每个薪级对应的薪点数就是员工在职能工资体系中的薪点数。

标准月收入是指过滤掉可能会导致员工收入水平发生波动的偶然的、无规律的情况后确定的月收入。确定标准月收入的原则主要包括公平性原则、合理性原则、历史性原则。报酬项目包括月度报酬项目和年度报酬项目。月度报酬项目中，每个企业都有各自不同的报酬项目，但一般包括岗位工资、年功工资、月奖金、技能津贴、职务津贴等。年度报酬项目是每年年末发放给员工的项目，主要包括年终奖、效益奖等。将月度报酬项目数额和年度报酬项目的月平均数额相加，得到标准月收入。

职能工资制是以任职资格等级为基础的，任职资格等级标准的编写和员工任职资格等级认证一般需要较长时间，所以有可能在计算出了员工的标准月收入时还没有对员工的任职资格进行认证。基于这种情况，可通过以下两种方式确定员工的薪等：

方式一，已经认证了任职资格等级。在职种薪等区间确定以后，确定每个职种的每个任职资格等级所对应的薪等；通过任职资格等级的认证，确定每个员工的任职资格等级；根据员工任职资格等级及其与薪等的对应关系，确定员工的薪等。表 5-13 反映了职种 B-B 的任职资格等级与薪等的对应关系。

表 5-13　　任职资格等级与薪等对应表（一）

<table>
<tr><th>职　层</th><th>薪　等</th><th>职种 B-B</th></tr>
<tr><td rowspan="3">高　层</td><td>12</td><td></td></tr>
<tr><td>11</td><td></td></tr>
<tr><td>10</td><td>职种 B-B 任职资格等级 5 级</td></tr>
<tr><td rowspan="4">中　层</td><td>9</td><td rowspan="2">职种 B-B 任职资格等级 4 级</td></tr>
<tr><td>8</td></tr>
<tr><td>7</td><td>职种 B-B 任职资格等级 3 级</td></tr>
<tr><td>6</td><td>职种 B-B 任职资格等级 2 级</td></tr>
</table>

续表

职　　层	薪　　等	职种 B-B
基　层	5	职种 B-B 任职资格等级 1 级
	4	
	3	
	2	
	1	

假设职种 B-B 有 4 名员工，经过认证，他们的任职资格等级如表 5-14 和表 5-15 所示。

表 5-14　　任职资格等级认证结果

职种 B-B				
员　工	员工 A	员工 B	员工 C	员工 D
任职资格等级	5　级	4　级	2　级	1　级

表 5-15　　任职资格等级与薪等对应表（二）

职　　层	薪　　等	职种 B-B
高　层	12	
	11	
	10	员工 A
中　层	9	
	8	员工 B
	7	
	6	员工 C
基　层	5	员工 D
	4	
	3	
	2	
	1	

如果某个任职资格等级对应不止一个薪等，则在确定员工薪等时，按低取等，在本例中员工 B 的认证结果为任职资格等级 4 级，第 4 级对应 8、9 两个薪等，则按薪等 8 计算。

方式二，没有认证任职资格等级。首先按照目前职位和职层划分标准确定员工所在职层，假设分层结果如表 5-16 所示。

表 5-16　　员工职层评定

职种 B-B				
员　工	员工 A	员工 B	员工 C	员工 D
职　层	高　层	中　层	中　层	基　层

然后，在员工所在的职层对应的薪等中，按就低原则计算薪等。经过认证确定了员工的任职资格以后，再调整相应的薪等。如表 5-17 所示。

表 5-17　　任职资格等级与薪等对应表（三）

职　层	薪　等	薪　等
高　层	12	
	11	
	10	员工 A
中　层	9	
	8	
	7	
	6	员工 B、C
基　层	5	
	4	
	3	
	2	
	1	员工 D

最后，确定员工的薪点数，根据员工所确定的薪等、标准月收入及薪点表来确定。根据员工所确定的薪等直接进入薪点表中所对应的薪等；根据员工的标准月收入，找到薪点表中所对应的薪级，该薪级的薪点数就是员工的薪点数。

如果员工的标准月收入在两个薪级之间，那么薪点数确定的原则为：若员工处在较低的薪等，由于薪等的级差比较小，可就高取级；若员工处在较高的薪等，由于薪等的级差比较大，如果按照就高取级，可能出现薪点数增加过多的现象，则依照以下方式解决：① 标准月收入薪点数≥[n 级薪点数+（n+1）级薪点数]/2，就高取级。② 标准月收入<[n 级薪点数+（n+1）级薪点数]/2，就低取级。

4．能力资格制

能力资格薪酬制是一种以员工自身的条件，包括技术资格、体质、智力和文化程度等因素为主来反映劳动差别的薪酬等级制度，属于基于能力的薪酬体系。它是通过对员工综合能力的评价来确定员工的薪酬等级和薪酬标准，而不管员工的这种能力是否得到发挥，是否为企业创造了效益。这一点在职位（岗位）薪酬制下是不存在的。

在能力资格薪酬制度下，如果一个初级工拿到高级工的资格证书，即使他还在初级工的岗位上，企业也应该给予该员工高级工的待遇。这样，从表面上看，员工从事的岗位或工作没有变，而企业支付的薪酬总量却增加了，似乎得不偿失；但事实上，从长期来看，企业实际上是在进行一种人力资源的投资，使企业员工的整体素质提高了，企业的劳动生产率和产品质量也会随之得到提高，企业用较小的人力成本即获得了较大的收益。因此，能力资格制特别适用于生产设备技术含量很高，对员工基本素质要求较高的高新技术企业。

但能力资格制的优势也恰恰是它的缺陷所在，因为在员工能力资格的科学和公正认定上存在较大的困难，如果对此把关不严，直接后果就是其他岗位的员工怨声载道，企业分配制度失去了公平和效率。因此，纯粹的能力资格制在现实中的应用是比较少的。

5. 年功工资制

年功工资制也称工龄工资制，是一种特殊的基于能力的薪酬体系。它起源于第一次世界大战期间，于 20 世纪 50 年代初全面形成，是一种年龄越大，在企业的工龄越长，工资也越高的工资制度。应用年功工资制最普遍的国家是日本，在日本这个特定的国家和人文环境下，年功工资制得到了充分的应用和发挥。

实行年功工资制的依据是：员工的年龄越长，熟练程度越高，工作能力越强，对企业的忠诚度就越高，做出的贡献也越大。所以这种工资制度不是依据员工的工作职位和工作种类，而是依据员工所具备的广泛的完成任务的能力。其工资标准不是按行业或产业的因素决定，而是由企业决定，基本工资按年龄、企业工龄和学历等因素决定。总的来看，在年功工资制中，工资与劳动的质量和数量是一种间接关系。其特点是：起薪低，工资差别大，随着工龄的增长，每年定期增薪。

在实际应用中，年功工资制的工资一般由以下几方面构成。

（1）由员工的年龄、连续工龄、学历等个人属性决定的工资：年龄薪金，以年龄为标准决定的工资；工龄薪金，以工龄为标准决定的工资；学历薪金，以学历为标准决定的工资。

（2）根据职务或职务执行能力等因素决定的工资：职务薪金，根据员工从事的职务的价值决定的工资；职能薪金，依据履行职务的能力决定的工资。

在实际应用中，纯粹只考虑员工的年龄、连续工龄、学历等个人因素的年功工资制是比较少的，大部分都或多或少考虑一些职务、职务能力的影响。

5.2.6　基于能力与职位结合的薪酬体系

基于能力与职位结合的薪酬体系主要有以下三种模式。

（1）职务补贴模式。在技能工资的基础上增加职务补贴。

（2）设职位工资单元。以职位价值为基础设职位工资单元，但占薪酬总额的比例较小。

（3）分拆标准工资。根据员工的能力确定标准工资，将标准工资分为基本工资和绩效工资两部分，基本工资根据职位价值评价确定，绩效工资根据绩效考核结果发放。

在企业中，常见的基于能力与职位结合的薪酬体系是职务补贴模式，这种模式中员工的工资基本上是由技能（或能力）工资决定的，对于某些特殊职位的人员，再另外增加一些职务补贴。例如，某企业的高级机械技师的技能工资为月薪4000元，他同时担任液压研究室副主任，另外增加职务补贴每月500元。

5.2.7 基于能力与绩效结合的薪酬体系

基于能力与绩效结合的薪酬体系主要有以下三种模式。

（1）增加奖金单元：设月度、季度或年度个人奖或团队奖，奖金多少根据绩效考核结果确定。奖金可以是月度奖金、季度奖金、半年度奖金、年度奖金或不定期奖金，工作能力强、绩效好的员工可以获得较多的奖金，工作能力弱、绩效差的员工只能得到较少的奖金或者没有奖金。

（2）设绩效考核系数：将绩效考核结果折算成考核系数，考核系数影响以能力为依据确定的薪酬总额的发放。

（3）分拆标准工资：根据员工的能力确定标准工资，将标准工资分为基本工资和绩效工资两部分。

基于能力与绩效结合的薪酬体系中企业常用的是分拆标准工资模式，员工的基础工资是固定的，员工工作绩效的差异主要在绩效工资和奖金上体现。绩效工资一般按月发放，工作能力强、绩效好的员工可以得到较多的绩效工资，工作能力弱、绩效差的员工只能得到较少的绩效工资或者没有绩效工资。

5.3 基于绩效的薪酬体系

5.3.1 基于绩效的薪酬体系的含义和特点

基于绩效的薪酬体系，就是以绩效价值作为支付薪酬的基础和依据，在绩效价值基础上构建的支付薪酬的方法和制度。

基于绩效的薪酬体系注重对员工绩效差异的评定，绩效的差异反映了员工在能力和工作态度上的差异，并且员工个人的工资水平与员工个人的工作绩效直接挂钩。所以，基于绩效的薪酬体系强调以达到目标为主要评价依据，注重结果。另外，因为存在一定的收入风险，所以基于绩效的员工的工资水平一般比其他人员高一些，这一点在确定销售人员的工资上体现的就比较明显。

如果工作没有积极性，即使员工有能力也不一定有高绩效；如果员工工作积极性不高，高职位也不一定有高绩效。所以，从促进高绩效这个角度来讲，企业基于绩效的薪酬体系是一种比较安全的薪酬支付方式，如果有高绩效，就支付高薪酬；如果只有低绩效，那么就支付低薪酬。

基于绩效的薪酬体系具有以下优点：有效促进企业战略目标的传递和分解；企业花费的监督控制成本比较小；薪酬分配比较公平，容易被员工接受；根据员工的工作业绩来发放薪酬，企业的支付风险比较小；对员工的直接贡献和不断改进绩效有较大的促进作用；薪酬分配具有很大的可变性，促进了对员工的激励效果。

但是，基于绩效的薪酬体系也存在以下缺点：

（1）对企业绩效管理水平要求较高。基于绩效的薪酬体系要求企业制定出科学、合理的绩效管理办法和绩效标准。如果绩效办法和绩效标准不够科学合理，会导致考核结果的信度和效度较低，对基于绩效的薪酬体系难以形成有效支撑。同时，基于绩效的薪酬体系也要求绩效管理与企业的管理模式以及经营环境的变化保持同步，否则不利于整个薪酬体系的有效执行。

（2）容易造成员工之间或员工群体之间的恶性竞争。由于员工或员工群体关注的是本人或本群体的直接工作业绩，这往往会造成对本企业整体利益的忽略，对员工或员工群体之间的工作配合、信息共享和培训帮助等难以形成良好的氛围。

（3）容易造成企业管理者和员工之间的一些矛盾。因为在绩效标准制定和考核的过程中，会存在一些分歧和讨价还价的可能，这些问题的出现会引起管理者和员工的一些矛盾。另外，基于绩效的薪酬体系在实施过程中，会变成一种工作加速器，有时员工收入的增加会导致企业制定更严格的考核标准，这样就会破坏企业和员工之间的心理契约。

5.3.2　基于绩效的薪酬体系的应用范围

基于绩效的薪酬体系主要适用于：劳动成果、工作业绩在一定时期内比较容易客观量化并易于计量和考核的职类。一般的企业中，工人生产出来质量合格的产品数量比较容易量化；销售人员的销售量、销售额比较容易量化。所以，这两类岗位的工资体制是典型的基于绩效的薪酬。其他符合条件的岗位也可以纳入基于绩效的薪酬体系。

5.3.3　采用基于绩效的薪酬体系的条件

企业采用基于绩效的薪酬体系需要满足以下两个前提条件：

（1）岗位的工作业绩、工作产出比较容易量化。实行基于绩效的薪酬体系的岗位业绩必须可以量化或者易于考核，如果员工的工作业绩难以量化，则很难确定工作绩效和薪酬之间的关系，也就难以计算和发放工资。

（2）企业具有一整套有效的绩效管理体系。为了保证绩效结果的效度和信度，企业就需要有一整套科学合理的绩效管理体系，通过有效的绩效管理体系客观、真实的反映员工的业绩，才能够确定考核结果，并进行工资的计算和发放。例如，对于销售人员，要考虑销售的金额、毛利润或净利润、花费的成本和费用、新产品的拓展、新客户的拓展等因素，只有制定出一套科学的绩效管理方案以及合理的绩效标准，才能在此基础上确定佣金提成的比例。

5.3.4 设计基于绩效的薪酬体系的基本步骤

企业制定基于绩效的薪酬体系分为四个基本步骤。

1．确定职位范围

首先，企业根据各类职位的工作性质，区分出可实行基于绩效的薪酬体系的岗位。一般情况下，比较适用基于绩效的薪酬体系的职位是生产工人岗位、销售岗位。对于企业的核心经营管理岗位、核心技术岗位，如果该类岗位的工作业绩也是可以量化的或者能够清晰界定工作业绩的，只要企业的管理水平达到一定程度，特别是绩效管理的水平达到一定程度，也可以采用基于绩效的薪酬体系。

例如，如果在工人中实行计件工资，这些工人的岗位一般要满足以下一些条件：计件单位的产品或作业数量能够单独准确计量，或者是可以准确的衡量，并且产品数量能准确反映劳动者付出的劳动量；产品或作业的质量必须是容易检测的，否则工人就容易只追求产量或作业量而忽视产品或作业的质量；劳动定额必须能够准确反映工人的劳动量，且劳动定额比较容易计算制定；企业的主要目标是增加产品的数量；企业的经营生产环境必须相对稳定，生产任务饱满，原材料和动力供应正常，产供销正常，批量生产，这样，计件工资才会产生较好的激励效果。

2．外部薪酬调查

外部薪酬调查主要有以下两个目的。

（1）了解外部的薪酬水平。所有企业的经营管理都是处在一定市场环境条件下的，薪酬水平的选择对企业的经营管理具有很大的影响，给员工发放薪酬，需要考虑到外部的薪酬水平，并根据企业的发展战略和薪酬战略，合理确定本企业的薪酬水平，是选择领先水平、一般水平，还是选择保守水平。

（2）了解外部的薪酬发放方法。了解外部的薪酬发放方法对制定本企业的考核制度、薪酬制度具有较大的借鉴意义，在制定本企业薪酬考核制度时，要充分吸取类似企业的教训，学习先进的、成功的经验。同时，在制定本企业薪酬考核方案时，紧密结合本企业的实际情况，既要有所创新，又要考虑到社会上的一般做法，这样基于绩效的薪酬体系才容易为员工所接受。

3．完善和调整绩效管理体系

每个职位都有其不同的特点，薪酬导向的绩效考核应该在绩效管理中体现。

由于绩效考核结果需要与员工的薪酬紧密挂钩，所以考核方案需要做适应性调整，否则就会造成浪费企业人力成本或者挫伤员工积极性的严重后果。例如，为销售人员制定绩效考核方案时，要紧紧把握企业关注的重点，这个重点可以是销售额，也可以是净利润，还可以是其他的要点。同时，也要全面考虑，既要考虑到利润、销量，又要考虑到销售成本和销售费用；既要考虑到销售业绩，又要考虑到销售信息、客户信息的及时反馈；既要考虑到老客户的维护，又要考虑到新客户的拓展等。

在调整绩效管理方案时，确定固定工资与绩效工资（佣金提成等）之间的比例是一项重要的工作，每一个百分点都代表着公平合理性，影响着员工的工作积极性。所以，在确定分配比例时，既要考虑到员工的承受能力，又要做到鼓励多劳多得，按业绩贡献发工资；既要有较强的激励性，又要对员工有一定的约束力。

4．基于绩效的薪酬体系的试运行和修改完善

新的薪酬体系在试运行时，如果企业内外部环境变化较快，企业对方案信心不足，全面推行实施的条件不具备，可以先在小范围内试运行；如果企业的企业内外部环境相对稳定，中高层积极性和决心很大，各方面实施条件具备，就可以在企业整体范围内试运行。在试运行过程中，要密切关注出现的各种新情况、新现象，对于已出现或可能出现的问题，需要及时采取纠正或预防措施。基于绩效的薪酬体系在试运行之后，要进行合理的修改和完善，然后可以正式实施。

5.3.5 常见的基于绩效的薪酬体系：计件工资制

基于绩效的薪酬体系常见形式有两种：计件工资制和佣金提成制。本节先就计件工资制做出简要说明。

1．计件工资的概念、特点和作用

计件工资是按照工人生产合格产品的数量（或作业量）和预先规定的计件单价来计算劳动报酬的一种工资形式，计件工资的计算公式是：

工资数额=合格产品数量×计件单价

与计时工资相比，计件工资的特点在于它与计时工资按时间计量劳动的方式不同。“在实行计时工资的情况下，劳动由劳动的直接的持续时间来计量；在实行计件工资的情况下，则由在一定时间内劳动所凝结成的产品数量来计量。……因此，计件工资只是计时工资的转化形式。”[①]由于计件工资的数额是根据工人生产合格产品的数量直接决定的，这就决定了计件工资制具有以下三个突出的优点和作用：① 能够从劳动成果上准确地反映出劳动者实际付出的劳动量，并按体现劳动量的劳动成果计酬，不但劳动激励性强，而且使人们感到公平。② 同计时工资

① 马克思：《资本论》（第 1 卷），人民出版社 1975 年版，第 605～609 页。

相比，它不仅能反映不同等级的工人之间的劳动差别；而且能够反映同等级工人之间的劳动差别。即同等级的工人，由于所生产合格产品的数量、质量不同，所得到的工资收入也不同。③ 由于产量与工资直接相连，所以能够促进工人经常改进工作方法，提高劳动生产率。马克思说：计件工资“促进了工人个性的发展，从而促进了自由精神、独立性和自我监督能力的发展。”[①]

计件工资的缺点是：① 实行计件工资，容易出现片面追求产品数量，而忽视产品质量、消耗定额、安全和不注意爱护机器设备的偏向。例如，只求质量保持在合格品的下限；在消耗定额内还有节约的潜力而不去挖掘；超机器负荷进行掠夺性的生产等。对这些偏向，除了要有严格的检验制度、核算制度管理外，还要不断注意采取改善计件工资的措施。例如，为了保证产品质量，可以考虑建立以质量为核心的计件工资制，对不同质量的合格产品，确定差距较大的不同计件单价；对消耗定额内有节约的，辅之以节约奖等，以促进员工注意优质、节约和安全生产。② 因管理或技术改造而使生产效率增加时，提高定额会遇到困难。如不提高定额，会增加成本；如提高定额，会引起员工不满。③ 因追求收入会使工人工作过度紧张，而有碍员工健康。④ 在企业以利润最大化为目标时，容易导致对计件工资制的滥用，使“计件工资成了延长劳动时间和降低工资的手段。”[②]⑤ 计件工资制本身不能反映物价的变化。在物价上涨时期，如没有其他措施对物价进行补偿，尽管劳动生产率没有提高，也需要调整计件单价。

2．实行计件工资制的条件和范围

企业中各工种、各车间能否实行计件工资制，主要取决于生产条件和工人的工作性质，以及经济上的需要。具体来说，要遵守下列五个条件：

（1）必须是计件单位的产品（或作业）数量能够单独准确地计量，并且产品数量能准确反映劳动者支出的劳动量的工种。

（2）计件工资是按照质量合格的产品数量计酬，因此，必须是产品质量容易检查，而且在产品完成的当时就能够检验的工种。

（3）必须是能够准确制定先进合理的劳动定额，并能准确反映劳动者劳动消耗量的工种。

（4）必须是生产任务饱满，原材料和动力供应正常，成批生产，产供销正常，因而能够鼓励工人争取达到最高产量或达到最多工作量的工种。

（5）工人工作的性质主要是增加产品数量。有一些工种，其工作任务不在于增加产品的数量，而在于监督技术安全规程的实现，或者是为增加合格产品数量提供必要的条件，对于这些工人，则不宜实行计件工资。此外，对于特别精确、重要和危险的工种，工作质量要求极高，也不宜实行计件工资。

---

①② 马克思：《资本论》（第1卷），人民出版社1975年版，第605～609页。

此外，实行计件工资制，还要求企业具有一定的管理水平。但管理水平不是实行计件工资的决定性条件，只要企业的生产条件适合实行计件工资，就应当积极提高管理水平，创造条件，实行计件工资制。

3．计件工资制的组成

计件工资制由工作物等级、劳动定额和计件单价三个要素组成，三者之间互相联系、互相制约，又有各自独特的作用。

（1）工作物等级。工作物等级，又称工作等级，它是根据某项工作的技术复杂程度及劳动繁重程度而划分的等级，规定按照技术等级标准从事该项工作的工人所应达到的技术等级，是区分各种工作以及从事该项工作的工人技术等级的主要标志，也是确定劳动定额水平、计件单价、合理安排劳动力的一个科学依据。在计件工资制中，工作等级是计算计件单价的基础。

（2）劳动定额。在计件工资中，劳动定额规定着单位生产时间内完成合格产品数量的标准尺度，它是合理组织劳动和计算单位产品工资的依据之一，是实行计件工资的关键。劳动定额水平的高低，决定了工人超额计件工资或奖金数量的多少，进而又直接影响到计件工资制的经济效果和工人的劳动积极性，也关系到企业内部分配是相对合理还是高低悬殊，是单纯着眼于工人的利益，还是个人、企业、社会利益兼顾。所以，重要的是要合理确定定额水平。这就要求，在实行计件工资制的过程中，应该按照定额管理制度对劳动定额进行定期检查和修订，使定额水平经常保持在平均先进的基础上，即多数工人经过努力可以完成、少数人可以超额完成的水平，以保证超额计件工资不会增加过多。

（3）计件单价。计件单价是完成某种产品或作业的单位产量的工资支付标准。它是支付计件工资的主要依据之一。在正常条件下，计件单价是根据与工作等级相应的等级工资标准和劳动定额计算出来的。所以，计件单价是否合理，主要取决于工作等级和劳动定额确定得是否合理。

计件单价的计算公式如下：

1）个人计件。

如果规定的是产量定额，则：

$$\text{计件单价}=\frac{\text{该工作等级的单位时间的工资标准}}{\text{单位时间的产量定额}}$$

如果规定的是时间定额，则：

$$\text{工时单价}=\frac{\text{该工作等级的单位时间的工资标准}}{\text{单位时间的工时定额}}$$

此时，计件单价=工时单价×单位产品的工时定额

2）集体计件。

如果规定的是产量定额，则：

$$计件单价=\frac{定员内集体人员单位时间的工资标准总额}{集体人员单位时间的产量定额}$$

如果规定的是时间定额，则：

$$计件单价=\frac{定员内集体人员单位时间的工资标准总额}{集体人员单位时间的总工时定额}$$

此时，计件单价=工时单价×单位产品的工时定额

关于计件单价的确定，也可采用如下方法确定。

如不缺乏明确的工作等级，则：

$$计件单价=\frac{企业或计件单位工人的平均等级工作标准}{产量定额}$$

$$或者，计件单价=\frac{工资成本总额}{历史最高产量}$$

这种方法是按照历史的最高产量水平确定计件单价，然后再按各车间的各工序工作难易程度、劳动强度等情况分解到各种工作中，确定不同的计件单价。对合格产品，根据质量等级不同，规定不同的计件单价；对节约物料的，发节约奖。计件单价随奖金总额或实现利润的多少而上下浮动。这一方法常用于实行超额计件工资制的集体计件单位。

为保证计件工资制能充分调动劳动者的积极性，合理有效使用劳动力，并实现按劳分配，要尽量做到三个“一致”，即工资等级一致、工作等级一致、技术等级一致。因此，企业应当为各种工作科学评定等级，掌握工人实际技术等级，改善劳动的组织，避免低级工做高级工的工作和高级工做低级工的工作。如果因工作需要，必须让高级工做低级工作时，应当补足与标准工资的差额部分。

4．计件工资的具体形式

（1）直接无限计件工资制。直接无限计件工资制就是不论工人完成或超额完成劳动定额多少，都按同一计件单位计发工资，不受限制。

无限计件的特点是：计件工人的工资随着完成定额的程度按同样的比例增减，不论工人完成产量的多少，单位产量的直接人工成本是一个常数，产量增加，可以摊薄固定成本，因而产品的总成本下降。

（2）直接有限计件工资制。直接有限计件工资制就是给实行计件的工人规定超额工资不得超过本人标准工资的一定百分比或绝对金额的限制。实行这种计件

工资的形式，一般是由于劳动定额不够准确，为防止超额工资过多而采取控制的一种办法，也有的是为保护工人身体健康而采取的办法。

有限计件工资的特点是：工人工资的增加低于产量的增长，单位产量直接人工成本随产量的增加而降低。这样，既可以保证企业利润，又可防止因定额不准而造成计件工人同计时工人工资差别过大。但是，它在一定程度上限制了工人生产的积极性，不利于提高劳动生产率，所以不宜长久使用这种形式，试行一段时间后应改为无限计件工资制。

（3）累进计件工资制。累进计件工资制就是产量在定额以内部分，按照一种计件单价计算工资，超额部分则按照一种或几种递增的计件单价计算工资。累进计件对工人有明显的激励作用，对提高劳动生产率的促进作用是其他计件工资形式所不能比的。但由于工人工资的增加比例超过产量增长的比例，使单位产量的直接人工成本提高，如果不精确计算，工人工资的增加有可能抵消甚至超出因产量增加而节约的全部间接费用，造成企业亏损。另外，也容易造成工资收入差别过大的矛盾。所以，一般只在某种产品急需突击增加产量时，才在关键的生产工段短时间采用这种形式。

（4）超额计件工资制。超额计件工资制在国外有的称为“有计时工资保证的计件工资制”。我国流行的有两种办法：一种是定额以内部分，按照工人的标准工资和完成定额的比例计发工资，完成定额可以拿到标准工资，完不成定额酌减，但保证有 80%或 85%的标准工资，超额部分，不同等级的工人按照同一单价计发超额计件工资；另一种是定额以内部分实行计时，按计时工资标准计发工资，保证本人的标准工资，超额部分，不同等级的工人按照同一单价计发超额计件工资。实行超额计件工资制，定额以内和超额部分的单位产量的直接人工成本均是常数，但绝对值不同。

超额计件工资制一般是在工资总额有严格控制，工人的实际技术等级和工资等级脱节的情况下采用的方法，它有利于调动不同等级工人的积极性，也有利于限制实行计件后工资的过多增加。

（5）包工工资制。包工工资制指的是把一定数量和质量的生产或工作任务包给工人（班组或工程队），预先规定完成工作的期限和工资总额，在包工工人按期完成任务后，就可领取全部包工工资。包工工资制通常对工人集体实行，实际上是一种按最终劳动成果计算的班组集体劳动报酬制度。采用包工工资制是为了促使工人在保质保量完成任务的前提下缩短任务完成期，对减少人员、提高劳动生产率有积极作用。

（6）提成工资制。提成工资制就是工人的工资总额按照企业的营业额或毛利等的一定比例提取，然后再按照各个工人的技术水平和作业量进行分配，也可以是直接按个人的营业额和毛利润等提取一定的比例作为工资。这种工资形式可以不用制定劳动定额，也不用制定计件单价，但是提成的比例则是根据过去的劳动定额或实际达到的营业收入以及工人的实际工资收入来确定的。

（7）间接计件工资制。间接计件工资制是相对于直接计件工资制而言，是对辅助工人根据他们所服务的直接计件工人的产量，或根据车间、工段的实际产量计算工资。其目的是促使辅助工人关心实行计件工资制的一线工人的产量，提高服务质量，加强协作，以保证生产任务的顺利完成。

（8）综合计件工资制。综合计件工资制即计件单价不仅以产量定额来计算，而且还把质量、原材料消耗以及产品成本综合考虑进去。比如，为了确保并提高产品质量，实行按质量分等计件单价等。这样，有利于改善产品质量，减少废品和原材料消耗，降低产品成本，等等。

以上 8 种计件工资形式，无论采用哪一种形式，除考虑生产的特点和工作性质外，应当把着眼点主要放在能否提高工作效益上。是否能够提高工作效益，主要看两点：一是随着产量的增加，单位产品的直接人工成本是否下降，产量增加而直接人工成本不动或下降的，效益就高，反之，就不一定高；二是随着产量的增加，单位产品的总成本是否下降，若下降，则效益一定高，若上升，则效益肯定下降。

5．计件单位与计件工资的支付

计件工资按照组织形式和计算支付计件工资对象的不同，可以分为个人计件单位和集体计件单位两种。计件单位是个人，还是集体，主要取决于企业的生产条件和劳动组织状况。个人计件一般是在个人单独操作而且能制定个人劳动定额的工作中实行。集体计件一般是在那些机器设备和工艺要求班组工人共同努力才能完成任务，而又不能单独计算个人产量和质量的工作中实行。计件工资的支付因计件单位不同而有所不同。个人计件的工资数额等于计件单价乘以完成合格产品的数量。集体计件工资的支付就比较复杂了，主要是在集体计件单位内部工人之间如何进行合理分配的问题。这里，简单介绍一种按照每个工人的工资标准和实际工作日数分配的方法。

按照每个工人的工资标准和实际工作日数分配，其计算方法是：

$$\text{个人应得月标准工资}=\text{个人日工资标准}\times\text{个人本月实际工作日数}$$

$$\text{个人日工资标准}=\frac{\text{个人月工资标准}}{\text{月标准工作日数}}$$

$$\text{标准工资分配率}=\frac{\text{工作队计件工资总额}}{\text{工作队工资标准总额}}$$

$$\text{个人当月应得工资}=\text{个人应得月标准工资}\times\text{标准工资分配率}$$

6．计件工资的组织工作

实行计件工资，需要充分做好以下组织工作：

（1）成立实行计件工资的领导机构，这个机构可以由某一职能部门牵头，如经营管理部门或人力资源部门，由技术、生产、工会的人员和工人代表参加，其职责是实行计件工资制的宣传工作，确定计件工资的实行范围，审查推行计件工资的计划，解决处理计件工资执行过程中遇到的重大问题等。

（2）对劳资人员、财会人员、统计员、记录员、定额员等有关业务职能人员进行培训，学习计件工资的方针政策和计件工资的业务知识等。

5.3.6 基于绩效与职位结合的薪酬体系

基于绩效与职位结合的薪酬体系主要有以下四种模式。

（1）设底薪：根据职位等级确定每个岗位的底薪，其他收入与业绩按照一定的规则进行密切挂钩。

（2）设职位考核系数：以业绩导向的绩效薪酬为发放基数，对其他相关岗位职责的履行情况进行考核，考核结果影响绩效薪酬。例如，销售人员的销售提成为 800 元，岗位职责综合考核系数为 1.2，那么，实际发放的绩效薪酬为 $800\times1.2=960$ 元。

（3）设职位工资单元：按岗位价值确定独立的岗位工资单元，其他为业绩工资单元。

（4）按职位预支：按职位的性质预支不同额度的绩效工资，在考核期结束结算时统算。例如，销售部长每月预支 2000 元，销售员每月预支 1500 元，季度绩效考核结果销售部长应提绩效薪酬为 10000 元，销售员应提绩效薪酬为 8000 元，那么，季度末实际发放绩效工资，销售部长为 $10000-2000\times3=4000$ 元，销售员为 $8000-1500\times3=3500$ 元。

基于绩效的销售人员的薪酬体系主要有以下三种：底薪+奖金，底薪+佣金提成+奖金，或佣金提成+奖金。具体见表 5-18 基于绩效的销售人员的薪酬结构表。

表 5-18　　基于绩效的销售人员的薪酬结构表

薪酬结构	底　薪	佣金提成（绩效工资）	奖　金
底薪＋奖金	有，占总收入的比例较小	无	有，占总收入的比例较大
底薪＋佣金提成＋奖金	有，占总收入的比例较小	有，占总收入的比例较大	有，占总收入的比例较小
佣金提成＋奖金	无	有，占总收入的比例很大	有，占总收入的比例较小

简单地评价哪种模式更好是没有任何意义的，对于企业来讲，上述三种基于绩效的薪酬模式，只有适用与否之分，没有优劣之分。选择何种薪酬结构对自己的销售更有效，对自己的组织更有效，管理者应根据自己的产品或服务的特点来

进行判断。一般“底薪+奖金”模式适合于简单销售模式，比如商场营业员等；“底薪+佣金提成+奖金”模式适用范围较广，例如，计算机销售人员、手机销售人员、汽车销售人员等；而“佣金提成+奖金”模式适用于一些高难度的销售行业、无固定场所的销售和兼职销售等，例如寿险销售人员。

5.3.7 基于绩效与能力结合的薪酬体系

基于绩效与能力结合的薪酬体系主要有两种模式。

（1）设底薪：基于能力确定员工的底薪。

（2）设能力工资单元：如学历工资、工龄工资以及专业技能工资。

下面是就基于绩效与能力结合的生产工人的薪酬体系的例子。

生产工人的技能工资是根据生产工人具备的工作技能确定的，如果生产工人按照工作技能从高到低分为九级工、八级工、七级工……二级工、一级工、学徒等几个等级，这些等级工人的技能工资是各不相同的，越向下越低，越向上越高。但是，在整体的薪酬结构中，技能工资的比例应该是比较低的。

计件工资和奖金在总收入中的比例应该较高。计件工资，或者称为绩效工资，是直接与生产量有关系的。奖金主要和生产的整体情况、企业的效益有关系。

基于绩效的生产人员的薪酬结构主要有以下三种：技能工资+计件工资+奖金，技能工资+计件工资，或计件工资+奖金。具体见表5-19基于绩效的生产工人的薪酬结构表。

表5-19　　基于绩效的生产工人的薪酬结构表

薪酬结构	技能工资	计件工资（绩效工资）	奖　金
技能工资+计件工资+奖金	有，占总收入的比例较小	有，占总收入的比例较大	有，占总收入的比例较小
技能工资+计件工资	有，占总收入的比例较小	有，占总收入的比例较大	无
计件工资+奖金	无	有，占总收入的比例很大	有，占总收入的比例较小

5.4 常见的薪酬体系和文本举例

5.4.1 职位绩效薪酬制

1. 概述

基于职位的薪酬体系是最为常见的薪酬体系。随着我国企业管理水平的逐步提高，绩效管理和绩效考核应用越来越普遍。基于职位的薪酬体系和绩效考核的结合越来越紧密。这样，职位工资制和绩效考核相结合，产生了一种新的职位工资形式——职位绩效工资制。

所谓职位绩效工资制，就是职位工资制和绩效考核相结合，员工的工作需要考核，员工的部分薪酬要在绩效考核后，根据绩效考核的成绩计算发放的工资制度。

2．适用的范围

职位绩效工资制适用的范围较广，大部分适用职位工资制的岗位，基本上都适用职位绩效工资制。这种制度对于行政管理类职位、支持服务类职位是非常适用的。

3．常见结构

职位绩效工资制的常见结构有以下两种：

（1）薪酬=基本工资+绩效工资+奖金。首先，员工的工资标准是根据员工的职位价值决定的。职位价值不同的员工，他们的工资标准是不一样的。把员工的工资按一定的比例进行拆分，一部分称为基本工资，只要员工按时出勤，正常工作，这部分工资都可以按时足额发放；另外一部分称为绩效工资，这部分工资和员工绩效考核的成绩有关系，根据绩效考核的成绩进行计算，然后发放。奖金的总额与企业的整体经营状况、企业的净利润有关，对于每个员工来讲，奖金与每个员工的职位价值和工作业绩（表现为绩效考核的成绩）有关。这样，员工的绩效工资和奖金都与工作业绩（表现为绩效考核的成绩）建立了紧密的关系。

（2）薪酬=工资+奖金。同样，员工的工资标准是根据员工的职位价值决定的，职位价值不同的员工，他们的工资标准是不一样的。只要员工按时出勤，正常工作，员工的工资都可以按时足额发放；企业对员工的工作进行绩效考核，根据员工绩效考核的成绩发放奖金。

这样，通过绩效考核与薪酬之间建立的联系，达到了通过考核发放薪酬，表扬和奖励优秀员工，督促和惩罚落后员工的目的。

5.4.2　年薪制

年薪制是对企业的中高层管理人员、核心技术人员及核心营销人员等经常采用的一种薪酬制度，由于年薪制员工的大部分薪酬与工作的绩效成绩密切相关，所以，年薪制基本上属于基于绩效的薪酬体系。

1．年薪制的概念

所谓年薪制，就是以年度为单位计算和支付员工的薪酬，在组织中，实施年薪制员工的收入一般可以分为两部分：一部分是按月度支付的薪酬，另一部分是年底支付的薪酬，其中，年底支付部分是依据员工一年内的工作业绩来发放的。

2．适用的范围

年薪制一般适用于组织中的高级管理者、重要岗位的骨干员工等。

3．实施年薪制所要具备的条件

（1）建立组织和员工（采用年薪制的员工）之间的信用关系。如果企业和员工之间没有建立起一种坚实牢靠的信用关系，那么员工就会对年底发放的薪酬存在不安全感，存在怀疑，这样，年薪制就失去了激励作用。所以，实施年薪制必须建立在组织和员工之间坚实牢靠的信用关系的基础之上。

（2）组织必须已建立起科学、有效的绩效考核体系。绩效考核体系是衡量员工工作业绩的工具，是评价员工贡献的手段，只有实施了科学、有效的绩效考核，员工的业绩、贡献才能得到公正的评价，根据绩效考核的结果，组织才能对员工进行合理的奖惩、激励。这样，年薪制才能得以有效地实施。

（3）员工的工作业绩是在一个较长的时间后才能衡量。这个较长的时间一般在一个季度以上，一年之内。这样业绩显现的时间范围在大多数企业都很常见。如果工作业绩很快就能够显现出来，企业可以采用即时激励，没有必要采用年薪制；如果工作业绩在一年之后才能反映出来，则企业可以根据经营的周期进行薪酬的设计，而没有必要在年底进行激励。

4．年薪制方案的设计原则

年薪制方案可行与否，关键在于方案设计过程中是否违背了其应该遵循的原则。在企业实施年薪制，由于各个企业的实际情况千差万别，所以各个企业的年薪制模式和方法也不会完全一致。但无论实行哪种年薪制模式，年薪制方案设计一般都要坚持以下几个原则：

（1）重视物质激励原则。重视物质激励原则是指对年薪制员工的激励不能过分强调奉献精神和道德标准。目前我国仍处于社会主义初级阶段，不能用共产主义的道德标准要求组织中的员工。很多员工是“经济人”，至少是具有经济性的复杂人，有物质方面的需求。设计年薪制方案时如果一味强调奉献精神和道德标准，漠视员工作为经济人的物质需求，会大大弱化激励的效果，最终导致年薪制方案实施无效。

（2）公平原则。公平原则包含两重含义：一是指外部公平，设计的年薪制方案与同行业类似企业的年薪制方案相比具有相对公平性；二是指内部公平，实施年薪制的员工和非年薪制员工应保持相对公平。实施年薪制的员工一般是企业的高级管理人员和重要岗位的人员，非年薪制的员工一般是中基层的员工。对于工作业绩而言，如果年薪制员工的收入偏低会导致其工作积极性的下降；如果非年薪制的员工认为年薪制员工的收入过高，这部分员工也会有不公平的感觉，进而很可能严重影响企业内部的团队气氛，挫伤企业员工工作的积极性。因此，除了用舆论宣传来改变一些不正确的观念以外，在设计年薪制方案时，应相应设计企业中非年薪制员工的激励方案，并使方案之间保持一定程度的一致性，增加员工的公平感。

（3）竞争原则。企业的薪酬标准在人才市场，甚至全社会中都要有吸引力，以战胜竞争对手，招聘到宝贵的人才，并能长久留住他们，在此目标下，尤其是对于年薪制员工的薪酬标准，在特定的时期可以略高于市场的平均水平。

（4）经济原则。鉴于企业所面对的各种竞争压力，企业必须使报酬成为有效的并且是企业有能力承担的花费。提高企业的薪酬水准，固然可以提高其竞争性与激励性，但同时不可避免会导致企业人力成本的上升。因此，薪酬水平的高低受经济性的制约，即要考虑企业实际承受能力的大小。在大多数情况下，提供过高报酬的企业将很难与付酬相对较低但却更有效的企业进行竞争。

（5）安定原则。为了确保企业优秀的员工能安心工作，稳定发挥其经营和管理的各种才能，企业所确定的年薪水平必须能够得到社会的承认，达到一种令人满意的水平。在日常的经营管理过程中，企业要定期就员工对年薪制度的看法和要求进行调查分析和实质性的研究，以确保薪酬方案的合理性，并达到稳定骨干员工队伍的作用。另外，保持年薪调整的社会均衡性，同时进行以生产率提高为基础的附加价值上升部分的成果的合理分配，对于改善所有者和经营者之间的委托代理关系，保持和谐、稳定的企业氛围也有积极的意义。

（6）绩效原则。绩效原则是指对年薪制员工的激励水平要与企业绩效挂钩，企业业绩越好，进步越大，对经营者的激励强度应越高；企业业绩越差，整体经营管理有退步，对经营者的激励强度应越低。否则对优秀的经营者就不公平，从而影响其工作的积极性，对差的经营者也没有鞭策作用。

（7）风险对称原则。设计年薪制方案时，只有按收益与风险对称的原则，使年薪制员工承担相应的经营和管理的风险，才能防止年薪制方案激化中、基层员工的不满情绪和鼓励平庸之辈现象的出现，避免年薪制员工通过有利于自己的激励方案而损害所有者和其他员工的利益。例如，可以将年薪制员工的收入分为固定部分和变动部分，变动部分所占比例可以适当加大，甚至可以达到 70%或以上水平，与工作业绩挂钩，使这部分收入成为风险收入；主要的经营者（例如国有企业的高级管理人员、领导班子）上任时可以交纳风险抵押金，还可以将每年的经营者收入的一部分也转为风险抵押金，达不到预定目标时，可以减少可变收入，同时考虑扣减风险抵押金，如果经营者认购股份或行使期权，要自筹大部分甚至全部资金，不能全用企业贷款支付；经营者所持股份应有一定的等待期，等等。

（8）权变原则。设计有效的年薪制必须考虑组织自身的具体情况。例如，新创办的企业和老企业，处在夕阳产业的企业和处在朝阳产业的企业，国有企业、民营企业和外资企业，大企业和小企业，赢利企业和亏损企业，南方的企业和北方的企业，东部地区的企业和西部地区的企业等各有不同的特点，年薪制的设计应各不相同，此外，设计年薪制时要具体考虑特定员工的不同需要。

（9）市场原则。市场原则是指要用市场的方法确定员工的年薪水平。民营企业和外资企业之所以能不断吸引和留住所需要的优秀人才，是因为他们为这些人才确定的薪酬水平和其他激励措施能根据市场情况及时进行调整。而部分国有企业大股东的代表通常是政府官员或准政府官员，受行政管理的影响较深，所以，国有企业多偏爱按“级别”确定员工的激励水平，结果这种按行政方法确定的激励水平有时就会严重不合理，从而引发诸如“59岁现象”等诸多问题。

（10）配套原则。年薪制要同企业经营管理的机制和制度，特别是责任和权利的划分机制和制度、人事管理的机制和制度、社会保险制度等结合起来，否则将难以顺利实施。

在年薪制设计的过程中，要综合考虑以上原则，灵活制定出最有效的年薪制方案，为企业的发展吸引到最优秀的经营管理人才，企业才能在竞争中有良好的发展前景。①

5．年薪制的常见结构

不同的企业由于其企业文化、行业背景、员工观念、管理模式、组织结构等都不尽相同，所以其所适合的年薪制结构模式必然也不尽相同。企业一定要根据自身的实际情况，客观分析各种年薪制结构模式所适用的条件来加以选择和设计。其中最重要的原则就是实事求是、因地制宜、从企业的内部的实际情况出发。所以，在设计年薪制结构模式之前，有必要讨论和确定年薪制结构设计的原则。

（1）一种合理的年薪制结构模式，在设计过程中一般都要遵循以下几个原则。

第一，报酬与绩效挂钩，股东利益与员工利益二者兼顾。年薪制员工的收入与其经营管理工作的业绩挂钩，报酬的高低随其工作业绩的好坏浮动。工作业绩好，为股东创造的价值多，年薪制员工自身所得的报酬也高。这是设计员工年薪制报酬方案应遵循的主要原则，也是兼顾股东与年薪制员工利益的原则。

第二，固定收入和风险收入相结合，以风险收入为主。企业的经营是有风险的，企业中骨干员工从事的事业是风险事业，成功的员工理应获得较高的收入，如果失败了其收入就应该减少。同时，员工也要维持家人和自己的生存，还要考虑到企业经营环境中的不确定因素。如果将年薪制员工的报酬完全同工作绩效挂钩，就会使其承担过大的风险，过大的风险会降低年薪制员工的预期收益，从而丧失年薪制的激励作用。因此，可以考虑把年薪制员工的报酬分成两部分：一部分作为固定收入，足够维持其个人与家庭生活；另一部分作为风险收入，完全与工作绩效挂钩，使其承担收入风险，从而起到激励的作用。

第三，长期与短期业绩奖励相结合。激励的强弱程度取决于当事人行为选择与行为后果的联系程度，联系越紧密、越直接，其激励越有效。然而，年薪制员工的经营管理决策与决策后果的体现是有一定时间距离的，甚至有时，年薪制员工的一项重大决策往往需要经过几年以后才能看到利益。如果只是根据企业当年的经营业绩、利润来决定给予员工的奖励，员工就会在长期投资、长期经营管理

---

① 改编自宿春礼：《现代公司年薪制方案设计》，中国财政经济出版社2003年版，第65～68页。

决策面前裹足不前。在目前的市场经济中，有时，企业成败的关键就在于能否以远大的眼光去洞察千变万化的经营环境，做出正确的利于企业长远发展的战略决策。为了鼓励年薪制员工做出有利于企业长期生存、发展的决策，既需要对年薪制员工的短期业绩提供奖励，也需要对年薪制员工的长期业绩提供奖励。

第四，体现收入层级的原则。这里的收入层级包括两层含义：一方面是指拉开年薪制员工收入与一般员工收入的差距，这种差距不应仅仅是 2 倍、3 倍，可以是 8 倍、10 倍或几十倍；另一方面要看到年薪制员工的收入报酬是一个由一系列层级组成的“报酬包”：最低层级，基本工资——维持因素；第二层级，各种福利——保障因素；第三层级，奖金性薪金——中短期激励因素；第四层级，股票、期权——中长期激励因素。激励制度要善于体现出各个层级的特性与差别，发挥每一个层级应有的作用，使年薪制能充分调动员工的积极性。

第五，直接确定与间接确定相结合，以间接确定为主。对于年薪制员工的固定收入部分，可以由企业与员工通过协商直接确定。而对于风险收入部分，则应由企业运营的情况、工作的业绩来间接确定。

（2）年薪制结构设计。基于以上原则，把年薪制员工收入设计为多结构模式，从而多角度、多层次引导他们维护所有者利益、企业利益，这样的设计是目前普遍实行的一种年薪制设计的常见模式。

典型的年薪制结构为：

薪酬=月工资+各种福利+年终奖金+长期报酬

1）月工资，有时候也称为月基本工资，属于固定收入，是保证员工及其家人日常生活的基本费用。但是，这一部分也并非绝对不变，随着员工的工作年限、工作能力以及物价等的变化，月工资也可以做适当的调整。月工资在收入结构中的比例一般不会太大。

也有部分企业对年薪制员工进行月度考核，然后根据月度考核的结果发放月度工资。这也是年薪制的一种形式，这时候，月工资标准就应该高一些，即使在考核后发放，金额也不应该太少，也应该能够保证员工及其家人日常生活的基本费用。否则，就会给年薪制员工较大的危机意识，造成年薪制员工的不稳定感，从而削弱了年薪制的激励作用。实施年薪制的员工一般是高级经营管理者和骨干员工，他们是企业的核心人才，是需要稳定的。

2）各种福利主要包括各种津贴、养老计划、住房公积金和在职消费等待遇。这部分收入与员工的工作业绩关系不大，属于保健性因素，所以这部分收入的比重不宜太大。

福利和津贴可为年薪制员工提供良好的工作条件，解除年薪制员工的某些后顾之忧，有时会让年薪制员工感到身份和地位的与众不同，有利于提高年薪制员工的工作效率，但就总体而言，其激励效果并不大。

3）年终奖金，有时也称为绩效奖金。是对年薪制员工工作业绩的阶段性奖励，是不固定的风险收入，是年薪制员工的中短期报酬。年终奖金与公司年度经营管理状况、本人的年度工作业绩挂钩，有较强的激励作用。

目前，中国企业的短期化行为比较常见。年薪制薪酬的年终奖金也受到这种行为和思想的影响，一部分企业年薪制绩效奖金的发放时间有时候不只在年底，半年和季度也是绩效奖金发放的时间。绩效奖金无论是在年底发放，还是按半年或季度发放，其风险收入的性质是没有变化的，根据工作业绩好坏进行发放的依据是没有变化的。

年终奖金占年薪制薪酬的相当比例，是年薪制薪酬的重要组成部分。年终奖金有时候会助长员工的短期化行为，在企业同时存在长期利益和短期利益的时候，由于年终奖金的刺激，有时候员工就会过多关注短期的利益、一年内的利益，而忽略了企业的长期利益。为了让企业的发展与员工的利益更好结合，年薪制应该设计一些长期报酬来引导员工关注企业的长期利益。

4）长期报酬，也称为股权激励，股票、期权是长期报酬的主要形式。因其一般具有持续期或等待期的约束条件，故对年薪制员工具有良好的长期激励作用，是西方发达国家普遍采用的激励方法。股票、期权也是一种风险收入，通过让年薪制员工参与企业长期发展后的价值分配，激励他们关心企业的长远利益，因为这种股票、期权计划通常是要在至少一年以上的时间内方可有效实行，而且公司的股价是公司长期赢利能力的反映，因此股票、期权计划具有长期激励的特点。它能引导年薪制员工将企业经营管理的目标和本人的工作目标定位于中长期，这是股票、期权和其他的报酬激励形式相比较为优越的地方。

但是，由于奖励的滞后性弱化了激励的效果，而且年薪制员工的股票、期权的收益一般与股价相连，而股价除受企业业绩、企业长期赢利能力的影响以外，还受其他很多因素的影响，例如当股市整体持续走熊，会导致年薪制员工股权收益大幅缩水，这些都会影响年薪制员工的工作积极性。

上述年薪制结构模式，只是一种根据年薪制实践总结出来的一般性的框架结构，至于年薪制方案具体的形式和具体要素的组合，要结合企业的实际情况，制定最合适的形式、组合和计算方法。

若从吸引人才、留住人才和激励人才三个方面来分析的话，各种激励方法的效果也各不相同，如表 5-20 所示。

如果单纯从吸引人才的角度来讲，月工资因其使年薪制员工有稳定的收入而对年薪制员工具有一定的吸引力，年终奖金因其挑战性而对年薪制员工存在较大的诱惑力，股权激励的吸引力则需要结合当时的股市行情而定，若股市持续走牛，则股权激励的吸引力就会变得很大。

在留住人才方面，股权激励方法因有持有和等待期限的限制而增加了年薪制员工的退出成本，从而具有良好的作用；年终奖金一般需要在年底绩效考核之后

表 5-20　　四大激励方法的作用

激励方法	对经营者的作用		
	吸　引	留　住	激励工作
月工资	中	中	中偏低
各种福利	低	中	低
年终奖金	高	较高	较高
长期报酬（股权激励）	高	高	高

才能兑现，这也增加了年薪制员工的退出成本，所以年终奖金对留住人才同样会发挥较大的作用；月工资和各种福利对留住员工发挥的作用是有限的。

在激励年薪制员工工作方面，基本工资、福利和津贴因其相对稳定而失去作用。但直接与企业、个人业绩挂钩的年终奖金和股权激励则显示了良好的激励作用，一般情况下，因为股权激励的金额更大，所以股票和期权的激励性会更高。

当然，这只是一般性的分析，如果考虑到具体年薪制员工的需求、能力、偏好、个人收入水平、人才市场状况及具体企业情况等因素，各种激励方法的作用可能会与上面的分析有很大差别。因此，在制定具体企业年薪制方案时，要实事求是、具体情况具体分析。

6．年薪制参考文本

案例 5-1

A矿业公司年薪制方案

根据 A 矿业公司的具体情况，依据责、权、利对等的原则，集团公司为 A 矿业公司制定了具体经营目标、管理权责、绩效考核与经营层年薪制方案，具体如下。

1．经营目标

集团公司设定 A 矿业公司全年主要经营目标为：税后净利润 1420 万元，总成本每吨铁精粉 450 元，铁精粉产销量 9 万吨。具体分解到每个月的指标如表 5-21。

2．管理权责

A 矿业公司设总经理、副总经理各 1 人，实行总经理负责制。

（1）机构设置：中层（含）以下人员的编制及聘用由 A 矿业公司总经理审定，报集团公司人力资源部备案。

（2）集团公司有关规定中与第（1）条违背之处以第（1）条为准。

（3）原集团矿产公司的事项审批权限划归 A 矿业公司。

（4）严格遵从集团公司预算管理和计划管理有关规定。

（5）其他有关权责按集团公司有关规定执行。

表 5-21 经营目标分解表

	考核值	1月	2月	3月	4月	5月	6月
产量（吨）	90000	5800	5400	6300	8000	8500	8500
吨成本（元/吨）	—	—	—	450	450	450	450
净利润（元）	10000000	600000	600000	750000	1000000	1400000	1600000
安全事件（次）	12	1	1	1	1	1	1
	考核值	7月	8月	9月	10月	11月	12月
产量（吨）	90000	8500	8500	8000	8000	8000	6500
吨成本（元/吨）	—	—	450	450	450	450	450
净利润（元）	10000000	1600000	1600000	1500000	1400000	1250000	900000
安全事件（次）	12	1	1	1	1	1	1

3．绩效考核与薪酬

（1）总经理和副总经理薪酬充分体现风险与收益共享的原则，实行底薪+绩效工资+奖金制。

（2）总经理的底薪加绩效工资全年为 50 万元，副总经理全年为 30 万元，其中总经理底薪为 6000 元/月，副总经理为 4000 元/月。

（3）奖金：总经理、副总经理参与整体奖金分配，具体方法按集团公司制定的《A 矿业公司薪酬和考核方案》执行。

（4）绩效工资分解：总经理 2.5 万元/月，50 万元年薪年底剩余 12.8 万元；副总经理 1.5 万元/月，30 万元年薪年底剩余 7.2 万元。剩余部分年底按产量、利润、成本完成比例，根据考核方式考核发放。

（5）绩效工资部分按月考核，按月兑现。

（6）原目标责任书和一级考核方案除利润和成本目标值按此次确定值调整外，考核方式不变，集团公司另做调整的除外。

（7）考核指标及权重：考核指标包括产销量、利润、成本、安全以及管理，所占比重与目标责任书一致，见表 5-22。

表 5-22 绩效工资分解表

职位	月绩效工资（100%）	产销量考核工资（20%）	利润考核工资（32%）	成本考核工资（32%）	管理考核工资（10%）	安全考核工资（6%）
总经理	25000	5000	8000	8000	2500	1500
副总经理	15000	3000	4800	4800	1500	900

（8）利润考核工资=工资标准×利润考核工资比重×（实际利润÷月度利润考核值）×100%，低于月度利润考核值 60%的全额扣发。

（9）产量考核工资=工资标准×产量考核工资比重×（实际产量÷月度产量考核值）×100%，低于月度产量考核值 75%的全额扣发。

（10）成本考核以吨成本为考核指标，每月设定及格值，3 月高于 480 元/吨，4 月高于 470 元/吨，5 月高于 460 元/吨，6 月起至年底高于 450 元/吨，低于考核指标扣发全额成本考核工资。

3～5 月低于各月及格值则按以下方法核算：

成本考核工资=成本考核工资×（1–X），其中 X 为成本超额比例。

$$X=（实际吨成本-450）/（当月及格值-450）\times 100\%$$

6 月至年底低于 450 元/吨（含）发放全额成本考核工资，高于则扣发全额成本考核工资。

（11）以上绩效工资各项最高发放额为标准绩效工资。

4．说明

本制度同时作为原目标责任书的修正，与原有目标责任书相冲突的部分以本制度条款为准，本制度条款与原目标责任书具有同样效力。

思考与讨论题

1．集团公司为 A 矿业公司经营层设计年薪制的主要目的是什么？

2．集团公司为 A 矿业公司经营层设计的年薪制是如何与绩效考核结合的？

3．A 矿业公司经营层年薪制的结构是如何设计的？有什么显著的特点？

4．A 矿业公司经营层年薪制各部分的比例是多少？可能产生多大的激励作用？

5．你认为 A 矿业公司经营层年薪制中的底薪比重是多还是少？请说明自己的理由。

6．你认为 A 矿业公司经营层年薪制中的年终奖金比重是多还是少？请说明自己的理由。

5.4.3 佣金提成制

1．概述

佣金提成制是一种比较典型的基于绩效的薪酬体系。这种制度在销售人员中的应用非常普遍。所谓佣金提成制，就是对员工具体的工作业绩（例如销售额、汇款金额、新客户数量等等）进行科学、准确的评估和评价，根据评估和评价的结果，计算薪酬发放数量的工资发放方式。

在市场经济中，企业的发展在很大程度上取决于销售，营销人员承担着推广企业的产品及服务的功能。他们要通过自己的销售，对顾客的需求做出灵敏的反应，而且给相关部门提供迅速的反馈。企业现在越来越倾向于把营销人员的报酬与顾客满意度联系起来，强调这种以质量为基础的评估和激励方式。由于营销工作具有高度的主动性，在正常工作时间之外，在缺乏监督的情况下也可能工作，所以，营销人员的薪酬主要是和个人的工作业绩挂钩。在企业里，大多数营销人员的报酬构成中，通常有很大比例是与绩效紧密联系的绩效工资（佣金提成）。由于营销人员的工作成果可以用销售量和销售额具体计量，所以营销人员与生产工人最为相近。但是，营销人员的工作变化性比一般生产工人大得多，所以，要确定一个比较稳定的销售量标准是困难的。然而，不管怎样，实行和销量挂钩的激励工资，例如佣金提成或底薪加佣金提成等形式，在不同程度上是成功的。

2. 适用的范围

佣金提成制适用于工作业绩容易被客观量化、计量的职位，这种工资制度在销售人员中应用最为广泛。

3. 常见的结构

佣金提成制常见的结构主要有以下三种：薪酬=底薪+佣金提成+奖金；薪酬=佣金提成+奖金；薪酬=佣金提成。

（1）底薪，也称基本工资，即主要是按销售人员的职位来支付工资。赞成支付一定量底薪的人认为：销售人员的工作性质决定了他们难以完全控制销售额的多少，有许多因素在影响销售额，而这些因素不可能都以佣金提成（绩效工资）、奖金的形式完全表现出来，否则销售人员会失去信心。底薪所占的比例一般较低。

（2）佣金提成（绩效工资），即按照销售人员的销售量付给佣金。这特别适用于当销售额的增加更多地取决于营销人员的努力时。常见的佣金制形式有两种：一种是每推销一件产品便可得到一笔规定的佣金；另一种是在完成一定量的销售额后，才能按每件推销的产品取得佣金。与单纯按销售量付给佣金不同的工资形式是全面佣金制。由于商品的销售是多方面因素决定的，因而扩大销售不能只靠销售员的反复上门销售，这就需要根据多种因素来支付佣金。有的学者认为，下列一些因素都可以计算支付佣金：销售的各种商品的数量，按它们给公司带来利润的不同划分不同的等级；使公司得到新的顾客；登门服务的次数；获得老顾客的反复订货；销售费用的降低；与赊销相比，增加了销售的现金收入；由于营销人员的努力，使公司找到了新的投资方向或投资场所，将获得更多的利润；由于推销人员的努力，公司的一些过失得到了顾客的谅解。这些学者认为，采用全面佣金制，公司不仅要认识到上述各方面的因素对公司经营和发展的重要性，而且要对这些因素做出定性、定量的分析，并作为支付佣金的标准。

（3）奖金：奖金一般根据销售的整体业绩和公司的利润发放，对于每一个销售人员，奖金会与他的整体工作业绩密切相关。

大多数工作职位一般不适合采用理想的极端的薪酬结构，其代表是纯工资或纯佣金。把这两种类结合起来使用，似乎可以发挥二者的优势。纯工资方式可以与没有销售职能的绩效目标挂钩，如售后服务。而针对销售量所提供的佣金能够激发员工的销售动力。

对于具体的企业来讲，上述三种佣金提成制的薪酬结构只有适用与否之分，没有优劣之分。选择何种薪酬结构对企业的销售更有效，对自己的组织更有效，管理者应根据自己产品或服务的特点来进行判断。

4. 销售人员薪酬体系的设计因素

由于佣金提成制主要是针对销售人员的，影响销售人员薪酬体系设计的因素主要有四个：进入销售领域者的素质、企业的战略、竞争对手的措施、所售产品（或服务）的性质。

（1）进入销售领域者的素质。通常，销售人员的主要特征之一是货币报酬可以很好地激励他们。因此设计销售人员薪酬的着力点应当放在货币类回报上。

（2）企业的战略。在销售人员的薪酬方案中，应当把企业对销售人员行为的期待与企业的战略结合起来。销售人员必须知道何时去加强售后服务，何时去扩大销售额。企业希望激励富有进取性的销售行为。直接以佣金收入为基础的激励薪酬方案能够促进销售人员向这个方向努力，它既包括激励工资的数额协议，又包括获得激励工资所必须达到的绩效目标的规定。典型的绩效考核指标包括：个人所属销售区域的销售额、市场份额、公司产品在零售商店的摆放数量、新拓展客户的数量、毛利数量、完成价目表所列销售价格的百分比、销售业绩的连续性、销售产生的坏账等。每个考核指标都与一个不同的商业目标挂钩。例如，如果一个组织的目标是促进销售额增长，就可能采用诸如产品销售量、产品订单、所收现金金额和货款回收率等等指标。

（3）竞争对手的措施。在选择恰当的薪酬水平时，外部的竞争是关键因素。销售职位的性质意味着有时会与竞争对手面对面相遇，至少在争夺潜在顾客时是这样。这就给销售人员提供了一个谈论各自薪酬的机会。企业要保证在比较中占上风，就应当确定这样一种薪酬水平策略：对于不同销售群体和绩效水平，明确标明目标薪酬。

（4）所售产品（或服务）的性质。所售产品（或服务）的性质可能会影响到薪酬体系的设计。对于有高科技含量的产品，培养出高效的销售人员需要一定的时间。基于这种情形的薪酬体系通常包含高比例的底薪部分，以把营销人员面临的风险降至最小。相反，对于进入门槛很低的产品，公司大多运用激励工资所占比例较大的薪酬方式，这样，薪酬支出主要用于促进实际销售，而不是用在花费时间学习必要的技巧上。产品（或服务）销路很好，产品（或服务）本身就可以带动销售，销售人员的能力并非关键因素，而销售人员非常优秀的时候，底薪就变得比较重要，在努力工作可能决定销售的成败时，激励工资的重要性就增强了。

5. 佣金提成制参考文本

案例 5-2

公用事业能源有限公司销售薪酬方案销售代表部分

引言

本案例介绍了公用事业能源公司为其销售代表制定的销售薪酬方案。本销售薪酬方案用薪酬的增长来奖励销售业绩的提高，只要你提高销售业绩就将收获显著的回报。

第 1 部分：方案概览

1. 我们为什么需要销售薪酬方案

公用事业能源公司的成功直接有赖于我们的中级企业客户，而这部分客户一直以来都在我们的传统服务领域之外。为了实现这个目标，我们的薪酬方案将从几个方面着手：

（1）设计与工作责任和期望表现相配的独特的薪酬解决方案。

（2）把方案的重点集中在驱动企业目标和实现销售策略上。

（3）给高绩效以突出的奖励。

2. 薪酬方案的基本原理

总体而言，本方案要传达的是与下面的观点一致的一种薪酬方案的基本原理。

（1）战略性。设计本方案是为了支持、驱动和激发公用事业能源公司在商业上的远见，实现企业策略的全面成功，我们瞄准的目标是中级客户。

（2）竞争性。本方案的设计也是为了吸引和留住那些最优秀的销售人员。我们将用超乎寻常的收入机会奖励那些业绩突出者。

（3）公平。我们将开发并完善薪酬政策，对个人的成就给予奖励，以此来更好地支持销售目标的实现。

（4）简单。我们设计的新方案将确保其结构和政策易于传达，易于理解。

3. 有竞争力的收入

我们承诺公用事业能源公司会取得成功，我们会为那些能够帮助我们实现目标的员工提供有竞争力的收入，那些一直保持着最高销售额的员工将会获得最高水平的薪酬。

第 2 部分：××年销售薪酬方案的组成

××年薪酬方案由两个部分组成：基本工资以及基于完成单位销售和完成合同数的 mwh（megawatts per hour 兆瓦特/小时）单位佣金。

1. 基本工资

所有参与本薪酬方案的员工都有基本工资，该基本工资的量有一个范围，基本工资的提高是以年为单位，由公司的薪资提升政策决定。

2．mwh 单位与合同数佣金

mwh 单位与合同数佣金是基于个人销售的兆瓦特/小时的数值与完成合同的数额。付酬开始于 mwh 单位销售等于或大于 80000 并且合同数等于或大于 10 的时候，例如：业绩达到目标业绩 80%（96000mwh 及 24 份合同），将产生 50%的目标付酬（17280 美元）。业绩达到目标时（120000mwh 及 30 份合同），将产生 100%的目标付酬（34880 美元）。业绩超过目标水平时将得到提高了佣金比率的付酬，如业绩达到目标的 120%（144000mwh 及 36 份合同）时将生产 130%的目标付酬（44640 美元），见表 5-23。

表 5-23　　佣金比率/mwh 列表

合同/份	mwh 80000～120000	>120000mwh
10～19	0.08	0.09
20～29	0.18	0.20
30～39	0.29	0.31
40～49	0.31	0.37
大于 50	0.33	0.44

本方案将在第一年保证 21875 美元的最低激励薪酬，它表示的是第一季度的 100%、第二季度的 75%、第三季度的 50%以及第四季度的 25%的目标收入的和（见表 5-24）。

表 5-24　　有保证的激励薪酬表

季度	保证的目标收入的百分比	保证的付酬量（美元）	保证的累积付酬（美元）
1	100%	8750.00	8750.00
2	75%	6562.50	15312.50
3	50%	4375.00	19687.50
4	25%	2187.00	21875.00

第 3 部分：××年销售薪酬方案的政策与定义

1．目的

公用事业能源公司实行薪酬方案的目的是奖励那些为公司发展了新客户，并因此而使公司的收益也得到增长的方案参与者。

2．定义

以下给出了一些名词在本方案中的意义。

（1）奖励：由本方案确定的给予方案参与者的付酬。

（2）公司：公用事业能源公司。

（3）伤残：所有的伤残者都纳入公司的长期伤残方案，该方案在伤残期间有效。

（4）参与者：任何被选中参与本方案的公司雇员。

（5）底限：它是所有本方案参与者为了获得激励性付酬而必须超过的一个最小业绩。

（6）激励性付酬：对所有参与者来说，激励性付酬都是从1美元开始算起，但只有当业绩在所有绩效评估中都超过该项评估的底限时，参与者才能获得激励性付酬。

（7）大额订单规则：如果一份订单超过了12000mwh，你也只能被计12000分。此规则以外的情况需要在下订单之前得到销售主管与总经理的批准。

（8）方案：本方案是公用事业能源公司薪酬方案的原始方案，如有修改和补充则以修改和补充方案为准。

3．奖励值的确定

一旦超过其业绩的底限，参与者即开始获得激励性薪酬。

（1）一旦完成业绩底限则按季度获得激励性薪酬。

（2）约定四舍五入规则的应用：>0.5进一位，<0.5去一位。

（3）大额订单规则，将被用来限制对超过12000mwh订单的计分。

4．付酬

（1）分享资格。要有资格获得激励性薪酬，参与者必须在一个日历年度内在某个参与薪酬方案的工作职位上连续工作不少于30天。

（2）如果你要离开公用事业能源公司，将得到你在公用事业能源公司工作的最后一个季度应该获得的激励性薪酬。

（3）正常情况。薪酬将会按季度支付，支付时间一般是在该季度结束时，最多不能晚于该季度或该年结束后的90天，每季度都将会计算累积应获得的激励薪酬，每季度支付的薪酬应该等于这个累积的激励薪酬减去在之前的季度中已经支付过的薪酬。

（4）死亡、伤残、退休或停职（自愿）。如果参与者死亡、伤残、退休或停职，将获得其在最后一个参与雇佣工作的季度签订的所有订单所应支付的薪酬，同时也将失去某个未参与雇佣工作的季度中的薪酬。

（5）晋升/调任至没有激励薪酬方案参与资格的职位。如果某方案参与者被晋升或调任至公司内某个没有资格参与激励薪酬方案的职位，该员工仍然有权利获得所有其晋升/调任前已完成周期的激励薪酬。

（6）晋升/调任至有激励薪酬方案参与资格的职位。如果某方案参与者被晋升或调任至公司内某个有资格参与激励薪酬方案的职位，该员工的激励薪酬将根据其工作的在岗时间按比例支付。

（7）非全年参与。激励薪酬方案是以参与者的全年参与为基础构建的，但员工也可能在一年中的任何一个时候参与本方案，如果某个个人有资格参与本方案，但参与时间少于 12 个月，则会为其指定一种以在该日历年度中参与月份数为基础的方案。

任何与以上指导原则不同的情况都需要得到销售主管与总经理的书面批准。

5. 计分

对销售 mwh 的判断是基于历史使用数加上或减去一个根据公司平时的实践进行了调整的数。合同将会在合同签署时纳入计分。

6. 解约与扣除

如果合同在生效后 90 天内被解除，则会在签署该合同的销售代表的业绩中扣除该合同的业绩。

7. 修改与终止

总经理可以在任何时候终止本方案，在此情况下，不管告知参与者方案终止时的那个季度是否已经结束，该季度都被当做一个已完成的完整的付酬季度来看待。总经理可以时常改进或修改本方案。

8. 有效期

本方案从××年 1 月 1 日起生效。

9. 代词与单复数

该方案中所有代词及其变体都应该被看做它所需要指代的男性、女性或不必区分性别的指代对象，在阅读本方案的内容时则可能需要把单数当成复数，把复数当成单数。

10. 管理者的判断

管理者保留根据个人的业绩表现及方案变更的情况，减少、改变及拒付激励薪酬的权力。此行为需要得到销售主管和总经理的书面批准。

附例：××年销售薪酬方案及其计算示例

【例 1】

假定每年 120000mwh 单位销售，30 份合同

（目标付酬）佣金比率：0.29

计算：0.29×120000mwh=34800（美元）

【例 2】

假定：每年 960000mwh 单位销售，15 份合同

佣金比率：0.08

计算：0.08×960000mwh=76800（美元）

【例 3】

假定：每年 150000mwh 单位销售，50 份合同

佣金比率：0.44

计算：0.44×150000mwh=66000（美元）

【例 4】

付酬开始于当 mwh 单位与合同数都超过底限时。如果不能获得佣金，即没有超过业绩底限，则得到保证薪酬的一部分。

每一季度的付酬等于该年度到该季度为止累积的激励薪酬减去该年在该季度之前已经支付的激励薪酬。

假设参数：

一季度：40000mwh 单位销售，10 份合同

二季度：48000mwh 单位销售，12 份合同

三季度：32000mwh 单位销售，15 份合同

四季度：40000mwh 单位销售，10 份合同

1．一季度的付酬

一季度付酬步骤及计算见表 5-25，5-26，5-27。

表 5-25　　一季度付酬计算

步　骤	说　明	一季度的计算
步骤 1 确定累积销售	把到目前为止所有季度的销售相加	到目前为止所有季度的销售一季度的 40000mwh 的销售
步骤 2 确定累积合同	把到目前为止所有季度的合同相加	到目前为止所有季度的合同为一季度的 10 份
步骤 3 确定佣金比率	查累积业绩表以得到佣金比率	业绩不在表上，因为 40000mwh 小于 80000mwh 的业绩底限，所以不能应用佣金比率，即不能获得激励佣金
步骤 4 计算到目前为止可获得的激励薪酬	用累积 mwh 乘以佣金比率	不适用，因无激励佣金可获得
步骤 5 计算最低 激励付酬保证	在激励付酬保证表（表 5-27）上查保证的季度累积付酬。如果保证的累积付酬大于可获得的激励佣金，则把保证的累积付酬作为可获得的累积激励付酬	一季度的最低保证付酬为 8750 美元。
步骤 6 计算该季度的付酬	从累积的激励付酬中减去之前的季度中已支付的付酬	没有之前的季度，所以付酬为 8750 美元

表 5-26　　佣金比率/mwh 列表

到目前为止的累积合同数	到目前为止的累计 mwh	
	80000～120000mwh	>120000mwh
10～19	0.08	0.09
20～29	0.18	0.20
30～39	0.29	0.31
40～49	0.31	0.37
大于 50	0.33	0.44

表 5-27　　激励薪酬保证表

季　度	保证的目标收入的百分比	保证的付酬数（美元）	保证的累积付酬数（美元）
1	100%	8750.00	8750.00
2	75%	6562.50	15315.50
3	50%	4375.00	19687.50
4	25%	2187.00	21875.00

2．二季度的付酬

二季度付酬计算见表 5-28，5-29，5-30。

表 5-28　　二季度的付酬计算

步　骤	说　明	二季度的计算
步骤 1 确定累积销售	把到目前为止所有季度的销售相加	二季度+二季度的 mwh =40000+48000=88000mwh
步骤 2 确定累积合同	把到目前为止所有季度的合同相加	一季度+二季度的合同数=10+12=22 份。
步骤 3 确定佣金比率	查累积业绩表以得到佣金比率	88000mwh 在 80000～120000mwh 之间，22 在 20～29 之间，所以佣金比率为 0.18
步骤 4 计算到目前为止可获得的激励薪酬	用累积 mwh 乘以佣金比率	累积的 mwh 为 8000 88000×0.18=15840 美元
步骤 5 计算保证的最低激励付酬	在激励付酬保证表（表 5-30）上查保证的季度累积付酬，如果保证的累积付酬大于可获得的激励佣金，则把保证的累积付酬作为可获得的累积激励付酬	不适用，因为累积的激励佣金 15840 美元>15312.50 美元

续表

步　骤	说　明	二季度的计算
步骤 6 计算该季度的付酬	从累积的激励付酬中减去之前的季度中已支付的付酬	一季度的付酬 8750。累积付酬为 15840 美元。15840–8750=7090 美元，二季度的付酬为 7090 美元

表 5-29　佣金比率/mwh

到目前为目的累积合同数（件）	到目前为止的累计 mwh	
	80000 ~ 120000mwh	>120000
10 ~ 19	0.08	0.09
20 ~ 29	0.18	0.20
30 ~ 39	0.29	0.31
40 ~ 49	0.31	0.37
大于 50	0.33	0.44

表 5-30　激励薪酬保证表

季　度	保证的目标收入的百分比（%）	保证的付酬数（美元）	保证的累积付酬数（美元）
1	100	8750.00	8750.00
2	75	6562.50	15312.50
3	50	4375.00	19687.50
4	25	2187.00	21875.00

3．三季度的付酬

三季度付酬步骤及计算见表 5-31，5-32，5-33。

表 5-31　三季度付酬计算

步　骤	说　明	三季度的计算
步骤 1 确定累积销售	把到目前为止所有季度的销售相加	40000+48000+32000=120000mwh
步骤 2 确定累积合同	把到目前为止所有季度的合同相加	一季度+二季度+三季度的合同数=10+12+15=37 份
步骤 3 确定佣金比率	查累积业绩表以得到佣金比率	12000 mwh 在 80000 ~ 120000 mwh 的范围内，37 在 30 ~ 39 之间，所以佣金比率为 0.29

续表

步　骤	说　明	三季度的计算
步骤 4 计算到目前为止可获得的激励薪酬	用累积 mwh 乘以佣金比率	累积的为=120000 mwh 120000×0.29=34800 美元。
步骤 5 计算保证的最低激励付酬	在激励付酬保证表上（表 5-33）查保证的季度累积付酬。如果保证的累积付酬大于可获得的激励佣金，则把保证的累积付酬作为可获得的累积激励付酬	不适用，因为累积的激励佣金大于 19687.50 美元
步骤 6 计算该季度的付酬	从累积的激励付酬中减去之前的季度中已支付的付酬	一季度的付酬为 8750 美元，二季度的付酬为 7090 美元，累积付酬为 34800 美元。34800–7090–8750=19160 美元，三季度应付酬 19160 美元。

表 5-32　　佣金比率/mwh

到目前为止的累积合同数	到目前为目的累计 mwh	
	800000 ~ 120000 mwh	>120000 mwh
10 ~ 19	0.08	0.09
20 ~ 29	0.18	0.20
30 ~ 39	0.29	0.31
40 ~ 49	0.31	0.37
大于 50	0.33	0.44

表 5-33　　激励薪酬保证表

季　度	保证的目标收入的百分比（%）	保证的付酬数（美元）	保证的累积付酬数（美元）
1	100	8750.50	8750.00
2	75	6562.50	15312.50
3	50	4375.00	19687.50
4	25	2187.00	21875.00

4．四季度的付酬

四季度的付酬计算见表 5-34，5-35，5-36。

表 5-34 四季度的付酬计算

步骤	说明	四季度的计算
步骤 1 确定累积销售	把到目前为止所有季度的销售相加	40000+48000+32000+40000 =160000mwh
步骤 2 确定累积合同	把到目前为止所有季度合同相加	10+12+15+10=47 份
步骤 3 确定佣金比率	在表 5-35 上查累积业绩以得到佣金比率。	160000 mwh 大于 120000，47 在 40～49 之间，所以佣金比率为 0.37。
步骤 4 计算到目前为止可获得的激励薪酬	用累积 mwh 乘以佣金比率	累积为=160000 mwh 160000×0.37=59200
步骤 5 计算保证的最低激励付酬	在激励付酬保证表 5-36 上查保证的季度累积付酬。如果保证的累积付酬大于可获得的激励佣金，则把保证的累积付酬作为可获得的累积激励付酬	不适用，因为累积的激励佣金大于 21875
步骤 6 计算该季度的付酬	从累积的激励付酬中减去之前的季度中已支付的付酬	一季度的付酬为 8750 美元，二季度的付酬为 7090 美元，三季度的付酬为 18160 美元。累积付酬为 59200 美元，59200–18160–7090–8750=25200 美元，该年的总收入为：8750+7090+18160+25200 =59200 美元

表 5-35 佣金比率/mwh

	到目前为目的累计 mwh	
到目前为止的累积合同数	80000～120000 mwh	>120000 mwh
10～19	0.08	0.09
20～29	0.18	0.20
30～39	0.29	0.31
40～49	0.31	0.37
大于 50	0.33	0.44

表 5-36 激励薪酬保证表

季度	保证的目标收入的百分比（%）	保证的付酬数（美元）	保证的累积付酬数（美元）
1	100	8750.50	8750.00
2	75	6562.50	1531.50

续表

季度	保证的目标收入的百分比（%）	保证的付酬数（美元）	保证的累积付酬数（美元）
3	50	4375.00	19687.50
4	25	2187.00	21875.00

思考与讨论题

1. 试分析该公用事业能源有限公司销售薪酬方案的优点和不足?
2. 谈谈你对最低保证薪酬的理解?
3. 不同区段的佣金比例各不相同，谈谈其目的和优点。

5.4.4 股权激励薪酬

股票、期权激励薪酬可以统称为股权激励薪酬，员工所获的收益与股票的价格、企业的利润等具有十分密切的关系，而股票的价格、企业的利润又与员工（特别是骨干员工）整体的工作业绩存在密不可分的关系。可以说，股票、期权属于基于绩效的薪酬体系，是基于绩效的薪酬体系中的一种。

根据国内和国外的股票、期权激励薪酬的实践，股票、期权的分配基本上是倾向于企业骨干员工的，这样，股票、期权的激励又与员工的职位、员工职位的价值存在密切的关系，所以，股票、期权在某种程度上类似于基于职位的薪酬体系。笔者认为，股票、期权是属于基于绩效的薪酬体系，是基于绩效的薪酬体系与职位价值的结合。

1. 股权激励薪酬的基本理论

（1）股权激励薪酬的含义和激励机制。股权激励薪酬是通过多种方式让员工（尤其是中高级管理阶层、核心技术人员和核心营销人员）拥有本企业的股票或股权，使员工与企业共享利益、共担风险的长期激励薪酬方案。目前应用较多的是企业经营管理者的股权激励计划。这是由于在现代公司制企业中，所有者（股东）与经营管理者之间的委托代理关系中的代理风险很大，同时，信息不对称和高额的监督成本造成企业对经营管理者的约束机制软化。而经营管理者的积极性和效率又是企业生存发展的关键因素。

股权激励则把股东的利益、风险与经营管理者的利益、风险有机统一，把经营管理者的利益纳入公司的目标函数中，使经营管理者从自身利益出发去关心公司的长期价值和长远发展，形成高激励、低成本、持续性、长期性、利益与约束并存的激励机制。

（2）股权激励的类型。包括以下三种：① 现股激励。企业以赠送或有价转让的方式，使员工即期获得本企业的股票，但企业对股票出售价格和员工持股时间均有明确规定。② 期股激励。组织与员工以合约形式，确定员工可以且必须在未来某一时期以规定价格（通常按签约时的约定价格）购买一定数量股票，同时也规定了员工对所购股票再转让的条件。③ 期权激励。组织赋予员工在未来某一时期以规定价格购买一定数量股票的权利，员工到期可行使或放弃该权利，同时对员工在购股后再售出股票的条件有明确规定。

这三种股权激励方式的权利与义务有所不同，激励对象（购买人）一般均可获得股票增值（股票红利和股价升值）收益权，但激励对象在持有风险、股票表决权、资金即期投入和享受贴息方面有一定差异，表 5-37 反映出三种股权激励类型的权利与义务的差别。

表 5-37　　三种股权激励方式的对比

项　目	增值收益权	持有风险	股权表决权	资金即期投入	享受贴息
现　股	有	有	有	有	无
期　股	有	有	无	无	有
期　权	有	无	无	无	有

按合约规定，激励对象必须购买现股和期股，存在着股票贬值的持有风险；而期权则可根据行权日的股价来做出行权或弃权的决策，持有风险极小。

现股激励由于股权即期转移，激励对象一般都具有股票表决权，而期股和期权在股权未转移至激励对象手中时，没有股票表决权。

现股（除无偿赠送外）的购买者在即期需投入一定资金，而期股和期权的购买者是在约定的远期才投入大量资金（权利金除外）。期股和期权的购买者在远期才投入资金，但购买价格参照即期价格确定，而且从签约日就享受股权的增值收益权，实际享受了购股资金的贴息优惠。

从表 5-37 可看到，现股、期股的激励对象要承担一定的持有风险，并需投入相当的资金，这就限制了用于激励的股权数量和激励力度，其激励导向是使经营管理层趋于积极而较为稳健的经营管理。期权激励风险小、投入资金少、成本低，所以期权方案设计中用于激励的股权数量大、激励力度强，形成经营管理层“创新和冒险”的激励导向，但也易于产生虚假利润和形成泡沫经济的风险。

（3）股权激励方案构成的六大要素。股权激励方案有六个基本要素构成：① 激励对象。规定哪些人可获得股权激励，过去以企业中高层经营管理者和核心技术、营销人员为主，但目前激励对象范围在扩大，例如面向全体员工的持股计划。② 购股规定。对所购买股权的价格、数量、期限、是否允许放弃购股等的相关规定。③ 售股规定。对出售股权的价格、数量、期限的相关规定。④ 权利与义务。对激励对象所享有的权利（如分红、表决）和必须承担的义务（如承担股价贬值风险）的规定。⑤ 股权管理。包括股权获得条件、管理方式、股权激励占总收入比例的规定等。⑥ 操作方式。包括股权转让方式、激励股票来源等。股权转让方式有实际转让（改变股权所有者）和非实际转让（虚拟股权激励）之分，激励股票来源有股票回购、增发新股、库存股票等途径。

这六个要素的设计和组合便形成了不同的方案，并可产生不同的效果。

（4）股权激励的局限性。股权激励虽然有巨大作用，但并非灵丹仙药，包治百病，也有其局限性。具体表现为：

第一，股权激励还不能使经营管理者与所有者（股东）的利益完全一致，其激励作用有限。经营管理者的股权激励收益主要取决于股票价格，股东的利益在于公司长期价值，但由于受市场有效性弱化（如政企不分、市场秩序混乱、过度竞争或投机导致市场价格与价值的非理性背离等）和企业外部不可控因素（宏观经济形势、社会心理等）的制约，股票价格与公司长期价值的背离不可避免，加之经营管理者所持股票数量和持股时间的局限，会进一步削弱股权激励的作用。

第二，内部人控制现象和代理风险不会因为股权激励而完全消失。因为经营管理者以权谋私所得个人收益是百分之百，由此导致公司损失分摊到个人的成本则很小，同时，股权激励本身又无法取代对经营管理者的监督约束机制，无法消除所有者与经营者的信息不对称。在这种条件下，经营管理者往往会做出个人收益最大化的决策，而给股东和公司带来重大的代理风险，甚至演化成新的腐败。

第三，股权激励也有成本，并非免费午餐。公司给予激励对象的期股、期权、远期贴息、股票增值收益权和设计管理股权激励的计划等都需要成本，所以实施股权激励必须进行成本效益分析。而且，如果股权激励方案设计不合理，实施不规范，就会破坏公司内部的一致性，挫伤多数员工的积极性，甚至会爆出如安然公司、世通公司做假账和违规买卖股票之类丑闻，并为之付出巨大的经济和社会成本。

第四，股权激励需要严格的内部和外部条件，如健全的现代企业制度、发育良好的市场体系和市场秩序、完备的法律法规体系、有效的监管体系等，这些条件不具备，就会限制其实施的范围。

2. 股权激励的形式

股权激励的形式很多，主要有员工持股计划、股票期权制、现股出售计划、期股出售计划等等。

3. 员工持股计划的实质和优缺点

（1）员工持股计划的实质。员工持股计划的实质，是在人力资本价值理念的基础上，借助于按劳分红（将红利转化为股权）或自愿投资持股的途径，通过产权关系纽带，使员工获得劳动者与出资者的双重身份，享有相应的剩余索取权和经营管理权，强化员工与公司的联系，激发企业对其人力资本存量充分利用和对人力资源进一步开发的动力，实现公司利润最大化和员工效用最大化的目标。

（2）员工持股计划的优点。员工持股计划的优点和效果较为明显：① 员工具有劳动者与出资者的双重身份，成为公司的股东，能使员工利益与公司利益直接相关。员工参与公司的管理和利润分享后，一定程度上是在为自己“打工”，有效减少了员工的“寻租”行为，增强了股权的激励作用和员工对公司的忠诚度、认同感，从而提高了企业的经营管理绩效和竞争力。据美国职工所有制中心统计，实行 ESOP（Employee Stock Ownership Plan）持投计划并允许员工参与管理的公司比没有实行 ESOP 的公司，利润增长率平均高 8%。1992 ~ 1995 年间，职工拥有 10% 以上股权的公司，投资收益率比一般投资平均收益高 1 倍以上。② 有助于优化公司股本结构，推动企业产权制度改革。这对深化我国国企改革，完善法人治理结构，解决国有企业产权主体单一化或国有股“一股独大”等具有重要作用。③ 福利型的员工持股计划有助于完善社会保障体系，减少人口老龄化对社会的压力；非福利型的员工持股计划还是企业筹资、扩资，提高社会储蓄率和投资率的一种有效方式。④ 劳动力的资本化顺应了当代社会发展的历史趋势，体现了知识经济时代经济科技运动内在规律的要求，对促进劳动者不断提高自身素质也有积极作用。

（3）员工持股计划的缺点。西方国家和中国的员工持股计划在实践中也暴露出很多问题，存在不少的问题：① 在企业总体经营状况和效率、效益均不佳的情况下，员工持股的收益可能小于其成本，员工认为其个体的努力又无法改变企业总体经营状况，会使员工在 ESOP 的成本收益分析中“趋利避害”，从而大大降低了对 ESOP 的热情和兴趣，使 ESOP 无法达到预期目标和效果。② 职工具有双重身份对企业决策管理带来了负面效应。与经营管理者相比，一般职工更注重短期、安全的投资收益，导致职工参与决策时存在急功近利的短期行为倾向，不利于企业长远发展；有些职工认为自己是老板，工作有保障，任意违反规章制度，或只关心分红，形成团队行动中的“搭便车”和偷懒行为；过度的职工民主管理，不利于决策的科学性、时效性，削弱了集中决策的有效性。有些决策如公司裁员或减少分红、增加积累等，更难以贯彻实施。③ 有外部股东的公司实行 ESOP 后，由于员工与外部股东信息不对称，会加剧侵蚀外部股东权益的“内部人行为”，使公司内外股权不平等。④ 员工持股计划不利于企业人力资源的流动，尤其对人员进入形成障碍，不利于劳动力资源配置效率的提高。⑤ 有些企业以 ESOP 为名，实际目的却是规避税收、套取优惠贷款、减少福利性支出，或为企业“圈钱”，员工实际上却未享受到股东正当的权益，挫伤了员工的积极性。

4. 股票期权

股票期权（stock option）是一种主要以企业中高层经营管理者和技术、营销骨干为激励对象的特殊的员工持股计划，是当前西方国家对经营层和企业内优秀人才实行长期激励的一种分配制度，股票期权收入是经营层年薪风险收入中的主要部分，也是生产要素参与分配的重要形式。

股票期权，是企业向经营层（或其他人才）提供在一定时期内，按一个既定价格买进本企业一定数量股票的权利，它是面向未来的一种高级人力资本的定价机制，也是金融市场上的一种衍生交易制度。例如，经营者按合约规定，以每股 5 元的既定价格（行权价）购买 3 年后 10 万股公司股票，到 3 年后行权日若股票价格涨到 15 元，经营者抛出股票即可获高额收益。

股票期权的实施是一个系统，主要包括股票来源、授予对象、授予条件与时机、授予数量、行权价格、行权时间、考核监督等方面的内容。

股票期权有不同类型，如美国股票期权可分成激励性股票期权（incentive stock option）与非法定股票期权（non-qualified stock option）。对于前者，个人收益中部分可作为资本利得纳税，同时可从公司所得税税基中扣除，面向全体员工，数量上有限制。对于后者，公司可自行规定方案，主要面向高级经营管理人才和技术骨干，数量上无限制，个人收益作为普通收入缴纳个人所得税，不能从公司所得税税基中扣除。此外，还可划分为固定性期权与业绩性期权等不同类型。

（1）股票期权的特点。股票期权具有以下五个特点：

第一，股票期权是由公司无偿“赠与”的一种权利（选择权）而非义务。经营者享有买与不买的充分自由，公司无权干涉。如果到行权日股票价格高于行权价，经营者选择行权，可获巨额利润；如果行权日股票价格低于行权价，经营者可以不行权，其损失很小。

第二，股票期权不能免费得到，必须支付由合约规定的固定的行权价。这种行权价是一个“现价”，股票期权实际是用“现价”来购买未来股价的增长。此外，某些公司为增加期权计划的约束力，还要求经营者在取得期权时支付一部分期权费（期权合约的权利金），经营者自动放弃合约时，将损失这部分期权费。

第三，股票期权是一种与资本市场对接的分配制度，是利用外部资本市场来实行企业内部的薪资分配，通过资本市场使经营者获得巨大利益。

第四，股票期权是一种面向未来的机制，具有一种无限展延性。股票期权的价值只有在经营者通过若干年艰苦努力，创造出优异的经营业绩后，才能体现出来。一旦成功，能使企业家在经济、社会地位和自我价值实现各方面得到巨大回报，是符合企业家合理预期、创造未来的一种较好的制度。

第五，股票期权主要适用于上市公司。股票期权制是与公司法、证券法、税法等相关法律配套的一种分配制度，具有很强的专业性、规范性。一般情况下，企业必须在上市前按规范进行设计和操作，并在申请上市前一年开始实施股票期权计划。

（2）股票期权制的优点与缺点。

股票期权制的优点：整合、优化人力资源配置；减少代理成本，尤其使激励成本降到最低；克服骨干员工的短期行为，提高经营业绩；有利于吸引外部投资；

有利于形成多元化股权结构，改变企业产权机制，推动中国产权制度的改革，更好地发挥产权机制的功能。

股票期权制的缺点：易于造成虚假企业利润，导致泡沫经济产生；过度的期权导致严重的负效应；股票期权实施的条件相对苛刻，对公司本身有较高要求，对资本市场和人才市场、相关法律、法规的要求更高，因而目前中国尚无法规范和全面实施股票期权计划。

5．股票期权制参考文本

案例 5-3

某集团公司关于对子（分）公司领导期权奖励的实施办法（试行）

1．奖励对象

（1）子（分）公司的正职领导（含主持工作的副职）由控股公司直接确定奖金数额或提出奖励的建议。

（2）子（分）公司副职领导的奖励由子（分）公司按控股公司下达的奖励总额（须扣除正职奖励数），提出奖励方案报控股公司同意后实施。

2．奖励的通知程序

（1）控股公司的人事部负责将控股公司领导审定的奖励金额的名单及奖励的形式，以书面通知控股公司财务部。

（2）控股公司的人事部会同财务部拟文，经控股公司领导签发，向子（分）公司发出奖励通知书或建议，其中全资公司发给该公司董事长（无董事长的，发给该公司的党组织），其他公司发给该公司的董事长或我方股东代表。

（3）子（分）公司按控股公司的通知或建议拟订副职的奖励方案送控股公司人事部转呈控股公司领导同意后，按规定程序做出奖励决定。

3．奖励的实施程序

（1）上市公司。① 该公司财务部门把经获奖人签收并扣除代缴个人所得税后的奖励净额，以现金形式交控股公司财务部。控股公司财务部按收到的实际金额出具收据并设立账册。② 控股公司账务部按收款日的次日（若遇证交所停市或该上市公司停牌，则顺延至上述情况结束后的第一个交易日）将实际收到的奖励金换算成该上市公司股票的股数并记载在一人一卡的奖励期权登记卡上。此卡一式两份，一份交获奖人，作为获奖人结算、兑现的凭证；另一份留存在财务部。不足一股的奖励金尾数，以现金记存。

（2）非上市公司。① 该公司财务部门把经获奖人签收并扣除代缴个人所得税后的奖励净额，以现金形式交控股公司财务部。控股公司财务部按收到的实际金额出具收据并设立专门账册。② 控股公司财务部把实收的奖励金记载在一人一卡的期权登记卡上。此卡一式两份，一份交获奖人，作为获奖人今后结算、兑现的凭证，另一份留存在财务部。

4．分红

（1）上市公司的获奖人与其他股东一样，按上市公司股东大会批准的利润分配方案享有分红收益。红利由控股公司财务部以现金支付获奖人。

（2）非上市公司获奖人记存在控股公司财务部的期权奖励余额，视作对该公司的投资，与其他出资者一样，享有资产收益权，参与利润分配。可分得的利润额由控股公司财务部通知该公司财务部门支付。个人所得税按国家规定缴纳。

5．增配股

上市公司的获奖人与其他股东一样，按上市公司股东大会批准的增配股方案，享有增配股股权。获奖人需要配股，最迟应在配股有效期截止前 24 小时，以书面通知控股公司财务部并缴交配股款项。增配股手续由控股公司统一办理，财务部负责收款、调整账册和期权登记卡，研究室负责与证券机构联系办理有关手续。派送的股份按奖励期权处置。个人出资获得的配股，由个人自行决定上市出售与否，若需要出售，其程序为：

方案一：

（1）获奖人以书面形式送达人事部，确定交易日和拟出售的股数，同时递交期权登记卡。交易日应不早于通知送达日的后一天。

（2）人事部会同财务部核实，通知研究室。

（3）研究室按通知进行上市交易。交易成功，则由财务部转交实际所得款项；交易不成功，则由人事部转告当事人。若控股公司领导认为必要，可由财务部按获奖人所确定交易日的该股票的开盘、收盘、最高、最低四个价格的算术平均值先行给付，而不论交易成功与否。

（4）财务部调整账册及期权登记卡。

方案二：

（1）获奖人自行确定交易日并以该交易日上午开市半小时前为基准时点，至少提前 24 小时以书面通知控股公司人事部，确定拟出售的股数，同时递交期权登记卡。

（2）控股公司人事部会同财务部核审后，按获奖人确定的交易日该公司股票的开盘、收盘、最高、最低四个价格的算术平均数结算。

（3）人事部通知获奖人至财务部领款并由财务部调整期权登记卡及账册记录。

6．奖励期权的兑现

（1）部分兑现。当获奖人的期权奖励净额超过 5 万元（或期权股数超过 5000

股）时可以申请兑现超过5万元（或5000股）以上部分的20%，其程序为：

首先，上市公司的获奖人自行确定交易日并以该交易日上午市开市半小时前为基准时点，至少提前24小时以书面通知控股公司人事部，确定拟出售的股数，同时递交期权登记卡；非上市公司的获奖人提出书面申请，确定兑现金额，连同期权登记卡交控股公司人事部。一般每人每年申请兑现一次。

其次，控股公司人事部在受理申请日起的5个工作日内，会同财务部审核，提出建议报送控股公司领导审批。

再次，控股公司领导在5个工作日内做出决定。批准兑现的，由财务部在10个工作日内向申请人支付款项。其中：是上市公司的，按批准兑现的股数和获奖人确定的交易日（若遇证交所停市或该上市公司停牌，则顺延至上述情况结束后的第一个交易日），按该公司股票开盘价、收盘价、最高价、最低价等四个价格的算术平均值，予以结算支付，若需要进行上市流通实际操作的，则由研究室负责办理有关手续并由财务部转交所得款项。不是上市公司的，按批准兑现的金额，予以支付。

最后，调整账册和期权登记卡。

（2）全部兑现。当获奖人因到年龄办理离退休手续，或者经组织批准调动或离开该公司，可申请兑现记存的奖励期权的全部余额，其程序如下：

第一，获奖人提出书面申请，连同期权登记卡交人事部。

第二，人事部在受理申请日起的5个工作日内，会同财务部审核并由人事部通知审计室进行审计。

第三，人事部会同财务部依据审计室出具的审计结论，提出建议报公司领导审批。

第四，公司领导审批后，由人事部在5个工作日内向申请人通报批准兑现数，若有扣除的，还要说明扣除原因。财务部在10个工作日内，向申请人支付现金。其中：上市公司按批准兑现的股数和公司领导批准日的次日（若遇证交所停市或该上市公司停牌，则顺延至上述情况结束后的第一个交易日）该公司股票开盘价、收盘价、最高价、最低价等四个价格的算术平均值，予以结算支付，若需要进行上市流通实际操作的，则由研究室负责办理有关手续并由财务部转交所有款项；或者经获奖人要求，在领导批准之日起的10个工作日内，由研究室按批准兑现的股数和证券交易程序，以当事人名义购入该公司股票并记入当事人的股东账户。非上市公司的获奖人按批准的兑现金额，予以支付。

第五，财务部调整账册，收回期权登记卡。

7．兑现程序

当发生财产继承情况时，获奖人记存的奖励期权余额可以由获奖人的合法继承人按国家法律规定继承。若无合法继承人，则该奖励期权归控股公司。兑现程序为：

（1）继承申请人向控股公司人事部递交申请书及证明具有继承权的法律文件、证书。

（2）人事部会同监察室核实确认，必要时应公证。

（3）人事部会同财务部核实被继承人的奖励期权的余额并通知审计室进行审计。

（4）人事部会同财务部依据审计室出具的审计结论，提出建议报控股公司领导审批。

（5）公司领导批准后，人事部在 5 个工作日内通知申请人可以兑现的期权金额。财务部在 10 个工作日内，按公司领导批准的额度，向申请人支付款项。有关税收按国家规定执行。

（6）财务部调整账册及注销期权登记卡。

8．奖励期权的扣减

（1）人事部按控股公司党委、董事会审定的期权扣减名单及额度，以书面通知财务部及被扣减期权的当事人。

（2）财务部调整账册和期权登记卡。

（3）当事人对扣减期权有异议的，应在接到扣减通知之日起的 3 个工作日内，向人事部提出申述，说明理由。人事部在受理之日起的 5 个工作日内，向人事部提出申述，说明理由。人事部在受理之日起的 5 个工作日内，对申述理由进行核实并向控股公司的主要领导汇报。控股公司的主要领导审议决定是否变更，由人事部通知当事人。有变更的，人事部再书面通知财务部做相应更正。

9．个人出资配股兑现

获奖人本人要求调离、辞职、退职或擅自离职的，除了个人出资的配股外，其他奖励期权自行丧失。

个人出资的配股兑现，当事人应在离开之日起的 5 个工作日内，将期权登记卡交控股公司人事部，人事部在收到之日起的 10 个工作日内会同财务部审核并报告控股公司领导同意后，由财务部按该配股的个人出资数计算自配股款交款日起至离开日止的银行同期利息，返还当事人，其所持的该配股就此结清。

若当事人未在规定日期内向人事部送交期权登记卡，则由人事部、财务部按上款所述方法结清待领。当事人所持配股就此结清。

10．本办法由控股公司人事部负责解释

? 思考与讨论题

1．谈谈本方案的优点和不足。

2．试分析这种期权激励可能带来的作用。

3．谈谈你对本方案中的期权兑现程序的看法。

本章小结

本章将薪酬体系划分为三种：基于职位的薪酬体系、基于能力的薪酬体系和基于绩效的薪酬体系。并对常见的薪酬制度的结构和设计进行了说明，同时列举了一些相关的案例。

关键术语

- 职位
- 能力
- 绩效
- 考核
- 激励
- 薪酬体系
- 薪酬制度
- 薪酬结构

思考题

1. 薪酬体系一般可以分为哪几类？划分的依据是什么？
2. 基于职位的薪酬体系有哪些特点？适用于什么情况？
3. 基于能力的薪酬体系有哪些特点？适用于什么情况？
4. 基于绩效的薪酬体系有哪些特点？适用于什么情况？
5. 基于职位的薪酬体系的薪酬结构一般有哪些？如何设计基于职位的薪酬制度？
6. 基于能力的薪酬体系的薪酬结构一般有哪些？如何设计基于能力的薪酬制度？
7. 基于绩效的薪酬体系的薪酬结构一般有哪些？如何设计基于绩效的薪酬制度？

案例讨论 1

B房地产公司考核和薪酬分配方案

第一章　总则

第一条　制定B房地产公司薪酬考核方案的目的是：

1. 合理划分B集团（以下简称集团）和B房地产公司（以下简称房地产公司）在薪酬考核方面的权力和责任，使房地产公司责权利匹配，有效调动大家工作的积极性。

2. 按照员工的业绩、能力和责任，公平合理地进行薪酬分配。

第二条　考核范围：房地产公司全体员工。

第三条　房地产公司××年度主要经营目标分为五类：工程进度、成本、销售、管理和新项目。

1. 每月考核项目与考核值根据目标责任书确定的目标分解到每个月度，具体考核依据房地产公司月度工作计划。

2. 工程进度：以目标责任书的分月计划确定当月目标，具体考核依据月度工程进度表。

3. 成本：按目标责任书和预算（经集团批准的）确定的当月发生的项目预算成本作为当月考核值。

4. 销售：1～4 月份以销售宣传、策划和前期准备工作作为考核内容，具体考核目标依据房地产公司月度工作计划；5～6 月份以认购套数作为考核目标；7 月以后按目标责任书确定的当月回款金额作为考核目标。

5. 管理：包括制度建设、人才培养和团队建设等，考核方案另行制定。集团管理考核的对象为房地产公司总经理、房地产公司副总经理、总工程师和销售总监。

6. 新项目：根据集团的要求，成功签订一个新项目。

第四条　房地产板块人员可以划分为：中高级管理人员、一般管理技术人员和销售代表。

1. 高级管理人员包括：房地产公司总经理、副总经理、总工程师、销售总监，以及相当于以上级别的管理人员；中级管理人员包括：房地产公司各部、室的所有正副职。

2. 一般管理技术人员：除房地产公司中高级管理人员、销售代表以外的其他人员。

3. 销售人员：销售代表。

房地产公司负责人可根据工作需要调整确认一般管理技术人员和销售人员的范围，但须经集团人力资源部核准备案。房地产公司考核人员分类表见表 5-38。

第五条　薪酬结构包括月度基础工资、月度绩效工资、成本节约奖金和利润奖金。公司根据员工工作贡献的大小，公平合理地发放薪酬。

1. 月度基础工资：根据岗位性质，按工资标准的一定比例确定。

2. 月度绩效工资：根据月度岗位业绩确定。

3. 成本节约奖金：以目标责任书成本价格为标准，在保证工程质量的前提下，整体项目竣工结算完成后，节约部分按 5%的比例进行计提发放。

4. 利润奖金：根据公司经营目标的完成情况和员工个人的工作业绩进行发放，包括月度利润奖金和超额利润奖金。

表 5-38 房地产公司考核人员分类表

序号	类别	所属部门或岗位
1	高管人员	总经理、副总经理、总工程师、销售总监
2	中层管理人员	综合管理部（副）主任 材料部（副）经理 工程部（副）经理 开发部（副）经理 销售部（副）经理 预算部（副）经理 设备总工、总工办（副）主任
3	一般管理技术人员	综合管理部人员 材料部人员 工程部人员 开发部人员 销售部人员 预算部人员 总工办人员
4	销售人员	销售代表

第六条　房地产公司员工的每月考核成绩报集团人力资源部审核备案，房地产公司员工的每月工资由集团人力资源部具体核算。

第七条　月度利润奖金。

1．计算方法：××项目预计利润为 2 亿元，按 5%计提作为利润奖金，预计为 1000 万元。××年利润奖金按照利润奖励总额的 20%计提，下一年利润奖金按照利润奖励总额的 30%计提，剩余部分在整个项目结算完毕且销售回款后的一个月内一次性发放完毕。××年度利润奖金总额为 200 万，自××年 1 月份开始，按月度平均发放。

月度利润奖金的发放标准=年度利润奖金总额÷12

月度利润奖金以房地产公司考核得分 60 分作为及格值，60 分（不含）以下无当月利润奖金。

奖金实际发放金额=月度利润奖金发放标准×[0.25+（得分−60）×0.01875]

2．发放范围：公司中高层管理人员和一般管理技术人员。月度奖金发放人员比例不超过 80%。

3．发放时间：按月发放。

4．分配方法：由房地产公司制定奖金分配方案，报集团人力资源部审定。每月分配明细，由集团人力资源部核准备案。

5．奖金补发：由于各种特殊原因，如果当月没有完成一些工作任务，在本年度内的以后月份延期完成，且延期完成的任务对整体目标没有影响，并符合集团的整体要求，以前月份扣发的月度奖金可以适当补发，是否补发和补发的金额由集团相关职能部门和人员确认，报集团总裁批准后补发。

第八条　超额利润奖金。

1．发放条件：项目结束后，若项目纯利润超过 2 亿元，则超额部分按一定比例一次性提取超额利润奖金。

2．提成比例：项目净利润超过 2 亿元，则提取超出部分的 5%作为对房地产公司全体员工的奖励。超额利润奖金=（实际净利润−2 亿元）×5%

3．发放范围：公司中高层管理人员和一般管理技术人员，发放人员比例不超过 80%。

4．分配方法：由房地产公司制定分配方案，报集团人力资源部审定。超额利润奖金分配明细上报集团人力资源部核准备案。

第九条　集团薪酬考核的管理范围。

1．房地产公司高级管理人员和预算部经理的薪酬模式和考核权重。

2．房地产公司中层管理人员（预算部经理除外）的薪酬模式。

3．房地产公司员工工资总额的核定。

4．房地产公司员工工资标准的核定。

5．房地产公司除高层以外其他人员薪酬考核方案的审核。

6．地产公司考核结果的确认备案。

7．房地产公司的薪酬核算。

8．奖金总额的确定，分配方案的审定，分配明细核准备案。

第二章　房地产公司中高级管理人员的薪酬发放

第十条　高级管理人员和预算部经理的月度薪酬。

高级管理人员月度薪酬=基础工资+绩效工资+利润奖金，具体见表 5-39。

表 5-39　　高级管理人员的薪酬构成表（%）

岗　位	基础工资	绩效工资（50%）					月度利润奖金
		工程进度考核工资	成本考核工资	销售考核工资	管理考核工资	新项目考核工资	
总经理	50	20	10	15	4	1	分配方案另行制定
副总经理	50	18	17	5	5	5	
总工程师	50	20	20	3	4	3	
销售总监	50	—	5	40	3	2	
预算部经理	50	15	25	3	4	3	

1．基础工资占工资标准的50%。

2．绩效工资分为五部分：工程进度考核工资、成本考核工资、销售考核工资、管理考核工资、新项目考核工资。分别根据工程进度、成本、销售回款、管理和服务工作质量及新项目工作情况的考核结果进行发放。

3．总经理由集团考核，考核结果即为房地产公司的考核结果。其他人员的管理考核，70%由房地产公司总经理考核，30%由集团考核，其他项目由集团根据月度工作完成情况考核。

第十一条　中层管理人员（预算部经理除外）的薪酬。

中层管理人员薪酬=基础工资+绩效工资+利润奖金，见表5-40。

表5-40　中层管理人员（预算部经理除外）薪酬构成表

岗　位	基础工资	绩效工资	利润奖金
中层管理人员	50%	50%	分配方案另行制定

1．基础工资占工资标准的50%。

2．绩效工资占工资标准的50%，包括工程进度考核工资、成本考核工资、销售回款考核工资、管理考核工资、新项目考核工资五部分。

3．考核结果松紧尺度的修正：考核得分本着从上不从下的原则，以直接上级的考核最终得分作为修正基准。房地产中层和一般管理人员的考核平均得分不得高于直接上级的考核得分。

4．绩效工资分别根据工程进度、成本、销售回款、管理和服务工作质量及新项目工作情况的考核结果进行核算发放。每类绩效工资的权重由房地产公司确定，报集团人力资源部审核。

第十二条　工程进度考核工资按以下方法核算工程进度考核工资，最高拿到全额工程进度考核工资。

第十三条　成本考核工资按以下方式计算成本考核工资（见表5-41）：

工程进度考核工资=工资标准×工程进度考核工资比重×（实际完成的工程项目数量÷计划完成的工程项目数量）×100%

成本考核工资=工资标准×成本考核工资比重×（成本考核分值÷100）

表5-41　成本考核得分表

实际成本/预算成本	成本考核得分	实际成本/预算成本	成本考核得分
100%（含）以下	100	104%（含）以下	80
101%（含）以下	95	105%（含）以下	75
102%（含）以下	90	106%（含）以下	70
103%（含）以下	85	106%以上	0

预算成本为经集团批准后的预算成本，最高拿到全额成本考核工资。

第十四条　销售考核工资。

1．以销售回款为考核指标。

2．销售回款考核工资按累计完成情况进行考核，按以下方法核算最高拿到全额销售考核工资。

销售回款考核工资=工资标准×销售回款考核工资比重

×（当月实际销售回款额÷当月计划销售回款额）×100%

3．以赢补亏，累计计算。如果当月实际销售回款额超过当月计划销售回款额，超出部分可以弥补以前月份未完成的销售回款任务，弥补时首先从最初未完成任务的月份开始补起，以前月份扣发的销售回款考核工资予以核算补发；销售回款不可跨年度弥补和累计，销售考核工资不可跨年度补发。

第十五条　管理考核工资。

房地产公司总经理由集团进行考核；其他高管人员和预算部经理的管理考核由房地产公司总经理和集团共同考核，其中房地产公司总经理评价占70%，集团评价占 30%。中层管理人员（预算部经理除外）的考核由房地产公司负责。

管理考核工资依据绩效考核的结果进行发放。见表 5-42。

表 5-42　管理考核得分与管理考核工资关系表

管理考核得分	管理考核工资发放比例
90（含）~100 分	全额发放
60（含）~90 分	（考核得分/100）×100%
60 分以下	无

第十六条　新项目考核工资按新项目的完成节点进行考核，年底按照新项目既定目标进行总体考核。月度新项目考核工资可以预支，年底总体考核时，根据最终考核成绩计算新项目考核工资，如果考核成绩较差，以前预支的新项目考核工资年底一次扣回。

第十七条　利润奖金分配方案由房地产公司制定，报集团人力资源部审定。每月分配明细，由集团人力资源部审核。

第三章　房地产公司其他人员的薪酬发放

第十八条　房地产公司其他人员分为两类：一般管理技术人员和销售人员。

第十九条　一般管理技术人员的薪酬构成由基础工资、绩效工资和利润奖金构成，见表 5-43。

表 5-43　　房地产公司一般管理技术人员薪酬构成表

岗位	基础工资	绩效工资	利润奖金
一般管理技术人员	50%	50%	分配方案另行制定

第二十条　利润奖金发放办法另行制定。

第二十一条　销售代表的工资标准及核算。

1．销售代表的工资构成=底薪＋销售提成。

2．底薪及销售提成比例由房地产公司制定，报集团人力资源部审核，由人力资源总监、总裁批准。

3．销售代表的销售提成应于销售额回款后进行核算。

第二十二条　房地产公司一般管理技术人员和销售代表的具体薪酬考核办法，由房地产公司制定，报集团人力资源部审批。

第四章　附则

第二十三条　本方案由集团人力资源部负责解释，其他事宜另行规定。

第二十四条　本方案自××年 1 月起开始实行。

思考与讨论题

1．B 房地产公司高层、中层和基层员工的薪酬结构是怎样的？

2．谈谈你对 B 房地产公司奖金和考核成绩关系的理解。

3．把高层员工的绩效工资分为工程进度考核工资、成本考核工资、销售考核工资、管理考核工资、新项目考核工资，你认为有哪些优点和缺点？

4．你认为应如何细化中层员工的考核和绩效工资的发放办法？

5．你认为奖金在 B 房地产公司应该如何分配？

案例讨论 2

C 公司薪酬制度

第一章　总则

第一条　公司为了实现员工薪酬的合理分配，逐步建立起科学的薪酬体系，有效调动员工的工作积极性，提高公司的经济效益，特制定本办法。

第二条　薪酬管理制度遵循以业绩、能力和责任作为付薪依据的原则。薪酬的支付要以业绩为导向，以能力为导向和以责任为导向。

第三条　本制度的适用范围：C 公司除高层员工以外的所有员工。高层员工的相关薪酬政策由母公司确定。

第二章　基本薪酬结构

第四条　公司的薪酬结构。

薪酬收入=标准工资（基本工资+绩效工资）+人态工资+福利

第五条　标准工资。

标准工资=基本工资+绩效工资

第六条　基本工资。基本工资也叫静态工资，与岗位密切挂钩，是体现员工能力和责任的报酬，它对于保障员工的基本生活发挥了较大的作用。

第七条　绩效工资也叫动态工资，与业绩密切挂钩，是体现员工工作业绩的报酬，它对于激发员工的工作积极性发挥了较大的作用。

第八条　人态工资。人态工资与员工的个人情况密切相关，它体现了国家和公司对员工的关怀，由年功工资和国家规定的其他津贴构成，

第九条　福利。公司的福利与公司的效益密切相关，是员工的保障性报酬。

第三章　工资标准

第十条　工资标准根据岗位评价的结果确定。公司薪酬发放的依据是业绩、能力和责任，对能力和责任衡量的依据是岗位评价。对本公司不同岗位的员工发放薪酬前，必须进行岗位评价。

第十一条　岗位评价的方法。本公司岗位评价采用七因素岗位评估法，分别从组织影响、监督管理、任职资格、工作职责、沟通关系、环境条件和市场稀缺性七个角度进行评价。

第十二条　公司实行定岗定薪制度，规定的岗位对应岗位标准工资（即基本工资和绩效工资），员工个人收益的变化只体现在绩效工资范畴内。

第十三条　员工的工资标准（见表 5-44）。

第十四条　员工的工资标准确定以后，根据员工任职资格、个人业绩的不同，员工的标准工资进行上下浮动。标准工资又分为三级：候补级、正常表现级和卓越级。

第十五条　候补级、正常表现级和卓越级员工的工作标准是逐步提高的。具体划分标准见表 5-45。

第四章　基本工资与绩效工资的比例

第十六条　基本（静态）工资和绩效（动态）工资比例关系的设定原则：

1．激励性原则：工资动静比例的设计给予员工较高的激励。

2．安全感原则：工资动静比例的设计给予员工适度的安全感。

3．可行性原则：考虑公司目前外部和内部的经营环境，使员工在激励性和安全感之间达到适度的平衡。

表 5-44 员工工资标准表

岗位层次		岗位等级	岗位名称	所属部门	薪等	薪酬系数
中层		十二级	贸易发展部总经理	贸易发展部	十二等	
			市场发展部总经理	市场发展部		
		十一级	财务部总经理	财务部	十一等	
			审计监察部总经理	审计监察部		
		十级	人力资源部总经理	人力资源部	十等	
			投资实业部总经理	投资实业部		
			战略规划部总经理	战略规划部		
		九级	政策研究部总经理	政策研究室	九等	
			综合部总经理	综合部		
		八级	后备干部	人力资源部（各部）	八等	
基层	主管员工级	七级	明星员工	各部	七等	
		六级	市场研发主管	市场研发部	六等	
			业务经理	贸易发展部		
			审计监察主管	审计监察部		
			市场调研员	贸易发展部		
		五级	项目经理	投资实业开发部	五等	
			审计监察助理	审计监察部		
			报表管理专员	财务部		
			薪酬、考核管理专员	人力资源部		
			资金调度员	财务部		
			出口管理专员	财务部		
			法律事务专员	战略规划部		
	普通员工级	四级	招聘、培训管理专员	人力资源部	四等	
			业务员	贸易发展部		
			市场研发助理	市场研发部		
			会计管理专员	财务部		

续表

<table>
<tr><th colspan="2">岗位层次</th><th>岗位等级</th><th>岗位名称</th><th>所属部门</th><th>薪　等</th><th>薪酬系数</th></tr>
<tr><td rowspan="13">基层</td><td rowspan="13">普通员工级</td><td rowspan="4">四　级</td><td>项目管理专员</td><td>投资实业开发部</td><td rowspan="4"></td><td rowspan="4"></td></tr>
<tr><td>综合管理员</td><td>综合部</td></tr>
<tr><td>业务规划专员</td><td>战略规划部</td></tr>
<tr><td>网络管理员</td><td>战略发展部</td></tr>
<tr><td rowspan="6">三　级</td><td>出　纳</td><td>财务部</td><td rowspan="6">三等</td><td rowspan="6"></td></tr>
<tr><td>人事管理专员</td><td>人力资源部</td></tr>
<tr><td>党务、政审专员</td><td>政策研究部</td></tr>
<tr><td>企业文化专员</td><td>政策研究部</td></tr>
<tr><td>外事、物业管理专员</td><td>综合部</td></tr>
<tr><td>车辆、老干部管理专员</td><td>综合部</td></tr>
<tr><td rowspan="2">二　级</td><td>前台管理专员</td><td>综合部</td><td rowspan="2">二　等</td><td rowspan="2"></td></tr>
<tr><td>文件档案管理专员</td><td>综合部</td></tr>
<tr><td>一　级</td><td>待岗员工</td><td>人力资源部（各部）</td><td>一　等</td><td></td></tr>
</table>

注：部门副总经理的薪酬系数=部门总经理的薪酬系数×0.8。

表 5-45　　标准工资等级划分表

薪　级	薪酬系数	说　明
卓越级	1.64	完全胜任（超出）本职岗位要求的各项能力素质条件，在任职期间，至少累计 4 次年度评估为 A 级别，同时部门评估成绩为 A 级别 4 次
正常表现级	1.0	为标准薪酬，胜任本岗位能力要求，能够稳定完成岗位要求的工作业绩与工作任务
候补级	0.73	为试用期薪酬标准，该级别表示仅能符合本岗位要求的基本能力素质条件

第十七条　基本（静态）工资和绩效（动态）工资比例关系的设定要求：

1．薪酬动静比例的划分要体现出岗位的责任、承受的压力、个人的风险、对公司的影响等因素。

2．岗位类别相同的情况下，级别高的岗位薪酬动态比例要高于级别低的岗位薪酬动态比例，体现出内部一致性。

3．岗位级别相同的情况下，业务岗位的薪酬动态比例要高于非业务岗位的薪酬动态比例，体现出重点激励性。

第十八条　业务类人员基本（静态）工资和绩效（动态）工资比例关系见表 5-46。

表 5-46　　　　业务类岗位基本工资和绩效工资比例表

岗位类别	岗位级别	薪　等	岗位名称	静态工资所占比重	动态工资所占比重
中　层	十二级	十二等	贸易发展部总经理	40%	按比例提成，称职者能拿到岗位工资的60%
			市场研发部总经理	50%	按比例提成，称职者能拿到岗位工资的50%
	八　级	八　级	后备待岗干部	参照公司现行标准	标准工资总额减去年度已发金额
基　层	七　级	七　等	明星员工	60%	按比例提成，称职者能拿到岗位工资的40%
	六　级	六　等	市场研发主管、业务经理、市场调研员	60%	按比例提成，称职者能拿到岗位工资的40%
	四　级	四　等	业务员、市场研发助理	70%	按比例提成，称职者能拿到岗位工资的30%
	一　级	一　等			

第十九条　非业务类人员静态工资和动态工资比例关系见表 5-47。

表 5-47　　　　非业务类岗位基本工资和绩效工资比例表

岗位类别	岗位级别	薪　等	岗位名称	静态工资所占比重	动态工资所占比重
中　层	十一级	十一等	财务部总经理	70%	30%
			审计监察部总经理	70%	30%
	十　级	十　等	人力资源部总经理	70%	30%
			投资实业开发部总经理	60%	40%
			战略规划部总经理	70%	30%
	九　级	九　等	政策研究部总经理	70%	30%
			综合部总经理	70%	30%
	八　级	八　等	后备待岗干部	参照公司现行标准	标准工资总额减去年度已发金额

续表

岗位类别	岗位级别	薪　等	岗位名称	静态工资所占比重	动态工资所占比重
基　层	七　级	七　等	明星员工	75%	25%
	六　级	六　等	审计监察主管	75%	25%
	五　级	五　等	项目经理	75%	25%
			审计监察助理		
			报表管理专员		
			薪酬、考核管理专员		
			资金调度员		
			出口管理专员		
			法律事务专员		
	四　级	四　等	招聘、培训管理专员	80%	20%
			会计管理专员		
			项目管理专员		
			综合管理员		
			业务规划专员		
			网络管理员		
	三　级	三　等	出纳	80%	20%
			人事管理专员		
			党务、政审专员		
			企业文化专员		
			外事、物业管理专员		
			车辆、老干部管理专员		
	二　级	二　等	前台管理专员	80%	20%
			文件档案管理专员		
	一　级	一　等	待岗员工		

第五章　标准工资发放办法

第一节　岗位的划分

第二十条　根据工作性质和内容的不同，公司中层、基层岗位划分为业务类岗位、支持服务类岗位和管理控制类岗位三类。见表 5-48。

表 5-48 岗位划分表

岗位类别	业务类岗位	支持服务类岗位	管理控制类岗位
中 层	贸易发展部总经理 市场研发部总经理	人力资源部总经理 战略规划部总经理 政策研究室（党办）总经理 投资实业开发部总经理 综合部总经理	总经理 副总经理 副书记 总经理助理 财务部总经理 审计监察部总经理
基 层	业务经理 市场调研员 业务员 市场研发主管 市场研发助理	薪酬、考核管理专员 招聘、培训管理专员 人事管理专员 出口管理专员 会计管理专员 出纳 法律事务专员 业务规划专员 网络管理员 企业文化专员 党务、政审专员 项目经理 项目管理专员 文件档案管理专员 外事、物业管理专员 前台管理专员 车辆、老干部管理专员 综合管理员	资金调度员 报表管理专员 审计监察主管 审计监察助理

第二节　C 公司高层员工、分（子）公司、代表处标准工资（包括基本工资和绩效工资）发放办法

第二十一条　C 公司高层员工的薪酬待遇参照上级母公司的有关规定。C 公司的高层员工包括总经理、副总经理、副书记、总经理助理。

第二十二条　C 公司的分公司、子公司、代表处的薪酬待遇可以参考本制度的相关条款，结合自身实际经营情况，制定薪酬管理制度，经总公司批准后执行。

第三节　非业务类部门总经理标准工资（包括基本工资和绩效工资）发放

办法

第二十三条　部门总经理实行年薪制，每月的基本工资为年薪月度预支金额。

第二十四条　部门总经理的基本工资按月发放。

第二十五条　部门总经理的基本工资对应基本工作任务，如果部门总经理的基本工作任务没有完成，则基本工资按 80%发放，已经多发放的基本工资在下月发放时扣除。

第二十六条　部门总经理的绩效工资为年薪中绩效工资部分。部门总经理的绩效工资分为两部分：个人绩效工资（占绩效工资总额的 90%）和公司绩效工资（占绩效工资总额的 10%），即：

部门总经理的绩效工资=个人绩效工资+公司绩效工资

第二十七条　个人绩效工资与个人考核结果挂钩，在年终发放。

第二十八条　个人绩效工资实发金额。

个人绩效工资实发金额=绩效工资总额×90%×年度考核系数

第二十九条　考核系数根据个人的考核情况确定，具体对应关系见表 5-49。

表 5-49　　个人考核系数表

考核评分	考核等级	考核系数
A	极优秀	1.5
B	优秀	1.2
C	称职	1.0
D	基本称职	0.8
E	不称职	0.5

第三十条　公司绩效工资（占绩效工资总额的 10%）与公司整体工作完成情况挂钩，年底发放一次。

第三十一条　公司绩效工资实发金额。

公司绩效工资实发金额=绩效工资总额×10%×公司年度考核系数

第三十二条　公司绩效系数根据公司年度整体经营情况确定，具体对应关系见表 5-50。

表 5-50　　公司考核系数表

公司年度任务完成情况	公司考核系数
公司年度任务完成 110%（不含）以上	1.1
公司年度任务完成 90%（含）~ 110%（含）	1
公司本年度工作任务目标未完成或者发展速度与行业发展速度不吻合	0.9

第四节 业务类部门总经理标准工资（包括基本工资和绩效工资）发放办法

第三十三条 部门总经理实行年薪制，每月的基本工资为年薪月度预支金额。

第三十四条 部门总经理的基本工资按月发放。

第三十五条 每年最后一个月须要核算本业务部门的收支是否平衡，核算亏损的业务部门总经理的基本工资按80%发放，已经多发放的基本工资从下月发放时起予以扣回。

第三十六条 部门总经理的绩效工资分为三部分：个人绩效工资（占标准绩效工资总额的90%）、公司绩效工资（占标准绩效工资总额的10%）和个人超目标利润提成。

部门总经理的绩效工资=个人绩效工资+公司绩效工资+个人超目标利润提成

第三十七条 部门总经理完成工作目标在90%（不含）以下的，绩效工资总额为零。

第三十八条 部门总经理完成工作目标在90%（含）~110%（含）的，绩效工资总额为标准年薪绩效工资额。

第三十九条 部门总经理完成工作目标在110%（含）以上的，绩效工资总额为标准年薪绩效工资额与个人超目标利润提成之和。

第四十条 部门总经理完成工作目标在110%（含）以上的，发放个人超目标利润提成。个人超目标利润提成为部门超目标利润提成的个人分配数额。

第四十一条 部门超目标利润提成按超目标税前利润的5%计提，部门内部进行二次分配，部门内部的分配系数如表5-51。

表5-51 业务部门奖金分配系数表

职 务	部门总经理	高级代表	普通业务人员	外协人员
奖金分配系数	6	3	1	0.5

第四十二条 个人超目标利润提成的发放按项目周期累计计算，年终发放。

第四十三条 个人绩效工资。

1．个人绩效工资为绩效工资总额的90%，与个人的绩效挂钩。

2．个人绩效工资年终发放。

3．个人绩效工资实发数额=年标准绩效工资×90%×个人年度考核系数。

第四十四条 公司绩效工资。

1．公司绩效工资为绩效工资总额的10%，与公司整体工作完成情况挂钩。

2．公司绩效工资年终发放。

3．公司绩效工资实发数额=年标准绩效工资×10%×公司年度考核系数。

第五节 非业务类部门员工标准工资（包括基本工资和绩效工资）发放办法

第四十五条　部门员工的基本工资按月发放。

第四十六条　部门员工的基本工资对应基本工作任务，如果部门员工的基本工作任务没有完成，则基本工资按 80%发放，已经多发放的基本工资在下月发放时扣回。

第四十七条　部门员工的绩效工资总额为月绩效工资之和。部门员工的绩效工资分为三部分：个人季度绩效工资（占绩效工资总额的 70%）、个人年度绩效工资（占绩效总额的 20%）、部门绩效工资（占绩效工资总额的 10%）。

部门员工的绩效工资=个人季度绩效工资+个人年度绩效工资+部门绩效工资

第四十八条　个人季度绩效工资（占绩效工资总额的 70%）与个人季度考核结果挂钩，个人季度绩效工资按季度发放。

第四十九条　个人季度绩效工资。

个人季度绩效工资实发金额=绩效工资总额×70%/4×季度考核系数

第五十条　个人年度绩效工资（占绩效工资总额的 20%）与个人年度考核结果挂钩，个人年度绩效工资每年年终发放。

第五十一条　个人年度绩效工资。

个人年度绩效工资实发金额=绩效工资总额×20%×年度考核系数

第五十二条　部门绩效工资（占绩效工资总额的 10%）与部门整体考核结果挂钩，年终发放。

第五十三条　部门绩效工资。部门绩效工资实发金额=绩效工资总额×10%×部门年度考核系数

第五十四条　部门考核系数。部门绩效系数根据部门年度考核结果确定，具体对应关系见表 5-52。

表 5-52　　部门考核系数表

部门考核结果	部门考核系数
A 或 B	1.1
C	1
D 或 E	0.9

第六节　业务类部门员工标准工资（包括基本工资和绩效工资）发放办法

第五十五条　部门员工的基本工资按月发放。

第五十六条　部门员工的基本工资对应基本工作任务，如果基层干部的基本工作任务没有完成，则基本工资按 80%发放，已经多发放的基本工资在下月发放时扣回。

第五十七条　部门员工的绩效工资分为三部分：个人绩效工资（占标准绩

效工资总额的 90%）、部门绩效工资（占标准绩效工资总额的 10%）和个人超目标利润提成。

部门员工的绩效工资=个人绩效工资+部门绩效工资+个人超目标利润提成

第五十八条　部门完成工作目标在 90%（不含）以下的，部门员工年绩效工资总额为零。

第五十九条　部门完成工作目标在 90%（含）～110%（含）的，部门员工年绩效工资总额为月标准绩效工资额之和。

第六十条　部门完成工作目标在 110%（含）以上的，部门员工年绩效工资总额为月标准绩效工资额之和加个人超目标利润提成。

第六十一条　部门完成工作目标在 110%（含）以上的，发放个人超目标利润提成，个人超目标利润提成为部门超目标利润提成的个人分配数额。

第六十二条　部门超目标利润提成按超目标税前利润的 5%计提，部门内部进行二次分配。

第六十三条　个人超目标利润提成的发放方式为按项目周期累计计算，年终发放。

第六十四条　个人绩效工资。

1. 个人绩效工资为绩效工资总额的 90%，与个人的绩效挂钩。

2. 个人绩效工资年终发放。

个人绩效工资实发金额=年标准绩效工资×90%×个人年度考核系数

第六十五条　部门绩效工资。

1. 部门绩效工资为绩效工资总额的 10%，与部门考核情况挂钩。

2. 部门绩效工资年终发放。

部门绩效工资实发金额=年标准绩效工资×10%×部门考核系数

第六章　总经理特别奖金

第六十六条　为了奖励员工做出的重大贡献，特设立总经理特别奖金。

第六十七条　总经理特别奖金的额度为工资总额的 5%，特别奖金采取额度内使用，跨年度累计的方式。

第六十八条　年度特别优秀个人的奖励。每年度由人力资源部负责组织，推选出年度特别优秀的个人 2 名，其中中层、部门员工各 1 人。报经总经理批准后，人力资源部负责具体实施。

第六十九条　员工特别贡献的奖励。

1. 总经理根据员工做出的特别贡献，提出特别奖金的发放目的、发放人员、发放金额。

2. 经理办公会进行讨论和审批，并形成意见决定。

3. 经理办公会审议通过总经理特别奖金发放的意见，人力资源部根据经理办公会的决定具体负责实施。

第七章　标准工资调整办法

第七十条　遵循国家规定的“两个低于”原则，即工资总额的增长幅度低于利润的增长幅度，人均工资的增长幅度低于劳动生产率的增长幅度原则。

第七十一条　遵循“岗变薪变”原则。薪随岗变，易岗易薪。

第七十二条　公司本年度任务目标完成，同时增长速度超过10%以上或在以往三年业绩平均增长幅度以上，公司工资基数上调5%，全体干部员工普调。

第七十三条　公司本年度任务目标顺利完成，同时增长速度低于10%且增长幅度在以往三年增长幅度以内，公司工资基数保持不变，参照薪酬调查结果对关键岗位进行工资调整；参照新一年工作目标的设定，对业务人员进行工资调整。

第七十四条　公司本年度工作任务目标未完成或者发展速度与行业发展速度不吻合，公司工资基数保持不变，工资不增长，非业务类岗位工资下降5%，对于考核不合格人员以及辅业人员，尽量精简，减少冗员。

第七十五条　其他个人工资调整的情况。

1. 根据员工任职资格和业绩的变化，按候补级、正常表现级、卓越级来确定员工的薪酬。

2. 根据员工岗位的调整，按照“岗变薪变”的原则，对员工的标准工资进行调整。

3. 员工下岗，对下岗员工的工资进行调整。员工下岗前为部门总经理的，按照薪等第八等调整工资；员工下岗前为部门员工的，按照薪等第一等调整工资。

第八章　新进员工和其他用工的薪酬

第七十六条　新进员工在试用期期间采用试用期工资，试用期标准工资以试用岗位的候补级作为发放的基数。

第七十七条　公司其他用工可以采用劳务费的方式进行支付。

公司劳务费的支付范围：

1. 对公司劳务外包的人员，可以支付劳务费。

2. 对公司短期临时聘用的人员，可以支付劳务费。

3. 对公司非常设岗位的人员，可以支付劳务费。公司劳务费应当提前提出申请，经总经理批准后，由人力资源部负责实施。

第九章　人态工资和员工福利

第一节　人态工资

第七十八条　人态工资=年功工资+国家规定津贴。

第七十九条　年功工资。公司鼓励员工在本公司长期工作，同时对在企业工作多年但始终没有得到升迁机会的员工提供补偿，特设立年功工资。

第八十条　年功工资计算方法：年功工资=工龄工资+司龄工资，见表5-53和表5-54。

表5-53　工龄工资标准表

工　龄	每年工龄工资增加额	工　龄	每月工龄工资额	每年工龄工资总额
1~10年	1	1	1	12
		2	2	24
		3	3	36
		4	4	48
		5	5	60
		6	6	72
		7	7	84
		8	8	96
		9	9	108
		10	10	120
10年以上	0	11	10	120
		12	10	120
		13	10	120
		14	10	120
		…	…	…

表5-54　司龄工资标准表

司　龄	每年司龄工资增加额	司　龄	每月司龄工资额	每年司龄工资总额
1~5年	2	1	2	24
		2	4	48
		3	6	72
		4	8	96
		5	10	120
6~10年	1	6	11	132
		7	12	144
		8	13	156
		9	14	168
		10	15	180
10年以上	0	11	15	180
		12	15	180
		13	15	180
		14	15	180
		…	…	…

第八十一条　国家规定津贴按国家规定标准进行发放，由人力资源部负责

具体执行。

第二节　员工福利

第八十二条　公司福利的原则。

1．保障原则：体现公司对员工的退休、健康、失业和住房等方面的保障。

2．关怀原则：体现公司对员工的亲切关怀。

3．重点倾斜原则：体现公司对核心员工的倾斜。

第八十三条　公司福利的具体内容。公司的福利分为两类：国家法定福利和公司补充福利。国家法定福利有：社会保险、医疗保险、失业保险、住房公积金。公司补充福利有：伙食补助、交通费、住宅管理费、取暖费、通讯费、带薪年休假等等。

第八十四条　伙食补助费。为体现公司对员工伙食方面的关心和照顾，公司对员工的饮食进行适当的补助。

第八十五条　为了鼓励员工严格遵守公司考勤纪律，培养员工良好的职业道德和敬业精神，公司将员工的考勤情况与伙食补助费挂钩。具体执行按照《×××公司员工考勤、休假及请假管理办法》。

第八十六条　公务交通费。为体现公司对员工公务交通方面的关心和照顾，公司对员工进行适当的交通补助。

第八十七条　公务交通费额度标准 5-55。

表 5-55　　公务交通费额度标准表

岗　级	额度标准（元/月）		
	合　计	上下班交通	公务用车
总公司总经理（正职）	2800	—	—
总公司副总经理（副职）	2500	—	—
总公司总经理助理	2300	—	—
部门总经理	2000	300	1700
部门（子公司）副总经理	1800	300	1500
部门（子公司）总经理助理	1600	300	1300
其他人员	500	300	200

第八十八条　公司对员工交通补助的具体执行按照《×××公司公务交通费管理暂行规定》。

第八十九条　住宅管理费、供暖费。按照北京市人民政府《关于北京市已购公有住房上市出售实施办法》（京政发[2003]3 号）文件精神，“鼓励有条件的单位改革现行供暖费、物业管理费由单位支付的方式，实行货币分配”。参照北京市现行的供暖费、物业管理费标准，结合公司的实际情况，对在京员工的住房供暖费、物业管理费实行货币化补贴。

第九十条　员工住宅管理费、供暖费补贴标准，见表5-56。

表5-56　　员工住宅管理费、供暖费补贴标准表

岗位级别	补贴标准
总裁	1200元/月
副总裁	1100元/月
总裁助理	1000元/月
部门总经理	900元/月
部门副总经理	800元/月
部门经理助理	700元/月
部门员工（满10年工龄）	600元/月
部门员工（满5年，不满10年工龄）	500元/月
部门员工（不满5年工龄）	400元/月

第九十一条　公司住宅管理费、供暖费的具体执行按照《×××公司行政管理的若干规定》。

第九十二条　通讯费。为体现公司对员工通讯方面的关心和照顾，公司对员工进行适当的通讯补助。

第九十三条　通讯费报销标准，见表5-57。

表5-57　　通讯费报销标准

职　务	标　准
公司领导	600元/月
部门总经理	400元/月
部门副总经理	300元/月
部门总经理助理	200元/月
普通员工	80元/月

第九十四条　公司对员工通讯补助的具体执行按照《×××公司通讯费用管理办法》。

第九十五条　带薪年休假。为体现公司对员工休息和休假方面的关心和照顾，公司规定员工享受带薪年休假。

第九十六条　员工带薪年休假的具体执行按照《×××公司员工考勤、休假及请假管理办法》。

第九十七条　公司根据经营效益的情况，不定期为员工提供多种其他福利：

旅游、公司司服、身体检查、班车、低价早餐等。

第十章　附则

第九十八条　本办法根据公司的发展、公司薪酬制度的执行情况和有关法律、法令的变更，适时做出相应调整。

第九十九条　本办法呈报总经理和经理办公会核准后公布实施，由人力资源部负责具体执行和解释。

第一百条　本办法自××年××月执行。

思考与讨论题

1. C 公司的薪酬结构是怎样的？
2. 谈谈你对 C 公司不同职位员工绩效工资比例的理解。
3. 谈谈你对公司绩效工资、部门绩效工资和个人绩效工资的理解。
4. 你认为总经理特别奖金应该如何发放？

案例讨论 3

D 集团是如何确定本公司的薪酬水平的

D 集团成立于 1992 年，是一家跨地区多领域经营的民营集团公司。多年来，集团凭借自己在商贸流通领域的坚实基础和雄厚实力，不断拓展产业结构，构筑多元化产业平台，现已发展成为集建材流通、房地产开发、矿产开发、城市管道燃气建设和金融投资等多领域经营的大型综合性企业集团，经营范围跨越整个华北地区及华东地区。集团资本雄厚，控股单位注册资本总额为 5 亿元，全年销售收入达 50 亿元，现拥有员工 800 多人。

D 集团的董事长何先生是一位全国著名的民营企业家，何先生根据 D 集团的具体情况和外部市场的竞争环境，制定了注重核心骨干员工的人力资源战略。D 集团的人力资源部门根据企业的战略和具体的情况，采取了混合薪酬战略。具体做法是：对于中高层管理者、少数骨干员工和销售人员，采用领先薪酬策略，给予高于外部平均水平的薪酬，以达到激励和稳定这部分员工的目的；对于除此以外的其他员工，采用跟随薪酬策略，以达到控制人力成本的目的。这样，经过一定时间的完善，基本上达到了预期的目标，取得较好的效果。

思考与讨论题

D 集团薪酬水平的确定有何借鉴意义？

案例讨论 4

网易互动娱乐有限公司招聘广告

关于网易

网易公司（NASDAQ：NTES）是中国领先的互联网技术公司，在开发互联网应用、服务及其他技术方面，网易始终保持国内业界的领先地位。曾两次被中国互联网络信息中心（CNNIC）评选为中国十佳网站之首。网易对中国互联网的发展具有强烈的使命感，网易利用最先进的互联网技术，加强人与人之间信息的交流和共享，实现"网聚人的力量"。

关于网易互动娱乐有限公司

网易互动娱乐有限公司位于广州市天河科技工业园、隶属于网易公司，前身为网易在线游戏事业部，2002 年正式挂牌成为独立公司。网易互动娱乐秉承网易公司在国内开发互联网应用、服务及其他技术方面的领先优势，整合高素质的精英团队及先进的网络技术，致力于为客户提供高质量的游戏和服务。

网易互动娱乐是国内规模最大的专业游戏公司之一，也是其中少数拥有自主开发能力的公司之一。因此，我们能更贴近国内网络游戏玩家的需求、口味及文化背景，有针对性地开发最合适的游戏产品。

2001 年 12 月，网易互动娱乐有限公司推出首款自主开发的大型网络游戏"大话西游 Online",之后又成功推出了自主研发的另一款网络游戏"梦幻西游"。目前，"大话西游 Online" 最高同时在线人数突破 55.4 万，"梦幻西游" 最高同时在线突破 90 万，成为当之无愧的中国第一网游！最新两款力作－武侠题材游戏"大唐"和神怪题材、全 3D 游戏"天下贰"也将陆续推出。

愿景和使命

- 以健康游戏、寓教于乐为己任，持续丰富民众娱乐生活；
- 专注于网络游戏的开发与运营，全力打造最体贴玩家的精品国产网络游戏；
- 力争成为世界级的网络游戏开发商与服务商。
- 我们的核心价值观——务实、团队、服务、品质、专注、坚持 薪酬：

薪酬

基本工资：根据业务发展状况，公司每年进行一次薪酬调整。绩效杰出者不受此限；

年终双薪：13 个月工资/年；

奖金：对合乎条件的员工提供随业绩增长同步增长的奖金，按月度/季度发放；

股票期权：公司向优秀员工提供股票期权计划，激励员工与公司长期发展；

专项奖励：公司对有突出贡献的员工给予特别奖励。

福利

社会保险：享受国家规定的社会保险；

住房公积金：公司将为每一位转正员工购买住房公积金；

带薪休假：工作满一年的员工，可以享受7-15天不等的带薪年假；

年度旅游：工作满一年的员工享有旅游度假的机会；

康体活动：每周都有众多康体活动，如羽毛球、足球、登山、攀岩等，促进员工劳逸结合；

其他项目：提供免费工作餐，年度健康体检，结婚贺金等福利项目。

职业规划

公司为员工提供专业技术和管理双向发展通道，员工可以根据自己兴趣、特长、技能以及岗位需求，选择不同的发展通道。

公司实行九级员工管理制，将职位与级别相结合，无论你倾向于管理路线，还是专业技术发展路线，随着公司规模的不断扩大，都将有你的一席之地！

公司提供完善的新员工培训、专业技能培训、管理培训课程。并根据工作实际需要，选派员工参加国内、国外的相关培训，为优秀员工提供向国内、外，行业内资深专家学习的机会。

附网易互动娱乐有限公司员工的职业发展通道，如图 5-3 所示。

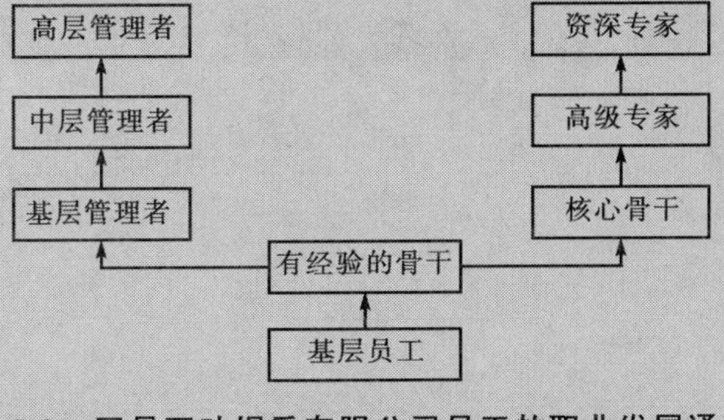

图 5-3　网易互动娱乐有限公司员工的职业发展通道

思考与讨论题

1．根据上面案例给出的信息，绩效好的员工将获得哪些奖励？

2．网易互动娱乐有限公司的薪酬和福利有哪些特点？

案例讨论 5

深圳能源妈湾电厂推行员工月度绩效考核

为贯彻落实集团人事制度改革精神，加大员工绩效考核力度，进一步完善绩效考核工作，妈湾电厂决定在年度绩效考核的基础上，推行月度绩效考核工作。

月度绩效考核对象为部长及以下岗位的员工，考核由被考核对象的直接领导来完成，为每月一次的单向考核。一般员工的直接领导为其月度奖金的分配者，副部长、副部级人员的直接领导为本部部长，部长的直接领导为分管厂领导。

正式推行员工月度绩效考核之前，直接领导要以被考核者的岗位职责为依据，以希望被考核者工作所达到的要求为内容，遵循“简要、明确、易操作”的原则，拟出考核标准项目。

员工月度绩效考核结果以数值反映，分为四档：4.5~5 分为优秀，3.5~4.5 分为称职，3~3.5 分为基本称职，3 分以下为不称职。月度绩效考核结果为员工月度奖金发放的重要依据。年终汇总出月度考核平均成绩，该成绩一方面作为分析员工年度绩效考核成绩的参考数据，另一方面与员工年度考核成绩相比较，两者的差异程度作为衡量直接领导管理水平的参考依据。

员工月度绩效考核工作从 2005 年 7 月 1 日开始推行。

思考与讨论题

1．妈湾电厂员工月度绩效考核结果与员工的薪酬是如何挂钩的？

2．妈湾电厂员工的月度奖金是如何分配的？

第6章

特殊人员的薪酬设计

本章学习目标

1. 了解公务员的工资管理制度；
2. 了解跨国公司和外派人员的薪酬设计方法；
3. 了解与用人单位不存在劳动关系（如劳务派遣人员、实习人员、钟点工、离退休人员）的特殊人员的薪酬管理；
4. 了解与用人单位存在短期劳动关系（如顾问、退休返聘人员）的特殊人员的薪酬管理；
5. 了解军队转业干部、受刑事处罚人员的工资管理制度。

引导案例

美国企业如何留住人才

怎样留住你手下的得力干将？这是所有企业主管最关心的问题。在这里，10家成功的美国企业为我们提供了有益的启示。这10家企业是美国《财富》杂志精心挑选出来的，它们来自不同的行业，代表了新旧两种经济模式，不过它们有一些共同的特点——几乎所有的公司都有一位具有远见卓识和超凡魅力的领导人。他们为下属创造良好的工作环境，鼓励互相交流，奖励独创，给予员工具有挑战性的工作、发展的机会、发表意见和意见得到听取的机会。在这些优势面前，那些试图挖走人才的网络公司和猎头公司自然无计可施。

1. 瓦莱罗能源公司——建立一种家庭责任和社区感，使雇员感到他不仅是为一家公司工作，而且是为自己的事业工作。

2. 第一资本金融公司——确定一家企业的竞争优势，然后将其融入雇用和留住人才的战略。

3. 通用电气公司——发掘机构内最有才能的人，然后投入大量经费对其进行培训和指导。

4. 安然天然气公司——使员工容易在公司内流动，人们向外看的可能性就比较小。

5. 西南航空公司——工夫下在招聘中，仔细挑选人才。

6. 家庭用品公司——把决定权交给所有店员，不管他们的地位多低。

7. SAS 研究所——相信员工能平衡工作与生活上的需要，并提供机会和灵活性让他们去支配。

8. 奥穆尼康公司——使公司像一个爵士乐队。如果内部交流畅通，雇员会在公司中获益。

9. 思科系统公司——从第一天开始就尽一切可能使新员工感到受欢迎。

10. 高盛投资公司——独特的公司文化和作为市场领导者的声望，员工会把跳槽看做降级。

? 思考与讨论题

1. 你认为目前国有企业人才流失的主要原因是什么？

2. 通过案例，请思考应采取哪些措施留住人才，防止人才的流失？

6.1 我国公务员的工资管理制度

在“引导案例”中，我们了解到成功企业如何在薪酬之外建立更好的人才机制，但薪酬设计和管理是人才政策的基础。无论是一个国家还是一个企业，都应根据社会经济的发展需要，根据外部环境、内部环境的变化，调整和完善自己的各项管理制度，保证社会的和谐发展。

我国国家机关和事业单位现行工资制度的框架是在 1993 年工资改革中建立起来的，先后于 1995 年、1997 年、1999 年、2001 年（2 次）、2003 年进行了 6 次工资调整。

我国公务员工资制度体现按劳分配的原则和发挥工资职能的作用，有利于调动公务员的积极性和提高行政效能，有利于公务员队伍的优化、精干和廉洁。

6.1.1 我国公务员工资制度应遵循的原则

1. 按劳分配原则

公务员工资制度实行以职务和级别为主的职级工资制。所谓职级工资，就是按照公务员的职务、级别和年功确定工资标准。按照工资的不同职能，职级工资由职务工资、级别工资、基础工资和工龄工资四个部分组成，其中职务工资和级别工资是公务员工资构成的主体部分，是体现按劳分配的主要内容。

职务工资主要体现公务员的职务高低、责任轻重和工作难易。每一职务对应若干工资档次，职务高的对应的工资档次少一些，职务低的对应的工资档次多一些。

级别工资主要体现公务员的能力和资历。设置级别工资，可使公务员不提升职务也能通过晋升级别提高工资待遇，避免大家都去争职务。级别工资可以反映同一职务层次人员的差别，更好地贯彻按劳分配的原则。

基础工资的职能是保障公务员本人及一定赡养人口基本生活的需要。设置基本工资，有利于保障公务员及家庭的基本生活水平不因物价上涨而下降。当物价调整时，可以相应调整基础工资标准。

工龄工资体现公务员的累积贡献。工龄工资按照公务员的工作年限确定，工作年限每增加一年，工龄工资也相应增加。工龄工资标准根据情况而变化，适时调整。

2. 正常增资原则

所谓“正常增资”，就是国家定期增加公务员的工资，即政府在每年的财政预算中，按法律规定保证必要的经费用于增加公务员工资。由于公务员主要从事脑力劳动，所提供劳动的数量和质量难以精确计量，随着国民经济的发展和劳动生产率的提高，公务员的工资水平应不断提高。同时，随着公务员工龄的增加，公务员的工资水平也应有所增加。一方面要定期、全面地调整公务员工资标准，另一方面要通过对公务员的考核，定期给公务员增加工资。实行正常增资原则，一方面能够使公务员的工资水平随着国民经济的发展而相应提高，另一方面能够使职务相同而任职年限或工作年限不同的公务员之间，在工资报酬上拉开差距，激励他们更好地尽职尽力。

3. 平衡比较原则

国家机关与企业的工作性质、劳动特点不同，应实行不同的工资制度，但工资水平要有比较。国家确定公务员的工资水平时，应将企业职工的工资水平作为参照，使公务员的工资水平与国有企业职工的工资水平大体持平。这一原则意在使工资分配中的公平合理原则在各部门、各行业之间得以实现，并吸引优秀人才进入公务员队伍。

4. 物价补偿原则

国家根据物价指数的变动，适时调整公务员的工资，使工资增长率高于或等于物价上涨率，以保证公务员的实际工资水平不因物价上涨而下降。实行这一原则，主要是因为当物价上涨时，作为独立商品生产者和经营者的企业可以根据自身经营状况和劳资双方谈判的结果调整职工的工资，而公务员的工资是经过法定程序调整的，各行政机关不能根据物价上涨的情况自发进行调整。在这种情况下，要保证公务员的实际工资水平不因物价上涨而下降，就需要实行物价补偿制度。

5. 法律保障原则

担任一定职务和级别的公务员，必须承担相应的责任和义务，同时享有领取工资报酬的权利。与公务员享有的其他权利一样，领取工资报酬的权利是基于公务员的身份发生的，并受国家法律的保障。除国家法律、法规和政策规定外，国家行政机关不得以任何形式增加或者扣减公务员的工资，也不得提高或者降低公务员的保险和福利待遇。也就是说，增加公务员的工资及保险福利待遇，必须是在公务员遇有晋级、晋职、定期晋升工资档次、调整工资标准、调整保险福利待遇等情况时，才能按照规定进行；减少公务员工资及保险福利待遇，必须是在公务员遇有受到降级处分、降低职务等情况时，才能按有关规定进行。不能随意增加工资和保险福利待遇是强调工资制度和保险福利制度的严肃性，严明工资纪律，维护全国政令的统一；不能随意扣减公务员的工资和保险福利待遇，是强调公务员获得法定劳动报酬、享受法定保险福利待遇的权利应受保护，不受侵犯，任何单位和个人超过国家法律、法规和政策的规定，随意扣减公务员的工资和保险福利待遇，公务员有权提出申诉，并追究其法律责任。

6.1.2 现行公务员工资制度

1. 实行职级工资制

机关工作人员（除工勤人员外）实行职级工资制。其工资按不同职能，分为职务工资、级别工资、基础工资和工龄工资四个部分。其中，职务工资和级别工资是职级工资构成的主体。

（1）职务工资。职务工资按工作人员的职务高低、责任轻重和工作难易程度确定，是职级工资制中体现按劳分配的主要内容。在职务工资标准中，共设 12 个层次的职务，每一职务层次设若干工资档次，最少为 3 档，最多为 8 档。工作人员按担任的职务确定相应的职务工资，并随职务及任职年限的变化而变动。

（2）级别工资。级别工资按工作人员的资历和能力确定，也是体现按劳分配的主要内容。机关工作人员的级别共分为 15 级，一个级别设置一个工资标准。

（3）基础工资。基础工资按大体维持工作人员本人基本生活费用确定，数额为每人每月 90 元，自 2003 年 7 月 1 日起已提高到 230 元。各职务人员均执行相同的基础工资。

（4）工龄工资。工龄工资按工作人员的工作年限确定。工作年限每增加一年，工龄工资增加一元，一直到离退休当年止。

2. 建立正常的增资制度和奖金制度

（1）晋升职务工资档次。公务员正常晋升职务工资档次要在严格考核的基础上进行。考核优秀和称职的，可在本职务工资标准内晋升一个工资档次；考核不称职的，不得晋升工资档次。

（2）晋升职务工资、级别工资和增加工龄工资。公务员随职务、级别的晋升和工作年限的增长相应增加工资。公务员职务提升后，按新任职务工资标准执行；晋升级别的公务员，均可相应增加级别工资，公务员的级别达到本职务最高级别后，不再晋升；公务员随工作年限的增长，相应增加工龄工资。

（3）定期调整工资标准。在正常晋升职务工资和级别工资的情况下，国家定期调整公务员的工资标准。根据城镇居民生活费用的增长情况，适当提高基础工资；根据国家经济发展和企业相当人员工资水平的增长，定期调整职务工资、级别工资和工龄工资标准。

（4）奖金制度。实行职级工资制度后，改革奖金制度，在严格考核的基础上，对优秀和称职的工作人员年终发放一次性奖金。

6.1.3　公务员的津贴

实行地区津贴制度。根据不同地区的自然环境、物价及经济发展水平等因素，结合对现行地区工资补贴的调整，建立地区津贴制度。地区津贴分为艰苦边远地区津贴和地区附加津贴。

1. 艰苦边远地区津贴

艰苦边远地区津贴根据不同地区的地域、海拔高度、气候以及当地物价等因素确定的。艰苦边远地区津贴标准，是将现行工资地区类别补贴、地区生活费补贴、高原地区临时补贴和地区性津贴等归并，然后划分为四类，各类标准在归并的津贴、补贴基础上再适当予以提高。建立艰苦边远地区津贴，体现了不同地区在自然地理环境等方面的差异，是对艰苦边远地区现行特殊工资政策的改进和完善，更利于发挥工资的补偿和导向作用。

2. 地区附加津贴

地区附加津贴是根据各地区经济发展水平和生活费用支出等因素，同时考虑机关工作人员工资水平与企业职工工资水平的差距确定的。实行地区附加津贴，使不同地区机关工作人员工资的提高与经济发展水平联系起来，允许省、自治区、直辖市运用地方财力安排一些工资性支出，用于缩小机关工作人员与当地企业职工工资水平的差距，鼓励机关工作人员为国家和本地区的经济发展多做贡献。

3. 岗位津贴

在特殊岗位上工作的人员仍实行岗位津贴。工作人员调离该岗位后，津贴即取消。

6.1.4 公务员的福利

我国公务员的福利是国家行政机关为改善和提高公务员的物质文化生活水平，在工资报酬和劳动保险以外，通过集体福利、提供服务以及发放补贴等形式，给予公务员的一种生活保障和生活享受，用以满足他们带有共同性或普遍性的消费需要，解决公务员个人或家庭难以解决的某些困难。

我国公务员福利制度的主要内容包括：

（1）为满足公务员共同需要、减轻公务员的家务劳动、方便生活并使公务员获得优惠服务而建立的集体福利设施，如食堂、托儿所、幼儿园、浴室、理发室、疗养院等。

（2）为满足公务员文化生活需要提高其身体、文化素质而建立的文体福利设施，如文化宫、俱乐部、图书馆、游艺厅、体育场、游泳池等。

（3）为满足公务员的不同需要，减轻其生活负担而设立的福利补贴，如上下班交通补贴、防暑降温费、洗理费、房租补贴、生活用品价格补贴以及生活困难补助等。公务员的生活困难补助，分为定期补助和临时补助两种。定期补助是对生活费用低于一般水平，不能维持正常生活的公务员，确定补助金额，按月补发；临时补助是对公务员遇到一些特殊困难而自己又无力解决的，如因疾病、死亡、天灾、人祸等造成生活困难的，国家给予临时性的补助，补助对象只限于本人或所供养的直系亲属。另外，国家公务员还可享受公费医疗待遇、病假待遇、产假待遇和年休假待遇等。公务员福利经费的来源按工资总额的比例，从行政经费中提取。

6.1.5 公务员的保险

公务员的保险是指国家通过立法程序建立的对暂时或永久丧失劳动能力的公务员给予物质帮助的制度。我国公务员保险制度包括以下内容：公务员因公负伤、致残、死亡的保险待遇；公务员非因公负伤、致残、死亡的保险待遇；公务员患病的公费医疗和保险待遇；公务员生育的保险待遇；公务员退职退休的保险待遇；公务员待业期间的保险待遇；公务员供养直系亲属的保险待遇；公务员集体保险待遇。

6.2 跨国公司人员的薪酬设计和管理

经济全球化推动了跨国公司及其海外业务的迅速发展。一方面，跨国公司进入我国，另一方面，我国优秀企业进军海外，因此了解跨国公司的薪酬管理，对于借鉴国外跨国公司对外派人员的薪酬管理，促进我国企业在国外发展，有效降低人员成本，建立吸引和开发人才的有效机制具有重要意义。

6.2.1　跨国公司的员工构成和薪酬管理特点

1. 跨国公司员工的组成

按照员工的来源，跨国公司的员工主要包括母国员工、东道国员工和第三国员工。

（1）母国员工（the parent country nationals，PCNs）：指来自母公司所在国家的员工，或派往国外工作（一般为 1 ~ 5 年）的母国员工。

（2）东道国员工（the host country nationals，HCNs）：指在海外子公司工作的东道国（所在国）境内的员工。例如，在中国摩托罗拉公司工作的中国员工就是东道国员工。

（3）第三国员工（the third country nationals，TCNs）：指来自第三方国家到东道国企业工作的员工，不拥有所在工作国家或母公司所在国的国籍。例如，在中国摩托罗拉公司工作的马来西亚籍员工就是第三方员工。

2. 不同来源国员工的特点

（1）母国员工，指母国员工及雇佣来自母公司所在国或在海外公司工作的员工。母国员工在国外子公司或分公司的经营中占据着十分重要的地位。随着跨国公司海外扩张步伐的加快，这些员工日益成为子公司的中高层管理者或技术专家。

外派人员大多来自母国公司，因为雇佣成本高，所以跨国公司在人员选择上会考虑他们的专业知识、技能、企业文化、管理模式和个人职业生涯发展等方面的优势。但是雇佣母国员工也有劣势，例如，因为高额的派遣成本，公司在外派人员的甄选上比较严格，使得他们的随同人员少，交往受到限制；员工与子公司所在国存有文化差异，沟通比较困难；此外，员工在海外工作时间过长可能会影响其回国之后的职业发展等。

（2）东道国员工。使用东道国员工的优势比较明显，例如，成本低，没有文化和环境障碍，便于与子公司所在国的客户和政府打交道，有利于劳动力的弹性化管理。劣势主要是人员培训成本高，与母公司所在国和第三国员工沟通困难，存在对祖国和企业双重忠诚的冲突等。

（3）第三国员工。随着全球化进程的加快，跨国公司中的第三国雇员增加迅速，他们一般流动性强，对分布在各国的企业适应性也强，被称为真正的全球性雇员。与母公司外派员工和东道国员工相比，雇佣第三国员工的优势在于：雇佣成本一般低于母公司所在国员工，熟悉东道国的特点，具有跨国公司经验。劣势在于：需要跨越与东道国和母公司所在国员工的双重文化沟通障碍，公司要将其作为外派人员进行管理并支付派遣费用，不利于本土化战略的实施等。

3. 不同来源员工薪酬支付的差异

通常情况下，跨国企业对母国、东道国和第三国员工支付有差异的薪酬，母国员工最高，第三国员工次之，东道国员工最低。随着全球经营的发展，第三国员工的薪酬水平开始有所提高，一些公司甚至对他们采取与母国员工类似的报酬方法。跨国公司在确定员工薪酬差异的过程中要考虑以下几方面因素。

（1）员工选派的差异。处于不同发展阶段的企业在选派员工的策略上（即不同来源国的员工构成比例）不尽相同。一般而言，在海外新建的子公司或机构中，母国和第三国员工数量或比例较大。随着本土化战略的实施，东道国员工的比例随之增加。

（2）员工任用期的差异。外派员工的薪酬与驻外时间关系密切。通常，1 年以下与 1 年以上任期的员工之间的薪酬差异较大。

（3）各国劳动力市场价格的差异。各国劳动力市场价格的差异对员工薪酬支付的影响取决于公司所采用的薪酬对照标准，即以母国还是以东道国员工为基准。此外，不同的市场薪酬水平也会形成员工对薪酬期望值的差异。

6.2.2 跨国公司的薪酬战略

1. 跨国公司的薪酬战略目标

与国内公司相比，跨国公司的薪酬目标更为复杂和多元化，它需要建立一个基于全球战略实现的目标。这种战略目标必须能够帮助公司实现其全球经营与扩张的战略意图，并满足公司成本与创新的竞争要求。跨国公司的薪酬战略目标主要包括以下方面：支持企业的全球发展目标和跨国人力资源战略；有利于吸引并留住世界范围内的优秀人才；有利于雇员在全球范围内的调配和管理；有利于公司整体和长期利益的实现；有利于处理母公司和海外公司之间的薪酬关系。

跨国公司薪酬管理的主要对象是外派员工（包括母国和第三国）的薪酬，因为本土员工的薪酬在很大程度上属于国内薪酬管理的范畴。外派员工的薪酬管理比较复杂，既要考虑跨国范围内的公平性和一致性，还要考虑差异的合理性、灵活性以及适应复杂多变的客观环境的需要。

2. 外派人员薪酬管理的战略性作用

外派人员的薪酬管理面临两个核心问题：一是外派激励；二是成本控制。外派人员的薪酬主要起两个作用：补偿员工的海外任职所带来的物质和心理上的损失；激励员工到海外任职。对于外派人员而言，离开母国到海外任职，可能会造成一些额外的生活费支出，同时也会给员工及其家属造成文化和心理上的不适应。跨国公司往往需要对外派人员采用高薪政策，不仅提高相对薪酬，还要额外支付其他费用以激励其接受海外委派。

6.2.3　外派人员的薪酬组合设计

外派人员的薪酬体系包括薪酬组合、薪酬水平、薪酬结构以及薪酬支付四方面。其中，薪酬水平的核心是国家之间的薪酬差异；薪酬结构关注不同来源国员工之间的薪酬对比关系；外派人员的薪酬组合及与之相关的支付方式则是跨国薪酬最主要的方面。外派人员的薪酬组合或称薪酬包，包括四部分：基本薪酬、奖金、津贴和补贴、福利，这四部分又分为直接薪酬和间接薪酬。以美国公司较为通行的薪酬组合为例：直接薪酬包括基本薪酬、绩效薪酬、补偿性薪酬驻外津贴、困难补助、流动津贴；间接薪酬包括标准福利（保障计划、非工作时间报酬）、额外福利（安家费、随行子女教育费、探亲休假差旅费、休假及津贴）。

1. 直接薪酬设计

（1）基本薪酬的设计。外派员工的基本薪酬包括固定薪酬和浮动薪酬。固定工资主要是指与岗位和职位相关的基本薪酬。绝大部分跨国公司根据本公司的职位评价和能力评价系统来确定外派岗位的薪酬水平。外派人员的基薪水平一般以在母国做同样工作所获得的报酬水平为依据。奖励薪酬包括股票收益，也主要依照公司的薪酬管理系统来确定。也有一些公司专门为外派人员设计相应的国际职位评估系统，用统一的评价因素分析所有海外职位。

（2）绩效薪酬的设计。在大部分情况下，海外员工的薪资调整和奖金数额根据业绩评估的结果来确定。但是，因为公司采用的薪酬系统不同，所以在确定时要有所区别。如果外派雇员的基薪是以母国为基础的薪酬系统来确定的，奖金就要依据母国的比例来确定。例如，在东道国，最高奖金是基薪的 15%，而在母国是 40%，某外派人员的奖金适用率为 50%，那么他将得到 20%（40% × 50%）的奖励，而不是 7.5%（15% × 50%）的奖励。在这种情况下，基薪也要根据母国系统进行调节。

（3）补偿性薪酬的设计。母国外派人员一般都会获得接受出国派遣的物质奖励，这既是对公司海外业务人员的奖励，也是一种生理或是心理的补偿。目前，跨国公司主要使用三种形式的外派任职奖金和海外服务补贴，主要包括：

第一，国际酬金。主要是为了鼓励外派人员和家庭接受国际外派任职行为而设置的一般性奖励。员工在海外任职期间会遇到一些困难和问题，包括家庭成员、朋友以及商业伙伴的分离，因此，公司以薪金的形式进行补偿，包括海外任职津贴、迁移奖金和国际奖金等。国际酬金的支付比例和方式有：海外任职津贴一般按照基本薪酬的一定比例在每个付薪日支付；迁移奖金：一般是在外派任职开始前或结束后一次性支付，有的是在任职期间分批支付，这笔数额随任期的增加而逐渐增加，通常支付的数额与海外任职津贴大致相似；国际奖金在每个付薪日支付，也可以一次性付清。

目前国际薪金的管理有两个新的特点：一是酬金根据不同行业和不同原因而发放，通常是按照基本薪金的一定比例发放，大致在基薪的 10%～15%左右；二是许多公司都倾向于把员工的职业发展，而不是现金奖励作为对雇员接受外派任职的激励。

第二，艰苦津贴。与国际酬金不同，艰苦津贴是公司以补偿的形式对派遣到艰苦环境的外派员工发放的补助津贴。这笔津贴的支付因素包括：相当恶劣的气候条件；文化、医疗、娱乐设施落后；由于政局不稳或临近有战事地区而使外派人员和家庭面临威胁。通常情况下，艰苦津贴以薪水的一定百分比在每个付薪日支付，比例的大小要综合考虑政府、咨询机构和内部信息来确定。当派遣地的生活条件发生变化时，津贴数额也会发生变化。

第三，危险津贴。危险津贴是公司专门对派遣到危险地区工作的员工发放的补贴。各公司的危险津贴都有自己的标准。例如，当派遣到被美国政府暂定为对个人安全有危险的国家时，美国公司会支付给外派人员危险津贴，尤其是当政治动荡或是其他内战使得雇员在派遣地的工作会危及到人身安全时，企业会将危险津贴与艰苦津贴综合起来考虑，共同确定一个比例，并在每个付薪日发放。

2. 间接薪酬设计

（1）标准福利项目。标准福利项目包括社会福利和企业福利。与母国员工的福利项目相比，外派人员的标准福利项目的水平高、数量多，并会考虑不同国家和地区的收入水平、生活标准、税收政策以及员工的特殊需要。例如，一些外派人员会因海外任职而得到额外税务补偿，同时也会根据派遣地税收的复杂程度获得税收咨询费等。此外，一些跨国公司还会为外派雇员提供搬家费、由于紧急事件而临时归国的费用（如雇员或配偶的直系亲属死亡）等。

第一，养老金和住房公积金计划。大部分公司提供以母国为基础的社会保险和养老金计划。在特殊情况下，由于员工在海外居住而无法享受母国福利（比如母国员工可享受住房公积金，而海外居住的员工则不能享受）可以根据东道国情况予以补偿。

第二，医疗计划。医疗计划根据雇员的国籍而有所不同。例如，绝大多数美国公司对美籍外派人员实行本国的医疗计划，近40%的公司对来到美国的其他国籍的外派人员实行美国的医疗计划，只有30.5%的公司维持其母国计划。当跨国公司被要求执行东道国的医疗保险计划时，如果不是按照东道国薪酬系统付薪，公司就会为员工支付成本并将获得相应的收益。

第三，工作时间和公共假期。外派人员的工作时间和假期计划通常依据东道国当地的法律和惯例而定。如果外派人员仍然希望得到母国的公共假期，就需使用自己的年假。

（2）额外福利项目。

一是未成年子女的教育和旅行费用。子女能否在派遣地接受到良好的教育对于某些雇员来说是决定其是否接受海外任职的主要因素。绝大多数公司都意识到需要在东道国为雇员的子女提供与在母国同等水平的教育，而且由于东道国的语言和课程设置问题，一些外派员工的子女需要到费用昂贵的国际学校上学。因此，大部分跨国公司都为外派人员支付其子女在东道国上幼儿园、小学或中学的费用。这些费用一般包括学费、试验费、课本费、统一制服费以及学校提供的其他必需品的费用。

如果在外派国找不到合适的学校，公司就需要在母国为外派人员的子女选择寄宿学校，提供一定的寄宿费，并为未成年的子女提供每年 2 次去东道国与家人团聚的飞机票，但对子女的年龄有明确规定。公司一般不负责支付在母国需由员工自己支付的一些费用，如子女的午餐费、子女实地考察旅行费用等。有些公司还为外派人员的子女支付导师和合理的额外教育费用。由于许多母国公司不支付托儿费用，所以外派期间员工在国外的托儿费用一般采取雇员与公司共摊的方式。

二是汽车使用。考虑到公司的业务、个人需求、税法以及东道国与母国的用车成本等因素，有的公司为所有的外派人员都提供汽车，有的只是为特定的群体提供汽车，并在汽车使用管理上有详细的规定，包括汽车的类型、津贴的数额和形式、汽车贷款补助形式、是否以公司名义租赁汽车以及汽车的产权分配等等。

三是俱乐部开支。通常，公司不支付非商业目的的娱乐性费用。商业俱乐部（如提供正式午餐或晚餐的俱乐部）成员的费用支付需要获得高级经理批准。

四是休年假。休年假是外派人员用于回家探亲的带薪休假。在某些情况下，公司也提供某些额外的带薪休假，如看医生、回国查看房子等。关于应按照母国还是按照东道国的休假标准，一直存在着争论。通常，带薪休假政策与使用的薪酬政策相对应，比如，如果执行母国薪酬计划，则采用母国的休假政策；如果执行总部的薪酬政策，则采用总部的休假政策。

五是探亲补助。探亲补助是指公司提供补助以帮助外派雇员及其家人、亲属、朋友和同事联系并且了解母国最新的经济、政治、文化和社会发展趋向。越来越多的公司不再提供这项费用，即使提供，也有较严格的财务规定。

6.2.4　外派人员的薪酬设计方法

外派人员薪酬体系的设计方法通常有三类：母国体系法、东道国体系法和其他方法，其中以母国体系法为代表。

1. 母国体系与资产负债表法

所谓母公司标准报酬体系是指根据母公司所在国家的生活标准和薪酬水平来确定外派人员的薪酬体系。例如，母公司在美国的员工将按照美国公司的标准获得报酬。该体系实施的目的主要是为了使外派人员能在派遣地区维持与母国员工同样的生活标准。其指导原则是维持外派人员与国内员工报酬的不一定性，同时对员工在海外任职产生的额外费用加以补偿，从而使得外派人员不会因为到海外任职而遭受经济上的损失。母公司标准报酬体系是通过资产负债表来实施的，它是目前最流行的外派薪酬计算方法。

（1）资产负债表法的框架。在资产负债表法下，外派人员的基本薪酬结构如图 6-1 所示。

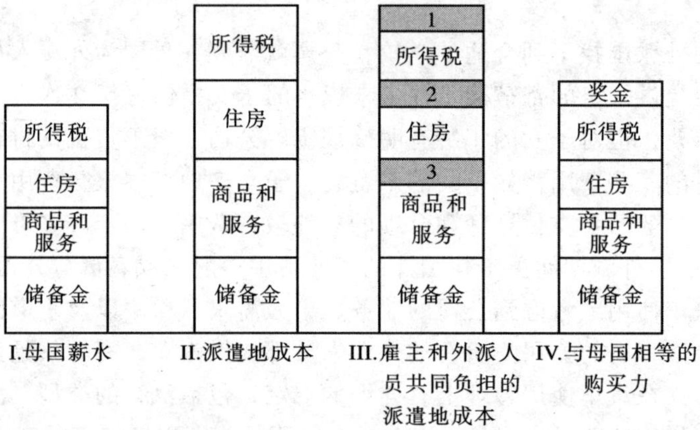

图 6-1 资产负债表的框架

资料来源：Dowling, P.J., Schuler, R.S., and Welch, D.E., *International Dimensions of Human Resource Management*, 2nd Ed., Belmont, Ca. Wadsworth Publishing Co, 1994

第Ⅰ栏代表母国薪资水平，它表明外派雇员的基薪可以分为：所得税、住房、商品和服务、储备金。每一类别上的数额由薪水总额及家庭规模决定。组成柱状图的每一个小长方形代表雇员在外派任职之前母国的支出水平，是外派薪酬的最基础部分。

第Ⅱ栏代表派遣地的消费成本。每个增大的小长方形表明在派遣地增加了的各项成本支出，包括所得税、住房、商品和服务。但储备金保持在未定的状态。

第Ⅲ栏是由雇主和外派人员共同负担的派遣地的成本。雇员按照在母国的支出水平（第Ⅰ栏）负担成本，阴影部分为雇主支付多余的成本部分。

第Ⅳ栏表明了与母国相等的购买力。一旦应用了资产负债表法，雇员会保持与母国相同的购买力。“奖金”是指某些公司为了鼓励外派人员接受海外任职，在基薪之外支付的奖励。但近年来，越来越多的公司倾向于不提供这种奖金。

（2）资产负债表法的内容。

第一，储备金管理。储备金包括养老金、社会保险计划、储蓄、投资和任何增加其资产净值的支出（如住房和汽车的抵押贷款）。储备金以母国消费为计算基准，不随海外任职情况调整和补偿。如果雇员选择在东道国投资或储蓄，应自担风险。

第二，商品和服务津贴。公司一般对商品和服务的额外支出采取补贴方式。通过对两地主要消费品的比较，由公司提供商品和服务的差额，但这种差额比住房费用和税收更难计算，因为受到价格和汇率变动的影响。公司需要定期更新商品和服务数据，以保证其额外付出尽可能符合实际。

第三，住房费用。外派人员在东道国的住房费用一般高于母国，这是因为他们经常选择住在环境好、交通便利的区域。有的公司为员工提供住房，有的公司提供住房补贴，也有的公司采取分担的方式，让员工分担一些费用，即按照母国住房水平推算派遣国同等条件的住房费用，然后由公司补齐差额，通常给予补偿的项目有租金、电费、煤气费及水费等。

第四，税收补贴。税收补贴已经成为外派薪酬中所占比例最大的支出，因为外派人员经常遇到东道国和母国的双重征税问题。在资产负债表的概念下，员工在外派任职期间支付的所得税不应大于在母国支出的数额，否则将影响国际派遣。目前使用的两种主要方法是税收保护和税收均等化。税收保护是指如果外派人员在国外的税收高于母国，则多缴纳的部分有跨国补偿；如果国外的税收等于或低于母国，员工则按照东道国的税收标准缴纳即可。税收均等化是指公司首先为外派人员扣除在母国应缴的税款，然后再为其支付国外的全部税款，即如果派往低税收国家，公司保留差额，如果派往高税收国家，公司补齐差额。

第五，奖金支付。只有当雇员被派遣到海外工作时才会支付奖金，这是为鼓励员工接受海外任职而额外支付的，带有很大的主观性和政策性。奖金包括外派奖金、国外服务奖金和迁徙奖金等。

资产负债表法主要根据住房和公共事业、商品和服务费、固定收入及税收四项费用比较之后的差额部分，给予外派员工经济补偿。如果外派地的上述费用超过国内，员工将得到补偿。在实施中需要注意的问题是如何在激励外派人员的同时有效控制外派薪酬成本，例如，一些公司限制外派人员的住房和用车等高档消费等，因为外派人员的平均成本一般是母国相似职位的 2 ~ 5 倍，是当地人员的 10 倍。

（3）修正的母国体系。修正的母国体系也称来源国标准，它是以外派人员来源国或母国的生活标准和薪酬水平为基础，适当调整之后确定外派人员的薪酬支付标准。这种薪酬体系是母国标准的改良。

该方法主要是解决不同来源国员工被派往同一海外公司的薪酬标准制定问题。例如，一家公司中有两个副总裁，一个是美国人，一个是英国人，被同时派遣到驻巴黎的公司。按照以母国为标准的薪酬体系，因为来源国的生活水平不同，他们应得到不同的津贴，但这会造成一种不公平。而修正的母国标准的解决办法是：公司根据职位和家庭规模制定统一的住房标准。例如，被派遣到巴黎的副总裁每月都支付 3000 欧元的住房费用，这个标准确保所有的外派副总裁拥有相同的住房水平，减少由国籍引发的待遇不公问题。

来源国标准主要解决员工福利补贴的差异问题，依然贯彻外派员工生活费水平不低于原居住国的原则，以原居住国与外派国支出的差距来计算补贴差额。

2. 东道国体系与现行费率法

（1）内涵与管理特征。东道国体系又称为薪酬本土化或现行费率法、市场费率法等，即按照公司所在地的市场费率标准和水平来支付外派人员的薪酬。东道国体系的主要管理特征有：

第一，管理前提。在实施该体系前需要对东道国的相关薪酬市场、生活水平及购买力等有深入的了解，有一个严格的职务评价体系和内部薪酬等级标准。

第二，体系适应性。这一方法有利于外派人员由低水平国家向高水平国家流动，即保证外派人员的报酬得到增加；但如果员工的流向相反，可能实施的阻力会比较大。因此，公司一般对外派期限比较长的员工采取这种方法。

第三，对外派薪酬的不同组合部分采取差异化管理。通常的做法是公司按照当地标准支付外派人员的货币薪酬部分，但继续执行母国的养老金计划，同时考虑到外派的临时性，以当地最高的生活水平支付住房差额、生活费补贴等外派福利。

（2）东道国体系的优缺点。

东道国体系的优点主要有：有助于消除母国体系存在的同等职位的报酬不公问题。如有助于不同来源国员工之间的合作；回避汇率及税法的调整；降低外派成本；促进本土化进程等。

东道国体系的缺点主要有：有可能助长外派人员之间的互相攀比，造成流动障碍，造成同一外派人员在不同任期内待遇的差异较大，特别是发展中国家和发达国家之家的差异大；对外派人员回国之后的薪酬管理带来一定的影响等。

3. 其他体系与办法

（1）总部体系。以总部为标准的薪酬体系基于这样的原则：对所有的外派雇员，都以总部所在国的标准支付外派薪酬。例如，一家美国的跨国公司将给所有外派雇员按照美国的标准支付薪酬，而不论员工来自哪一个国家，或从哪一个国家的公司被派到海外其他公司。员工在整个外派期间，公司统一按照总部标准付薪，以减少员工回到总部后带来的财务问题。

该办法的优点是便于管理，公司只需要制定一套标准的薪酬和津贴系统即可。缺点是不利于外派人员在全球的流动。

（2）取高标准的体系。取高标准的体系即在母国和东道国之间取高薪酬标准的方法。一般的计算程序是：先按照以母国为基础的方法计算薪酬净值，然后将两个数值进行比较，以较高的标准付薪。

该办法的优点是雇员不会因为接受外派任职而使生活水平降低，其薪酬水平也会高于当地。缺点是有可能在不同国籍的外派雇员和当地雇员之间产生不公。

（3）区域化法。区域化法是指跨国公司对在区域之间流动的人员实行统一的外派薪酬标准，如欧洲区域标准、亚洲区域标准等。区域体系的标准界于国际薪酬和东道国薪酬水平之间，常常以某一区域内同行业公司中相似职位的平均薪酬作为标准，并提供标准的海外补贴。当来自不同区域的员工增多时，许多跨国公司倾向于采用区域薪酬政策。

与企业外派薪酬标准相比，区域薪酬的补偿水平低，外派补贴和奖励也少。因为员工只在本区域内流动，所以可以降低来自工作、生活以及文化环境不适等的多种补偿，同时可以降低外派激励酬金。

（4）全球化法。全球化法主要是指跨国公司为某些在全球范围内流动的高级管理人员和技术专家设计的特殊薪酬管理体系。它主要根据全球范围内同行业相似职位的平均薪酬来确定外派人员的薪酬，并提供统一的外派奖金和津贴。全球化法的薪酬标准高，成本昂贵，实施的主要目的是为了获取和留住国际一流人才，并真正体现人才的全球市场化运作。

6.2.5　外派人员薪酬的支付

1. 外派人员的税款补偿

（1）税收保护。外派人员的纳税额不会超过其在母国所获得薪酬的纳税总额。在这种情形下，如果在外国的纳税额低于母国，少缴纳的差额部分就成为雇员的额外收入。该体系最大的好处是：雇员可以从低税额中得到利益，同时纳税时间选择也会给雇主带来利益。该体系的缺点是助长员工少报收入，违反税法。到低税收国家的外派人员会有一笔额外的收入，所以有可能阻碍一些人员不愿回国任职或是流动到高税收国家。

（2）税收均等法。是指企业暂时代扣数额等于外派人员在母国应缴纳的税款，然后支付由于外派任职产生的全部税款。这种方法的主要优点是对于派遣到任何地方的外派人员都是公平的，所以有利于人员的流动，公司也可以从派遣地的低税收中获利，雇员也不会因为违反税法而获利。缺点是执行起来花费比较多，此外，还需要专业咨询机构提供帮助。

税收平衡补助是很多跨国公司较大的一笔外派支出。一些国家的税法调整使得雇主和雇员都得到了最大收益，税收方面的优惠必然有助于雇员的全球流动。例如，美国 1981 年颁布的新税法大大减轻了外派人员的税收负担，这部法案规定外派雇员收入中的 75000 美元免税，并规定外派雇员可以按照母国的税法纳税。

2. 商品和服务差额补贴

当薪酬系统不是以东道国为基础时，公司常常为外派雇员提供商品和服务差额补贴，一般补贴的是东道国的商品和服务成本高于支付基础国家成本的部分，这部分差额补贴也成为外派人员的商品和服务津贴。

在确定商品和服务津贴时需要确定一个计算指标，即可消费的、最基本的商品和服务的数额。它是指薪酬中基础国的商品和服务支出占基薪的比例，公司依据该指数提供津贴，该比例以别国为基础进行计算，并取决于公司选择的支付体系类型。该指数可能为正，也可能为负，即东道国可消费的商品和服务成本可能高于或低于支付基础国的成本。当差额为正时，企业向员工补偿；当差额为负时，公司一般不扣除差额，只是不再支付商品和服务津贴。

3. 其他薪酬支付方式

（1）一揽子支付方式。资产负债表法在商品和服务、住房、教育和其他特殊项目上给外派雇员提供了一种特殊的消费“权利”，不仅增加了公司的支出，也对雇员的个人消费起到了不必要的默许和引导功能。一些企业已经意识到这一问题，并采取一揽子支付的方法加以解决。一揽子支付方法是指在资产负债表下，将所有的津贴和奖金综合为一笔数额，随着薪水按月发放。据说最早使用该方法的公司是美国的一家高技术企业，它用这种方法来支持一个特定的企业战略和职业发展项目。该公司规定所有国际的高潜力雇员都要接受外派，外派平均期限为 2 年，很少有雇员超过 3 年未回国的，公司还承诺不减少外派人员的一次性奖金等。由于公司很好地执行了这些承诺，外派雇员对公司很信任，项目实施效果也非常好。

其他公司受到影响也开始使用一揽子支付的方法，但都不是很成功，失败的原因有：外派没有限制任期，期限越长，问题越大；没有适当考虑汇率的变动，特别是一些雇主把汇率风险转嫁到雇员身上，导致雇员拒绝接受外派，由此引发劳资争议等；没有将薪酬改革与雇员职业发展计划有效结合在一起；薪酬计算的不透明等，都使得员工对公司失去信任。因此，一些公司尝试对一揽子支付方式进行改进，包括提前支付一些特殊项目，如流动奖金、艰苦津贴和其他奖金，延期支付一些其他的奖励性津贴或福利等。

（2）自助式支付方式。自助式支付方式可以分为两种：一种是指在薪酬项目上给外派员工更多的选择；另一种是指对不同的外派员工应用不同的薪酬支付系统。前者成为自助式项目，后者成为自助式系统。

自助式项目：一些公司，尤其是专业服务行业的公司，已经设计了多种多样的外派薪酬的自助式方法。公司也可以根据不同国家对额外补贴的可征税性要求，让员工任选其中的某些项目。自助式方法虽然没有被广泛接受，但一些公司使用之后效果不错。这种方法更适用于高薪的专家和高级经理，不太适用于中层经理和一般雇员。

自助式系统：因为资产负债表法适用于中短期临时外派雇员，所以对长期在海外任职的员工有很多限制。一些公司根据雇员的实际情况，采取多样化的薪酬系统。比如，对那些经常在世界范围内流动的雇员实行以总部为基础的资产负债表法；对在地区范围内流动的外派雇员实行母国或东道国薪酬取高的方法；对在东道国延期的雇员或永久居住在东道国的雇员实行本土化的政策。尽管管理不同的薪酬系统相当复杂，而且很难清晰界定员工的种类，但是，外派雇员多、雇员分类清晰的公司可以使用 2 种或是 3 种不同的薪酬系统。

6.2.6　外资企业对本土国（中国）员工的薪酬架构

1．竞争性的工资

外企一般都有非常明确的工资结构，公司会根据职位的高低、工作的复杂程度等来确定工资的级别，工资的增长跟员工的业绩紧密相连。多数外企的薪资制定，是按照 3P+2M 的原则，即根据实际业绩、岗位职责、个人能力，参照行业市场和人才市场制定。

大部分外企员工年底都是双薪，基本工资为 13 个月。年终视工作表现发放年终奖，年终奖金的多少主要根据公司的绩效和每位员工的业绩来考核。员工工作一段时间后，大多数外企都会进行工资调整，提升的速度和额度，视员工的业绩而定。

如在 GE，每个员工每年的工资增长都与其业绩紧密相连，业绩分数越高，工资增长比例就越高，增长工资的周期越短。在欧莱雅，有一个“全球利润共享计划”，公司将根据主要指标的完成情况及赢利状况，拿出一定比例的利润来提高员工的福利。

2．完善的福利计划

为了吸引、激励和留住人才，除了富有竞争力的工资之外，完善的福利计划也是外企重要的人力资源战略内容。多数外企会给员工提供补充养老保险、车补、房补、驻外工作津贴等优厚待遇。比如，汉高公司会根据员工的表现提供各种福利，如员工住宅、膳食补助金、圣诞节奖金、信用磁卡等。

（1）补充社会保险。这是多数外企普遍采用的福利计划，除了基本的社会保险外，公司还会为员工购买商业保险，比如商业的医疗保险等，以保证员工享受更多的社会福利。

（2）出国培训。将优秀的员工送到国外的总部培训或参与重要项目，也是对员工的重要福利之一。如欧莱雅公司会根据员工的发展情况，设计全面的个性化培训计划。

（3）员工期权。这是外企针对优秀员工推出的一项福利计划。联想公司给达到一定级别的员工期权，大约 80%的联想员工拥有公司期权。

（4）多项奖项。对工作突出的员工，许多外企还设置各式各样的奖项，作为员工激励的重要方面，如客户服务奖、创新精神奖等。如联邦快递推出的“紫色承诺奖”，是授予提供出色客户支持、在提供客户服务时积极主动、为加强客户和社区关系表现出无私行为的员工。渣打银行则推出了员工年资奖和特殊贡献奖。

（5）各种补贴。对一些高层管理人员，许多外企设立了额外的员工福利和保留计划，如车补、房补等各种补贴。

另外，生日蛋糕、过节费、疾病探视等各种“以人为本”的福利补贴，以关心员工的日常生活为主，也是外企惯用的吸引和留住人才的方法。

6.3 与用人单位存在特殊劳动关系的特殊人员管理

6.3.1 劳务派遣人员

1. 劳务派遣的定义

劳务派遣是指由有合法资质的劳务派遣机构，根据用人单位的实际工作需求，通过一系列专业方法招聘合格人员，派遣到用人单位工作的一种新型用工形式。也就是劳务派遣机构招聘员工，但不使用员工；用人单位不招聘员工，但使用员工的一种招聘与用人相分离的用工模式。

2. 派遣员工、用人单位、派遣机构三者关系

劳务派遣机构与用人单位之间是一种劳务关系；劳务派遣机构与派遣员工之间是一种劳动关系；用人单位与派遣员工之间是一种工作关系。派遣系统是一种三角关系，如图 6-2 所示。

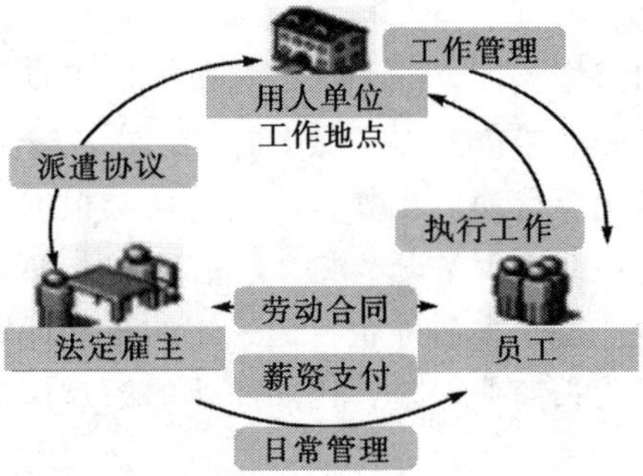

图 6-2 派遣关系

3. 我国劳务派遣的发展

我国自 20 世纪 80 年代以来，也开始了劳务派遣的尝试，为解决失业人员的安置和再就业，为国企转制发挥了重要作用。近几年，国家主管部门也正在积极探索、大力推动劳务派遣业的发展。其目的是探求在市场经济条件下一种新的用人形式，以适应各种体制、机制的需要，促进经济的持续协调发展。

劳务派遣作为一种新型的用工模式，越来越受到企业的青睐，劳务派遣模式的优点主要体现在以下几个方面。

（1）减轻企业工作负担。为了规范劳动合同制度，保护用人单位和劳动者的合法权益，按劳动和社会保障部门的要求，用人单位要与员工签订《劳动合同》，

为员工缴纳社会保险，员工按规定享受各项待遇。如果用工单位在规定时间内都做到规范用工，工作量极大，所以，委托专业公司实施劳务派遣并与员工签订劳动合同则是捷径。

（2）保障劳动权益、达到用工规范。采取劳务派遣这种新型的用工方式，员工与劳务派遣机构签订《劳动合同》，保证了劳资双方在遵守劳动法的前提下的用工规范，员工的权益也有了保障。

（3）享受社会保险待遇。根据国家规定为劳务人员缴纳各项社会保险，用人单位和劳务人员按规定的比例定期缴纳社会保险，员工因为用工单位为其缴纳社会保险，工龄得到延长，医药费可以报销，失业、工伤和退休后生活有了保障。

（4）档案集中管理。所有与劳务公司签订劳动合同的被派遣人员，劳动关系都在劳务公司，档案统一管理，既规范了用工行为，替用工单位承担了一定的风险和责任，还可以使用人单位和劳务人员之间建立起和谐稳定的劳务关系。

（5）避免经济损失。由于派遣机构的工作人员都是多年从事劳动人事相关工作的专业人员，故在派遣协议签署后，可以根据用人单位的具体情况协助人力资源部门完善管理、合理解决用人单位存在的一些违规现象。通过劳务派遣的这一环节尽可能减少、降低用人单位因“用人”而产生的经济损失。

总之，实行劳务派遣后简化了用工的管理，减轻了企业的负担，理顺了劳务关系，规范了用工行为，使企业能够集中精力经营。

4. 劳务派遣制度适用的人群

劳务派遣适用于服务性行业（餐饮服务、酒店服务等）；商业企业（商场导购、促销人员等）；物业管理（保洁员、保安员、园艺、各种技术人员等）；装潢装饰、建筑行业（各工种工人）；国家事业单位（无事业单位指标职工）；国家企业改制后所使用的合同制员工。

5. 劳务派遣人员的工资管理

根据派遣人员、派遣机构、用人单位之间的关系，派遣人员与派遣机构签订劳动合同，派遣人员的工资由派遣机构发放，具体工资标准由派遣机构核定。

6.3.2　实习人员

关于在校学生实习的待遇问题，目前国家还没有专门出台规范。实习生和公司没有形成劳动关系，同时也没有形成劳务关系，公司没有义务给实习生发工资。但是，因为实习生毕竟为公司服务，一些公司愿意给实习生一定的劳动报酬，但这绝对不能看做是工资。因为工资是用人单位付给被雇佣者的劳务费，而实习生从公司拿到的，充其量只是一种生活的补助或补贴。

有关实习生权益保护的法律法规比较少，大多采取双方约定的原则。2004 年 4 月，北京出台了《北京地区普通高等学校学生勤工助学活动的规定》，基本上使学生的权利做到了有法可依了。《规定》中第三十五条对学生的实习报酬做出了规定：用人单位可与学生协商劳动报酬标准，但不应低于北京市规定的最低工资标准，且不得克扣学生的合法劳动报酬。用人单位如果违反协议，给学校或学生造成损失的，按规定应予以相应的赔偿。对在勤工助学劳动过程中发生工伤的学生，由用人单位按照工伤保险有关规定给付一次性费用。

6.3.3 钟点工

一般需要钟点工的岗位，岗位本身的工作价值较低，对工作技能要求较简单，因此，这些岗位通常按钟点来计算工资。钟点工资是以时薪为基础的一种薪酬计算方法。员工获得薪资的多少按工作时间的长短来计算。大多数临时或兼职的岗位薪酬通常采用钟点工资的薪酬模型。

如表 6-1 所示为该商场按照劳动力市场的参考价格，确定钟点工资 A，在销售旺季招聘钟点工，各部门按时薪比例系数确定不同岗位的钟点工资。某大型商场钟点工的薪酬设计，根据不同岗位的不同特点设计了不同等级的时薪，比如总办和送货部钟点工时薪最高为 1.30A，商场部钟点工时薪最低为 1.0A。

表 6-1　　各部门钟点工时薪标准

层级	总办	仓务部	客服	人力资源	送货部	商场部	时薪
F1	√				√		1.30A
F2		√					1.25A
F3			√				1.20A
F4							1.10A
F5				√			1.05A
F6						√	1.00A

6.3.4 离退休人员

在针对事业单位的新的养老保险制度建立前，离退休人员的待遇是：离休人员按离休前本人职务工资和津贴全额发放，工作人员退休时，职务工资和津贴按国家有关规定发退休金，享受政府特殊津贴的离退休人员，政府津贴按 100%发放。在职人员根据经济发展情况、相应人员工资水平状况和物价指数变动情况调整工资标准，离退休人员按照调整工资标准的幅度相应增加离退休金。

实行统一的养老保险制度以后，职工退休时的养老金计发办法如下。

（1）1996 年 1 月 1 日以后参加工作的职工达到法定退休年龄时，凡缴费累计满 15 年的，均可享受按月发放基本养老保险待遇。月基本养老金包括两部分：第一部分是基础养老金，以退休时上一年全省职工月平均工资为基数，缴费满 15 年以上的计发 20%；第二部分是个人账户养老金，即以退休时个人账户储存额除以 120。两项合计，月基本养老金计发公式为：

月基本养老金=全省上年度月平均工资×20%+个人账户储存额÷120

职工到达法定退休年龄，但缴费不足 15 年的，不享受按月发给的养老保险待遇，按其退休时个人账户养老金储存额一次性结清，并同时终止养老保险关系。

（2）1995 年底前参加工作的职工，退休养老金由四部分组成：基础养老金；个人账户养老金；过渡性养老金；国家和省规定的一定比例的生活、物价补贴。

四部分合计，月基本养老金计发公式为：

月基本养老金=全省上年度职工月平均工资×20%+个人账户储存额÷120
+本人指数化缴费工资×1995 年底以前的缴费年限×1.4%
+一定比例生活和物价补贴

6.3.5　顾问

越来越多的大型集团、跨国企业和外资企业聘用外籍员工或具有特殊才能的专业人才，在解决外籍员工或具有特殊才能的专业人才的工资待遇时，需要弄清以下几个问题：他们在人力资源市场上的薪资待遇如何？企业能否承受他们的高额薪资？福利计划需要调整吗？需要增加和删减哪些项目？他们的薪资结构和薪资管理有什么特殊性？如何处理与现有薪酬体系的关系？

在薪酬结构和新酬水平的调查和分析上，设计外籍员工或具有特殊才能的专业人才的薪酬应以市场为依据，在此基础上结合区域差异、消费水平、个人所得税进行一定幅度的调整。聘用专家型人才，一般都是短期的，不必专门设计薪酬模型，一般实行高薪打包，付给对方薪酬总额，包括工资、福利津贴等。

6.3.6　退休返聘人员

对于退休返聘人员的工资待遇，根据返聘单位的具体情况确定。返聘人员的退休工资和返聘工资，应按国家规定合法纳税。

退休人员取得的按国家规定发给的退休工资免征个人所得税；对返聘人员取得的返聘报酬和超过按国家规定发放的退休工资部分，应按工资薪金所得项目规定征收个人所得税，税率按九级超额累进表中适当的级距确定。

6.4　军队转业干部、受处分人员的工资管理

6.4.1　军队转业干部的工资待遇

鉴于军队和地方机关、事业单位自 1993 年 10 月 1 日起已实行新的工资制度，1995 年 7 月 7 日国务院、中央军委颁布《关于确定军队转业干部工资待遇问题的

通知》(国发[1995]19号)。关于1993年10月1日以后批准转业到地方工作的军队干部工资待遇的规定的主要内容如下。

(1)分配到机关的军队转业干部，其职务工资按照本人原军队职务(技术等级)工资80%的数额就近套入机关对应职务的工资档次(达到或超过半个档差的套入上一档次，低于半个档差的套入下一档次)，但套入后的职务工资档次最多不超过机关同等条件人员的4个档次，超过部分不予保留。凡低于机关对应职务最低职务工资档次的，均套入最低职务工资档次；达到或超过机关对应职务最高职务工资档次的，均套人最高职务工资档次，高出部分不予保留。其级别工资根据本人原军队职务和军龄(含曾在地方工作的时间)，按照《国务院办公厅关于印发机关、事业单位工资制度改革三个实施办法的通知》(国办发[1993]85号)的有关规定确定，其基础工资和工龄工资按照《国务院关于机关和事业单位工作人员工资制度改革问题的通知》(国发[1993]79号)的有关规定执行。

(2)分配到事业单位的军队转业干部，其工资的固定部分按照分配到机关的同等条件军队转业干部基本工资(职务工资、级别工资、基础工资和工龄工资四项之和)的70%就近就高套入所在单位对应专业技术职务工资或职员职务工资档次，其津贴部分按照国家有关规定执行。

(3)分配到企业的军队转业干部，其工资按照本人原军队职务(技术等级)工资、军衔(文职级别)工资、基础工资和军龄工资四项之和的80%就近就高套入所在企业相当职务的工资标准(不含奖金和各种补贴)。

(4)军队转业干部的津贴、补贴、奖金及其他生活福利待遇，均按照国家有关规定执行。

(5)1993年9月30日以前批准转业尚未离队的干部，由于未参加1993年军队工资改革，在1993年10月1日以后转业时，其工资待遇仍按照1993年9月30日前军队转业干部工资改革的规定执行。

(6)确定军队转业干部工资待遇是一项政策性很强的工作。各地区、各部门、各单位必须按照本通知的规定认真落实。同时要注意做军队转业干部特别是先期转业干部的思想政治工作，使他们顾全大局，为国家的改革、发展、稳定做出积极贡献。

对于自主择业的军队转业干部，由安置地政府逐月发给退役金。团级职务和军龄满20年的营级转业干部的月退役金，按照本人转业时安置地同职务等级军队干部月职务、军衔(级别)工资和军队统一规定的津贴补贴为计发基数80%的数额与基础、军龄工资的全额之和计发。军龄满20年以上的，从第21年起，军龄每增加一年，增发月退役金基数的1%。

自主择业的军队转业干部，按照下列条件和标准增发退役金：

(1)荣立三等功、二等功、一等功或者被大军区级以上单位授予荣誉称号的，分别增发月退役金基数的5%、10%、15%。符合其中两项以上的，按照最高的一项标准增发。

（2）在边远艰苦地区或者从事飞行、舰艇工作满 10 年、15 年、20 年以上的，分别增发月退役金基数的 5%、10%、15%。符合其中两项以上的，按照最高的一项标准增发。各项规定的标准合并计算后，月退役金数额不得超过本人转业时安置地同职务等级军队干部月职务、军衔、基础、军龄工资和军队统一规定的津贴补贴之和。

自主择业的军队转业干部的退役金，根据移交地方安置的军队退休干部退休生活费调整的情况相应调整增加。经济比较发达的地区，自主择业的转业干部的月退役金低于安置地当年党和国家相应职务等级退休干部月退休生活费的，安置地政府可以发给差额补贴。自主择业的军队转业干部的退役金，免征个人所得税。自主择业的军队转业干部，被党和国家机关选用为正式工作人员的，停发退役金。

自主择业军队转业干部去世后，从去世的下月起停发退役金，区别不同情况，一次发给本人生前 10～40 个月的退役金作为抚恤金和一定数额的退役金作为丧葬补助费。自主择业军队转业干部的遗属生活确有困难的，由安置地政府按照国家和当地的有关规定发给生活困难补助金。

军职以下军官、文职干部工资标准见表 6-2、表 6-3。

表 6-2　　军职以下军官、文职干部工资标准表　　单位：元/月

职务（专业技术）等级			职务工资									
军事、政治后勤军官	专业技术军官、专业技术文职干部	非专业技术文职干部	一档	二档	三档	四档	五档	六档	七档	八档	九档	十档
正军职	四级	按正军职待遇	382	404	428	452	476	500	526	552	578	
副军职	五级	按副军职待遇	338	360	382	404	428	452	476	500	526	552
正师职	六级	正局级	296	316	338	360	382	404	428	452	476	500
副师职	七级	副局级	256	276	296	316	338	360	382	404	428	452
正团职	八极	正处级	220	236	256	276	296	316	338	360	382	404
副团职	九级	副处级	192	204	220	236	256	276	296	316	338	360
正营职	十级	正科级	170	180	192	204	220	236	256	276	296	
副营职	十一级	副科级	152	160	170	180	192	204	220	236	256	
正连职	十二级	一级科员	136	144	152	160	170	180	192	204		
副连职	十三级	二级科员	124	130	136	144	152	160	170	180		
排职	十四级	办事员	112	118	124	130	136	144	152	160		

说明：表中职务等级对应关系，仅限执行工资标准，不涉及其他待遇。

表 6-3 军衔工资 单位：元/月

军衔（级别）工资			基础工资	军龄工资
军衔	级别	基本标准		
			90	每服务一年按一年一元计发
少将	2 级	375		
大校	3 级	315		
上校	4 级	255		
中校	5 级	195		
少校	6 级	135		
上尉	7 级	105		
中尉	8 级	80		
少尉	9 级	60		

注：本表摘自中央军委［1993］13 号文件和总参谋部、总政治部、总后勤部［1993］后联字 4 号文件规定，军衔工资依据本人现有军衔为基本标准，从衔龄的第 2 个自然年度起，按照年增资标准（将官 15 元、校官 10 元、尉官 5 元）确定军衔工资。

6.4.2 处分人员的工资管理

1. 国家机关和事业单位工作人员受行政、刑事处罚的工资处理问题

（1）被取保候审和被监视居住的人员。国家机关和事业单位工作人员被取保候审或被监视居住的，在此期间停发原工资，并按以下办法计发生活费。

原为国家公务员的，按照本人原基本工资额（即职务工资、级别工资、基础工资和工龄工资四项之和，下同）的 75%计发生活费。机关技术工人按照本人原岗位工资和技术等级（职务）工资之和，机关普通工人按照原岗位工资数额作为生活费，取消每月发放的奖金部分。事业单位工作人员按照本人原工资中的固定部分作为生活费，取消其工资中活的部分（即津贴）。

上述人员经审查核实后，如构不成刑事犯罪或不被行政处罚，且不给予任何行政纪律处分的，补发其被扣除的工资、奖金、津贴、补贴；如被追究刑事责任或受到行政、刑事处罚或给予行政纪律处分的，不再补发被减发和扣发的工资、奖金、津贴、补贴。

（2）被公安机关强制收容教育、强制戒毒（包括所外执行）的人员，其工资处理问题参照被取保候审和监视居住人员的工资处理办法执行。

（3）被羁押人员的工资处理问题。国家机关和事业单位工作人员被羁押期间停发工资。公安、检察机关撤案或者检察机关决定不予以起诉以及检察机关虽决定起诉而法院宣判无罪的，按下列原则分别处理：犯罪嫌疑人未被劳动教养或治安拘留，原单位也未给予行政纪律处分的，由原单位补发其被羁押期间的工资、奖金、津贴、补贴；如未被劳动教养或治安拘留，原单位给予行政纪律处分的，其被羁押期间的工资问题按照被取保候审和监视居住的工资处理办法执行；如被劳动教养、治安拘留的，其被羁押期间减发和扣发的工资、奖金、津贴、补贴不予补发。法院决定免予追究刑事责任的，被羁押期间减发和扣发的工资、奖金、津贴、补贴也不予补发。

（4）被判处拘役、有期徒刑宣告缓刑的工资处理问题。国家机关和事业单位工作人员被判处拘役、有期徒刑宣告缓刑的，在缓刑执行期间，停发原工资。对安排了临时工作的缓刑人员，原为国家公务员的按本人缓刑前基本工资额的 60%发给生活费；机关工勤人员按工资中固定部分（技术工人的岗位工资、技术等级工资和职务工资，机关普通工人的岗位工资）85%的数额计发生活费，其工资中的奖金部分不再发放；事业单位工作人员按本人受处罚前工资固定部分 85%的数额计发生活费，其工资中活的部分（津贴）不再发放。若按此发放的生活费低于本地区最低生活保障线标准的，按本地区最低生活保障线发放。缓刑期间达到离退休年龄的，按照《人事部关于国家行政机关工作人员被判处管制、拘役及判处刑罚宣告缓刑后的工作和工资问题的通知》（人核发［1989］2 号）文中“缓刑人员在缓刑期间不能办理离退休手续”的规定，不办理离退休手续，继续按缓刑期间的标准发放生活费。缓刑期满至原单位对本人做出处理期间的生活费，按缓刑期间的标准计发。缓刑期满后分配正式工作的，其工资待遇根据新任职务、新任岗位按不高于同等条件人员重新确定。缓刑期满到达离休年龄的，根据《劳动人事部老干部服务局关于离休干部受刑事处分后待遇问题的复函》（劳人老函［1987］5 号）和《人事部离休退休司关于干部被判处有期徒刑缓刑考验期满后能否办理离休的函》（人退司函［1988］2 号）文件精神，凡受到刑事处罚的，都不能再享受离休待遇和办理离休手续。其退出工作岗位后的生活待遇和管理等问题，由各省、自治区、直辖市或各部门研究确定。缓刑期满到达退休年龄的，可以办理退休手续，按照重新确定的工资标准享受相应的退休待遇。

（5）被判处管制的人员工资处理问题。国家机关和事业单位工作人员被判处管制由原单位接收的，参照被判处刑罚宣告缓刑人员的工资处理办法执行。

（6）被判处拘役的人员工资处理问题。国家机关和事业单位工作人员被判处拘役的，拘役期间工资停发。期满释放，经上级主管机关批准由原单位接收并分配正式工作的，可参照被判处刑罚宣告缓刑人员缓刑期满后的工资处理办法执行。

（7）受到徒刑以上刑事处罚的人员，在服刑期间停发工资。服刑期满后如原单位接收并安排工作，其工资待遇按新录用人员的工资办法处理。

（8）被劳动教养、治安拘留的人员工资处理问题。国家机关和事业单位工作人员被劳动教养、治安拘留，对仍保留公职且所外执行者，可参照被判处刑罚宣告缓刑人员的工资处理办法执行。

（9）在采取上述强制措施、受行政或刑事处罚期间，不计为工龄。

2. 国家机关和事业单位工作人员被判刑后又改判的工资处理

（1）国家机关和事业单位工作人员经核实确被错判犯罪的，应恢复其原工资待遇，在原判期间的经济损失及精神损失按《中华人民共和国国家赔偿法》中的有关规定予以补偿；被减发或停发的工资、奖金、津贴、补贴不予补发。原判期间可计算为连续工龄。

（2）国家机关和事业单位工作人员因触犯刑律被判刑，经司法机关复查，认为原判过重，改为较轻刑罚，态度较好免予刑事处罚的，回原单位后其工资待遇应视其罪行轻重和是否给予行政纪律处分而定，即情节较轻，免予行政纪律处分者，可恢复原工资待遇，给予行政纪律处分的按有关规定确定工资待遇。以上两种情况，在原判期间被减发和扣发的工资、奖金、津贴、补贴均不予补发。原判期间不计算为工龄。

本章小结

1. 我国公务员工资制度实行职级工资制，工资结构包括职务工资、级别工资、基础工资、工龄工资四个部分。职务工资和级别工资是构成的主体。

2. 跨国公司的人员主要由母国员工、东道国员工和第三国员工构成。对于外派人员的薪酬组合或称薪酬包，包括基本薪酬、奖金、津贴和补贴、福利四部分。上述四部分又分为直接薪酬和间接薪酬。

3. 介绍了劳务派遣人员，学生实习，钟点工，离退休人员，顾问，退休返聘人员，军队转业干部，受行政、刑事处罚人员的薪酬设计和管理。

关键术语

- 职级工资制
- 外派人员
- 非雇佣关系员工

思考题

1. 我国公务员工资实行哪种工资制度？工资结构是什么？
2. 跨国公司外派人员常见的薪酬构成是什么？直接薪酬和间接薪酬包括哪些部分？
3. 劳务派遣机构、派遣员工、用人单位三者的关系如何？
4. 实行统一养老保险制度后，退休人员的养老金如何计算？

5. 退休返聘人员的个人所得税如何计算？

案例讨论

如何管理“海外团队”

同仁堂的代理商提出说要建立合资公司，同仁堂拿品牌入股，对方拿资金实际投资，风险共同承担，这个提议很快引起了同仁堂高层领导的兴趣。而几乎就在同时，同仁堂取得了进出口权，这对已经看到巨大海外发展空间的同仁堂来说，扫清了外扩道路上的贸易障碍。此后，同仁堂每年都以“缓慢”的脚步向外发展。

1．选拔海外团队

在确定合资的模式后，同仁堂启动了与合资伙伴共同管理企业的程序。同仁堂海外分公司有两个总经理：一个是同仁堂本部外派出去的，负责业务的拓展和日常经营；另一个是合作伙伴选聘的，负责当地员工的日常管理和营销。

为了在人员上配合战略需要，同仁堂专门开辟出一个对外经济工作办公室，负责人员的选拔培训和管理。一般情况下，同仁堂派往海外分店的人员构成是中方经理、老中医、技术人员、中层管理人员、一线的销售人员和财务管理人员。除了老中医是外聘的以外，其余人员几乎全部是内部选拔。

同仁堂在公司内部通过业务和理论两种考核方式选拔外派人员。对外派人员的基本要求是熟悉药店的经营管理、熟悉中药的专业知识、工作态度好、对企业忠诚。由于行业的独特性，同仁堂的外派人员目前不需要太多考虑其海外工作经验，因为他们在国外主要从事的是并没有参考对象的中药销售工作。

同仁堂与外派员工并不签订专门的合同，对外经济工作办公室副主任闫玉峰说：“我们只有一个劳动合同，就是工作人员刚进入同仁堂时签订的，外派人员只是改变了工作地点而已，和在国内工作没有特别的不同。”

同仁堂的海外派遣人员也并没有享受多少特殊待遇。外派人员的实际工资虽然看起来高一些，但结合当地的市场状况，工资水平和国内其实差不多。但同仁堂的员工还是争着外出，因为在员工看来，这意味着今后有更大的发展空间。

2．保持北京特色

不管在哪个国家的哪个店，同仁堂都要求保持北京特色。同仁堂对外宣传部长金永年说：“中药是中国特色文化的一部分，我们在向外发展中，不仅输出产品，还输出文化。”同仁堂药店一定程度上是中国文化的代表，很多外国人也是怀着对京腔京韵的好奇、对中国文化的憧憬走进同仁堂的。同仁堂必须拥有合资公司 51%以上的股份（香港公司除外），因为只有这样，才能让远在千里之外的同仁堂保持本来的风貌。其次，所有人员都必须先通过严格的培训，本地员工也要到总部来接受长达 3 个多月的企业文化和中国文化的体验熏陶，不仅要向他们讲解中药文化，还要让他们参观各个生产基地，深入到街头巷尾感受北京文化。

3．目标控制

外派经理与其他公司相似，同仁堂的控制体系里的关键词也是“目标”。同仁堂与各海外公司的经理签订目标责任书，每月都要给总部上报经营报表，不但要及时反馈当月的收入、费用等问题，还要附上当月工作过程中存在的问题。而每个季度，海外公司还要向其直接投资方提供会计报表。

不过目标控制不能应对突发问题。为此，同仁堂外派的中方经理在其他工作人员到达之前，就必须进行许多前期准备工作，比如潜在客户群的调研等，其工作繁忙程度和在国外单独创业差不多。

为了激励海外经理，同仁堂进行了“优秀店经理”的评选活动，给予入选者特殊的奖励。除此之外，在激励措施上，同仁堂也并没有给海外员工开多少绿灯，通行的依然是公司原有的激励体系，在完成目标的基础上提成。

闫玉峰说：“优秀店的经理两年评选一次，被选上的海外经理同仁堂以发放津贴的方式给予奖励。”根据需要，同仁堂把发放的津贴分了类：按月随工资发放与按季度和年度发放，这种方式是获奖经理可以自己选择的。

思考与讨论题

1. 外派员工的薪酬水平与国内差不多，为什么员工还愿意到海外工作？
2. 同仁堂是如何激励海外经理的？
3. 为了更好地吸引海外员工，同仁堂的海外人员的待遇应如何调整？

第 7 章

福利与保险

本章学习目标

1. 了解员工福利的特点和员工福利的必要性；
2. 掌握弹性福利计划的特点、存在的问题及员工福利的发展趋势；
3. 掌握福利的主要构成内容；
4. 了解员工福利规划的重要性；
5. 掌握影响员工福利计划制定的各因素；
6. 掌握一般福利计划的设计方法；
7. 掌握弹性福利计划的实施与设计方法；
8. 了解员工福利管理的重要性；
9. 掌握员工福利管理的程序。

引导案例

员工福利不能再称之为“小额优惠”

通用公司一辆价值 20 000 美元的轿车从生产线上组装完毕后，成本会计师将会告诉你在成本中将有 1 200 美元用于员工的健康保险。与同一辆轿车的钢材成本——500 美元相比，健康保险成本核算对成本的影响是很大的。与在美国的一些外国汽车制造商（有更加年轻、更加健康的员工并且几乎没有退休员工）低达 100 美元的福利相比，通用公司的福利成本高得惊人。

在 20 年中（1955～1975 年），员工福利几乎以 4 倍于员工工资或消费价格指数的速度增长。相比较来说，1963～1987 年期间，福利成本的增长速度有所下降（福利成本的增长速度是工资增长速度的两倍）。事实上，在 1993～1995 年期间，福利成本稳定在平均每个全日制员工 14 500 美元左右。

资料来源：文跃然，《薪酬管理原理》，复旦大学出版社 2005 年版。

从上面的例子我们可以看出，员工福利在企业产品的生产成本中所占的比重相当大，它在企业人工成本中的分量更是不可忽视。目前，主流的薪酬管理思想已经把福利与基本工资和奖金并称为薪酬体系的三大支柱，并且开始从战略的高度对福利进行研究，把福利作为企业人力资源战略落地的工具，福利已不再是过去的“小额优惠”了。研究企业的福利管理，首先要理解员工福利的概念和组成要素，即要理解什么是员工福利。

7.1 员工福利概述

7.1.1 员工福利的定义、特点及存在的必要性

1. 员工福利的定义

员工福利是一个综合性的概念，是企业基于雇佣关系，依据国家的强制法令及相关规定，以企业自身的支付能力为依托，向员工提供的、用以改善其本人和家庭生活质量的各种以非货币工资和延期支付形式为主的补充性报酬与服务。

员工福利可从以下几个方面来加以理解（参见图 7-1）：员工福利是总报酬的重要组成部分；员工福利大多表现为非现金收入；员工福利通常采取间接支付的发放形式。

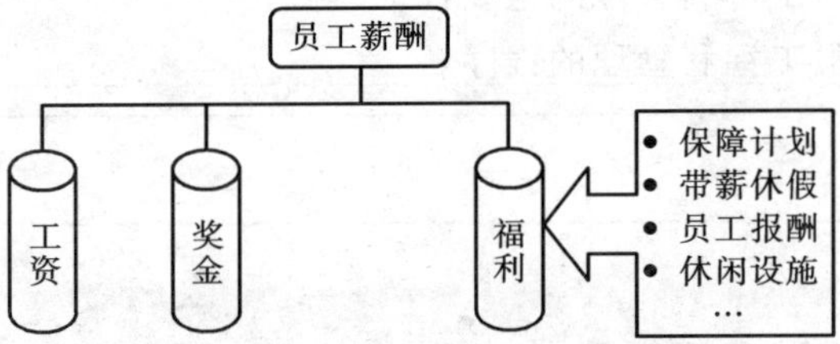

图 7-1 福利在员工薪酬中的位置

资料来源：文跃然，《薪酬管理原理》，复旦大学出版社 2005 年版。

2. 员工福利的特点

与基本薪酬相比，员工福利具有以下几个方面的重要特征。

（1）基本薪酬是劳动的直接回报，为员工提供基本生活保障，而福利是劳动的间接回报，是员工基本收入的有效补充。随着员工工作、生活质量的不断提高，他们对于劳动报酬的需要也越来越呈现出多元化的趋势。相对于基本薪酬的基本保障作用而言，福利具有满足员工多方面、多层次需要的作用，除了满足员工经济与生活需要外，还可满足员工安全需要、休闲需要、学习与发展的需要，等等。

（2）基本薪酬往往采取货币支付的方式，而福利通常采用各种保障计划、休假、服务以及实物支付和延期支付的方式。换言之，福利要占用企业的资金，但

通常并不直接以货币支付给员工，员工只是从福利中间接受益。例如，公司可能每年花费 2 万元为全体员工支付健康保险金，员工并没有直接得到钱，但确实获得了健康保险的福利。

（3）基本薪酬属于可变成本，而福利通常都有类似固定成本的特点，因为它与员工的工作时间之间并没有直接关系。也就是说，福利并不直接与工作效率相联系，因而并不能立竿见影地刺激员工提高工作绩效。然而，优越的福利待遇能增强企业对员工的吸引力，提高员工对职位的满意度，树立企业在员工和社会公众心目中的良好形象。

（4）几乎所有正式员工都可得到福利。福利作为一种普惠制式的报酬形式，它的享受对象通常是企业的所有员工，而且员工之间的差别并不是很大。

3. 员工福利存在的必要性

员工福利可以使企业获得人才竞争优势、低成本优势，并且特别能促进知识型企业核心竞争力的增加。根据美国康奈尔大学 Snell 教授的理论，人力资源管理其实就是对企业核心员工的管理，即对核心能力载体的人的管理。福利管理越人性化，越能增加广大员工的凝聚力，进而就越有利于人力资源管理核心目标的实现，进而实现企业的战略目标。

（1）员工福利对企业的影响。一方面，福利的成本通常都是由企业全部或部分承担的，当福利项目名目繁多时，福利的规划和管理会比基本薪酬和可变薪酬的管理复杂得多，因而可能会耗费企业大量的时间和金钱；另外一方面，福利对员工的激励作用显然不如基本薪酬和可变薪酬更直接，那么企业为什么还要不遗余力提倡员工福利呢？企业对于福利的重视既有企业外部的原因，也有企业内部的原因。

其一，政府的法律规定。大多数国家对于劳动者在就业过程中以及退出劳动力市场之后所应当享受的福利都有强制性的规定，其中最为集中地体现在很多有关社会保障的法律法规中。一般情况下，法律规定企业必须提供的员工福利项目包括养老保险、失业保险、工伤保险、带薪休假、法定节假日休息等，同时，各国政府还通过法律对企业所应提供的福利的最低水平有一定的限制。

20 世纪 30 年代，为了避免美国人民受到大萧条所产生的毁灭性打击的影响，《美国社会保障法》和其他一些法律被作为富兰克林·罗斯福新政的一个组成部分而被颁布出台，这些立法不仅确定了一些要求企业必须设立的福利项目（比如社会保障退休系统），而且还修正了税收结构，以使其他一些福利计划——比如工伤补偿计划以及失业保险计划等也变成强制性的。在我国，政府一直非常重视劳动者的福利。在计划经济时期，政府甚至直接解决企业员工的福利。在市场经济时期，政府通过立法以及政策法规确保企业员工能够得到养老、失业、医疗、生育等社会保障方面的福利，同时能够享受带薪休假、法定节假日等其他各种法定福利项目。基于社会公正和平等原则而制定的这些关于员工福利方面的法律法规，无疑是推动企业员工福利的普及和不断增加的一个重要因素，同时也是企业必须要遵守的约束性条款。

其二，劳动力市场竞争的压力。除了国家法定的一些福利项目之外，企业在选择是否设立其他福利项目时，在形式上是有自己的自主权的。但事实上，从某种意义上来说，企业实际上是被强制性地要求必须设立某些福利项目。原因很简单，以健康福利为例，如果90%以上的企业都提供了某种形式的健康保险福利，那么在其他条件相同的情况下，其余的企业实际上也不得不提供这种福利，否则它必然会在劳动力市场上处于劣势地位。这样，企业的福利提供自主权实际上就被剥夺了。尽管有些企业力图通过雇佣临时工或招募兼职人员来逃避福利负担，但是残酷的竞争已经使得企业越来越没有选择的余地。

其三，集体谈判。许多市场经济国家都存在工会与企业之间的集体谈判机制，在这些国家的工会化企业中，工会可以代表员工就薪酬、工作时间、雇佣条件等一系列的问题与企业或者企业联盟进行谈判。而在集体谈判过程中，福利常常是一个关键性的问题。据估计，在 20 世纪 90 年代早期参加罢工的工人中，有一半以上的人是出于医疗保险方面的原因。①工会往往能够成功地实现自己的会员在福利方面希望达成的目标，尤其是当将收入从现金形态向福利形态转移能够享受相应的税收优惠的情况下。对于工会而言，为工会会员争取到某种新的福利，比如医疗保险计划，可以说是一种非常直观的成果，这种成果对于工会在未来吸收新会员所产生的影响比等值的薪酬水平增长所产生的影响还要大。这是因为，有时薪酬增长的幅度可能只相当于在每位工会会员的小时工资中增加一两美分，而一项福利计划无论实际经济价值多大，却可以很容易地让工会会员感受到。因此，尤其在工会势力较强的时候，它们对企业福利计划所产生的推动作用是不可忽视的。不仅如此，许多企业为了防止本企业员工加入工会，往往是在没有经过集体谈判的情况下，也同样让员工享有各种福利，这也是工会的威胁效应对企业福利的一种影响方式。

其四，员工福利是影响企业劳动力雇佣决策的重要因素。由于员工福利在一般意义上是普惠制的报酬形式，也就是说只要是单位的正式员工，不论其工资、奖金、行政级别的差异有多大，都是企业福利的享受对象。这里特别强调的是企业的正式员工，一般的临时工并不享受以上福利。所以，如果员工的福利在企业的人工成本中占的比重过大，那么企业在进行雇佣决策时就可能会考虑雇佣临时工，以节省福利部分的开支。可见，随着福利在薪酬中的比重越来越大，它也成

---

① [美]雷蒙德·诺伊等:《人力资源管理：赢得竞争优势》，中国人民大学出版社 2001 年版，第 576 页。

为了企业制定劳动力雇佣决策时不容忽视的一个重要因素。

其五，有利于吸引和留住员工，培养员工的忠诚度。有吸引力的员工福利计划既能帮助组织招聘到高素质的员工，同时能保证已经被雇佣来的高素质员工继续留在组织中工作。因此公司可以通过提供非固定福利来使自己和别的竞争者区别开来。而员工本身也存在着对福利的内在需求，越来越多的求职者在选择工作时，也将福利作为十分重要的因素来考虑。所以对于企业来讲，能否向员工提供有吸引力的、能切实给员工带来效用的福利计划，就成为企业能否吸引和留住人才的重要因素。有些员工福利项目，例如企业年金、补充医疗计划、员工持股计划、住房等在某种程度上相当于给员工戴上了"金手铐"，因为它们已经成了员工离开企业时不得不考虑的因素。只有当跳槽后的收益能够补偿在这家企业所获得的福利成本（而不仅仅是现金成本）时，员工才会选择跳槽。所以，好的员工福利制度会使员工跳槽的成本大大增加，也就为企业留住员工创造了条件。此外，当企业希望吸引和雇佣某些类型的员工，但是又因为某些方面的原因不能单方面提高这些人的薪酬水平时，福利就可能会成为一种非常有利的报酬形式。

其六，福利计划有助于传递企业的文化和价值观，营造和谐的企业文化，强化员工的忠诚度，鼓励员工之间的合作。现代企业越来越重视员工对企业的文化和价值观的认同，因为企业是否有一个积极的、得到员工普遍认同的文化氛围，将对企业的运营效率产生十分重要的影响。而福利是体现企业的管理特色，传递企业对员工的关怀，创造一个大家庭式的工作氛围和组织环境的重要手段。那些能够在市场上获得成功的企业，无一不重视企业文化的塑造，无一不强调以员工为中心来管理企业，也无一不向员工提供形式多样、富有吸引力的福利计划。

组织通过福利的形式为员工提供各种照顾，会让员工感觉到企业和员工之间的关系不仅仅是一种单纯的经济契约关系，从而在雇佣关系中增加类似家庭关系的感情成分，以提高员工的工作满意度，或者是降低员工的不满情绪。而员工工作满意度的上升必然会导致员工生产率的上升以及缺勤率和离职率的下降。举例来说，美国 SAS 公司就不仅为员工提供拥有 2 名医生和 6 名专业护士的免费诊所和一个很大的娱乐场所、有补贴的住房、乡村俱乐部的会员资格等福利，而且还专门为员工提供他们的子女上私立学校的学费补助。结果，尽管该公司并未提供股票期权，薪酬水平在本行业中也不是最高的，但是它的年度员工流失率（4%）却大大低于同行业的一般水平（20%）。[①]

良好的福利制度因为随着个体管理向团队管理的发展，个人绩效越来越难以评估，对外表现出来的大多是团队绩效。这样一来，薪酬的发放也更多地以团队

① [美]雷蒙德·诺伊等：《人力资源管理：赢得竞争优势》，中国人民大学出版社 2001 年版，第 440 页。

绩效为标准，采取团队发放的形式。这种工作方式和薪酬发放形式使得收入分配更加倾向于平均化。从这个意义上来说，完善的福利制度会对员工之间的合作起到积极作用。

最后，享受国家的优惠税收政策，提高企业成本支出的有效性。在许多市场经济国家，员工福利计划的税收待遇往往要比货币薪酬的税收优惠。这就意味着，在员工身上所花出去的同等价值的福利比在货币薪酬上所支出的同等货币能够产生更大的潜在价值。对企业来说，尽管用于现金报酬和大多数员工福利的开支都可以列为成本开支而不必纳税，但是增加员工的现金报酬却会导致企业必须缴纳的社会保险费用的上升，而用于员工福利的成本却是可以享受免税待遇。这样，企业将一定的收入以福利的形式而不是以现金的形式提供给员工更具有成本方面的优势。

（2）员工福利对于员工的影响。从劳动经济学的角度来说，如果同样的薪酬水平可以由不同的直接薪酬和间接薪酬构成，但总的薪酬成本不变，那么对于企业来说，货币薪酬多一些还是福利多一些实际上是无关紧要的。在这种情况下，企业实行某种福利或者福利水平的高低就取决于员工的偏好了。那么，员工为什么会喜欢福利呢？

第一，税收的优惠。福利不仅对于企业来说存在税收优惠，对员工来说也同样如此。以福利形式所获得的收入往往也无需缴纳个人收入所得税，即使需要缴税，往往也不是在现期，而是等到员工退休以后，到那个时候，员工的总体收入水平就会比他们在工作的时候低，从而所面临的税收也就会更少，这样，他们还能够享受到一定的税收优惠。因此，在企业薪酬成本一定的情况下，员工直接从企业获得福利，要比自己购买福利，其成本要低许多，其间的差额就相当于所缴纳的税金。

第二，集体购买的优惠或规模经济效应。员工福利中的许多内容是员工工作或生活所必需的，即员工福利具有其自身的实际价值。即使企业不为员工提供这些福利，员工自己也要花钱去购买。而集体购买显然比个人购买更具有价格方面的优势，比如有较多员工群体的企业可以较低的费率购买保险，企业在代表员工与保险服务提供商或者医疗服务提供商进行谈判时，其谈判力量显然比单个的员工更强。此外，企业还可以以较低的成本为员工提供某些项目的服务，从而降低每位员工所承担的成本。

第三，员工的偏好。从经济学的角度来说，大多数劳动者都是风险规避型的，也就是说，他们在收入方面会追求收入的稳定性，不喜欢收入存在风险波动。与基本薪酬和浮动薪酬相比，福利的稳定性无疑更强，这样，那些追求稳定和安全感的员工会对福利比较感兴趣。而且，即使是对同一个人来说，在其职业生涯的不同阶段，他们对福利的偏好也是不同的。对于有孩子的中年人以及接近退休的老年人来说，福利的吸引力通常是比较大的。

第四，平等和归属的需要。员工在企业中工作并不仅仅只有经济方面的需要，他们还会产生心理方面的需要，比如受到尊重、公平对待以及有归属感等需要。

由于直接薪酬更为偏重员工的能力和业绩，而福利则可以用于满足员工在平等和归属等其他方面的一些需要。在那些力图培养企业和员工之间长期雇佣关系的企业中，福利的项目往往比较多，福利水平相对来说也会比较高，而在那些“雇佣军”型的组织中，组织往往不怎么重视福利，甚至会有意淡化福利。

当然，福利对于企业和员工来说也不是只有好处，没有不足。比如，对于企业来说，福利项目越多，则企业的管理成本就会越高，而且福利对员工绩效的激励程度不如直接薪酬更有效。在有些时候，过于优厚的福利还会导致员工的工作不积极，比如带薪病假有可能会导致员工缺勤率的上升。对于员工来说，福利实际上剥夺了他们自由选择对自己有价值的商品或者是服务的机会，从而变成了一种强制性的消费。此外，不同的员工对直接薪酬和间接薪酬的偏好有很大不同，同一员工所处职业生涯阶段的不同也会导致他们对于薪酬的偏好存在差异，所以对于有些员工来说是非常有价值的福利，对于另外一些员工来说很可能没什么价值。尽管如此，企业员工福利的多样化和福利水平的不断提高，仍然是不可阻挡的趋势。

7.1.2　员工福利与管理激励

1. 员工福利的激励性因素

所谓激励性因素，从一般意义上说，指所有能够促使人们工作或调动人们工作积极性的因素。这些因素之所以能够产生激励效果，是因为它们在某种程度上满足了人们的需求，因此，员工福利目前之所以能够吸引和留住员工，显然是由于它具备了某些能够满足员工需要的激励性因素。

（1）员工福利可以满足人们在生理上、安全上的低层次的物质需要。

（2）员工福利可以满足人们在情感上的社会需要。这主要体现在各种各样的实物性福利项目上。

（3）某些员工福利项目还能在一定程度上使人们获得公平感和成就感，例如员工持股计划。通过这一计划，一方面使员工拥有了企业的股票，成为了企业的所有者之一，从而让员工能够真正以主人翁的精神投入工作，将企业的成功视为自己的成功，从而获得更大的成就感；另一方面，这一计划在一定程度上改变了过去员工与雇主之间的被雇佣与雇佣的关系，从某种意义上来讲，使得员工可以以自己所拥有的人力资本和雇主所拥有的物质资本站在平等的立场上来共同分享企业的经营利润从而产生一种公平感。

2. 发挥员工福利的激励效用应注意的几个问题

（1）在设计福利计划时，应充分考虑不同员工的差异，尽量满足大多数员工的需求。曾有两位美国学者通过调查问卷的形式，深入探讨过不同员工对于不同福利措施的偏好程度[①]，问卷中安排了其中可供选择的福利措施，这份问卷寄给了

---

① 郑大奇：《薪酬支付的艺术》，中国言实出版社 2000 年版，第 415 ~ 418 页。

美国中西部一家公用事业公司的 400 名员工，共收回 149 份，占调查总数的 38%。这一研究分别按年龄、婚姻状况、性别、受抚养人数、服务年限和职业因素，对调查结果进行了统计，统计结果如表 7-1 所示。

表 7-1　　员工对各种福利计划的偏好程度统计

福利计划		特别假期	增加薪资	增加退休金	家庭医疗	提早退休	每周工作 4 天	缩短每天工作时数	每年 10 个星期五假日
年龄	18～35（*N*=52）	5.00	4.70	3.00	4.35	2.81	3.63	1.23	3.19
	36～49（*N*=58）	4.67	4.71	4.08	3.69	3.48	2.67	1.42	2.67
	50～56（*N*=39）	4.21	4.09	4.59	1.71	3.65	2.26	1.47	3.48
婚姻状况	单身（*N*=52）	4.86	4.68	3.56	2.78	3.20	3.06	1.54	3.20
	已婚（*N*=97）	4.88	4.34	4.23	3.91	3.32	2.73	1.19	3.04
性别	男性（*N*=114）	4.90	4.56	4.08	3.75	3.38	2.92	1.28	3.02
	女性（*N*=35）	4.07	4.03	4.63	2.30	3.41	2.56	1.74	3.44
受抚养人数	0（*N*=33）	4.72	4.79	4.67	1.79	3.46	2.67	1.94	3.48
	1～3（*N*=60）	4.93	4.40	4.42	3.03	3.30	2.60	1.28	2.97
	4 以上（*N*=56）	4.97	4.44	3.32	4.93	3.07	3.30	0.96	3.05
服务时间	0～10（*N*=48）	4.77	4.56	3.41	4.47	2.52	3.40	0.97	3.37
	11～20（*N*=63）	4.86	4.30	3.70	3.53	3.51	3.24	1.33	2.97
职业	21 以上（*N*=38）	4.87	4.76	4.47	2.07	3.89	1.63	1.68	3.03
	文书（*N*=48）	5.00	4.70	4.15	2.70	3.09	2.48	1.63	3.48
	作业（*N*=101）	4.81	4.37	3.97	3.86	3.38	3.03	1.17	2.93

注：1 表示低偏好，5 表示高偏好。

资料来源：仇雨临，《员工福利管理》，复旦大学出版社 2004 年版

从表 7-1 调查统计结果可以看出，年龄、婚姻状况、性别、家庭抚养人数、职务等都会影响员工对于不同福利项目的偏好，而偏好是与效价相联系的，偏好系数越高，说明对于员工的效价越高。依据激励理论，效价高，才能产生较高的

激励作用。因此，只有充分考虑不同员工的需求差异，增强员工福利计划的针对性和灵活性，如采取自助式的福利方案，才能使福利计划更好地发挥激励效用。

（2）控制福利水平，并将福利项目适当与员工业绩相联系，避免过于均等化，以增强员工的公平感与成就感。虽然绝大多数的福利计划本身就具有所有人都能享受的特点，但是福利项目本身也是员工薪酬的一部分。从公平理论来看，员工的公平感一方面是源于自己的投入与所得和他人的投入与所得的比较，如果福利计划完全脱离员工的工作业绩，而且福利水平又比较高的话，必然会使员工之间的差距变小，这有可能导致高业绩的员工产生不公平感，从而降低工作积极性。因而，应适当控制福利水平，并将福利的享受标准适当与员工的工作业绩挂钩。从另一个角度而言，这也有助于增强员工的成就感，因为这种与他人相比不同的待遇，会使员工感到受到赏识，得到认可，获得一种成就感。正如范佛里特所讲的："受人重视、得到赏识、引起注意的愿望是一个人最强大的、最原始的动力之一。"

（3）及时与员工进行沟通，了解员工需求，适时调整福利项目并适当控制福利项目的增长幅度。

7.1.3　弹性福利计划与员工福利的发展趋势

年龄、婚姻状况和性别等因素会影响员工对福利的偏好，比如，年轻员工更偏好灵活的工作时间，年老员工更偏好退休金；已婚员工对家庭补贴的偏好更甚于未婚员工；女员工当然比男员工更希望得到育儿补贴。但传统的福利计划只能提供统一的福利，这种刚性的福利未必对每个员工都有价值，而企业所支出的庞大费用也未必能带来很大的回报。针对上述缺陷，福利设计者需考虑的是，如何将福利经费公平分配，又尽可能满足不同员工差异性的福利需求，这就需要设计一套富有弹性的福利制度。

弹性福利计划，也叫自助食堂计划或自助餐计划，就是由员工自行选择福利项目的福利计划模式，在实践中，通常是由企业提供一份列有各种福利项目的"菜单"，然后由员工从中自由选择其所需要的福利。这种福利计划起源于 20 世纪 70 年代，一共可以划分为三种类型，即全部自选（全部福利项目均可自由挑选）、部分自选（有些福利项目可以自选，有些则是规定好的福利项目）以及小范围自选（可选择的福利项目比较有限）三种。但是，无论是哪一种弹性福利计划，都具有的最重要的特征就是它的个性化、可选性。当然，员工的选择并不是完全自由的，有一些项目还是非选项，例如法定的社会保险。此外，企业还会根据员工的工资、工作年限、家庭背景等因素来设定一个员工所拥有的福利限额，员工只能在自己的限额内购买喜欢的福利。

传统福利制度所带来的问题是：组织提供的福利组合并非适用于每一个员工。在这种情况下，可能企业支付的福利成本很高，但提供的福利对有的员工来说并没有价值。例如，对年龄大的员工提供儿童保健福利计划就是没有意义的，这样的福利计划不能很好地激励员工。弹性福利计划则为员工提供了多种不同的福利选择方案，从而满足了不同员工的不同需要。从 19 世纪 80 年代开始，弹性福利计划得到了广泛的应用，计划的灵活性也越来越大。到 1989 年，美国存在 1000 多种弹性福利计划。

虽然很多企业是因为其他企业实施了弹性福利计划而追随实施的，但是更多的企业却是有意无意地在从全面薪酬管理的角度分析自己的福利。这是因为，推行弹性福利计划不仅能够提供最适合员工需求的福利组合，还从本质上改变了传统的福利制度，从一种福利保险模式转变为一种真正的薪酬管理模式；从一个固定的福利方案转变为一个固定的资金投入方案（由员工的福利收益固定转变为企业的福利投入固定）。这就使得企业不再是被福利套牢，而是能够根据具体情况来控制资金的支出，从而提高福利的有效性，提高企业福利成本的投资回报率。

自助餐式的弹性福利计划还有其他很多好处：给员工一定的参与空间；减轻福利规划人员的负担；有助于企业引进优秀人才；给予员工更大的权利来选择自己的福利。这种方式促进了员工和企业之间的沟通，强化了企业和员工之间的信任关系，有利于增加员工的满意度，有助于增强员工对组织的忠诚度。

弹性福利计划也存在一些问题：由于员工的需求是不同的，因此自由选择大大增加了企业具体实施福利的种类，从而增加了统计、核算和管理的工作量，这会增加福利的管理成本。这种模式的实施可能存在“逆向选择”的倾向，员工可能为了享受金额的最大化而没有选择自己需要的福利项目。例如员工可能为了完成自己的福利限额而购买自己本来不需要的东西；由员工自己选择可能还会出现非理性的情况，员工可能只顾眼前利益或者考虑不周，过早用完了自己的限额，这样当再需要其他的福利项目时，就可能无法购买或者需要透支；允许员工自由进行选择，可能会造成福利项目实施的不统一，这样会减少统一模式所带来的规模效应；对于不了解福利项目内容及含义的员工，自选福利项目比较盲目，员工有可能丧失与企业讨价还价的机会，实际上是让员工多少承担了不恰当的风险，部分企业可以借这一计划来推托自己的责任。

综上所述，弹性福利计划尽管存在一些问题，但总的来说还是利大于弊。

7.2 员工福利的构成

按常规划分方法，员工福利通常可分为强制性福利和自愿性福利。前者即根据政府的政策法规要求，所有在国内注册的企业都必须向员工提供的福利如“五险一金”，及政府明文规定的福利制度；后者则是企业根据自身的管理特色、财务状况和员工的内在需求有目的、有针对性地设置的一些符合企业实际情况的福利。在这里，我们将福利划分为法定社会保险、企业补充保险、法定其他福利以及员工服务福利等类型。以下是常见的员工福利的主要内容。

7.2.1 法定福利

1. 法定社会保险及住房公积金

社会保险是国家通过立法手段建立的，旨在保障劳动者在遭遇年老、疾病、伤残、失业、生育及死亡等风险和事故，暂时或永久性的失去劳动能力或劳动机会，从而全部或部分丧失生活来源的情况下，能够享受到社会给予的物质帮助，维持其基本生活水平的社会保障制度。

社会保险制度在 19 世纪 80 年代出现，是当时工业化生产方式带来如工伤、失业、疾病等问题，而原有的家庭保障职能弱化，国家出面对工人的利益给予保护的产物，也是国家强制推行的对工人的福利政策。社会保险具有以下特点：

（1）强制性。社会保险是国家立法强制实施的社会政策，被保险人必须参加，承保人（企业）必须接受。

（2）保障性。社会保险是一项收入补偿制度，其目标是保障被保险人的基本生活。

（3）公益性。与商业保险不同，社会保险不以营利为目的，注重社会效益。

（4）普遍性。工薪劳动者（在中国）或全体公民（发达国家）都可以参加社会保险。

（5）互济性。社会保险基金通过收入再分配（保险费和税收）的手段筹集和建立，当被保险人发生风险时，可以享受社会保险待遇。因此，社会保险具有风险共担、互助互济的作用。

社会保险的目的是风险的补偿和预防，现代社会经济生活的风险决定了社会保险的内容。对于我国企业职工来说，主要是养老保险、医疗保险、失业保险、工伤保险和生育保险。

法定福利主要包括以上五大险种以及住房公积金（见图 7-2），下面我们将详细介绍这几种福利项目。

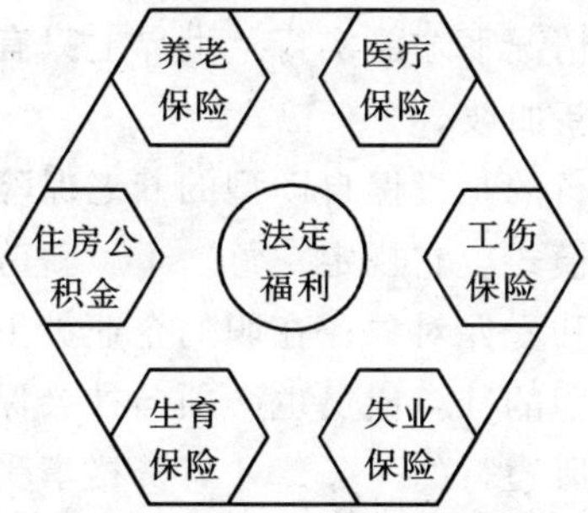

图 7-2 法定福利的构成

资料来源：文跃然，《薪酬管理原理》复旦大学出版社 2005 年版。

（1）养老保险。法律规定的养老保险是社会保障系统中的一项重要内容，是五大险种中最重要的险种之一。养老保险的项目覆盖面最大，对社会稳定的保护作用也最大。所谓养老保险，是国家和社会根据一定的法律和法规，为解决劳动者在达到国家规定的解除劳动义务的劳动年龄界限，或因年老丧失劳动能力退出劳动岗位后的基本生活而实行的社会保护和社会救助措施。

1）养老保险制度的特点。养老保险是世界各国较普遍实行的一种社会保障制度。据联合国的统计资料：1940 年全世界只有 57 个国家和地区实行了养老保险制度，而到 1995 年，全世界已经有 165 个国家和地区实行了这一制度。一般而言，养老保险具有以下几个特点：① 强制性。由国家立法强制实行，企业单位和个人都必须参加，符合享受养老保险条件的人，可向社会保险部门领取养老金。② 互济性。养老保险费用来源，一般由国家、单位和个人三方或单位和个人双方共同负担，并体现广泛的社会互济。③ 储备性。参加者按规定缴纳费用作为基金，储存待用。就个人而言，从参加社会养老保险开始便按规定长期缴费，等于为自己储蓄了一笔费用，供年老时使用；就社会而言，也是一种储备基金。④ 社会性。养老保险影响很大，涉及的人多且时间较长，费用支出庞大，因此，必须设置专门机构，实行现代化、专业化、社会化的统一规划和管理。

2）养老保险制度的类型。从资金的筹集管理和发放方面考虑，目前世界上实行养老保险制度的国家可分为三种类型，即投保自助型（也叫传统型）养老保险、强制储蓄型养老保险（也称公积金模式）和国家统筹型养老保险。

国家统筹的养老保险模式的主要特点是工薪劳动者在年老丧失劳动能力之后，均可享受国家法定的社会保险待遇，但国家不向劳动者本人征收任何老年保险费，老年保险需要的全部资金都来自于国家的财政拨款。前苏联和我国在计划经济体制下实行的就是这种方式的养老保险。

强制储蓄模式的主要特点是保险基金来自企业和劳动者两个方面，国家不进行投保资助，仅仅给予一定的政策性优惠。这种社会自我保障的做法，必然要求企业和劳动者的投保费较高，否则无法得到足够的基金，因此，必须在经济发展迅速而且制度比较健全的情况下才能实行。世界上只有少数发展中国家实行这一制度，取得成功的国家是新加坡。

世界上大多数国家实行的是投保自助型的养老保险模式，这是一种由社会共同负担、社会共享的保险模式。它规定：每一个工薪劳动者和未在职的普通公民都属于社会保险的参加者和受保对象；在职的企业员工必须按工资的一定比例定期缴纳社会保险费，不在职的社会成员也必须向社会保险机构缴纳一定的养老保险费，作为参加养老保险所履行的义务，才有资格享受社会保险；同时还规定企业也必须按企业工资总额的一定比例定期缴纳保险费。

另外，根据中国的具体国情，我国在借鉴国外养老保险制度的基础上，创造性地提出了"社会统筹与个人账户相结合"的基本养老保险改革模式，经过 5 年的探索与完善，这一模式正在逐步走向成熟（见图 7-3）。

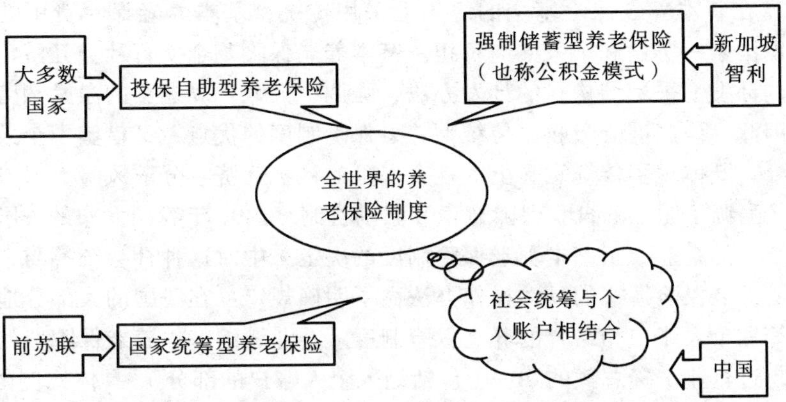

图 7-3 多种多样的养老保险类型

资料来源：文跃然，《薪酬管理原理》，复旦大学出版社 2005 年版。

3）我国的养老保险制度。我国是一个发展中国家，经济还不发达，如何使养老保险既能发挥保障生活和安定社会的作用，又能适应不同经济条件的需要，以利于劳动生产率的提高，这是我国建立养老保险制度的基本原则。在此原则的指导下，根据我国的具体国情，目前我国的养老保险由三个部分组成：第一部分是基本养老保险，第二部分是企业补充养老保险，第三部分是个人储蓄养老保险（参见图 7-4）。在这三部分中，前两部分属于员工福利，第三部分完全是个人行为，与企业无关，不属于员工福利。企业补充养老保险属于企业补充福利，我们将在以后进行详细阐述，本节阐述的重点是法定福利部分，即基本养老保险。

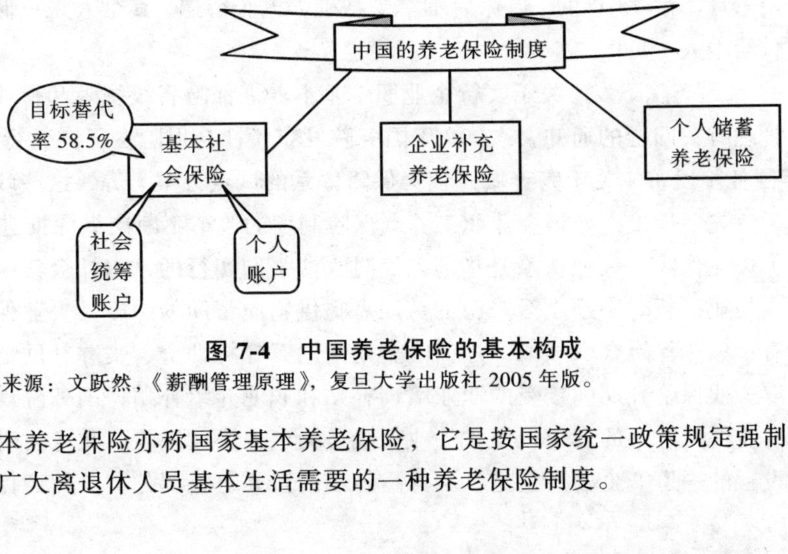

图 7-4 中国养老保险的基本构成

资料来源：文跃然，《薪酬管理原理》，复旦大学出版社 2005 年版。

基本养老保险亦称国家基本养老保险，它是按国家统一政策规定强制实施的为保障广大离退休人员基本生活需要的一种养老保险制度。

我国的基本养老保险采用社会统筹与个人账户相结合的模式。社会统筹与个人账户相结合的基本养老保险制度是我国首创的一种新型的基本养老保险制度。这个制度在基本养老保险基金的筹集上采用传统型基本养老保险费用的筹集模式，即由国家、单位和个人共同负担。基本养老保险基金实行社会互济，在基本养老金的计发上采用结构式的计发办法，强调个人账户养老金的激励和劳动贡献差别。因此，该制度既吸收了传统型养老保险制度的优点，又借鉴了个人账户模式的长处；既体现了传统意义上的社会保险的社会互济、分散风险、保障性强的特点，又强调了职工的自我保障意识和激励机制。1997 年我国发布的《国务院关于建立统一的企业职工基本养老保险制度的决定》中对这种社会统筹与个人账户相结合的养老保险模式的具体操作办法做了明确规定：在我国的大部分地区实施社会统筹和个人账户相结合的养老保险制度。企业缴纳基本养老保险费的比例一般不得超过企业工资总额的 20%（包括划入个人账户的部分），具体比例由省、自治区、直辖市人民政府确定。少数省、自治区、直辖市因离退休人数较多、养老保险负担过重，确需超过企业工资总额 20%的，应报劳动部、财政部审批。个人缴纳基本养老保险费（以下简称个人缴费）的比例，1997 年不得低于本人缴费工资的 4%，1997 年起每 2 年提高 1 个百分点，最终达到本人缴费工资的 8%。有条件的地区和工资增长较快的年份，个人缴费比例提高的速度应适当加快。

按本人缴费工资 11%的数额为职工建立基本养老保险个人账户，个人缴费全部计入个人账户，其余部分从企业缴费中划入，随着个人缴费比例的提高，企业划入的部分要逐步降至 3%。本决定实施前参加工作的员工，个人缴费年限累计满 15 年的，退休后按月发给基本养老金。基本养老金由基础养老金和个人账户养老金组成。退休时的基础养老金月标准为省、自治区、直辖市或地（市）上年度职工月平均工资的 20%，个人账户养老金月标准为本人账户储存额除以 120。个人缴费年限累计不满 15 年的，退休后不享受基础养老金待遇，其个人账户储存额一次性支付给本人（见图 7-5）。

1998 年国务院下发《关于实行企业职工基本养老保险省级统筹和行业统筹移交地方管理有关问题的通知》，1999 年国务院发布《社会保险费征缴暂行条例》，2000 年国务院发布《关于完善城镇社会保障体系的试点方案》等，这些政策法规承上启下，先后衔接，使得企业职工养老保险制度的改革不断向纵深推进。

（2）失业保险。失业保险是指国家通过立法强制实行的，由社会集中建立基金，对因失业而暂时中断生活来源的劳动者提供物质帮助的制度。失业保险的开支范围有：失业保险金、领取医疗保险金期间的医疗补助金、丧葬补助金、抚恤金；领取失业保险金期间接受的职业培训补贴和职业介绍补贴；国务院规定或批准的与失业保险有关的其他费用。失业保险是为遭遇失业风险、收入暂时中断的失业者设置的一道安全网，它是社会保障体系的重要组成部分，是社会保险的主要项目之一。它的覆盖范围通常包括社会经济活动中的所有劳动者。享受失业保险待遇的条件为：所在单位和本人按规定履行缴费义务满 1 年，非本人意愿中断就业，已办理失业登记并有求职要求，同时具备以上 3 个条件者才有申请资格。

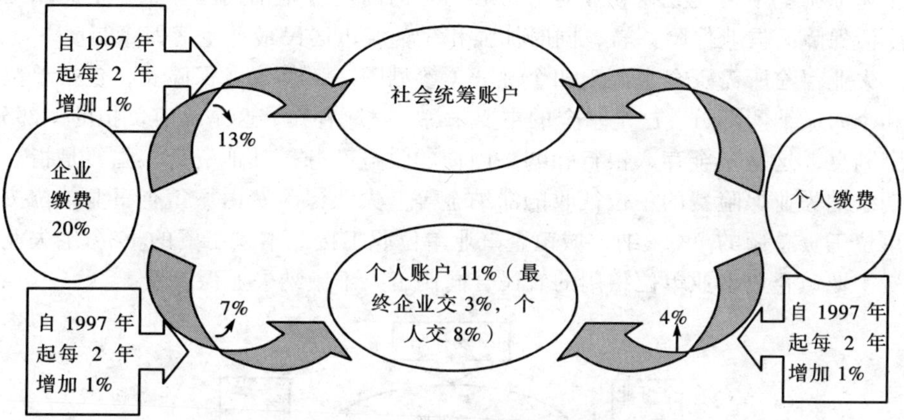

图 7-5　我国基本养老保险的交费情况

资料来源：文跃然，《薪酬管理原理》，复旦大学出版社 2005 年版。

我国于 1999 年 1 月 20 日颁布的《失业保险条例》规定，企事业单位按本单位工资总额的 2%缴纳失业保险费，职工按本人工资的 1%缴纳失业保险费。失业保险金的给付期限，最长为 24 个月，最短为 12 个月。其中累计缴费时间满 1 年不足 5 年的，给付期最长为 12 个月；满 5 年不满 10 年的，给付期最长为 18 个月；10 年以上的，给付期最长为 24 个月。对连续工作满 1 年的农民合同工，根据其工作时间长短支付一次性生活补助。

失业保险具有如下几个主要特点：一是普遍性。它主要是为了保障有工资收入的劳动者失业后的基本生活而建立的，其覆盖范围包括劳动力队伍中的大部分成员。因此，在确定适用范围时，参保单位应不分部门和行业，不分所有制性质，其职工应不分用工形式，不分家居城镇、农村，解除或终止劳动关系后，只要本人符合条件，都有享受失业保险待遇的权利。二是强制性。它是通过国家法律、法规来强制实施的。按照规定，在失业保险制度覆盖范围内的单位及其职工必须参加失业保险并履行缴费义务，不履行缴费义务的单位和个人都应当承担相应的法律责任。三是互济性。失业保险基金主要来源于社会筹集，由单位、个人和国家三方共同负担，缴费比例、缴费方式相对稳定，筹集的失业保险费不分来源渠道，不分缴费单位的性质，全部列入失业保险基金，在统筹地区内统一调度使用以发挥互济功能。

我国的失业保险制度是在 1986 年正式建立的。1986 年，国务院颁布了《国营企业职工待业保险暂行规定》，明确规定对国营企业职工实行职工待业保险制度。此外，2001 年劳动和社会保障部下发《关于推动社区就业工作的若干意见》，同年，劳动和社会保障部发布《关于开展再就业援助行动的通知》。这些政策法规的出台，标志着我国失业保险制度建设进入到一个新的阶段。从 2001 年开始，国有企业原则上不再建立再就业服务中心，当前的任务是推动国有企业下岗职工基本生活保障向失业保险并轨，同时加强和完善城市居民最低生活保障制度。

失业保险所需资金来源于四个部分（参见图 7-6）：失业保险费，包括单位缴纳和个人缴纳两部分，这是基金的主要来源；财政补贴，这是政府负担的一部分；基金利息，这是基金存入银行和购买国债的收益部分；其他资金，主要是指对不按期缴纳失业保险费的单位征收的滞纳金等。失业保险费由城镇企事业单位按照本单位工资总额的 2%缴纳，城镇企事业单位职工按照本人工资的 1%缴纳失业保险费。城镇企业事业单位招用的农民合同制工人不缴纳失业保险费。

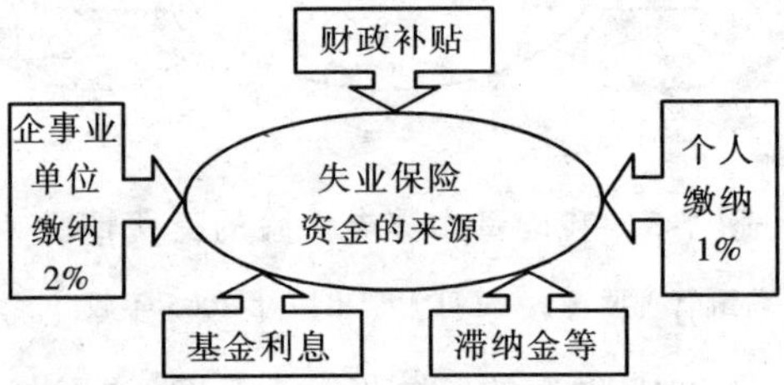

图 7-6 失业保险资金的来源

资料来源：文跃然，《薪酬管理原理》复旦大学出版社 2005 年版。

（3）医疗保险。医疗保险通常是指由国家立法规定并强制实施的，当人们生病或受到伤害后，由国家或社会给予一定的物质帮助，即提供医疗服务或经济补偿的一种社会保障制度。它具有社会保险的强制性、互济性、社会性等基本特征。

1998 年颁布的《国务院关于建立城镇职工基本养老保险制度的决定》中规定：城镇所有用人单位，包括企业（国有企业、集体企业、外商投资企业、私营企业等）、机关、事业单位、社会团体、民办非企业单位及其职工，都要参加基本医疗保险。乡镇企业及其职工、城镇个体经济组织业主及其从业人员是否参加基本医疗保险，由各省、自治区、直辖市人民政府决定。基本医疗保险费由用人单位和职工共同缴纳。用人单位交费率应控制在职工工资总额的 6%左右，其中的 30%进入个人账户；职工的缴费费率一般为其工资收入的 2%。

2000 年国务院发布《关于完善城镇社会保障体系的试点方案》。目前，我国正在积极推进多层次医疗保障体系建设，基本医疗保险是核心和基础。此外，根据不同人群的特点还需要建立职工大额医疗费用补助、公务员医疗补助、企业补充医疗保险、商业医疗保险及社会医疗救助等。

（4）工伤保险。工伤保险是指国家和社会为在生产、工作中遭受事故伤害和患职业性疾病的劳动者及其亲属提供医疗救治、生活保障、经济补偿、医疗和职业康复等物质帮助的一种社会保障制度。

1996 年颁布了《企业职工工伤保险试行办法》，该办法建立了基金体制，首次将工伤保险作为一个单独制度，并将工伤预防、工伤康复和工伤补偿有机结合起来，打破了传统的工伤保险“企业自我保险”的格局，标志着我国工伤保险制度建设进入了一个新的历史时期。该办法遵循以下几个重要原则。

第一，无过失补偿原则。它包含两层意义：一是无论职业伤害责任主要属于雇主、第三者或员工个人，受伤害者应得到一定的经济补偿；二是雇主不承担直接补偿责任，而是由工伤社会保险机构统一进行工伤补偿，并且一般不需要通过法律程序和法院裁决。这样做，既可以及时、公正地处理工伤事件，又简化了法律程序，提高了效率，使雇主摆脱了工伤赔偿的困扰，有利于集中精力搞经营，基本消除了雇主责任制的弊端。

第二，个人不缴费的原则。工伤保险由单位缴纳，职工个人不缴纳任何费用，这是工伤保险与养老、失业、医疗保险的区别之处。由于职业伤害是工作过程中造成的，劳动力是生产的重要要素，劳动者为单位创造财富付出了代价，所以雇主应负担全部保险费。

第三，风险分担、互助互济原则。这是社会保险制度中的基本原则，首先是通过法律，强制征收保险费，建立工伤保险金，采取互助互济的办法，分担风险。其次是在待遇分配上，国家也采取了与国际接轨的做法，责成社会保险机构对费用实行再分配：对于工伤保险费不实行统一的费率，而是根据各行业的伤亡事故风险和职业危害程度类别，实行不同的费率，主要包括差别费率和浮动费率两种形式。

我国根据各行业的伤亡事故风险和主要危害程度划分职业伤害风险等级，据此征收行业差别费率。在实行差别费率的情况下，政府还要根据各行业或企业的安全生产状况和费用收支情况，定期调整收费率，调整的幅度为本行业标准费率的 5%～40%，这种通过定期调整企业所缴纳的保险费率的机制，体现了对于企业的安全工作进行奖励或惩罚的原则，有利于促进企业重视安全生产，加强安全生产工作。

（5）生育保险。生育保险是国家通过立法，对怀孕、分娩女职工给予生活保障和物质帮助的一项社会政策。生育保险提供的生活保障和物质帮助通常由现金补助和实物供给两部分组成，旨在通过向职业妇女提供生育津贴、医疗服务和产假，帮助她们恢复劳动能力，重返工作岗位。我国生育保险制度创建于 20 世纪 50 年代初期。《中华人民共和国劳动保险条例》对生育保险有关待遇做了明确规定，生育保险的主要内容包括：提供产假、产假期间工资和医疗服务等。

1994 年 12 月 1 日颁发的《企业职工生育保险试行办法》，作为《劳动法》的配套文件，规定生育保险的对象和范围包括城镇各类企业的女职工，并对生育保险基金的筹集原则及提取比例、统筹层次、支付和管理做出了明确的规定。基本上肯定和采纳了生育费用社会统筹的模式，提出由企业按其工资总额的一定比例向社会保险经办机构缴纳生育保险费，建立生育保险基金。生育保险费由当地人民政府根据实际情况确定，但最高不要超过工资总额的1%。企业缴纳的生育保险费列入企业管理费用，职工个人不缴纳生育保险费。女职工生育期间的检查费、接生费、手术费、住院费和医疗费，都由生育保险基金支付，超出规定的医疗服务费和药费由职工个人负担。产假期间按照本企业上年度职工月平均工资计发生育津贴，由生育保险基金支付。

需要指出的是，由于多方面的原因，生育费用社会统筹至今在许多地区还没有实施，具体的对策和相关的法律法规还有待进一步的研究。2002年9月1日实施的《中华人民共和国人口与计划生育法》将进一步维护女职工的合法权益。

（6）住房公积金。住房公积金计划是依据国家的政策法令所建立起来的一项由国家所承办的、单位和个人共同承担缴费责任的强制性住房储蓄计划。

为推动我国住房体制改革的进一步深化与发展，解决改革中遇到的一些困难，1999年4月3日，国务院颁布了《住房公积金管理条例》（以下简称《条例》），制定了住房公积金建立、运作与实施的各项具体规定。2002年3月24日，根据《条例》的具体实施过程中所出现的问题进行了进一步的修订。

一般说来，住房公积金计划对于企业是一种具有强制性和义务性的缴费计划，企业有为其员工在住房公积金管理中心办理公积金缴存和支取手续，建立员工个人的住房公积金账户，缴纳住房公积金费用以及每月为员工代扣代缴住房公积金费用等的责任。按《条例》规定，目前企业和个人每月住房公积金的缴存比例不得低于员工本人上一年度月平均工资的5%，计入职工的公积金账户。职工在购买住房时，可以使用公积金。没有动用的公积金，或公积金账户有剩余资金的，在员工退休时按规定返还给员工。

经济状况相对较好的地区可以适当将比例提高。对于员工，住房公积金计划是一种具有“特殊性”的长期储蓄存款计划，在其存储、支取以及使用等方面都要受到国家政策法规的约束，同时员工也可以通过这一计划获得来自于企业的资金资助。和一般性存款不同，它具有国家政策上的优惠，这种优惠主要体现在以下三个方面。

第一，税收优惠。按《条例》规定，企业和员工共同缴费所形成的住房公积金完全归个人所有，企业所缴纳的住房公积金在其成本中列支，而员工个人部分则直接从工资中扣除，并且免交个人所得税。

第二，较高的存款利率。根据中国人民银行颁布的《人民币利率管理规定》，银行对职工的“上年结转户”的个人住房公积金存款（每年的结息结转日为6月30日），按3个月定期整存整取存款的利率计息。

第三，低息住房公积金贷款。《条例》的第二十六条规定，缴存住房公积金的职工，在购买、建造、翻建、大修自住住房时，可以向住房公积金管理中心申请住房公积金贷款。由于公积金管理机构发放这一贷款时，实行的是保本微利的方针，因此，职工申请获取的住房公积金贷款利率要低于一般的市场贷款利率。

2. 法定其他福利

（1）公休假日。公休假日是劳动者工作满一个工作周之后的休息时间。我国实行的是周 40 小时工作制，劳动者的公休假日为每周 2 天。我国《劳动法》第 38 条规定：用人单位应当保证劳动者每周至少休息 1 天。

（2）法定休假日。法定休假日即法定节日休假。我国法定的节假日包括元旦、春节、国际劳动节、国庆节和法律法规规定的其他休假节日。《劳动法》规定，法定休假日安排劳动者工作的，应支付不低于工资 300%的劳动报酬。除《劳动法》规定的节假日以外，企业可以根据实际情况，在和员工协商的基础上，决定放假与否以及加班工资。

（3）带薪年休假。我国《劳动法》第 45 条规定，国家实行带薪年休假制度。劳动者连续工作 1 年以上的，享受带薪年休假。国家事业单位和公务员带薪年休假制度也早已存在，工作人员有 10 年、20 年和 20 年以上工龄的分别休假 7 天、10 天和 15 天，各单位可根据实际情况进行调整，并非硬性规定。

休假的目的在于使员工有一段时间可以离开繁重的工作，获得身心的休息，以便更好地投入到工作中去。带薪休假政策的一个关键问题在于，假期是否可以累计和转换。也就是说，如果组织给予员工每年 10 天的带薪休假福利，如果第 1 年没有使用这一权利，10 天的假期是否可以顺延到第 2 年。如果组织规定带薪休假可以顺延，但是由于某些原因，到第 2 年，该员工的工作很忙也很重要，组织不能安排其休假，那么组织是否要对这个员工进行补偿，如果补偿，怎么补偿？允许员工建立这种类似“假日银行”（假日可以存储和累计）的做法一方面会给组织带来潜在的高额成本，另一方面也无法达到休假的根本目的。所以，大多数企业对员工可以累计的休假天数会有上限的规定，超过一定天数后，未休假的时间将不再累计。

（4）带薪事假、带薪病假、带薪产假。带薪事假是指雇员因某些事由请假不超过一定的期限，雇主仍给付一定的薪金，并为其保留工作岗位。带薪病假实质上属于医疗保险待遇范畴，带薪产假实质上属于员工生育保险待遇范畴，但由于病假、产假期间工资仍由雇主支付，因此被视为员工福利的内容。

7.2.2 非法定福利

1. 企业补充保险计划

与强制性的法定社会保险不同，补充保险计划是由企业自主设立，对雇主而言，这是纯粹的员工福利。企业补充保险包括补充养老保险、补充失业保险、补充医疗保险等。

（1）企业补充养老金计划。法定养老保险是社会保障的一部分，是法律所要求的退休福利。由于各方面的原因，法律所规定的养老金水平不会很高，很难保证劳动者在退休以后过上宽裕的生活。为此，很多国家都鼓励企业在国家法定的养老保险之外，施行企业的补充养老保险计划。

企业补充养老保险计划或企业年金是企业补充保险计划的核心组成部分，是企业根据自身经济条件为本企业职工建立的一种辅助性的养老保险，是由国家宏观指导，企业内部决策执行的。企业补充养老保险尚无固定模式可循，但有一些共同点：① 视企业经济能力而定，经济条件好的多补充，经济条件差的少补充或不补充；② 鼓励为本企业多做贡献，补充退休金随本人的工资和工龄而定，离开企业不转移关系；③ 费用一般由企业自主负担，也有由企业和职工双方负担的；④ 基本采取完全积累模式，用以投资增值，国家一般会提供政策支持和税收方面的优惠。比如美国的 401（k）、403（B）计划就是为了鼓励企业建立补充养老保险而制定的税收减免计划。

在比较注重退休福利的欧美国家，企业通过补充养老计划对退休员工的收入保障起到了举足轻重的作用。在我国，法律规定的养老金水平还不可能很高。在我国外企、民企现行的薪酬福利体制之下，员工在退休之后从国家社保机构所领取的退休金和在职期间的收入相比存在着巨大的落差。我国企业的员工较之欧美员工一般退休年龄相对较早，多数企业又没有为员工设立补充养老计划，退休后的收入锐减就成了一个令人焦虑的严重问题。

1995 年 12 月，国务院在已有的企业职工养老保险制度改革规定的基础上，颁布了《关于建立企业补充养老保险制度的意见》，对企业建立补充养老计划做出了相应规定。这一方案指出了社会养老保险体系的三大支柱：国家基本养老保险、企业补充养老保险、个人储蓄商业性养老保险。企业年金是指企业和职工在依法参加第一支柱养老保险的基础上，自愿建立的补充养老保障计划，亦为一项缴费固定型企业养老保险计划。政府积极鼓励有条件的企业为员工建立补充养老金，并进一步建立健全企业年金的运作法规。

（2）集体人寿保险计划。人寿保险是市场经济条件下一些企业所提供的一种最常见的福利。大多数企业都要为其员工提供团体人寿保险，这是一个适用于团体的寿险方案。企业可以以较低的费率购买到相同的保险，而且团体方案通常适用于所有员工（包括新进员工），而不论他们的健康或身体状况如何。在多数情况下，企业会支付全部的基本保险费，承保金额相当于员工 2 年的薪酬收入，而附加的人寿保险则要由员工自己承担。在个别情况下，即使是基本保险费率也按一定的比率在企业和员工之间分摊，比如 50 : 50 或 20 : 80。在我国，已经有不少企业开始为员工办理集体人寿保险。

（3）健康医疗保险计划。健康医疗保险的目的是减少当员工生病或遭受事故时本人或其家庭所遭受的损失。这种企业补充保险形式主要出现在美国等一些经济发达国家。在这种情况下，企业通常以两种方式提供这方面的福利：集体投保或者加入健康维护组织。

集体投保是指企业向保险公司支付一笔费用，作为保险费，当员工或其家庭发生某些事故时，保险公司可以部分或全部赔偿其损失。从长期来说，企业所交的保费应该等于保险公司向员工支付的赔偿金与保险公司的管理费用之和。保险项目必须界定保险的范围以及赔偿金的比率，有些企业还采取了自保的形式，也就是说，企业自己划出一部分资金作为员工的保险金，而不再向保险公司投保。这是一种控制健康保险成本的方法，但是，这种做法会将原来转嫁到保险公司的风险重新移回企业的头上。

此外，企业还可以采取加入健康维护组织的方式来为员工提供健康医疗保险服务，健康维护组织在美国比较普遍，它是一种保险公司和健康服务提供者的结合。它提供完善的健康服务，包括对住院病人和未住院病人提供照顾等等。同时，和其他保险计划一样，它也有固定的缴费率，但是这种做法通常会有助于降低企业的保险成本。

2. 企业补充性住房计划

在我国，住房福利一直是员工所关注的一项重要福利。一方面是由于在人类生存的基本需求消费中，“住”即住房消费是继衣着、食品消费之后的第三件要事，而且在总体的基本生活消费中住房消费占有较大的比重；另一方面则在于特殊的社会、经济背景，在高福利、低工资的计划经济时代，住房曾经是国有企业的一项最为重要的员工福利项目，国有企业的福利分房是使其优越于集体、民营等其他企业的优势之一，企业分房也是大多数员工获得住房的主要来源。虽然经过了由福利分房到住房商品化的住房保障制度改革，但长期历史传统的沉积、中国房地产市场的不成熟以及住房保障体系的不完善等种种因素，使得住房计划目前仍是各企业吸引和留住员工的重要福利项目之一。

补充性住房计划是指企业根据自身的经营发展情况，除国家法定的住房公积金计划之外，自愿建立的用于解决员工住房问题的计划。这类计划通常表现为：补充性住房公积金、现金住房补贴、低息或无息住房贷款、利息补助计划、低价格的集体购房计划以及由公司提供公寓或宿舍等。与住房公积金计划相比，补充性住房计划具有以下几个显著特点。

（1）补充性住房计划对于员工和企业均具有自愿性的特点。补充性住房计划由企业根据自身的发展情况自愿选择，有些计划员工可以根据自己的实际需求自愿选择是否参加，如低息或无息的住房贷款、低价格的集体购房计划等。

（2）补充性住房计划具有多样性。企业可以根据本企业员工的需求特点选择，方式多种多样，而且不同企业之间存在较大的差异性。

（3）企业在补充性住房计划的管理上具有较强的自主性。补充性住房计划由企业进行管理，虽然在某些方面也要受到国家政策上的约束，但在其设计与管理上更多的是体现企业的自主性，是企业自身价值观念、经营理念等的具体体现。

（4）补充性住房计划的受益群体具有针对性。不同计划种类有不同的受益群体，如低息或无息住房贷款、利息补助计划通常是针对贷款购房员工的；而低价格的集体购房计划通常是针对希望购房的无房者。

一般来讲，补充性住房计划是由企业自主选择、管理和实施的，因此在补充性住房计划中，企业要承担除供款外其他更多的设计与管理责任，具有企业特色的补充性住房计划往往能够使企业在劳动力市场上获得更大的竞争优势，吸引到更多优秀的应聘者，而且可以通过精心设计的住房计划保留住企业的核心员工，降低员工的流动率。但同时，由于补充性住房计划的选择要依赖于企业自身的经营状况，因此也存在一定的不确定性。

3. 员工服务福利

（1）员工援助计划福利。员工援助计划是企业针对诸如酗酒、吸毒、赌博或压力问题等向员工提供咨询或治疗的正式计划。基本模式有四种：① 在内部模式中，由公司自行雇佣全部援助人员；② 在外部模式中，公司与第三方签订合同，由第三方提供员工援助服务所需的工作人员和服务内容，提供服务地可以是第三方的上班地点、本公司的上班地点或者是其他地点；③ 在合作模式中，多个公司集中他们的资源共同制定一个员工援助计划；④ 在加盟模式中，第三方与公司签订合同，但第三方将合同转包给一个地方性的专业机构，而不是利用自己的员工来执行合同。如果实施员工援助计划的第三方在客户公司所在地没有办公地点，就通常采用加盟模式向客户公司的员工提供服务。

（2）咨询服务福利。企业可以向员工提供广泛的咨询服务。咨询服务包括财务咨询（例如，怎样克服现存的债务问题）、家庭咨询（包括婚姻问题等）、职业生涯咨询（分析个人能力倾向并选择相应职业）、重新谋职咨询（帮助被解雇者寻找新工作）以及退休咨询等等。在条件允许的情况下，企业还可以向员工提供法律咨询。

（3）教育援助计划福利。教育援助计划是针对那些想接受继续教育或完成教育的员工实施的一种很普遍的福利计划。教育援助计划分为内部援助计划和外部援助计划两种。内部援助计划主要是指企业内部的培训。例如，一些企业尝试在企业内开设自己的大学课程，如 MBA 课程，并聘请大学教师来企业讲课等。外部援助计划主要指的是学费报销计划，学费的报销可以采取全额报销或部分报销的方式，也可以采取每年给予固定金额的补助等不同的方式。

（4）儿童看护帮助福利。这种帮助可以根据公司介入程度的不同划分为多种形式。企业参与程度最低的一种儿童看护帮助是：企业向员工提供或帮助员工查找有关儿童看护服务方面的一些信息。在儿童看护帮助方面，较高参与程度的企业对于那些已经购买了儿童看护服务的员工提供补贴。在最高的企业参与层次上，企业直接向员工提供工作场所中的儿童看护服务。多项调查显示，提供儿童看护帮助的企业，员工的缺勤现象大大减少，生产率也有一定程度的上升。

（5）老人护理服务福利。随着人口平均年龄的提高，企业和个人都越来越关心老年人的护理问题。与儿童照顾有些类似，老年护理计划的目的是帮助员工照顾不能充分自理的年迈父母。从企业的角度来说，老年护理福利之所以如此重要，原因是帮助员工照顾他们年迈的家人会提高员工的工作绩效。组织提供的老年护理福利主要包括弹性工作时间、长期保健保险项目以及公司资助的老年人照顾中心等等。

（6）饮食服务福利。很多企业为员工提供免费或低价的工作餐、休息间的免费饮料、餐费报销、免费发放食品、集体折扣代购食品等形式的饮食服务。这种做法对员工的好处是显而易见的，对企业来讲，意味着员工不需要花费很长的就餐时间。那些不提供饮食服务的组织可能就要为其不完善的工作设施付出补偿性的差别工资，或者提供饮食补助。

（7）健康、娱乐、文体旅游性服务。健康服务是员工福利中被使用最多的福利项目，也是最受重视的福利项目之一。健康、娱乐、文体旅游性服务包括举办各种有组织的集体文体活动（晚会、舞会、郊游、野餐、讲座、报告会、体育竞赛等）、企业自建文体设施（运动场，游泳池，健身房，阅览室，书法、棋、牌、台球等活动室）、免费或折扣电影、戏曲、表演、展览、球赛票券、旅游津贴、免费提供车票的订票服务等。

（8）员工住宿设施福利。企业为员工提供低租价或低售价的住宿设施，如家属住宅、集体宿舍、倒班宿舍等。在我国，这也是一项主要的员工福利。

（9）交通服务福利：企业接送员工上下班的班车服务、补贴或报销市内公交费、个人交通工具（自行车、摩托车或汽车）购买的低息（或无息）贷款以及补贴、交通。工具的保养、燃料补助等、交通部门向员工提供的折价票购买权或者内部签票权等。

（10）金融性服务福利：信用储金、存款户头特惠利率、低息贷款、预支薪金、额外困难补助金等。

4．其他正在被广泛采用的福利项目

（1）额外金钱收入：比如在年终、中秋、端午、国庆等特殊节日的加薪、过节费、分红、物价补贴、小费、购物券等。

（2）超时酬金：超时加班费、公休假日值班费或加班优待的饮料、膳食等。

（3）生产性福利设施：舒适的办公环境等。

（4）其他生活性福利：洗澡、理发津贴，降温、取暖津贴，优惠价提供本企业产品或服务等[①]。

进入 21 世纪以后的企业员工福利出现了以下两个重要的发展趋势：

- 弹性福利计划大行其道并且日趋完善。
- 组织开始寻求与其战略目标、组织文化和员工类型相匹配的福利模式。

随着福利种类的增多和福利覆盖范围的扩大，摆在企业面前的福利计划的种类越来越多。但是，并非所有的福利计划都适合任何组织中的任何员工群体。从实际情况来看，有很多福利计划是和组织的目标、价值观乃至经营战略相违背的。因此，在制定企业的福利计划时，不仅仅要考虑现在流行什么样的福利计划，更要对自己的组织进行深入的分析，知道组织的价值观是什么，组织的目标是什么，组织的员工队伍是如何构成的，未来组织要经历什么样的变革等等。在回答这些问题的基础上，考虑所要设计的福利计划是否有助于完成这些组织目标。如果有助于组织目标的实现，还要考虑公司是否具备实施这种福利计划的能力（包括成本承受能力和管理能力）。

7.3 员工福利保险的规划、设计与管理

7.3.1 员工福利规划的概述

按照“双因素”理论，福利是一种保健性因素，它实施得不好，员工会觉得不满意；实施得好，员工就不会不满意，但却不一定会对工作有激励效果。因此，福利有数量上升的惯性，效率却有下降的趋势。对于一个希望经营成功的现代企业，既希望通过有吸引力的福利来吸引和稳定员工，又需要采用种种方法来控制福利的无限上升，提高福利投入的效率。要达到上述目的，福利的规划和管理无疑是一项重要的工作。

1. 员工福利规划的定义

员工福利规划是人力资源规划的一部分，是企业结合自己的发展目标以及对未来各影响因素的预测和分析后，基于特定的阶段对未来一定时间内员工福利的发展走向和具体路径所作的全面、规范、系统的计划。员工福利规划应随着企业的发展进行动态调整，是静态的目标和动态时间相对应的计划，是员工福利发展的指导纲领。员工福利规划有助于员工福利的改善，有助于吸引、激励和留住员

① 孙海法：《现代企业人力资源管理》，中山大学出版社 2002 年版，第 265 页。

工，有助于企业人力资源管理水平的提升。

2. 员工福利规划的三个阶段

（1）政府的强制和引导福利阶段。阶段目标：增强员工对养老、疾病、失业、工伤等社会风险的抵御能力。

（2）企业的普遍福利阶段。阶段目标：满足员工范围更广、层次更高的福利需求。

（3）员工的个性福利阶段。阶段目标：提高员工自身个性化福利需求的满意度。

企业可根据自己的福利现状来决定当前所处的福利阶段，以对员工未来的福利进行规划，应考虑到员工福利的现状、企业的发展目标、企业的经济实力、企业在劳动力市场上的竞争力、企业内部的激励性和凝聚力等各个因素。

7.3.2　员工福利计划与设计

1. 员工福利计划定义

员工福利计划，是指企业为实施员工福利所做的规划和安排。企业应根据自身情况和员工的特点来向员工提供福利，这样才能保证福利制度的持续性和有效性，员工福利计划就是为达到这一目的的重要手段和有力工具。一般来说，一个相对完备的员工福利计划需要考虑 7 个方面的主要内容：Why，即企业为什么要向员工提供福利？How much，即要向员工提供多少福利？What，即要向员工提供什么样的福利？How，即以什么样的形式来向员工提供福利？Who，即由谁来向员工直接提供福利？Whom，即要向哪些员工提供福利？When，即在什么时间向员工提供福利？

2. 影响员工福利计划制定的因素

员工福利计划的制定，其实就是对所涉及的相关问题进行决策的过程。按照系统管理学派的观点，企业是一个由相互联系、相互作用和相互影响的各个子系统所组成的要达到一定目标的开放系统，这个系统要不断协调与内、外部环境的关系，寻求平衡的状态，以维持整个系统的稳定和正常运转。因此，企业在制定员工福利计划时，需要综合考虑内外部的各种因素。概括起来，这些因素主要包括以下两个方面内容。

（1）企业外部的因素。

1）国家的法律法规①。员工福利是由两个部分构成的，即法定福利和非法定福利，法定福利是指由国家相关的法律和法规所规定的福利。由于国家的法律法规对于企业的行为具有强制的约束性，因此法定福利就具有强制性的特点，任何企业都必须遵守，企业对此并没有太多的选择权和决策权，所以企业在制定福利计划时，要在法律规定的范围内进行。法律法规对企业福利的实施也有一定的指

---

① 这里的法律法规还包括国家的相关政策。

导意义，例如，在我国养老保险制度的改革中，允许企业将工资总额的4%列入成本，形成补充养老保险基金，为员工建立补充养老保险。

2）社会的物价水平。物价水平影响的主要是员工的福利水平和企业的福利支出，包括员工福利在内的薪酬待遇，其最基本的功能就是保障员工的生活，因此对员工来说更有意义的是实际的福利待遇。当企业以货币的形式向员工提供福利时，实际的福利待遇就等于货币福利（或者名义福利）与物价水平的比率，这样，当整个社会的物价水平上涨时，为了保证员工的福利水平不变，支付给他们的货币福利相应也要增加。当企业以实物的形式向员工提供福利时，虽然物价水平对于员工的实际福利待遇不会产生影响，但是却会影响企业的福利支出，物价水平上涨时，为了保证员工的实际福利水平不变，企业就要支付更多的福利开支。

3）劳动力市场的状况。劳动力市场状况影响的主要是福利的水平，按照经济学的解释，包括福利在内的薪酬是劳动力价值的货币表现，即劳动力的价格，在其他条件保持不变的情况下，它主要取决于劳动力供给和需求的对比关系。如果企业的需求一定，由于劳动力市场的紧张造成供给减少时，企业的薪酬福利水平相应就应当提高；反之，企业就可以维持，甚至降低其薪酬福利水平。

4）竞争对手的福利状况。竞争对手的福利状况对企业福利计划制定的影响是最为直接的，这是员工进行横向的公平性比较时非常重要的一个参照，几乎可以影响到福利计划所有内容的决策。当其他竞争对手的福利水平、福利内容、福利形式等发生变化时，为了保证外部的公平性，企业也要相应对自己的福利计划做出调整，否则就会造成在职员工的不满意，甚至会造成员工的流失。目前，在企业的招聘过程中，企业所能提供的员工福利已成为应聘者进行选择时非常重要的一个因素。

（2）企业内部的因素。

1）企业的发展阶段。按照企业生命周期理论的解释，企业的发展要经历不同的阶段，企业处于不同的发展阶段时，其经营的重点和面临的内外部环境是不同的，在不同的发展阶段，包括福利在内的薪酬管理也是不同的。因此，企业在制定福利计划时也要考虑到自己所处的发展阶段，从而保证福利计划符合企业的实际。表7-2对企业不同发展阶段下的薪酬水平的确定进行了简单的比较。

2）企业的经济效益。企业的经济效益直接制约着福利水平的确定，它是福利计划各项决策得以实现的物质基础。良好的经济效益，可以保证福利水平的竞争力和福利支付的及时性。一般来说，企业的经济效益与所在地区的经济发展状况有着密切的正向相关关系，经济发达的地区，企业的整体效益要比经济落后地区的要好，经济发达地区企业的福利水平也往往要比经济落后地区企业的要好①。

① 杨雪莲、李时彦、杨波："中国企业员工福利状况分析"，载于《西南民族学院学报（哲学社会科学版）》，2002年第12期。

表 7-2 企业在不同发展阶段的薪酬管理[①]

企业发展阶段		开创	成长	成熟	稳定	衰退	再次创新
薪酬形式	基本薪酬	低	有竞争力	有竞争力	高	高	有竞争力
	激励薪酬	高	高	有竞争力	低	无	高
	间接薪酬（福利）	低	低	有竞争力	高	高	低

3）企业的管理理念。以人为本是现代管理理念的重要特征。在以人为本的理念下，现代企业更注重人的价值，将员工作为重要的资源来开发和经营。在激烈的市场竞争中，人是决定企业经营成败的关键要素。员工是企业的财富，企业的未来，企业的生命线。因此，感情留人、事业留人、待遇留人，理解员工，善待员工，共创辉煌，成为很多企业人力资源管理的主导思想。

企业的这一思路体现在福利政策中，也就有了“福利跟随经营战略”、“创建员工之家”，“花钱为员工买身心健康”等各具特色、体贴入微的员工福利计划。世界著名的成功企业都是提供挑战性的工作和对员工无微不至的关怀，它们的员工福利计划周到完善，除常规的福利项目外，一些特色项目更直接传达着企业对员工的关爱。员工看中自身发展，企业就提供带薪免费培训机会；员工需要午休，企业为员工准备躺椅、被单、眼罩、闹钟，让员工小憩后精力充沛地工作；员工劳累不愿意自己开车上班时，企业帮助员工组织轮流开车小组；员工有怨气要申诉，每人工作卡的反面就印有主要领导人的电话号码；员工工作紧张繁忙，有公司前台的洗衣服务，大厅里的理发店、修鞋店、照片冲洗店、定期的擦皮鞋服务等等，为员工送来方便。在员工真切感受到企业对他们的尊重和爱护的同时，企业也得到了员工的赞誉，员工的工作效率更高。而企业能设计如此周到的福利计划，主要是认识到了员工的价值。因此可以说，员工福利计划的定位，很重要的是取决于企业的管理理念，是企业用人战略的体现。

4）企业的薪酬策略。企业的薪酬策略主要体现在薪酬水平定位和薪酬结构选择两方面。影响薪酬水平定位的主要因素是企业的支付能力。一般而言，经济效益好的企业有能力选择领先薪酬，反之就要选择跟随型或滞后型。员工福利作为薪酬的组成部分，必然会受到企业支付能力的制约。通常薪酬水平一旦确定下来，员工福利的水平大体也就确定了。支付能力强的企业，员工福利水平比较高，而支付能力差的企业，员工福利水平会受到影响。

5）员工的工资水平。员工的工资水平在很大程度上决定了他们对福利的认可程度和对福利内容的接受程度。众所周知福利有避税的功能，虽然同值福利和货币比较，前者效用通常要低一些。但当工资水平提高到一定程度，避税的心理会

① 何娟：《人力资源管理》，天津大学出版社 2000 年版，第 222 页。

使员工对福利的认可程度提高，乐于接受这种报酬形式。另外，按照需求层次理论，人们要先满足生存需要，才考虑安全需要和舒适的需要。员工的收入水平不同对福利的要求也会有很大差异。因此，企业设计福利计划，必须注意不同收入水平的员工的需要，提供的福利计划无论在水平或内容上，都应该与员工收入水平匹配。

我国建国初期由于是政府主导职工福利的建设，因此在保险、生活服务设施、生活补贴和文化福利设施等各方面的投入保持了一定的比例。改革开放以后，企业拥有了更大的福利举办权，初期企业自办的福利主要集中在生活必需品的发放上。但是，随着职工工资水平的提高，越来越多的企业开始为职工提供诸如住房贷款、汽车贷款、理财服务等金融福利，以及旅游休养、健康体检、健身活动等健康休闲福利。在职工接受新福利项目的同时，企业的投入也收到了预期的效果。目前，我国职工更关注自身的发展，关注个人和家庭的生活质量。因此，住房福利、健康福利、在职培训，是特别受欢迎的福利项目。国外对高收入的高级管理人员提供的福利项目相对更多一些，如对经理人员的股票期权激励、专用公车与司机、专用停车场、保姆和厨师津贴等。

（3）员工个人的因素。除了企业自身的一些因素之外，员工个人的一些因素也会对福利计划的制定产生影响。虽然按照劳动经济学的观点，员工福利是一种小额优惠，具有准固定成本的性质，但是在实践中，企业制定福利计划时，往往都会考虑员工个人的因素，这些因素主要有员工的需求、个人的绩效、工作的年限、员工的年龄和文化程度、员工的工作压力和紧张程度等等。

1）员工的需求主要会影响到福利内容的确定，按照激励理论的解释，人们的行为都是受一定动机支配的，而动机又来源于需求，因此为了更好地激发员工工作的积极性，企业就要根据员工的需求来提供福利，这样才能提高福利的针对性和有效性。有些企业并不重视这一问题，导致了福利计划的实施效果不佳。

2）员工的绩效主要影响福利提供对象的确定，虽然相比激励薪酬，福利并不完全以绩效为基础来支付，但是这并不意味着福利就与绩效完全没有关系。采取平均主义的方式来向员工提供福利，只会削弱福利的激励效果，计划经济体制下国有企业工资福利管理的弊端就说明了这个问题。因此，为了提高福利实施的效果，福利应当在一定程度上与绩效挂起钩来，目前越来越多的企业在福利管理中采用了这种做法。

3）工作年限是指员工的工龄，也就是员工企业中的工作时间。一般来说，工龄越长的员工，企业提供的福利往往也越多。就是说员工在企业工作的时间越长，对企业和职位的了解就越深刻，其他条件一定时，绩效就会越好，因此企业给其提供的薪酬福利越多，这样可以在一定程度上减少员工的流动率。

4）员工的年龄和文化程度不同，也会导致对福利的需求有差异。从薪酬结构的角度，一般年轻员工倾向高工资、低福利的组合，中老年员工对福利的接受程度相对比较高。而且，很多企业是以在本企业工作的工龄作为享受自主福利的条件，显然服务年限长的老员工能从中得到更多的好处，他们对福利抱有更为积极的态度。从福利内容的角度看，企业的福利计划必须根据本企业的具体情况量身定做。员工在年龄和文化上的差异，会导致他们对福利有不同偏好。

5）工作压力。员工福利有释放工作压力，缓解紧张情绪的功能。工作压力越大，紧张程度越高，员工就更需要福利，福利的作用也就越明显。快节奏的工作中，员工更需要生活服务，更需要方便自己，更关注生活质量，更希望释放压力。现代企业面临更严峻的市场竞争，在寻求成功方案的过程中，很多企业选择和员工分担企业的风险与绩效，和员工结成利益共同体，企业给予员工更大的权利，也让员工承担更大的责任。由此，员工的工作比以往更紧张，承受着比以往更大的工作压力，也得到企业提供的更多的福利。

企业之间由于员工构成不同，在福利计划上有一定差别。在一个企业内部，福利制度要尽量照顾到员工多方面、多层次的需要，合理安排员工的经济与生活需要、社交与休闲需要、健康与安全需要以及职业发展的需要。

3．员工福利计划分类

按照企业所提供的员工福利水平的不同，可以将员工福利计划划分为市场领先型、市场追随型和市场拖后型三种模式。需要强调的是，这种划分所依据的福利水平是针对企业整体的福利水平而言的。如果我们考虑到员工个人的福利水平，那么还存在第四种模式，即混合型模式。

（1）市场领先型模式。这种模式是指企业向员工提供的福利在整体水平上高于本地区或者本行业大多数企业的水平，也就是说企业的整体福利是高于市场平均水平的。作为薪酬的重要组成部分，较高的福利水平意味着员工能够从企业那里获得较多的经济收入，这就可以为企业人力资源管理活动的实施提供有力的支持。首先，较高的福利水平可以使企业的薪酬具有较强的竞争力，从而能够吸引大量的优秀人才，这也是企业采取市场领先型福利模式的主要目的；其次，较高的福利水平提高了员工离职的机会成本，从而可以降低员工的离职率；按照赫茨伯格双因素理论的解释，较高的福利水平可以降低员工不满意的程度，这些都有利于保持员工队伍的稳定；此外，较高的福利水平还可以使企业的福利政策保持一定的稳定性，不必经常为员工增加福利，从而可以减少员工福利的管理成本。

虽然市场领先型的福利模式具有上述的优势，但是这种模式也存在一定的问题。由于是按照高于市场平均的水平向员工提供福利的，因此企业的福利支出相对就比较多，这会给企业的经营带来一定的压力，因此，这种福利模式的实施需要企业有良好的财务状况作为基础。

（2）市场追随型模式。这种模式就是指按照市场的平均水平来确定本企业的福利水平，也就是说企业向员工提供的福利在整体水平上与本地区或者本行业大多数企业的水平大致相当。这是最为常见的一种福利计划模式，在实践中，大多数企业往往都采取了这种模式。这种模式的实施可以使企业福利水平的决策变得相对比较简单，依照市场的平均水平确定企业的福利水平，这就降低了决策的难度；此外，相比领先型的模式，追随型模式也可以减少企业的福利支出，从而减轻了企业经营的压力。

（3）市场拖后型模式。这种模式是指企业以低于市场平均水平的标准来确定本企业的福利水平，也就是说企业向员工提供的福利在整体水平上低于本地区或者本行业大多数企业的水平。

虽然从成本支出的角度来看，采取市场拖后型的福利计划模式可以明显降低企业的福利支出，从而减少企业的人工成本开支。但是这种模式的问题也是显而易见的，由于福利水平低于其他的企业，因此员工从企业获得的经济收入相对就会减少，这样企业在吸引优秀人才方面就会处于劣势；此外，较低的福利水平也不利于稳定现有的员工队伍，往往会造成较高的员工流失率。因此在具体的实践中，很少有企业会主动采取这种福利模式。采取这种模式的企业往往是因为自身的财务状况出现了问题，没有相应的支付能力而不得不降低员工的福利水平。此外，还有些企业之所以会采取拖后型的福利模式，是因为他们在薪酬的其他方面或者在内在报酬方面进行了相应的补偿，从而使员工的整体薪酬水平或报酬水平并不低于其他企业。例如企业通过增加基本薪酬或者激励薪酬的方式，弥补因为福利水平的降低而造成的员工经济收入的减少。但是，这里需要强调指出的是，作为间接薪酬的福利，和基本薪酬或者激励薪酬在对员工的激励方面的作用是不同的，福利体现了企业对员工的关心，而基本薪酬或者激励薪酬更多的则是员工个人付出的回报，是企业应当支付也必须支付给员工的。因此，即便是通过提高基本薪酬或者激励薪酬使整体的薪酬水平不低于其他企业，较低的福利水平对于企业的凝聚力也是不利的。

（4）混合型模式。前面三种福利计划模式都是建立在企业整体的福利水平基础上的，而混合型模式则不同，它是针对员工个人的福利水平而言的。这种模式是指企业基于不同的职位或者针对不同的员工来确定不同的福利水平，也就是说同一个企业中各种水平的福利是同时存在的，有些员工的福利水平高于市场的平均水平，有些员工的福利水平低于市场的平均水平，还有些员工是按照市场的平均水平来享受福利的，即混合型模式就是市场领先型、市场追随型和市场拖后型这三种福利计划模式的结合。

一般来说，企业对于那些在劳动力市场上稀缺的人员以及核心员工和关键职位的人员通常会采取市场领先型的模式，给这些人员提供高于市场水平的福利，从而增强企业整体薪酬待遇的竞争力。例如在很多企业中，高层管理人员通常都会享受到健康保险、带薪休假、股票期权等福利待遇；对于那些普通员工或者一般职位的人员，企业往往会采取市场追随型的模式，按照市场的平均水平向这些人员提供福利，从而使自己在吸引和保留这些人员方面不处于劣势；而对于那些辅助职位的人员或者可以在劳动力市场上随时找到替代者的员工，企业一般会采取市场拖后型的模式，给这些人员提供的福利往往低于市场的平均水平。

混合型模式的实施，提高了企业福利政策的灵活性和针对性，一方面企业可以在劳动力市场上保持对优秀人才的吸引力和竞争力，另一方面又有助于企业合理控制其福利成本的开支。但是，这种模式也存在一个不容忽视的问题，即由于在企业内部采取了不同的福利政策，不同的员工获得的福利不一样，这就会在一定程度上使部分员工感到不公平，造成他们心理的失落，从而影响整个员工队伍的团结和稳定。因此在实行混合型模式的时候，一定要准确确定出各种模式适用的对象，否则企业福利政策的实施就不会达到预期的目的和效果。例如，企业向本来应该享受到高水平福利的员工提供了低于市场平均水平的福利，那么这些员工就会产生不满情绪。

以上介绍了以员工的福利水平为依据所划分的四种福利计划模式，这也是员工福利计划模式最为主要的划分方法。这四种模式的实施，都需要以确定市场平均的福利水平为前提。那么在实践中，企业是如何来获取这一信息的呢？通常来说，企业是通过薪酬调查的方法来了解市场的福利水平的①。当然，这种调查不一定要由企业亲自来实施，可以委托专门的咨询公司进行。此外，企业也可以直接购买咨询公司的调查结果，从而来掌握整个市场的福利水平状况。

实践过程中，企业实施这些福利计划模式时还有一个问题需要解决，那就是要明确福利水平领先或者落后的程度，也就是说本企业的福利水平到底领先或者落后市场的平均水平多少。企业在解决这个问题时通常都借助于百分位分析的方法。

例如，如果某企业的福利水平处在第 80 个百分位上，那么就意味着该企业的福利水平高于市场的平均水平，有 80%的企业的福利水平比自己的低；相反，如果某企业的福利水平处在第 30 个百分位上，那就表示该企业的福利水平低于市场的平均水平，只有 30%的企业的福利水平比自己的低。这样，企业通过确定自己的福利水平所处的百分位，就可以获知福利水平领先或者落后的程度。

百分位分析是指企业将通过薪酬调查获得的关于福利水平的数据按照从低到高的顺序依次排列并平均划分为 100 个组，每一组就是一个百分位，这样第 50 个百分位的福利水平就是市场的平均水平，当企业的福利水平所处的百分位大于 50 时，就意味着它采取了市场领先型的模式；相反，当企业的福利水平所处的百分位小于 50 时，就表示它采取了市场落后型的模式，如图 7-7 所示。

---

① 企业通过薪酬调查不仅可以了解福利的市场水平，还可以了解基本薪酬、激励薪酬的市场水平。

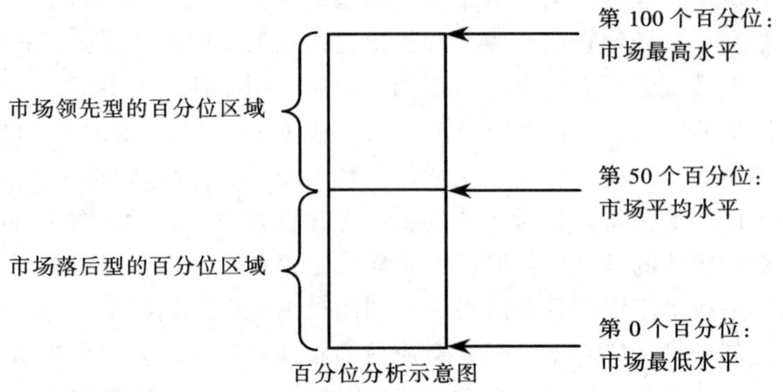

图 7-7　百分位分析示意图

资料来源：仇雨临，《员工福利管理》，复旦大学出版社 2005 年版。

4．福利计划的适用对象

如果福利仅仅是一种参与式回报，与员工个人及其群体的工作绩效没有关系，那么所有员工的福利待遇都应该一样，当然这是建立在组织希望保留所有员工的基础之上。在这种情况下，实际上是隐含地假设所有的员工对组织都具有同等重要的价值。但是在现实中，如果组织仅仅希望保留某些特定的员工群体，而对其他员工群体的去留并不十分关心，那么不同的员工群体就有不同的福利组合。这是成本/福利问题的延伸——福利支出和组织的其他支出一样，应该为组织创造价值。

对不同员工群体实施不同福利计划的做法会产生很多问题。首先，组织内部会产生地位的阶梯，某些人享有的福利另外一些人没有资格享受，没能享受到某些福利的员工自然会产生一些不满情绪，当他们需要与那些享有特殊福利的员工合作完成组织的某一工作任务时，他们之间很有可能会产生摩擦。其次，实施不同的福利计划或福利组合会带来管理上的难题，例如确定哪些岗位上或管理层级上的员工应该享受什么样的福利，福利计划的种类应该有多少等等，都需要考虑。再次，可能会引发企业外部的问题。某项福利计划只适用于企业中的一部分员工的做法可能会触犯某些法律规定。如果组织想通过福利计划达到减免税收的目的，在有些情况下，这种对员工队伍采取区别对待的做法也可能会引起麻烦。

然而，尽管存在上述问题，大多数企业至少都有两种以上的福利组合，一种适用于经理人员，一种适用于其他普通员工。很多组织对普通员工也区别对待，例如对销售类员工和技术类员工的福利待遇区别对待。

此外，出于对福利成本的考虑，很多企业还雇佣非全日制员工来代替全日制员工，这是因为，雇佣非全日制员工可以减少很多法律要求组织必须提供给全日制员工的福利。虽然这样的做法会导致员工群体处于不同的组织地位，但是大多数公司认为这样做是值得的。不过，随着非全日制员工的绝对人数以及他们在劳动力队伍中所占比例的上升，英国等许多国家正在探讨把适用于全日制员工的法定福利也同样适用于非全日制员工。

5. 福利计划的设计

事实上，福利决策和直接薪酬决策是存在很大差异的。直接薪酬决策往往是单一的，而福利却不是，这是因为企业有很多福利项目可以选择，而不同的福利组合又会产生不同的影响。企业在进行直接薪酬决策时，最主要的考虑因素是员工的能力和绩效以及所承担的工作，而福利决策的依据却有所不同，在考虑设立什么样的福利计划时，企业应当着重从以下几个方面入手。

（1）了解国家法律。从某种意义上来讲，福利水平的提高实际上是以降低直接薪酬水平为代价的。当然，法定福利在员工眼中可能也不成其为福利，因为他们认为直接薪酬是与雇佣关系直接联系在一起的，因此，如果不能让员工意识到企业的福利支出是要付出很大代价的，或者员工认为企业并未提供有价值的福利，那么企业的福利支出就不会得到任何回报。

（2）开展福利调查。市场上流行的福利状况只是企业进行福利规划的一个参考，要做好企业的福利规划，需要对企业现有的福利项目与员工的需要、偏好进行分析比较。可以通过组织内部的问卷调查，让员工对列举出来的组织可能提供的福利项目进行排序。将问卷调查分析结果与企业现存福利进行比较，就可以得出现存福利模式与员工偏好的福利模式之间的差异。未能得到满足的员工福利需求可以作为附加福利，而企业所提供的多于员工需求的那部分福利则属于资源的浪费。

福利也有外部竞争性的问题，企业要想吸引和留住员工，保持在劳动力市场上的竞争力，就需要通过市场调查了解其他企业的福利种类和福利水平。福利调查和薪酬调查的目的是一样的，这就是获取劳动力市场信息。事实上在很多时候，薪酬调查本身就包括对福利种类以及福利水平的调查，这是因为福利本身就是一种薪酬，只不过是一种间接的薪酬罢了。因此，政府相关机构以及行业协会或者咨询公司所主持的市场薪酬调查中往往都可以找到福利方面的一些数据资料。当然在市场薪酬调查数据不全的情况下，企业就有必要进行专门的福利调查，获得市场上普遍存在的福利项目的形式、内容及覆盖范围方面的信息，并结合本企业情况评估这些福利项目在本企业的适用性和运行成本。

（3）寻求与组织战略目标、组织文化和员工类型相匹配的福利模式。在制定福利计划时，企业不仅要考虑目前市场流行什么，以及目前员工需要什么，更要对自己的整个组织系统进行分析，明确企业的经营目标、价值观、员工队伍构成等等，在此基础上对福利功能定位，按此定位设计出本企业的福利计划。这样的福利计划一方面有助于组织目标的实现，另一方面也能与组织的财务状况和管理能力相匹配。

在传统薪酬管理中，提供福利最主要的目的是发挥它的保障功能。保障性福利如车补、餐费和保险等，它一般与员工的工作绩效没有直接的关系，这类福利可以让员工工作没有后顾之忧。但随着福利制度的发展，改变福利的均等性质越来越引起管理人员的注意。福利不再强调它的“人人有份、人人均等”，而是与雇员的业绩紧密结合起来。这样，发挥福利的激励作用就成为福利设计中的又一要求。激励性福利如提供司机、提供高档俱乐部会员卡、发放房屋购买贷款等，通常与员工工作绩效有直接的关系，这种“待遇”能让员工迅速产生自我优越感，从而激励员工进一步提高绩效和工作热情。

当然，企业可以根据自己的行业性质、经营目标、组织结构、价值观、员工队伍构成等特征，做出自己的福利功能定位。

（4）强化个性化的福利观念。过去企业的福利往往千篇一律，对员工的需求不做具体的研究，都采用同样的福利方式或项目，这样导致企业花了钱，员工却不买账。目前许多企业采取了“自助餐式”福利或“菜单式”福利，即给员工提供多种福利项目，让员工在他们可以享受的规定的福利总金额内选择他们喜爱的项目。这种方式让员工有了更多的选择自由，激励效果比以往的方式要好得多。

（5）福利设计要有助于加强团队合作。个性化的福利计划给了员工选择的自由，但在一定程度上会冲击员工的团队合作精神，这又是我们需要尽力避免的。企业在进行福利设计时，应有意识设立一些基于团队合作目标实现的福利或设计一些集体活动的项目，以加强员工的团队意识。

（6）对企业的财务状况进行分析。企业的财务状况关系到企业的支付能力问题。我们已经讲过，福利已经越来越多地被看成是全面薪酬的一部分，因此，企业必须从将成本与员工需要相结合的角度来对企业的直接薪酬和福利状况进行总体上的分析和比较。

（7）将福利计划纳入企业整体薪酬计划通盘考虑、配套实施。在员工特别是高素质的员工越来越重视生活质量的情况下，企业要增加福利项目及对福利的投入，要充分考虑企业的整个薪酬费用，使之既能增强企业吸引力，又能提高资金使用效率。

总之，当企业实施较为复杂的福利计划时，可能需要拥有专业的薪酬福利管理人员，拥有精通福利分析的专家，这是因为福利分析是对专业知识要求比较高的工作，尤其是在实施保险计划的时候。医疗保险成本的迅速增加和养老保险方面出现的疑问都迫使企业越来越多地寻求通过外部的专家帮助来处理企业中的保险以及其他一些福利管理问题。以下重点介绍弹性福利计划的实施与设计。

6．弹性福利计划的实施与设计

（1）弹性福利计划的实施方式。目前，企业可以采取多种方式实现从传统福利计划向弹性福利计划的过渡。简单的做法是适当降低基本薪酬，增加福利待遇的可选择性。复杂的做法则可以选择设计完备的福利选择系统。只要员工有可能在一系列的福利计划之间做出选择，弹性福利计划就能够发挥作用。选择何种弹性福利计划方案取决于企业想要从弹性福利计划中获得什么。

1）附加福利计划（add-on plan）。实施这种弹性福利计划，不会降低原有的直接薪酬水平和福利水平，而是提供给员工一张特殊的信用卡，员工可以根据自己的需要自行购买商品或福利。从薪酬的角度来看，任何的附加福利计划都会提高组织的薪酬成本。但是，对那些直接薪酬低于市场水平而又想在劳动力市场上有一定竞争力的组织而言，这是一种很好的办法。

2）混合匹配福利计划（mix-and-match plan）。在实施这种计划时，员工可按照自己的意愿在企业提供的福利领域中决定每种福利的多少，但是总福利水平不变，一种福利的减少意味着员工有权利选择更多的其他福利。当然，如果降低其他福利项目的水平仍然不能使某种特定的福利达到员工的满意，那企业就只能采取降低基本薪酬的办法了。

3）核心福利项目计划（core carve-out plan）。通常核心福利是每个员工享有的基本福利，弹性选择福利则附有价格供员工任意选择。核心福利项目计划是指为员工提供包括健康保险、人寿保险以及其他一系列企业认为所有员工都必须拥有的福利项目的福利组合。企业会将所有这些福利项目的水平都降低到各项标准要求的最低水平上，然后让员工根据自己的爱好和需要选择其他的福利项目，或者增加某一种核心福利项目的保障水平。

4）标准福利计划（modular plan）。在这种经常被使用的弹性福利计划下，员工面对着多种不同的福利组合，他们可以在这些组合之间自由选择，但是没有权利来自行构建自己认为合适的福利项目组合。每一种福利组合，我们都可以称之为一个“福利模”。一个福利模与另外一个福利模之间的差异可能在于福利项目的构成不同，也可能是同样的项目构成，但是每种福利项目的水平之间存在差异。如果模的成本不同，那些选择成本较小的模的员工，实际上会遭受利益的损失。那些将福利管理外包给外部专业组织的企业经常使用这种弹性福利模式。

可以看到，不管采取哪种方式，企业往往都不能给予员工在法律允许范围内最大限度的自由选择权。因为部分员工在选择中容易出现“逆选择”倾向，例如，员工可能为了使享受的金额最大化而选择恰恰不是自己最需要的福利内容。这种做法会因为个别员工的特殊福利要求而大大提高公司的福利成本。如果将所有福利项目都纳入选择范围，让每个人都能享受，那企业将不堪重负。如果某一员工在其职业生涯的早期阶段做出了一个并不明智的福利选择，到后来才发现这一选择其实是错误的，到那个时候，企业赋予员工的这种自由度很大的选择权反而会招致员工的怨恨。所以不少企业的做法是：首先，法律所规定的福利必须提供给员工，此外还要使每个员工享有核心福利．在此基础上再给予员工一定项目的选择权。为了保证福利计划的总成本不超出预算，在提供弹性福利计划之前，还需要进行组织内部的福利调查，给出员工一系列可供选择的福利项目，让他们确定自己的福利组合，组织不会提供那些只有少数人选择的福利项目。

一般而言，企业所负担的可选择的福利项目并非人人相同，通常要依员工的职位确定福利费用的预算，职位越高，享受的可选择的福利水平也越高。

（2）弹性福利计划的实施要点。

1）员工福利调查。为使提供的备选福利项目在满足员工需要和控制福利总成本两方面都达到预期目的，企业在实施弹性福利计划之前，往往需要进行组织内部的福利调查。进行员工福利调查要注意的是，对福利物品的描述要越详尽越好，并且对员工需要的各项福利尽量提供可以衡量的价值标准。这样才便于福利物品的价值衡量，也便于员工对福利物品进行选择。

2）员工购买力的确定。员工对福利的购买力，通常采取福利点数的形式。它是一种类似货币的购买力，具有公司信用，可用于在公司内部购买福利。员工福利点数的确定依据主要有两大因素：一是资历，即员工在本企业的工作年限、职位等级、权责大小等；二是绩效，即通过企业绩效考核体系所反映出来的员工的工作业绩和能力。

在确定了每个员工的福利点数之后，需要进一步确定这些点数的现金价值。这就需要计算福利点数的单价，即一个福利点可以相当于多少现金。其计算方法是，企业福利计划总额与全体员工福利总点数之比。企业福利计划总额的确定必须符合企业薪酬成本控制的要求，一般来讲必须与采用弹性福利计划之前发放的福利价值相一致。

3）福利物品定价。福利物品的定价通常采取福利的点数价格，以福利物品的现实价格除以每点单价得到该福利物品所需的点数。当然，这只是对那些可衡量的实物或服务的定价，对于那些不能用货币衡量的物品，则需要根据一定的标准折算成现值进行定价。比如，对带薪假期的衡量，可以用在这期间的工资额加上因不工作造成的损失定价。

4）内部市场交易。员工对福利的购买是通过内部市场交易进行的。公司首先向全体员工公布福利物品的种类及价格，员工进行挑选，然后按照员工的选择向他们提供福利物品。当然，选购的过程并不是现买现付，而是预先登记，隔一段时间后再提供给他们物品。在这一过程中，不可避免会发生员工购买力不足或员工“储蓄”的情况。员工购买力不足是指员工本身所积累的点数不足以购买所需要的福利物品。对于此种情况，公司可以考虑实行分期付款的办法，即先期预支。显然，这种预支的做法会占用公司大笔资金，在实施的时候应当采取各种会计方法，对其加以管理，以减少损失。员工“储蓄”是指员工暂时不购买，而把点数储存起来以备下次购买。员工由于“储蓄”而没有消费当期福利物品，公司可以将这笔费用用做其他用途，可以考虑参照现行的银行储蓄利率，对员工的储蓄点数支付相应的利息。

5）约束协调机制。主要是针对交易过程中发生的各种意外纠纷等特殊情况的处理措施。比如员工跳槽时福利点数的处理，公司发生信用危机时福利点数的处理，等等。

菜单式弹性福利制度是一种员工选择自由度更大的弹性福利制度形式，该制度强调让员工根据自己的需求和偏好从企业所提供的福利项目中确定最适合自己的福利组合形式。显然，具体到该弹性福利制度的实施，对于企业而言其困难在于控制成本，对于员工而言其困难则是如何在偏好和成本的约束下实现福利消费效用最大化。企业可以通过以下四个步骤具体实施菜单式弹性福利制度。

第一，确定福利菜单的组成项目。并不是所有的福利项目都可以弹性化处理，那么弹性福利制度应该涵盖哪些福利内容呢？我们这里首先需要分析福利的类型。按常规划分方法，福利通常包括强制性福利和自愿性福利。前者是根据企业所在地政府的政策法规要求，所有在该国注册的企业都必须向员工提供的福利。后者则是企业根据自身特点和目的、有针对性的设置的一些符合企业实际情况的福利。我国的强制性福利主要包括养老保险、医疗保险、失业保险、公积金（即“四金”）、工伤保险、生育保险、法定节假日（产假、丧假、婚假、探亲假等）、法定公休日、带薪年假日、独生子女奖励等福利项目，这些项目都是企业必须提供的，企业不能弹性化处理，必须无条件提供给每一位员工。除了国家规定的强制性福利以外的，企业愿意并且有能力提供的、供员工自由选择的福利项目，即自愿性福利项目。

第二，核定福利项目的货币成本。首先，企业应该明确列出所有自愿性福利项目。核定福利项目成本的一个基本思路是，把所有的自愿性福利项目都进行货币化。根据这一思路，我们可以把企业提供的自愿性福利项目分为五类，如表 7-3。现金补贴类福利是企业需要直接支出货币的福利项目，企业的货币支出加上所支付的相关税费，就构成了该福利项目的货币化成本。对于服务类福利而言，企业可以自主提供，也可以外购。如果企业选择自主提供，企业可以参照市场价格（或稍低）确定该类福利的货币成本；如果企业选择外购，外购费用构成该类福利的货币成本。弹性工作时间、地点类福利仅仅改变了员工工作的时段和地点，并没有减少员工的实际工作量，因此，对于企业而言，增加的管理成本就可以作为该类福利的货币成本。而对于休假类福利而言，企业则可以根据休假员工的日工资率计算出员工休假福利（国家法定假日除外）的货币成本。保险类福利的货币成本就是企业从专业保险公司为员工购买保险的货币支出。这样，企业就可以实现对所有福利项目的明码标价了。

表 7-3　　企业提供的自愿性福利项目类别

类　别	内容举例
现金补贴类	住房援助、企业年金、交通补贴、工作餐补贴等
服务类	免费通勤班车、免费工作餐、免费托儿所、免费照顾老人等
弹性工作时间、地点类	四天工作制、家庭办公等
休假类	各种假期、带薪休假等（法定带薪休假除外）
保险类	视力保险、牙科保险、人寿保险等

第三，确定每个员工的福利购买力。很明显，任何企业都不会让员工毫无限制地挑选福利项目，企业必须通过一定的方式合理确定员工的福利购买力，这其实就是弹性福利制度的成本控制。企业可以根据员工的职位、薪水、绩效考核、工作年限或家眷等情况来确定每一个员工所应该享有的福利购买力。不同的企业可以根据本企业的具体情况，选择不同的考虑因素来确定员工可以享有的弹性福利总额。一个最简单的办法是直接按照员工工资的一定比例确定其福利购买力，这种做法的前提是企业的工资体制较为科学、合理。

第四，员工选择福利组合。员工根据企业核定的福利项目成本，可以在自己享有的福利购买力限度内，在福利菜单中选择自己满意的福利组合了。

7.3.3　员工福利的管理

1. 员工福利管理的含义

员工福利管理是指为了保证员工福利实现预期的效果而采用各种管理措施和手段对员工福利的具体内容进行控制或调整的活动。

2. 员工福利管理的重要性

（1）各项发展目标需要有效的管理来实现。要想使美好的理想变成客观的现实，必须通过管理来保证，借助有效的管理来实现。制定相应的制度对员工福利进行管理，才有可能使员工福利的各项目标得以实现。

（2）各种福利项目需要有效的管理来理顺。福利项目种类复杂多样，涉及全体员工，各项福利的形式、发放标准和设定的水平等都不相同，如果不进行系统、高效、有秩序的管理，会影响企业业务的正常运转。而通过相应的管理机制和手段，对各种福利项目进行规划、计划和具体安排，就可以理顺福利项目的管理。

（3）规划的各阶段需要有效的管理。对于员工福利规划的管理而言，应该针对各个规划阶段的内容、目标和特点采取适当的、有针对性的管理措施：如在政府的强制和引导福利阶段，强调员工福利管理的合法性和社会化；在企业的普遍福利阶段重视福利需求调查和加强有效沟通；而在员工的个性福利阶段要注意员工的参与和管理方式的灵活等。员工福利规划的三个阶段，何时从第一阶段上升到第二阶段，又如何晋升到第三阶段，也需要通过员工福利管理来把握。通过管理系统，对现状进行评估，结合企业的经济实力、员工满意度、制度的激励性等来决定是否晋升到更高一级别的规划阶段。这将直接影响福利成本、企业各项目标的实现，从这层意义上说，员工福利管理扮演着重要的角色。

（4）员工福利成本需要有效的管理来控制。福利成本呈刚性增长规律，如果企业不加以控制，其巨大的支付压力定会影响企业的竞争力。通过理顺员工福利各项目之间的关系，减少无端的浪费，以实现有效管理。通过提高员工福利的管理效率，本身就减少了管理成本，有利于对总成本的控制。

（5）实施效果需要有效的管理来评估改善。福利实施的效果究竟是否达到事先的预想，是否需要对计划进行调整和改变，需要对实施结果进行客观的评估和评价，而对员工福利的评估、评价本身就是员工福利管理的一部分。

3. 员工福利管理的内容

员工福利管理应至少包括方案制定、财务预算、管理机构、人员配备、成本控制、调整变动和效果评估等内容。

4. 员工福利管理的流程

按员工福利管理的各项职能来安排，应该遵循以下程序，见图 7-8。

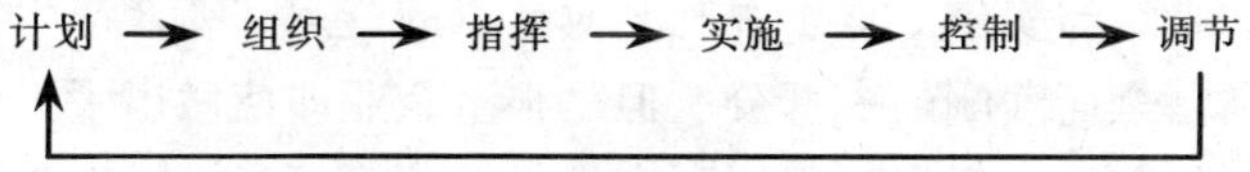

图 7-8　员工福利管理流程

资料来源：仇雨临，《员工福利管理》，复旦大学出版社。

按员工福利管理内容来安排，一个具体的福利项目管理应遵循以下程序：

（1）处理福利申请。在一般情况下，员工会根据公司的福利制度和政策向公司提出享受福利的申请，而企业此时就需要对这些福利申请进行审查，看其申请是否合理。也就是说，需要审查本企业是否实施了某种相关的福利计划，该员工是否是在该计划覆盖的范围之内，以及该员工应当享受什么样的福利待遇等等。这项任务并非是一种技能水平要求较高的工作，但是通常很耗费时间，并且对从事这项工作的人的人际沟通能力要求较高，这是因为在对福利申请进行处理的时候，要为那些福利申请被拒绝的员工提供咨询，向他们解释被拒绝的理由。在福利申请的受理以及审理方面，福利管理者能够显示出自己对整个组织的重要价值，因为通过对福利申请者进行认真的审查，并恰当地处理福利申请，可以为企业节省很多不必要的支出。比如说，员工所申请的某种福利，可能政府或者是其他公共机构可以提供，而不必企业提供。这样，员工的福利需求能够得到满足，而公司也不必承担不必要的福利开支。

（2）明确具体的福利目标。每设计一个具体的福利制度都应有特定的目标。该目标不仅要考虑企业的规模、支付能力、竞争对手的情况、与企业的经营战略是否一致、企业的薪酬策略等因素，还要考虑员工的即期需要和远期需要，是否能调动员工的积极性及吸引人才等。

（3）福利基金的筹集，是企业员工福利管理的重要内容。员工的福利基金是企业依法筹集的、专门用于员工福利支出的资金。管理者在进行福利管理时，必须确定基金的来源渠道。不同的国家（地区）的企业有不同的资金来源，一般有三种筹集渠道：按规定从企业财产和收入中提取；企业自筹；向员工个人征收。我国企业也必须按照法律的规定来提取或筹集员工福利基金。

（4）员工福利的成本控制。企业在福利选择时，应进行成本核算，必须考虑以下几个主要因素：首先，福利项目的成本越高，节约福利成本的机会就越大。其次，福利项目的增长趋势非常重要，即某些福利项目成本在当前是可以接受的，但其增长率可能导致企业在未来承受巨大的成本。最后，只有当企业在选择将多少钱投入某种福利项目具有非常大的自由度时，遏制福利成本才会有作用。企业可以通过其销量或利润估算出最高的、可能支出的总福利费用，以及年福利成本占工资总额的百分比，确定主要福利项目的成本，确定每一年的福利项目成本，制定相应的福利项目成本计划。

（5）福利的组织与实施。员工福利要对员工的行为和绩效产生影响，就必须使员工认为福利是全面薪酬的一部分。但是很多企业即使做出了很多努力为员工提供福利，员工们都没有意识到组织到底提供了什么福利，或者是根本没有意识到组织为此付出了多么高额的成本。此外，虽然员工非常看重既得的福利，但是这并不意味着他们对企业所提供的每项福利计划都很满意。因此，企业有必要设计一种完善的福利沟通模式，一方面告诉员工可以享受哪些福利待遇；另一方面告诉员工他们所享受的福利待遇的市场价值。

福利沟通比直接薪酬信息沟通要困难一些。很多时候，在每一个带薪工作日，员工都有可能会得到直接薪酬方面的信息反馈，换句话说，每工作一天，员工都知道今天自己能够赚得多少钱。然而，对大多数员工而言，福利在很长一段时间内可能都是看不到的。退休福利就是一个很好的例子。年轻人很少考虑有关退休金的问题，所以他们也很少意识到公司提供了退休福利待遇。此外，在福利计划本身比较复杂的情况下，企业也很难对员工进行详尽的解释，退休金计划就是一个例子，保险领域的专业术语和复杂的退休金计划使得员工即使对此感兴趣，也很难搞懂究竟是怎么回事。

然而，无论如何，企业都应该采取一些有计划的、持续的方式与员工进行福利信息的沟通，让员工对他们正在享有的福利待遇有一定程度的了解。下列是一些有关福利沟通方面的建议。

第一，编写福利手册，解释企业提供给员工的各项福利计划。

第二，定期向员工公布有关福利的信息，包括福利计划的适用范围和福利水平，这些福利计划的价值以及组织提供这些福利的成本。

第三，在小规模的员工群体中做福利报告。这一工作由福利管理人员或者部门经理来完成都可以。

第四，建立福利问题咨询办公室或咨询热线。这既有利于员工了解公司的福利政策和福利成本开支情况，同时也是表明组织希望员工关心自己的福利待遇的一种信号。

第五，建立网络化的福利管理系统。在公司组建的内部局域网上发布福利信息，也可以开辟专门的福利板块与员工进行有关福利问题的交流，以减少因沟通不畅导致的种种福利纠纷或福利不满。

与工资和奖金薪酬制度一样，企业要设计出具有竞争性的福利制度，一是要了解企业竞争对手的情况，通过各种有利的途径与方法对竞争对手的福利计划组合、福利标准等情况进行调查，以确定企业的福利制度；二是要进行员工的福利调查，收集员工对企业各项福利项目的态度与看法、要求；三是组织实施福利计划，落实每项福利计划与预算，这是最关键的一步，也是企业人力资源管理的重要组成部分；四是企业必须了解组织内部和外部态势的发展变化，对福利的实施进行动态监控，定期检查实施、反馈、改进情况，以增强员工对企业的认同感，增强企业的凝聚力。

总之，企业只有对在福利领域所发生的上述种种变化进行有效的监控并随时做出调整，才能保证企业以较低的成本提供令员工满意的福利项目。

聚　焦

菜单式福利在上海移动的实施

菜单式福利在美国和欧洲国家比较流行，几年前在新加坡、印度等东南亚国家也得到了充分的应用。但对于我国大多数的企业来说，菜单式福利还是一个非常新的概念，我们应吸收国外成功经验，引入有利于我国企业发展的福利制度。

根据上海翰威特人力资源咨询公司提供的资料，为了提高企业内部的人力资源管理水平，上海移动已经引入菜单式福利，并初见成效。公司总员工人数超过 3000 人，存在不同的年龄分布，各年龄层有其相对应的不同福利需求：从事技术、开发工作的员工年龄较轻，对购房补助、购车补助等福利需求高；从事党政、管理工作的员工年龄较大，对补充养老、补充医疗等福利需求高。因此，公司的福利计划要有一定的灵活性，尽量满足不同年龄层员工的不同福利需求。公司目前提供的补充福利有：补充住房公积金，住房补贴；补充医疗保险；补充养老保障。员工满意度较高的为补充医疗和补充养老，相对较弱的为购车补助和教育补助；员工需求较高的为购房补助、医疗补助和养老保障。公司愿意在福利领域作为市场领先者，如采用创新的福利工具/系统，通过福利系统设计达到满足员工需求和人才留用的目的。

聚　焦

中国国际技术智力合作公司的“菜单式”福利

中国国际技术智力合作公司就很好地发挥了“菜单式”福利带来的促进作用。除了法定福利和核心福利外，该公司还增设了工作/生活福利的“菜单式”福利制，在购车、手机、免费午餐、班车服务、每月体育锻炼、夏季冷饮、保姆费、服装费、员工年度体检等等方面给予福利补贴和福利保障，使员工的个人发展与企业实现长期经营目标相结合，从而有利于塑造该公司员工的团结向上的团队精神，增加了员工对企业的敬业度，还有利于员工有效平衡工作、生活压力。

本章小结

本章介绍了福利的定义、特点及存在的必要性，随后对员工福利的激励效用以及福利的构成进行了进一步的探讨，最后阐述了弹性福利计划与员工福利的发展趋势。

关键术语

- 福利
- 激励效用
- 弹性福利计划
- 福利沟通
- 福利管理

思考题

1. 员工福利的特点是什么？员工福利有存在的必要性吗？
2. 发挥员工福利的激励效用应注意什么问题？
3. 员工福利有哪些内容？
4. 什么是弹性福利计划？其优缺点有哪些？为什么弹性福利计划被越来越多的企业所采用？
5. 员工福利的发展趋势如何？

6. 福利对于企业和员工有哪些影响？是否应当尽量将福利工资货币化？为什么？

7. 员工福利计划应当包括哪些主要内容？

8. 为什么说福利沟通非常重要？企业在实施福利管理过程中应当注意哪些问题？

案例讨论

Astra Zeneca 公司的弹性福利方案

瑞典的一家药材公司在 1999 年与英国的 Zeneca 集团合并，成立了 Astra Zeneca 公司。合并后，新的组织迫切需要一个新的利益体系来支持他们的构想——在医药领域中成为可以选择的雇主。

“我们的首席执行官认为应以一种工业主导的方式融合各种条件和情况，保护法人的权利，要尽可能快并且用最小的代价实现目标，”Astra Zeneca 公司在英国的人力资源副经理 Hurrell 说：“弹性福利方案是满足所有标准的唯一方法。”

Hurrell 说：“尽管合并也促进了弹性福利方案的实现，但是 Astra Zeneca 采取弹性补贴方案的主要原因却是人才的竞争。我们这个行业人才的竞争十分激烈，对我们来说，知识和技能就是一切。我们最基本的目标就是让我们看起来像是最有吸引力的雇主。”

Astra Zeneca 的决定给了市场一个信号，公司应该是一个令人兴奋的工作场所。“我们在这个行业中率先把工资和福利转化成简单的现金，从而使员工能灵活地选择他们想要的东西，”Hurrell 说，“我们已经收到的反响令人难以置信。”自从 2001 年早些时候开始实行这项计划以来，Astra Zeneca 92%的员工选择了与他们原来不同的工资与福利组合方式。

Hurrell 把员工高度的理解和高涨的参与热情归结于一场广泛的运动，这场被命名为“AZ-Advantage”的运动为弹性福利方案树立了一个榜样，并且在新的福利制度实施以前 6 个月他们为员工提供了相应的培训。

思考与讨论题

1．Astra Zeneca 公司为什么实行弹性福利方案？

2．Astra Zeneca 公司实现这个福利方案的效果怎样，为什么？

3．Astra Zeneca 公司的弹性福利方案对我国企业有何启示？

第 8 章

薪酬水平调查

本章学习目标

1. 掌握影响薪酬水平、结构的外部、内部和个人因素；
2. 了解薪酬水平调查的目的、发展及现状；
3. 掌握薪酬水平调查的种类及其影响因素；
4. 掌握薪酬水平调查的过程及操作方法；
5. 熟悉调查结果的分析使用方法。

引导案例

A 公司的薪酬制度

说起 A 公司，在 VCD 行业也是小有名气。当初胡明看准了 VCD 行业进入的门槛较低，就以自己仅有的 4 万元钱与刘峰合作创办了 A 公司，由胡明负责日常经营。公司把开发和生产 VCD 机解码板作为自己的主营业务，基本的业务流程是这样的：技术人员根据客户要求在解码板的芯片中写入程序，然后由业务人员交给外协厂批量生产，再由业务人员将生产出的产品送到客户处——即 VCD 整机生产厂家。

公司刚成立时只有 4 名员工，都是胡明的亲戚和他以前的同学。随着业务逐渐扩大，公司员工也增加到了 10 名，新来的人也都是胡明的同乡、好友，整个公司像一个大家庭一样。胡明常说："咱们兄弟一起赚钱！"确实，A 公司的工资待遇比较平均，员工相互间的差距并不大，工资结构和形式也有点像国营单位。两名技术人员的基本月薪是 3500 元，津贴 50 元，午餐补助 240 元，一共是 4240 元，另外每月的手机费可以报销，年终时还可分享纯利 10%~20%的分成。会计的工资为基本月薪 3500 元，通讯费补贴 300 元，午餐补助 240 元，100 元的交通补助，共 4140 元，年终有双薪和年终奖。三个业务人员，小王的工资为3500元，小吴的工资为3000元，小张的工资为2000元。公司还分别给小王和小吴配了车，业务人员的电话费、交通费、油料费全部实报实销。

但是不久，小王突然提出要求业务提成。对此，胡明开始觉得实在难以接受：小张是我的表弟，但他的工资最低；小吴虽说是我的同乡，可也没有你小王的工资高啊！但小王也有他的理由：同行业中的很多公司对业务人员都是实行提成工资制，且报酬丰厚；小吴和小张都没有开发新客户的能力，只不过是送送货而已。但他小王有开拓市场的能力，并且已经在广州联系了一些客户，目前这种工资水平不能够体现他的价值。当时的行情是同行业其他公司的业务人员都没有底薪，各种费用都不报销，只给每块解码板0.5元的提成，而且客户全由业务人员开拓。A公司的情况有所不同，业务人员只是送送货而已，基本没有开拓新客户的职责，公司的业务都是由老板胡明联系的。但是迫于小王和刘峰的压力，胡明同意了以下方案：小王和小吴底薪2000元，小张底薪1500元；提成为小王每块解码板0.2元，小吴每块解码板0.15元，因为小张是新手，所以提成为每块解码板0.05元，其他都不变。A公司还给三人划分了势力范围：小王负责A公司目前最大的客户S公司和他在广州联系的业务，小吴和小张二人共同负责深圳宝安区的客户，以小吴为主。

当时A公司一个月的业务量为2～3万块解码板，小王每个月的提成平均为2670元，加上底薪，每月的收入有4600多元，大大高于提成之前；而小吴和小张加起来每个月的提成平均为1465元，每月的收入与以前相比变化不大，三人倒也相安无事。

后来由于种种原因刘峰和胡明散伙，小王也离开了公司与刘峰自立门户，只剩下小吴和小张两个业务人员，A公司再次给两人划分了职责范围：由于S公司是公司的主要客户，因此由资历较老的小吴接手小王的工作，小张则仍负责宝安区的客户。两人的提成都调为每块解码板0.2元。调整后的第一个月，小吴的提成为4000元，小张的提成为5000元，小张的工资第一次超过了小吴；第二个月，小吴的提成为3000元，小张的提成为7000元，两人的工资差距达到了4000元。随后的一段时间，S公司的业务量逐渐萎缩，而宝安区的业务则越来越红火，小吴和小张的工资差距更大了。有一个月，小吴的提成是2600元，而小张的提成达到了11600元，这更引起了小吴的不满，认为老板胡明偏心，业务分配不公。

这时技术人员也开始不满起来，他们认为跟客户洽谈都是老板胡明和技术人员，售后服务工作主要是由技术人员完成的，业务人员只不过是送送货，并没有创造什么价值，却拿那么高的工资，这明显不公平。

资料来源：文跃然，《薪酬管理原理》，复旦大学出版社2005年版。

思考与讨论题

1．A 公司在制定薪酬制度时忽略了什么因素？

2．小吴与小张的提成为什么变得差距越来越大？怎样调整才比较科学合理？

3．怎样消除技术人员的不公平感？

8.1 影响薪酬水平的因素

企业虽然是一个独立的经营团体，但是企业的经营是不能独立于社会的，它会受外部和内部诸多环境的影响。影响薪酬水平的因素也比较多，这些因素有：企业外部因素、企业内部因素和员工个人因素。

8.1.1 影响薪酬水平的企业外部因素

1．人口规模和劳动力结构

根据经济学边际原理和规模经济原理，若就业规模过小，现有的生产资料、资本等生产要素得不到充分利用，按收益递增规律，总产量和总收入就不能达到最大化；若就业规模过大，超过现有生产对劳动力的实际需求，使劳动要素与其他生产要素的配置比例失调，按收益递减规律，社会劳动生产率和人均收入必然会下降。只有使现有人口的数量规模与社会生产规模相适应，人口的增长规模与社会生产的增长规模相适应，保持经济学上的“适度人口”或“最优人口”，才能取得最佳的效率和收入。

我国的人口数量规模居全球首位，人均资源占有量远低于世界平均水平，人均物质资本和人均人力资本提高缓慢，制约了我国劳动生产率和人均收入的增长速度。同时，劳动力（尤其农村劳动力）严重过剩，劳动力市场供过于求。这两方面成为制约我国薪酬水平迅速提高的重要因素。

不同类型劳动力占劳动力总量的比例会影响薪酬水平，如熟练型劳动力、知识型劳动力的比重较大，薪酬水平相应较高，反之则低。劳动力结构是否适应国民经济产业结构发展的要求，也会影响薪酬水平，如果两者不相适应，会产生“结构性失业”——一方面降低普通劳动力的薪酬水平，另一方面提高稀缺劳动力的薪酬水平。

2．物价水平对薪酬水平的影响

物价是决定实际薪酬水平的主要因素（其他还有捐税、租金等），它会从直接和间接两方面影响实际薪酬水平。它对薪酬水平的直接影响是由货币薪酬变动率与价格指数变动率的相互关系所引起的，如货币薪酬增长率高于物价增长率（通货膨胀率），则实际薪酬水平提高；反之，则会降低居民购买力、增加居民购买支出，使实际薪酬水平下降。它对薪酬水平的间接影响是通过价格对企业收益的影响，进而会影响到实际薪酬水平。价格变化会导致各个企业收益和利润水平发生变化，不同商品比价是否合理也会制约不同企业收益和利润是否合理，这两者都会影响薪酬水平及其合理性。

3. 劳动力市场供给情况和竞争对手的薪酬水平

劳动力市场的供给情况是影响企业薪酬水平的重要因素之一。企业所有岗位的人力资源都是来自于劳动力市场，劳动力市场的任何变动都会相应地影响到企业获得人力资源的成本。因此，只有在很好地了解劳动力市场供给情况的前提下，企业才能合理地、有效地确定自身的薪酬水平。

根据劳动力供、需与薪酬水平关系模型（见图 8-1），市场上某一类岗位的人才的薪酬水平（即价格 P）与市场上人才的供应量（Q）成正相关关系。也就是说，人才的供应量会随着市场上的薪酬水平的提高而增加。反之，当市场上人才的薪酬水平降低时，其供应量也就随之减少。市场上人才的薪酬水平与对人才的需求量（Q）成负相关关系，也就是说，人才的需求量会随着市场上人才的薪酬水平的提高而减少。反之，当市场上人才的薪酬水平降低时，人才的需求量会随之增加。

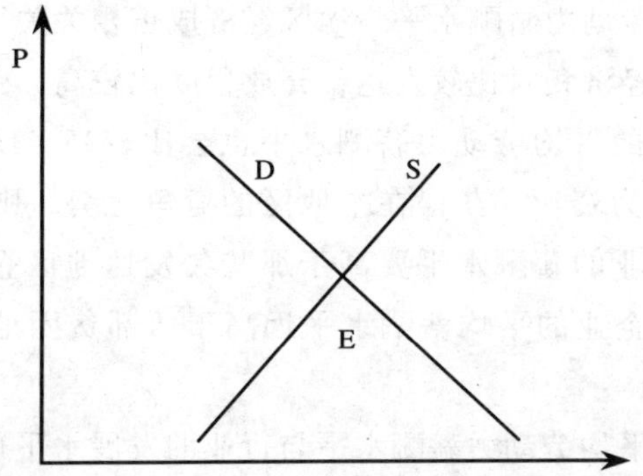

图 8-1　劳动力供、需量与薪酬水平的关系模型

但是，劳动力的薪酬水平并不会无限制地提高或减少，其波动符合市场供求规律。当人才的薪酬水平提高时，人才的供应量就会增加。但是，当人才的供应量超过企业的需求量时，企业可供选择的机会增加，人才本身的竞争会加剧。那么，企业为了获得这类岗位的人才所花费的成本就会降低，也就是说企业提供给这类岗位或人才的薪资会逐渐下降，进而造成这类人才或岗位的平均薪酬水平下降。这种下降最终会达到一个平衡点 E（见图 8-1），这个平衡点就是市场上人才的供应量等于需求量的点。

企业可以根据劳动力薪酬水平波动的这一规律，预测劳动力市场的变化趋势，合理制定自己的薪酬水平，有效地进行薪资预算，控制人力资源成本。

竞争对手的薪酬水平是影响薪酬决策最直接、最主要的因素。企业在生存与发展的过程中，时刻关注其竞争对手的一言一行，并有针对性地调整自身的政策、行动，以免在竞争中处于不利地位，薪酬政策方面也不例外。如果竞争对手提高其薪酬水平，而企业在薪酬方面却没有做出及时回应的话，那么在吸引和招募人员方面，企业很可能因招募不到足够数量的优秀员工，而在人才的竞争中处于不利地位；在留用员工方面，核心员工因本企业的薪酬低于竞争对手而觉得自身的价值没能得到应有的尊重和认可，从而产生不公平感，降低忠诚度、归属感，造成企业人才流失并导致生存危机。

许多国企核心人员的薪酬与市场水平相去甚远，更远远落后于外资与私营企业。如具有 3~5 年工作经验的研究生、本科生的年薪标准为 2~4 万元左右，有的三资企业更高达 10 万元；而同等资历的大学生在国企中的年薪仅为 7000~8000 元。差距如此之大，造成了国企中原有的高素质员工严重流失，人才引进亦严重受阻，在与竞争对手的较量中处处处于下风。

4．地区经济状况及行业发展水平

一般来说，平均劳动力薪酬水平与地区经济成正相关关系。也就是说，如果一个企业所在地区的经济相对比较发达，开放程度比较高，劳动力市场相对比较完善，那么，该地区的平均劳动力薪酬水平也会比较高，反之亦然。对企业来说，要获取同样的人力资源，获得在本地区的竞争优势，则要付出相对较大的成本。也就是说，企业的薪酬水平要高于那些欠发达地区企业的薪酬水平。例如，长江三角经济圈企业的平均薪酬水平远高于西部贫困地区的企业的平均薪酬水平。

同样，我们认为平均劳动力薪酬水平与行业的发展水平也是成正相关关系。如果某一行业的发展水平比较高，那么，该行业企业的平均劳动力薪酬水平也就比较高（见表 8-1），反之亦然。如在我国现阶段，像 IT、汽车等行业发展速度比较快，发展水平相对其他行业比较高，其平均劳动力薪酬水平也相应地比其他行业高。处在这些行业的企业，如果要从劳动力市场上获得某些岗位的人才的话，特别是那些专业的人才，则相对其他行业的企业来说，其获取成本也要高得多。例如，同是获取一名人力资源经理，从事软件开发的高新技术企业所付的薪酬会大大高于一个从事塑料制品生产的企业。

表 8-1　薪酬水平与地区经济状况及行业发展水平的关系

	地区经济发展状况		行业发展水平	
	发达	欠发达	高	低
平均劳动力薪酬水平	高	低	高	低

5. 国家相关法律法规

薪酬是社会再生产过程中的一种分配形式，其实质是劳动者的劳动报酬，薪酬水平的高低对社会再生产和劳动力再生产有着极为重要的影响。薪酬水平过高，企业只能维持简单的再生产，有时甚至连再生产也无法维持，那么，整个社会就失去发展的动力而不能发展，甚至倒退；薪酬水平过低，则劳动力的再生产将难以维持，社会将会出现不安定因素，甚至发生危险。

任何一个国家都十分重视薪酬这一问题。政府不仅仅是法律和法规的来源，作为商品和劳务的消费者，政府本身是一个大雇主；同时，政府通过其财政和货币政策影响着劳动力需求。政府通过建立职业准入标准、提供教育培训基金，并通过直接在市场上竞聘人力资源影响着劳动力供给。

因此，了解国家法律、法规和政策对薪酬管理的相关规定是非常有必要的。我国制定了一系列与薪酬有关的法律、法规和政策，从国家、社会、企业以及个人等多方面进行了规范，不仅有效地保护了企业和个人的基本利益，同时，还为社会的稳定和国家的繁荣昌盛打下了良好的基础。到目前为止，我国政府制定的影响薪酬管理的主要法律法规和政策有：《中华人民共和国宪法》（以下简称《宪法》）、《中华人民共和国劳动法》（以下简称《劳动法》）、《中华人民共和国个人所得税法》（以下简称《个税法》）、薪酬制度、社会保险制度以及住房公积金制度等。这些法律、法规和政策规定了我国薪酬管理的基本内容，比如《劳动法》中明确规定了工资分配原则、最低工资规定、工资支付、节假日工资和加班工资等。此外，劳动法律法规还对各种保险、经济补偿做出规定。因此，薪酬管理与法律、法规和政策有着密切联系（见图 8-2）。法律、法规和政策是薪酬管理的依据，是企业的薪酬管理行为的标准规范和准绳。反过来，薪酬管理是贯彻实施法律法规和政策的具体行为活动，两者相互依存，密不可分。

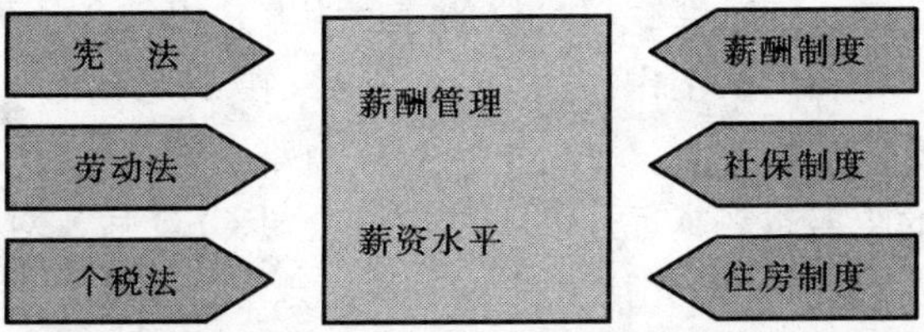

图 8-2　薪酬管理与法律、法规和政策关系模型

8.1.2 影响薪酬水平的企业内部因素

1. 组织文化

组织文化是公司组织内部导致共同行为规范的系统的价值观和信仰。这些价值观明显体现在公司的组织和工作结构中，它涵盖了组织的工作完成方式以及组织中人员的甄选、开发、管理以及报酬的方式，因而与组织的经营绩效是息息相关的。

在追求企业长期战略成功的过程中，弄清楚它的文化特征，并将其融入到其薪酬理念和薪酬政策之中，使薪酬管理与企业文化相吻合，这是战略性薪酬管理的又一必然要求。

（1）组织文化类型的划分。根据有关研究，组织文化可按其不同特征分为典型的四种类型：职能型文化、流程型文化、时间型文化和网络型文化。

1）职能型文化。它强调部门功能，管理层级，稳定与可靠性，尽可能使风险减到最小，往往是简单地用财务指标来评价公司和部门的业绩。这类公司强调长远计划是最重要的，往往要做 10 年甚至 20 年的规划。职能型文化的组织模式如图 8-3 所示。

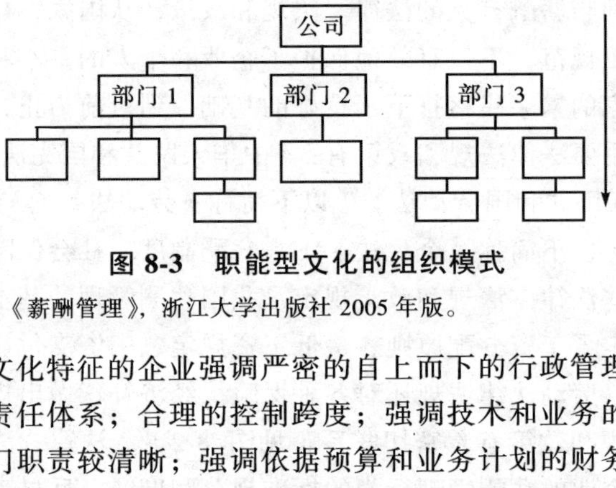

图 8-3　职能型文化的组织模式

资料来源：冯宪，《薪酬管理》，浙江大学出版社 2005 年版。

具有职能型文化特征的企业强调严密的自上而下的行政管理体系，其典型的特征有：清晰的责任体系；合理的控制跨度；强调技术和业务的专业化；基于委员会的团队，部门职责较清晰；强调依据预算和业务计划的财务结果。许多传统产业，如钢铁企业、汽车制造企业具有较强的职能型文化特征。

2）流程型文化。近些年，功能型文化在美国有了较大的转变，许多大中型规模企业，为了消除部门间壁垒，以最快的速度为客户提供产品和良好的服务，开始强调部门间的合作和团队工作。如 IBM 公司，在 10 多年以前由于工作效率很低，而且员工只对其上级负责，外部的市场压力难以很快传递到员工的身上。因此，公司与客户的距离越来越远。郭士纳担任公司 CEO 后，对 IBM 的组织结构进行了较大改革，将公司由部门责任严密的功能型文化转变为以客户导向的强调部门团队合作的流程型文化，从而使 IBM 获得了新的活力。流程型文化的组织模式如图 8-4 所示。

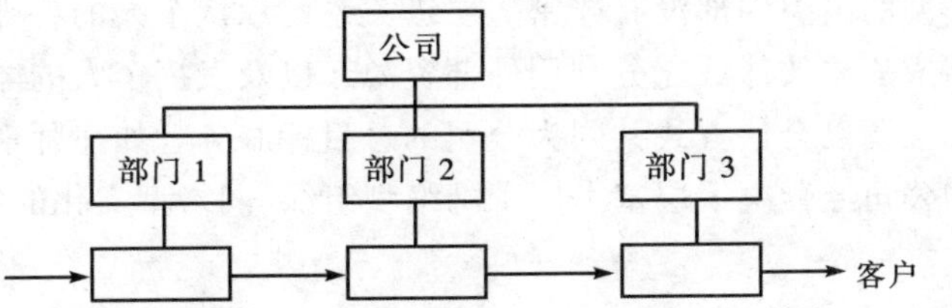

图 8-4　流程型文化的组织模式

资料来源：冯宪，《薪酬管理》，浙江大学出版社 2005 年版。

流程型文化的最大特点是使客户的满意度最大化。从外部来看，具体表现为对客户的理解，重视对客户的承诺，获得客户的信任。从内部来看，从以产品为中心，到以流程为中心，从部门间严格的责任划分到部门间的团队合作。流程型文化的主要特点有：以客户满意为导向来确定价值链；基于团队和相互学习的工作关系，共同承担责任；非常强调质量和改进；以定量和定性方法来测量结果；围绕流程和供应链来设定部门。

3）时效型文化。20 世纪 90 年代开始出现了一批时效型文化的企业，它们不仅仅满足于产品质量和客户满意，而是想办法以最快的速度把新产品和服务推向市场。在企业战略上，速度是第一位的，其次才是技术和客户满意。因此，具有时效型文化特征的企业鼓励员工培养多种能力，不是以传统的投资回报来进行简单的评价，而是用更灵活动态的方法来评价企业的绩效。因此，这类企业会最大限度地利用人才资源和财力资源，以非常灵活的方式和最快的速度抓住现存的或潜在的市场机会，并实现市场最大化。时效型文化的组织模式如图 8-5 所示。

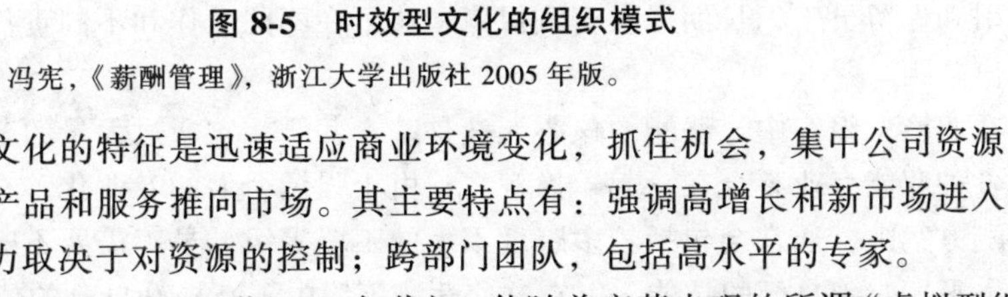

图 8-5　时效型文化的组织模式

资料来源：冯宪，《薪酬管理》，浙江大学出版社 2005 年版。

时效型文化的特征是迅速适应商业环境变化，抓住机会，集中公司资源，以最快速度把产品和服务推向市场。其主要特点有：强调高增长和新市场进入；项目驱动；权力取决于对资源的控制；跨部门团队，包括高水平的专家。

4）网络型文化。在 20 世纪 90 年代初，伴随着变革出现的所谓“虚拟型组织”实际上就是这里所说的网络型组织。网络型组织往往是围绕新的产品、市场或者经营领域的开发而设计出来的，而一旦这些市场或者经营领域被开发出来，往往用功能型、流程型或者时效型组织对其进行管理效果会更好一些。

这种类型的组织内部没有严密的层级关系，承认个人的特殊性贡献，通过与其他公司结成战略伙伴或充分利用外部资源，以及发挥个人的才能使公司投资收益最大化，强调以合伙方式共同为公司的总目标服务。如律师事务所的合伙人或共享利润的公司经营决策层基本属于网络型组织。网络型文化的组织模式如图 8-6 所示。

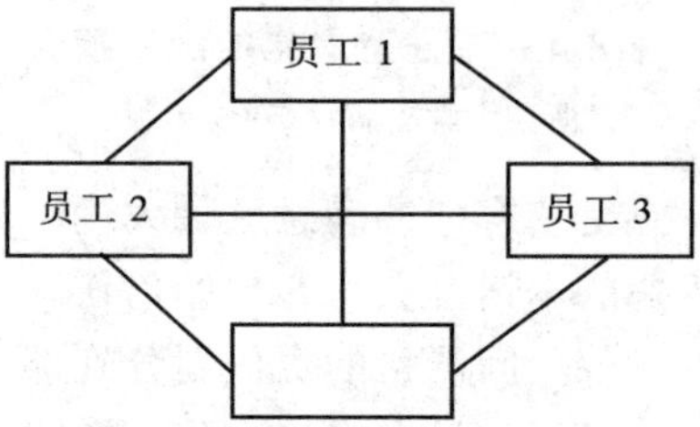

图 8-6 网络型文化的组织模式

资料来源：冯宪，《薪酬管理》，浙江大学出版社 2005 年版。

网络型文化组织所关注的是在一定的时限内通过团队的合作性努力对组织的贡献。在战略优先顺序上，它首先强调的是灵活性和活跃性；其次是对客户需要的反应敏感性和技术性；最后是可靠性。其主要特点有：以合伙人方式分配权力；强调对公司总体目标的贡献；以“合同”方式在主要合伙人间形成网络。

最后需要指出的是，在企业中并不存在某种单一和静止的文化，在任何一个组织中，都可能有多种类型的文化在同时发挥作用。同时，随着外界环境的变革和组织本身的变化，组织文化本身也会不断地更迭和演进。

（2）特定组织文化下的薪酬管理。对组织文化的分析已经表明，每一类组织文化的战略重点以及对员工的要求都不同，这就要求企业的薪酬战略必须能够反映这种差异。事实上，不同文化类型的企业在薪酬决策时会表现出不同的理念和政策。

1）职能型文化中的薪酬管理。职能型组织所强调的是稳定性、常规性、可靠性、资源以及专业化。所以它所需要的薪酬体系必须能够达到以下这些要求：能够吸引和保留员工；长期提供薪酬保障；认可在不同工作和不同责任之间所存在的价值差距。

在职能型组织中，薪酬的核心元素是基本薪酬，它通过大量的范围很窄的等级将各种职能专业整合在一起，换言之，由于强调个人的专业化，在职能型组织的薪酬方案中，通常会包括较多跨度不大的工资等级。员工需要不断增长自己的经验水平、改善自己的技能，以在这些薪酬等级中不断提升自己的位置。

在职能型组织中，可变薪酬或奖金方案一般只针对那些对于组织的利润具有重要影响的人，比如销售部门的人或者组织中居于关键领导岗位上的人。而福利作为一种可以提供长期保障和职业导向的措施，对于这些组织而言则是十分重要的。

2）流程型文化中的薪酬管理。流程型文化注重客户，主要强调内部公平性，只是在需要吸引新人加盟时，薪酬在外部市场上的竞争性才会受到重视。不过需要指出的是，流程型文化下的内部公平性更多的是着眼于团队之间的比较而不是个人之间的比较。与传统组织相比，薪酬范围或者薪酬等级要更宽一些，因为它们更不强调个人的专业化。

流程型组织通常会大面积地用奖金来对绩效进行奖励，针对个人以及团队的奖金在流程型组织中是相当普遍的。在这类组织中，既可以很容易地发现用来对单个团队的绩效进行奖励的较少金额的季度奖金，也可以发现旨在将每一个人与组织的总体绩效和客户服务使命联系在一起的范围更广、额度更大的年度奖金。

3）时效型文化企业中的薪酬管理。在基本薪酬的确定中，时效型企业强调市场的快速响应和机会导向，可能会随时组成临时性的工作团队。在这些团队中，员工原来职位的职位说明书已完全不能说明其实际的工作，因而对员工工作的评价是依据其在工作团队中担任的实际角色而定。与流程型企业相似，时效型企业工资带较宽、工资等级较少的原因也是为了能起到淡化职位、强调个人的实际角色和贡献的作用。由于强调的是灵活性和速度而不是长期的关系，因此时效型企业对内部公平性强调很少。由于它们需要在正确的时候找到承担特定角色的正确人选，所以对于与外部市场的比较更为敏感。

与流程型企业不同的是，时效型企业把员工基本薪酬中相当大的一部分拿出来作为可变薪酬，与个人的实际业绩挂起钩来进行浮动，这样做的目的是更加强调绩效导向。并且由于时效型企业以相互独立的项目为核心，因而奖金支付的周期都会比较短，通常会以项目的完成作为衡量期限，奖金数额也是基于项目结果的。但其奖金支付的标准要比流程型组织更为严格，因为它们最为关注的是结果的达成以及达成的速度。

4）网络型文化中的薪酬管理。网络型组织所强调的是联盟和冒险，因此它们对于薪酬的内部公平性很少关注。每一个人的报酬都取决于他对于某一特定项目所带来的贡献，所以更多的注意力被放在竞争性的市场工资率上，或者是根据个人情况分别确定其价值。网络型组织中的薪酬具有某种两极分化的倾向，“明星员工”——真正的人才——能得到巨额的报酬，既有可能完全以佣金的形式提取，也有可能被授予公司的股权，而其他人的薪酬则要视情况而定。此外，由于组织和员工之间的关系可能只维持几个星期或者几个月，所以在这种组织中，福利无论是在存在的时间上还是范围上都是十分有限的。

不同文化类型与薪酬体系的关系（见表 8-2）。

2．组织生命周期

企业的发展阶段可分为初创期、成长期、成熟期和衰退期。不同的企业发展阶段对应不同的薪酬水平定位。一般来说，企业在初创期和高成长阶段一般倾向于采用领先策略；在成熟阶段一般采用稍微领先或是匹配的策略；而在衰退阶段通常采用匹配甚至是落后的薪酬水平策略，因为此时它的支付能力非常有限，要考虑对劳动力成本的控制。

表 8-2　　不同组织文化下的薪酬管理

薪酬构成	组织文化的类型			
	职能型文化	流程型文化	时间型文化	网络型文化
基本薪酬	• 标准化的薪酬等级 • 适中的基本薪酬浮动性	• 范围较宽的薪酬等级 • 基本薪酬的低浮动性	• 范围很宽的薪酬等级 • 基本薪酬的高浮动性	• 唯一的薪酬等级 • 基本薪酬的高浮动性
个人奖励	• 有限使用奖励 • 每年支付一次	• 广泛运用奖励 • 中期支付	• 奖励使用适中 • 项目成功后支付	• 较少使用奖励 • 风险计划完成之后支付
团队奖励	• 认可卓越的成功	• 收益分享 • 群体 / 团队奖励	• 项目利润分享	• 风险计划 • 利润分享
其他报酬构成	• 能力薪酬 • 技能薪酬	• 能力薪酬 • 技能薪酬	• 能力薪酬	• 关键能力赋予个人进入项目以及分享利润的资格

资料来源：刘昕，《薪酬管理》，中国人民大学出版社 2002 年版。

3. 企业规模

很多研究表明，在其他因素类似的情况下，大企业的薪酬水平往往要比中小企业的薪酬水平要高。在大企业中工作的员工不仅所获的薪酬比具有相同人力资本特征但在小企业中工作的员工要多，而且，他们的薪酬水平随着工作经验的累积而上升的速度也更快。[①]大企业所支付的薪酬水平较高的原因主要在于以下几个方面。

（1）在大企业中采用长期雇佣的做法往往比在中小企业中更有优势，也更有必要。这是因为，大企业通常更多地采用具有较高程度的相互依赖性的生产技术，因此，如果在大企业中出现了一项没有人做的工作或者是出现了预料之外的辞职现象，那么必然会影响到整个企业的生产过程，甚至造成大量资本的闲置或浪费。此外，过高的员工流动率，尤其是熟练程度较高、熟悉公司运行规则的员工的流失，必然会给企业带来双重的生产率损失（资深员工流失造成的当前生产率降低加上雇佣新员工的成本以及新员工的适应成本）。因此，降低员工的辞职率以及确保空缺职位能够得到迅速填补是大企业非常关心的问题。提高薪酬对于上述目标的实现无疑是很有帮助的，企业决定向员工支付较高水平的薪酬就是一件很自

① 伊兰伯格，史密斯：《现代劳动经济学：理论与公共政策》（第六版），中国人民大学出版社 1999 年版，第 329~380 页。

然的事情了。

（2）由于大企业有更大的动力维持与员工之间的长期雇佣关系，而大企业员工的稳定性也更强。因此，大企业会有更大的动力去培训自己的员工，而员工的人力资本投资增加必然会提高他们的收入能力。

（3）企业规模越大，对员工的工作进行监督就越困难，因而企业就越是希望能够找到其他的方式来激励员工。在这种情况下，效率工资理论所揭示的原理很容易导致大企业采用高于市场水平的薪酬，以激励员工在没有严密的直接监督的情况下也能努力工作。总之，大企业为员工提供职业保障的能力加上这种效率工资的制度安排，无论是对于员工的保留来说，还是对于员工的工作激励来说，都是非常有效的。

（4）大企业更偏重于资本密集型生产，也具有较高的薪酬支付能力，再加上出于公司形象方面的考虑有更高的薪酬支付意愿，也是导致大企业支付较高水平薪酬的重要原因。

4. 企业的战略定位、产品选择及竞争方式选择

（1）企业的战略定位。企业不同的战略定位会对薪酬水平的定位产生影响。一般来说，当企业做出了市场领先的战略定位，其薪酬水平的定位也通常会领先于市场平均薪酬水平。而当企业做出处于行业中等水平的战略定位，其薪酬水平的定位也通常为匹配或落后于市场平均薪酬水平。

（2）产品选择。思考产品选择的主要战略分析工具是波士顿矩阵，它将产品划分为金牛、明星、问题和瘦狗四类。当企业的组织构架是根据产品事业部来划分，或企业需要鼓励新产品、新业务拓展的特定情况下，企业的产品和业务选择也会对薪酬的战略选择问题造成影响。以下所指的影响和决定均为企业按产品事业部划分或推广新产品销售时所做出的薪酬策略选择。

不同的产品类型会决定不同的薪酬水平定位。负责明星类产品人员的薪酬水平通常是领先市场平均薪酬水平，以确保明星类产品市场份额的有效增长；负责金牛类产品人员的薪酬水平通常是领先或匹配于市场平均薪酬水平，以保证企业从金牛类产品上获取足够的现金流，而负责问题类产品的人员薪酬水平通常与市场平均薪酬水平保持一致或略低，以观察是否需要进一步跟进推广该产品；对于负责瘦狗类产品的人员薪酬水平定位，通常是低于市场平均薪酬水平，并做出逐步退出的考虑。

（3）竞争方式选择。比如，我们以波特的三种竞争战略为基本框架，说明竞争方式对薪酬战略的决定。根据波特的分析，主要的竞争策略包括总成本领先策略（overall cost leadership）、差异化策略（differentiation）和集中化经营策略（focus）。

采取成本领先策略的企业通常比较关注控制劳动力成本，因此倾向于采用匹配或落后于市场平均薪酬水平的薪酬政策；而采用差异化策略的企业通常会注重建立其在行业中或市场上的独特竞争优势，因此倾向于采用领先或匹配于市场平均薪酬水平的薪酬政策，以保证吸引更多的具有特殊技能的技工和知识型人才。

5. 企业的财务状况

一般来说，资本雄厚的大企业和赢利丰厚并处在发展上升阶段的企业，对员工的付酬也较慷慨；反之规模较小或不景气的企业，则不得不量入为出，考虑成本。企业的支付能力主要涉及企业的经营状况与财力实力两方面。由于企业的经营状况是不断变化的，而且经营状况的好坏也无绝对的判断标准，所以经营状况对薪酬决策的影响只是间接和远期性的。总之，企业在制定和实行薪酬决策时要结合自身的实际支付能力。补充一点，即使是那些有能力承担高薪的企业，也要对优秀员工进行合理配置，以求最大限度地发挥其能力，使高投入得到高回报。否则，就造成资源浪费，成为企业的负担。

6. 企业管理哲学

管理哲学的核心要素反映的是企业领导对员工本性的认识和态度。那种认为员工是“经济人”的企业领导与认为员工是“复杂人”的企业领导在薪酬决策上是明显不同的。前者在确定员工的薪酬时，简单地把收入与绩效相互挂钩，企业与员工是纯粹意义上的雇佣与被雇佣关系，除此之外，没有任何联系，即员工只要按规定的标准完成了工作，就能取得事先约定的标准薪酬。在这种关系之下，企业根本不考虑员工的福利等长期性激励因素，当然，员工也不关心企业的发展。此类企业中员工的薪酬多以基本工资为主，福利等占很少的比重，有时甚至没有。而后者认为员工在本性上有很多追求，钱并非是唯一的动力，他们喜爱有趣的、富有挑战性的工作，而且具有自觉性，故把员工当做是合作伙伴。因此，在员工的薪酬构成中长期性激励因素所占的比重很大，比如向员工提供更好的福利，实行利润分离制、股票期权等多种形式，在薪酬政策上更富有人情味，能设身处地为员工着想。

8.1.3 影响薪酬水平的个人因素

（1）知识技能。这里指的知识技能是一种存量的概念，通常用学历证明职业资格证书、技能证书等来衡量。

（2）岗位责任轻重和难度大小。岗位既包含着权力，同时也负有相应的责任，有时对员工的心理乃至生理都会产生一定的压力。因此，企业要根据岗位所负的责任大小、承受各种压力的大小来为员工确定薪酬水平。通常岗位越高，承受的责任越大的人，其薪酬也就越高。不但工作本身对于薪酬政策的制定会产生影响，就连与工作相关的因素也会对管理者在进行薪酬决策时产生不可忽视的影响，如工作环境、工作技能、工作地点、工作的复杂性、工作量的大小以及工作年限等因素。比方说工作环境，即使是两个承担同样职责的岗位，也会因工作环境的不同而不同：假使一个是在安全、宁静的环境下工作，而另一个是在危险、喧闹的环境下工作，由于二者工作环境的不同，导致了各自的薪资也不同。

（3）绩效水平。按照竞争的观点，个体绩效水平是决定薪酬的最大权重因素，也是完成任务的时效。基于激烈的竞争，时间要素在企业的管理中常被强调。所以，在产出质量能够得到监控的前提下，适当突出时效是必要的。

8.2　薪酬水平调查

在"引导案例"中，我们能够认识到组织要想获得比较公平的、具有一定竞争力的薪酬体系，不能仅凭一个人或几个人的想像来确定。薪酬不能太高，也不能太低；太高了加大公司成本，降低了企业的利润率；太低了又缺乏竞争力，不能有效地吸引人才、留住人才。

那么，怎样确定适当的薪酬，制定合理的薪酬结构，调整缺乏竞争力的薪酬水平呢？这就要进行薪酬水平调查。毛主席曾说："没有调查，就没有发言权。"只有通过调查，了解劳动力市场的供给状况，明晰地区及行业内的薪酬水平情况，掌握各种类型人才的价格行情，才能以此确定正确的薪酬策略，有效控制组织的人力成本。这是薪酬管理的重要环节，也是企业有效确定薪酬水平的主要方法。

8.2.1　薪酬水平调查的概念

薪酬水平（又称薪资水平）是组织里的几种薪水或年薪的平均值，该平均值可以是基于单个职位的个体薪酬等级，也可以是若干职位的薪酬平均值，薪酬水平决定了企业薪酬的外部竞争力。在传统的薪酬水平概念中，人们更多关注的是企业的整体薪酬水平。但是在目前日益激烈的市场竞争中，企业越来越多地关注职位和职位之间或者是不同企业中同类工作之间的薪酬水平对比。

美国著名薪酬管理专家乔治·T·米尔科维奇教授认为："薪酬调查是采集、分析竞争对手所支付薪酬水平的系统过程。"国内研究薪酬管理的学者盖勇认为："薪酬调查就是应用各种合法的手段，来获取相关企业各岗位的薪酬水平及相关信息，再对所搜集到的信息进行统计和分析，进而在此基础上，结合企业自身的战略目标和经营绩效，确定企业薪酬水平的市场定位。"以上论述都从不同的角度阐述了薪酬水平调查的概念，米尔科维奇教授从过程管理的角度，把薪酬水平调查看做是一个系统的过程。盖勇教授则从薪酬水平调查的内容、方法和目的的角度，对薪酬水平调查进行了定义。

我们认为，薪酬水平调查是企业用来确定自身薪酬标准的一种最有利的手段。

它通过对企业的主要竞争对手、所处行业内的重要企业以及所处地区的薪酬水平进行调研，综合分析采集的数据，并根据企业自身的发展阶段和相应战略，最终确定企业的薪酬水平。

8.2.2 酬水平调查的发展状况

薪酬水平调查起源于美国。在美国等西方发达国家，大多数公司常常进行或参与几种不同的薪酬调查，企业大多是通过薪酬调查来了解其他企业对各种具体岗位的报酬标准。据统计，美国93%的企业通过薪酬调查来确定企业的薪酬水平，50%以上的企业主认为薪酬水平调查是一项非常重要的工作。

近几年来，国内企业开始关注薪酬水平调查，对薪酬水平调查产生了需求。相应地，社会上也出现了一些政府机构和咨询机构，从事薪酬水平的调查。有的企业自己开始做一些调查，有的企业从专业的调查机构处购买薪酬调查报告，而有的企业则聘请咨询机构帮助其设计薪酬体系。总之，薪酬水平调查开始受到了越来越多企业的重视。

随着国民经济的快速发展，市场经济体制的日益完善和规范，人力资本将成为企业更为关注的焦点。那么，作为吸引人才、留住人才、激励人才最有效的措施之一，企业薪酬水平将会受到广大企业主的青睐。如何有效地获得竞争对手及行业内的薪酬水平信息，合理地确定自身的薪酬体系，从而更有效地为企业长远发展服务，将成为现代企业人力资源管理的重头戏。

由此可见，正如薪酬管理专家所预测的那样，企业薪酬水平调查将会有一个良好的发展趋势，而越来越多的企业将会以薪酬水平调查为主要手段来确定自己的薪酬标准。

8.3 薪酬水平调查的目的和意义

现在，绝大多数欧美等西方发达国家的企业和许多国内知名企业都是直接或间接地通过薪酬水平调查，来确定其内部特定职位的薪酬标准。虽然，薪酬调查不能对企业所有职位进行逐一调查，只是确定基准职位的薪酬水平，其他职位都是依据其相对价值和基准薪资来确定的。但不可否认的是，薪酬水平调查不仅能够使企业根据市场环境的变化及时调整薪酬水平和薪酬结构，而且还有助于企业增加对竞争对手人力成本的了解。另外，薪酬水平调查的结果对企业实现其薪酬体系的公平、合理、及时、竞争和有效性起着重要的作用。

1. 明确和调整企业的薪酬水平

对大多数新建企业来说，如何确定薪酬水平是非常头痛的一件事，同时也是非常重要的一件事。而大多数正常运营的公司通常要对员工的薪酬进行定期的调整，以适应日益变化的市场环境。这些环境通常包括经济发展水平、居民的生活水平、市场人力资本的供给、企业绩效、企业支付能力、员工资历以及竞争对手的薪酬水平等。

薪酬水平调查就是考察某一些行业或地区中的某岗位在其竞争对手中的薪酬水平，也就是考察该岗位的市场环境。通过薪酬水平调查，我们就能够比较清楚地了解竞争对手的薪酬水平以及行业内的平均薪酬水平。

新成立的企业可以以薪酬水平调查结果为基准，结合自身的实力确定薪酬水平，参与市场竞争。正常运营的公司则可以用来调整自身的薪酬水平，以适应主要竞争对手的薪酬变化和市场环境的变化，以免在人力资本市场和产品市场的竞争中处于不利地位。因此，有时说薪酬水平的市场调查比企业内部的岗位评定更为重要和有效。

2．确定企业的薪酬结构

以前，国内的企业在制定薪酬体系时，往往比较重视薪酬水平的内部一致性。也就是说通常以某岗位的工作内容、所需技能的复杂性为基础，来确定该岗位的薪酬水平，这样就容易忽视薪酬水平的外部竞争性。

现在，大多数企业比较重视薪酬水平的外部竞争性，更多地利用外部薪酬水平来检验企业的岗位评价的准确性，并据此确定企业的薪酬结构。例如，在岗位评价时有可能把“总经理助理”职位与“总经理秘书”职位置于职位结构的同一层次上，薪酬水平相差无几。但是，如果薪酬水平调查的结果显示企业内部职位评价形成的职位结构与外部市场上形成的职位结构不一致，那么就应该对企业内部的薪酬结构进行重新调整，以确定最终的、合理的薪酬结构。

另外，随着市场环境变化的加快，以及竞争的日趋激烈，许多企业逐渐从以岗位为基础的薪酬体系转向以人力资本为基础的薪酬体系，特别是在 IT 行业这样以人力资本为主要竞争优势的行业中，这些企业中的许多职位的薪酬往往更依赖于市场薪酬水平调查结果，以保持其外部竞争性。

3．解决与薪酬有关的其他问题

薪酬水平调查结果也会揭示出与薪酬有关的其他问题。比如，为什么一些优秀的员工纷纷离职？为什么很多一向表现良好的员工最近总发牢骚？为什么员工的工作效率大大下降？如果企业自身的政策没有大的变化，而市场薪酬调查的结果显示：同行业竞争对手的薪酬水平高于本企业，那么企业就要重新确定相关岗位的薪资以挽留那些优秀的或者是处在关键岗位上的员工，防止因薪酬相对过低而导致人员的流失。

同时，通过薪酬水平的调查可以了解行业中岗位的薪酬变化，使企业妥善处理劳资关系，避免引发各种劳资纠纷。

4．评估竞争对手的人力成本

一些企业，特别是那些竞争激烈的行业中的企业，如IT企业、商业零售企业、快速消费品企业，通常运用薪酬水平调查数据来对其竞争对手的产品定价和生产制造进行财务分析，进而评估其人力成本总额。人力成本从一定程度上反映了企业的获利能力和利润率，它可以作为本企业制定竞争战略的依据。

5．制定薪酬预算和控制人力成本

薪酬水平调查结果是进行薪酬决策的主要依据之一，最终会通过薪酬体系的实施影响企业的薪酬目标——效率、公平、合法。一个组织的人力成本和产品的竞争力往往会受到薪酬水平调查结果的影响，因为企业总会根据这一调查结果来确定自己的薪酬预算，进而确定本企业的人力总成本。只有制定了薪酬预算，并有效地控制人力成本，才能较为准确地预测企业的利润率，从而制定出更为合理的竞争战略。

6．建立良好的企业形象

美国著名的经济学家麦克格雷的“人性假设理论”告诉我们，大多数的员工都是理性而趋利的“经济人”。这种“经济人”的本性决定着人们往往存在着“私欲”，希望尽量减少工作时间而又不断地、无限制地提高自己的薪酬水平。如果企业不能满足员工的这一愿望，将会使员工产生不满情绪。如果不及时消除这种“私欲”，将不利于培养员工的忠诚度，不利于建立良好的企业形象，对企业长远发展是非常不利的。

通过对市场薪酬水平调查，了解到竞争对手或者是行业内的薪酬水平状况，将目前市场上的薪酬水平告诉员工，让他们知道竞争对手和行业内的薪酬水平状况，就会最大限度地消除员工的不满足感，增加其对企业的信任度，从而提高员工的工作积极性，使员工更好地凝聚成一个强大的团队，为实现企业的战略目标而互相协作、努力奋斗。同时，还有利于增强企业对人才的吸引力，让员工深切体会到，只有在这里才能得到最公平的待遇，才能充分施展自己的才华，以在这样的企业里工作而感到自豪，有利于树立企业良好的公众形象。

8.4 薪酬水平调查的构成要素及其特点

正因为薪酬水平调查如此重要，所以越来越多的企业关注并接受薪酬水平调查。薪酬水平调查不同于其他任何类型的调查，有其自身的特点和规律，其构成要素主要包括三个方面：薪酬调查的主体、客体和对象。如图 8-7 所示。

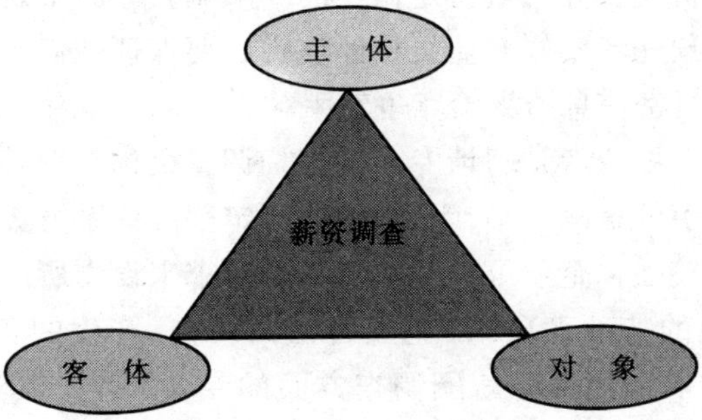

图 8-7　薪酬水平构成要素

下面我们将对构成薪酬水平调查的这三个要素及其特点分别进行阐述。

1. 薪酬调查的主体

薪酬调查的主体主要有三类：国家行业主管部门、社会专业咨询调查机构、企业自身。

（1）国家行业主管部门。如美国劳工统计局，每年都要进行全国薪酬调查（NCS），其内容主要包括三大项目：就业成本指数（ECI）调查、员工福利调查和职位薪酬调查。这类调查基本上都是非营利性调查，其主要目的是为社会提供薪酬成本指数和有关薪酬的其他数据，发挥行业宏观指导功能。目前，我国政府也开始关注这方面的调查，有些行业已经做了些类似的调查。

这一类型的薪酬调查的主要优点有三个方面：其一是企业可以免费使用这些信息，节省企业亲自调查的成本；其二，由于这些数据是由国家或行业调查得到的，所以有很高的权威性和准确性，企业据此实行的最低薪酬有了可靠的、权威的依据，避免违反国家关于最低薪酬方面的有关规定，免于企业陷入不必要的劳资纠纷；最后，由于调查是全国范围内的，涉及到各行各业，调查与薪酬有关的所有内容，为企业的薪酬体系设计提供了丰富的参考信息。不过，企业在参考这类信息时，也应考虑到它的不足。比如，由于调查涉及面过广，耗时比较长，所以得到的信息在及时性和有效性上要打折扣；还有，这类调查是对大多数职位的平均性调查，缺乏针对性。

（2）社会专业咨询调查机构。这些专业机构都是营利性机构，其开展薪酬调查的主要目的是通过提供薪酬调查报告以获取利益。目前，国外比较著名的专业咨询机构主要有美国商会、华信惠悦（Watson Wyatt）、德勤事务所、伟世顾问（William Mercer）、翰威特（Hewitt）等。国内的薪酬调查机构近几年也正在兴起，比如北大纵横、和君创业、新华信等。

这类调查的主要优点就在于能够满足企业的个性化需求，企业可以根据自身的需要来要求专业机构设计“量身定做”的薪酬调查。其不足之处就是咨询费用比较高，而且还要预先考察好专业机构的信誉，要保证他们不会把企业的薪酬水平、结构、政策等机密信息透露给竞争对手。

（3）企业自身开展或者是聘请专业的咨询调查机构帮助其开展薪酬调查，以了解行业和竞争对手的薪酬水平，为本企业制定薪酬体系方案提供参考。这类薪酬调查的针对性比较强，企业可以根据自身的需求来设立所调查的范围、内容、方式方法以及其他的特殊事项。由企业自己做调查，产生的费用也相对低一些。但是，这类调查要求企业具备薪酬调查方面的专业人士，其选取的调查对象应有足够的代表性和广泛性等，否则，调查结果难以真实反映社会上的薪酬水平结构。

2. 薪酬调查的客体

薪酬调查的客体即为薪酬。薪酬最主要的特征是其秘密性，它对于个人来说是隐私，对企业来说是商业机密，因此，不会轻易向外人透露，这无形中加大了薪酬调查的复杂性和难度。所以说，如果没有专业咨询机构的参与，企业自身很难进行有效的薪酬调查，或者说调查的范围太小、数据不全，从而调查结果不具有代表性，不能作为企业参考的有效依据。

薪酬作为薪酬调查的客体，有着特定的内涵。比如美国劳工局的薪酬调查所指的工资是指直接的工作收入，并不包括加班工资。统计项目包括计时工资、计件工资、佣金、风险收入和其他直接与工资有关的报酬项目，不包括津贴、非生产性资金及由第三方支付的费用。同时工作时间也在被调查的项目之列，如每月、每周工作小时数，每年工作周数等。这些内容通常用专用的调查表格，并附有详细的文字说明。

我们所说的薪酬通常包括工资、奖金、津贴和补贴、福利、股票期权等内容，一般都是可以量化的外在薪酬，这些薪酬内容是比较容易调查的。薪酬还包括那些不可量化的内容，比如长期雇佣承诺、办公条件、工作氛围、工作的趣味性、个人头衔、私人秘书等外在薪酬以及参与决策的权利、自主支配时间、较多的职权、个人发展机会等内在薪酬，这些都是比较难以准确调查的，又是企业非常重要的薪酬体系组成部分。在进行薪酬调查时，应该合理地设计调查方案与表格，全面地调查薪酬体系的各个组成部分，形成完整的薪酬调查报告。

3. 薪酬调查的对象

薪酬调查的对象是企业的相关环境。相关环境主要包括四种情况（见图 8-8）。

（1）区域环境，是指同一地区。在同一地区开展薪酬调查主要针对一些通用岗位，比如行政、人力资源、会计、文秘、出纳等职能部门的岗位，调查对象为管理模式、规模等设定因素相类似的企业。

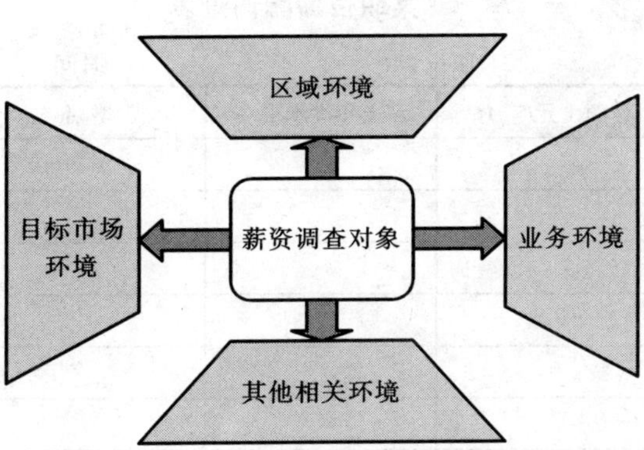

图 8-8　薪酬调查的相关环境

（2）业务环境，是指同一行业。人才的竞争主要在同行业之间展开，因此，了解同行的薪酬水平是制定本企业薪酬标准的关键。

（3）目标市场环境，是指竞争对手。相关的目标市场是指经营目标相似、人才需求结构也相似的人才需求市场。这类人才流动的针对性强，了解相关目标市场上的薪资信息对于决定企业内关键人员的报酬起着至关重要的作用。

（4）针对不同层次职位设定不同的相关环境。针对普通职位，人才的竞争可能在本地区本行业内展开；高级职位或关键性人才的竞争可能在全国或国际环境内展开。因此，对于不同职位在确定调查对象上要有所区别。

8.6　薪酬水平调查的实施

薪酬水平的调查实施是薪酬调查的关键阶段，实施过程的合理性和有效性直接影响到薪酬水平调查结果的实用性。在本节，我们将主要介绍薪酬水平调查的方法和实施步骤。

8.6.1　薪酬水平调查的方法

薪酬水平调查的方法有很多种，每一种方法都有其优点和不足。企业可以根据自身的特点、调查的目的，以及时间和费用的要求采取不同的调查方法。从调查的形式来看，薪酬水平调查可分为：问卷调查法、访谈法和文献收集法。

1．问卷调查法

问卷调查法是一种比较常见的调查方法。它是通过向目标企业或个人发送事先根据企业自身需要设计好的调查问卷，通过书面语言与被调查者进行交流，来获取企业所需的信息和资料的一种方法。如表 8-3 就是一种调查问卷。

表 8-3　　某职位薪酬调查表

公司名称：　　　　职位：　　　　时间：　　　　年　月　日

薪酬要素	金额（元/年）	上年度水平	增幅	备注
基本工资				
岗位工资				
绩效工资				
津贴和补助				
其他收入				
合　计				

传统的问卷调查实施方式有三种：通过邮局直接投递、派专人对目标企业进行投递以在企业内部直接发放调查问卷。

（1）邮政投递式。这是研究者通过邮局向被选定的调查对象寄发问卷，并要求被调查者按照规定的要求和时间填答问卷，然后再通过邮局将问卷寄回给研究者。邮递问卷有利于控制发卷的范围和对象，有利于提高被调查者的代表性，回答质量较高，可节省时间。但问卷的回收率较低，约在 30%～60%左右。

（2）专门递送式。这是研究者派专人将问卷送到选定的调查对象，待被调查者填答完后，再派专人收回问卷。这种方法最适合于有组织的、集体调查对象。例如参加某次会议的代表、某一单位部门的成员等。这种方式的问卷回收率达 90%以上，而且回收迅速、整齐。但由于被调查对象过于集中，范围较窄，所以代表性较差；而且由于过于集中，被调查者之间可以互相询问，互相影响，回答结果容易失真，甚至可能出现请别人代答的现象。

（3）集中填答式。这是研究者亲自到被调查对象的单位。据调查对象集中起来，由研究者向被调查对象说明调查的目的和填答问卷的方法，被调查者即时填答，然后由研究者把问卷收集起来。这种方式的回收率可高达 100%，效率也高。但是，这种方式费人、费时、费钱，只适用于特定的场合，如对在校的学生、教师进行调查便常用此法。而且这种方式中，被调查者的填答容易受研究者主观因素的影响。

通常为了取得较好的调查成果，可以综合使用以上三种方式进行调查。

除了上述三种方式外，在社会调查中还有报刊问卷方式，也就是把问卷印在报刊上，随报刊的传递分发问卷。但由于报刊问卷被调查的对象只限于报刊的读者，其代表性差，回收率低，因此较少被使用。

随着网络技术的发展和普及，现在许多单位把调查问卷发布在网站上或通过发送电子邮件的形式发送给被调查人。采取这些方式，问卷的回收数量较大，但回答者主要是具有上网条件的用户，其代表性受到限制。

问卷调查与其他调查方法相比，具有如下特点。

第一，调查对象是经过思考之后才对问卷做出反应的。这有助于获得真实、准确的资料。但是，被调查者往往对某些敏感性的问题加以回避，从而拒绝回答或回答不真实。这就会造成问卷回收率下降，或者资料可靠性下降，而研究者无法做进一步的追索，从回收的答卷上又无法判断答案的真伪，使回收的问卷失去了价值。因此，设计好问题，合理地安排问题顺序是问卷设计的重要任务。

第二，问卷调查适合大样本或小样本的情况。问卷调查与访问调查情况不同，访问调查必须面对面地提出问题，收集口述材料。由于人力、财力的原因，调查的样本数不可能太多，调查的地域也不可能太广。而问卷调查是依赖调查对象自我填答，问卷可以通过邮寄分发，也可以面对面分发。因此样本数可多可少，有时仅选数十人做问卷调查，而有些课题，样本则多达数千甚至过万人。

第三，有利于获得定量资料。问卷调查不仅能取得具有数量标志的数量资料，还可以获得有关属性、品质、态度为标志的计数资料。这些资料都能通过统计处理的方法进行量化分析，使结果更为客观、真实、系统、科学化，提高了调查结果的水平。

目前，无论薪酬水平调查的主体是国家部门、专业的咨询机构还是企业自身，这种方法都是大家比较常用的。

2．访谈法

访谈法也是比较常用的薪酬调查方法之一。访谈法是调查者通过与调查对象面对面谈话来搜集信息资料的方法，是获取信息的通用方法。通常有三种访谈的形式可用来收集调查资料：个别面谈、集体面谈、管理人员面谈。集体面谈法是在一群员工从事同样工作的情况下使用，通常会邀请其主管也出席，如果其主管未曾出席的话，也应找个别的机会将收集到的资料向其主管汇报。主管面谈法是找一个或多个主管面谈，这些主管对于该工作有相当的了解。在进行现场访谈时，通常采用一种标准化的访谈表来记录有关信息。在大多数情况下，员工和其顶头上司都被列入访谈对象，以便全面彻底地了解一项职务的任务、职责和责任。

现场访谈方法的优点：①可获得完全的工作数据以免去员工填写工作说明书的麻烦。②可进一步使员工和管理者沟通观念，以获取谅解和信任。③可以不拘形式，问句内容较有弹性，又可随时补充和反问，这是填表法所不能办到的。④收集方式简单。

现场访谈方法的缺点：①因怀疑分析者的动机，访谈对象可能持怀疑、保留态度或故意夸大其工作量和工作难度，或因无意误解，或因分析者访谈技巧不佳等而造成信息的扭曲。②一般非常耗费时间，尤其是当访谈者与两三个从事不同工作的员工交谈时，就更是如此。专业性和管理性的职务一般更为复杂和较难分析，从而往往需要更长的时间。③占去员工工作时间，妨碍生产。④样本数量小，通用性差。

因此，访谈法适合于脑力工作者，如开发人员、设计人员、高层管理人员等。访谈法主要是用做问卷调查的后续措施。作为后续措施，访谈法的主要目的是要求员工和有关负责人协助澄清问卷调查中的某些信息问题；同时，分析人员也可借机澄清问卷中的某些术语方面的问题。

访谈法要求经理或人力资源专家在与承担各项职务的员工交谈前要准备好提问内容，形成一个有效和完整的“面谈提纲”，面谈提纲的内容和“职务分析调查表”的内容应基本相同。在访谈过程中应积极引导，注意气氛，使访谈对象持友好、合作态度。

麦考米克于 1979 年提出了面谈法的一些标准，它们是：所提问题要和职务分析的目的有关；职务分析人员语言表达要清楚、含义准确；所提问题必须清晰、明确，不能太含蓄；所提问题和谈话内容不能超出被谈话人的知识和信息范围；所提问题和谈话内容不能引起被谈话人的不满，或涉及被谈话人的隐私。

当然，访谈法还可以通过其他形式进行，比如电话访谈。电话访谈与面谈只是形式不同，其操作也比较简单，这里就不再详细介绍。

3. 文献收集法

文献收集法是指通过查阅、收集、分析、综合有关薪酬调查的文献材料，获取所需的信息、知识、数据和资料的研究方法。这是一种比较简单易行的方法。

这种方法主要是对已经公布的有关薪酬调查的资料进行综合分析，以找出对本企业有用的信息。这些信息主要来源于三大薪酬调查的主体：政府部门进行的薪酬调查通常会定期地向社会公布或将各行业的薪酬调查集中出版成册；而专业调查机构也会以收费的方式向社会提供薪酬调查报告；另外，有些企业也会向社会公布自己做的薪酬调查报告。

所以，企业获取薪酬调查结果的渠道有很多，包括已经出版的书籍、调查报告以及调查主体的网站等。可以通过网上收集、购买等方式获得。

文献收集法的优点在于节省时间、人力和物力，很多中小型企业多采取这种方法来获取所需的信息。其不足在于已经形成的薪酬水平调查可能针对性不强、信息过时等，企业在参考时应做适当调整。

8.6.2 薪酬水平调查的操作步骤

薪酬水平调查和一般的调查研究基本相同，它是一个完整的、严密的过程，其主要操作步骤如图 8-9 所示。

每一个操作步骤都包含几个更细的操作过程，都有特定的内容和要求。下面我们将对各步骤分别进行阐述。

1. 明确调查目的、内容和对象

正如我们前面所说，薪酬水平调查的目的有很多种。由于目的的不同，我们需要了解的职位多少也就不一样。比如，我们将薪酬调查的目的确定为薪酬水平

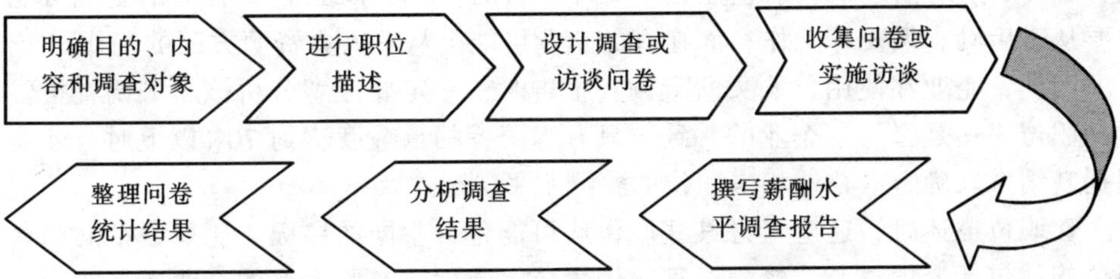

图 8-9　薪酬水平调查流程

调整，那么，我们就需要对企业中的所有职位进行薪酬调查，以获取全面的资料。如果我们的目的只是制定某一职位的薪酬标准或调整某一职位的薪酬水平，那么，我们只需对这一类职位的信息进行调查即可。我们只有在明确调查的目的，才能更好地设计薪酬水平调查方案。

接下来就要确定调查的内容和对象了，这里包括很多内容，比如界定相关的劳动力市场、调查多少企业、调查什么人、调查哪些职位等。企业通常在多个劳动力市场上进行竞争，每个劳动力市场都有不同的薪酬标准。因此，我们要确定在哪个劳动力市场上进行调查。劳动力市场一般可分为：与本企业竞争相同职业或具有相同技术的员工的企业、与本企业竞争同一地域范围内员工的企业、与本企业竞争同类产品或服务的企业。比如，一家大型的百货超市要调查售货员的薪酬水平，那么，它可能更为关注在本地区的其他超市或者百货公司售货员的薪酬水平。而像海尔这样的跨国公司要确定其销售总监的薪酬标准时，他们可能要关注的劳动力市场就会复杂得多，同行业的、同等规模的以及国际上一些大公司的标准都在其关注的范围内。

薪酬水平调查应包括多少企业没有统一的规定。通常采取领先型薪酬策略的大企业仅会关注几个支付高薪酬的竞争对手。而采取一般性薪酬体系的企业，则更希望得到行业内处于中间位置的企业的薪酬标准或者说行业的平均薪酬水平，因此，需要调查的企业就会比较多。另外，针对不同的职位，需要调查的企业数量也是不一样的。如果想确定普通岗位的薪酬水平，只需要调查少数企业，因为普通岗位都有较为成熟的评价标准，有大量的范例可以参考，企业只需按规范化的程序评定即可。

2．进行职位描述

确定所要调查的行业、企业和职务以后，我们就要对所调查的职位进行明确而清楚的描述。通常一个职位的内容应包括：职位的名称、目的、职责、任职者基本素质要求等。

目前，国内的职位体系不是很规范。比如，同样是做人力资源工作的部门，有的企业叫“人力资源部”，有的企业叫“人事科”，还有的叫“行政部”等。

同样，对职位的描述不同的企业也不一样。同是“行政部经理”，在有的企业可能主要从事后勤、保安等工作，而在有的企业可能会从事人力资源方面的工作。

因此，企业在使用、购买薪酬调查报告时，一定要注意分析该薪酬调查报告中的职位描述是否与本企业的一致，只有当两者的重叠度达到70%以上时，才能根据其结果来确定本企业相应职位的薪酬水平。

在职位描述时，还应考虑某些职位族可能包含不同的层级。比如通常的销售岗位族就包括销售总监、销售经理、销售员等岗位，有些大型的企业还可能会设置分管销售的副总经理一职。每个企业都可能有不同的职位族，而且即使是同样的职位族，也可能有不同的层级。在薪酬调查中岗位层级可能有4层，但是被调查到的企业可能有3层或5层不等，而且即使两者的层级数相同，其职位描述也可能有差别。因此，明确界定层级、描述清楚职位信息是准确获得每一层级职位薪酬水平的前提。

如表8-4是以销售经理为例说明进行薪酬调查时进行工作描述的主要内容。有了这样一个详细的职位描述，被调查人就可以比较清楚地对照本企业的相关职位正确地填写有关内容。假如有的企业没有销售部，而设立了营销部，那么，如果两者职位描述没有多少差别的话，被调查者完全可以将营销经理的薪酬水平填写在销售部经理一栏。

表8-4 销售经理职位描述

职位名称	销售部经理
类似名称	营销部经理、市场销售部经理
岗　　级	中层岗
直接上级	销售副总，销售总监，营销总监
工作职责	分析市场状况，正确做出市场销售预测报批；拟订年度销售计划，分解目标，报批并督导实施； 拟订年度预算，分解、报批并督导实施；根据中期及年度销售计划开拓完善经销网络；根据网络发展规划合理进行人员配备；汇总市场信息，提报产品改善或产品开发建议；洞察、预测渠道危机，及时提出改善意见报批；把握重点客户，控制70%以上的产品销售动态；关注所辖人员的思想动态，及时沟通解决；根据销售预算进行过程控制，降低销售费用；参与重大销售谈判和签订合同；组织建立、健全客户档案；指导、巡视、监督、检查所属下级的各项工作；向直接下级授权，并布置工作；定期向直接上级述职；定期听取直接下级述职，并对其做出工作评定；根据工作需要调配直接下级的工作岗位，报批后实行并转人力资源部备案； 负责本部门主管级人员任用的提名；负责制定销售部门的工作程序和规章制度，报批后实行；制定直接下级的岗位描述，并界定直接下级的工作；受理直接下级呈报的合理化建议，并按照程序处理；负责销售部主管的工作程序的培训、执行、检查；填写直接下级过失单和奖励单，根据权限按照程序执行；及时对下级工作中的争议做出裁决；每周定期组织例会，并参加厂家有关销售业务会议
教育程度	大学本科以上
工作经历	五年以上相关经验

3. 设计调查或访谈问卷

一份完整而全面的调查或访谈问卷关系到薪酬调查工作的成败。因此，问卷要在内容上全面而详尽，不仅要涵盖基本薪酬、奖金、福利、津贴等，还要对其进行细分。因为有的企业薪酬结构不是很明确，员工自己也不清楚到底是属于奖金还是属于福利。比如，福利就包括“三险一金”、出差补助标准、休假制度、交通及误餐补助等。表 8-5 是以销售部经理为例设计的一份简单薪酬调查问卷。

表 8-5　　某公司销售部经理薪酬调查问卷

薪资构成	金额（元/年）	占总收入比例	上年度额度	增幅	备注
基本工资					
岗位津贴					
销售提成奖金					
公司绩效奖金					
其他收入					
合　计					

在设计调查问卷时，还应考虑其他一些相关因素。比如，在设计问卷时，还应包括一些被调查企业的基本情况，如企业规模、所属行业、企业类型等与薪酬水平密切相关的信息。如常州市人才薪酬调查问卷就加入了一些企业的相关信息（见表 8-6）。

表 8-6　　常州市人才薪酬调查问卷

人才薪酬调查以年薪计算，请在相应的选项中打钩或填写相关内容。

1. 贵公司企业性质是：

① 外商投资企业：外商独资□　中外合资□　中外合作□

外商投资方属于：欧美□　日本□　港台□　其他□________

② 民营企业□　③ 股份制企业□　④ 国有企业□　⑤ 其他□________

2. 贵公司属于哪类型企业：

① 生产型□　② 经营型□　③ 服务型□　④ 其他□

3. 贵公司属于哪类行业：

① 机械制造□　② 电子电气□　③ 纺织服装□　④ 化工建材□

⑤ 医药卫生□　⑥ 建筑装饰房地产□　⑦ 商贸流通□　⑧ 餐饮宾馆旅游□

⑨ 中介服务□　⑩ 其他□______________

4. 贵公司主要部门人才薪酬情况（年薪）：

① 生产部门：部门负责人________元

续表

部门主管______元　一般员工______元 ② 技术开发部门：部门负责人______元 部门主管______元　一般员工______元 ③ 经营销售部门：部门负责人______元 部门主管______元　一般员工______元 ④ 行政人事部门：部门负责人______元 部门主管______元　一般员工______元 ⑤ 财务管理部门：部门负责人______元 部门主管______元　一般员工______元 ⑥ 后勤服务部门：部门负责人______元 部门主管______元　一般员工______元 ⑦ 其他部门：______　部门负责人______元 部门主管______元　一般员工______元 **5. 您认为本公司人才薪酬在同行业中的水平如何：** ① 较高水平□　② 中等水平□　③ 一般水平□ **6. 在同一层次的职位中，学历或专业技术资格对人才薪酬是否具有较大影响：** ① 没有大的影响□ ② 有较大的影响□：研究生以上学历或副高以上职称人才比本科学历或中级以上职称人才月薪高______元，比大专学历或助级职称人才月薪高____元，比大专以下学历或无专业技术资格人才月薪高______元。 **非常感谢您的参与和协助。**

另外，在设计调查问卷时，应尽量考虑被调查者的使用方便性，问卷提问不要太多，问题要简单明了，以免让被调查者感到厌烦。一些机密问题要以委婉的方式提出，关键字要加着重号以示强调等。总之，一切都要从方便被调查者的角度出发，以确保得到一份高质量的回访问卷。

最后，在设计好一份问卷后，有条件时最好先做一次内部测试，以发现不足并加以改进。

4. 发送并收集调查问卷或实施访谈

薪酬是企业的机密，是企业获取人力资源、保持竞争优势的主要手段之一，特别是那些掌握核心技术或关键岗位员工的薪酬更是企业费尽心机设计出来的。因此，企业一般情况下是不会轻易地向外界透露的。另外，薪酬在企业内部通常也是相互保密的，员工与企业之间也有有关薪酬保密的约定，员工相互之间一般情况下也不知道对方薪酬。因此，在寄发调查问卷或到现场进行调查前，首先要与企业的负责人沟通好，得到企业高层领导的理解与支持，当然这种理解与支持是有代价的。通常可以通过三种方式与企业达成合作协议：一种是与目标企业互换薪酬数据，平等互利；一种是将对方纳入合作队伍中，承担一定的责任，分担一定的费用，最后与被调查者分享调查结果；还有一种就是通过向被调查者提供优惠的调查报告，来取得他们的支持。无论采取哪种方式都需要与目标企业签订合作协议，并约定保密条款，严守双方提供的薪酬资料。

调查问卷的发送方式有很多种，前面我们已经介绍过，企业可以参照并以适合自己的方式进行操作，这里不再重复。

为了及时、准确地获得企业所需要的信息，在被调查企业、个人填答问卷时，应给予解释和指导。当对一个员工人数较多而薪酬水平又存在着较大差别的岗位，我们在开展薪酬调查时需要先了解不同薪酬水平员工的资料，再对高、中、低不同层次薪酬水平的员工进行问卷调查，以便全面了解该岗位的薪酬水平，防止调查数据产生较大偏差。

另外，在调查问卷发送出去后，要及时跟踪，保持与被调查企业的联系，以便在尽量短的时间内回收问卷，节约时间成本。

5. 整理问卷，统计调查结果

调查问卷或访谈记录收回来后，就要立即进行逐个检查、核对。因为，尽管是标准问卷格式，且薪酬调查者做了许多工作以确保被调查者提供准确的信息，但由于双方在背景、经验、沟通方式等方面存在差异，被调查者仍有可能无法完全领会调查者的意图。对于有疑问的答卷，一定要和对方沟通，请对方解释并记录在案，以便日后查阅。对于那些过高或过低的数据，在被调查者不能很好地解释理由时，我们应该将它们剔除，以免影响最后的分析结果。比如，在大多数人都认为销售部经理的基本工资为 2000～3000 元时，而有的数据却是 500 元或是 5000 元，那么，这样的数据应被舍弃。

另外，在进行统计时，还应遵守以下几个原则：

（1）统计口径要一致。严格按照工资、奖金、津贴、福利等的定义来区分不同的问卷，保持统计口径的一致性。

（2）统计一定要全面、准确。统计时不仅要关注数字信息，还应注意卷面上被调查者写的文字信息。因为，当被调查者对问题把握不准时，往往会加以文字说明。因此，统计者在统计时，一定要仔细分析这些文字的真正含义，并同相关数字联系起来，以确保信息的准确性。

（3）采用专门的数据库软件进行统计，一方面减少误差，另一方面便于进行数据处理和分析。

6. 分析调查结果

数据核查、统计完成后，接下来就要对统计结果进行分析，最后确定我们所需要的信息。薪酬数据分析的方法有很多，目前流行的方法主要有：频率分析法（频度分析法）、居中趋势分析法（中心趋势分析法）、离中趋势分析法（离散程度分析法），以及四分值和百分比分析法。下面我们将以美国组织资源咨询有限公司（Organization Resources Counselors Inc.）的一份薪酬调查（见表 8-7）为例对以上四种分析方法做详细的阐述。这份调查是为美国一家制药企业（P44 公司）的商业应用项目员/分析员职位而做的。

表 8-7　　美国一家薪酬咨询公司所做的调查报告

职位：商业应用项目员/分析员

说明：A=特别匹配 B=正好匹配 C=不太匹配

（共 26 家公司，P44 为 P44 公司准备支付）

公司代码	修正度	工作标题	员工数	实际工资 平均	低	高	最小值	中值	最大值
D67	B	项目分析员	2	39911	39719	40040	31071	38886	46702
E08	C	资料资深分析员	5	40231	34850	43691	31519	43691	55864
P23	B	项目资深分析员	13	42987	39399	48239	31519	45966	60412
D32	B	Mgmt 系统分析员	2	42987	41705	44204	38759	48688	58618
E09	B	汽车项目分析员	8	43597	38808	47309	35925	46643	57362
E17	B	MCS 2—职业	297	43883	35427	56184	36196	48624	61052
G02	B	主要的职业项目	1	44647	44647	44647	39103	48491	57879
P19	B	项目/资深分析员	12	45421	39719	54006	38759	51347	63935
E31	B	项目资深分析员	3	45904	40656	48712	35599	46318	55558
E11	C	项目资深分析员	3	46244	42578	51152	35599	45586	55572
P21	B	项目/分析员 II	1	46791	46791	46791	38113	48787	59461
E08	B	ADP 分析员	4	47983	42922	53173	33441	48496	63551
E35	B	一般系统资深分析员	22	48299	33264	59376	41395	51744	62093
P44	B	Sys Dev Spec III	3	48358	46067	52114	34180	48831	63482
A12	B	信息系统项目	9	49328	44076	53749	41193	53589	65986
K15	B	版面资深分析员	7	49521	38438	54337	38310	48881	59387
E20	B	项目/资深分析员	1	49713	49713	49713	44204	56984	69765
E15	C	项目分析员 II	4	49794	48048	54454	38502	48112	57721
C26	B	系统资深分析员	13	50216	44736	59067	38315	49773	61230
E03	B	项目/资深分析员	6	50280	46274	54331	39325	49156	58988
E17	A	MCS 3— 职业	125	50995	40552	62783	39591	52372	65153
E11	B	系统资深分析员	3	51152	50266	52483	40035	51307	62580
B10	B	项目分析员 III	130	51462	42578	63127	42578	53222	63866

续表

公司代码	修正度	工作标题	员工数	平均	低	高	最小值	中值	最大值
F07	A	资深项目/分析员	24	51729	36694	64975	42400	55129	67844
P12	B	资深项目/分析员	1	52778	52778	52778	39917	51128	62339
E09	A	项目分析员	10	53074	49097	60510	40803	53296	65789
S37	B	M/S 分析员	2	53173	52084	54198	37797	50290	62783
E34	B	汽车系统分析员	1	55095	55095	55095	38886	52308	65729
Q54	A	项目资深分析员	1	55479	55479	55479	44140	55607	67075
E31	A	项目分析员事务	4	58441	54992	65344	45091	58648	70342
Q18	A	信息系统分析员	4	58766	57465	60377	40286	55181	70076
E15	B	项目分析员	1	59514	59514	59514	41320	51635	61950
P05	B	MIS 资深投机者	1	62206	62206	62206	42153	56184	67395
在职总数			696						
P44 公司平均			3	48358	46067	52114	34180	48831	63482
市场权重平均			693	47519	—	—	38412	50511	62588
市场简单平均			—	47538	45640	54126	38808	50502	62002
3 家公司对应修正度 C			12	44923	41825	49765	35207	45796	56386
23 家公司对应修正度 B			413	46239	45253	52751	38431	49933	61245
6 家公司对应修正度 A			168	51512	49035	61478	42052	55040	67713

在分析数据前，我们还应先了解数据修正原则。如果职位描述与被调查企业的职位情况相似但不同，那么，可以根据匹配程度重新衡量数据。如果所调查的职位承担更大的责任，分析人员可以调整数据（比如乘以 0.8）来使企业的职位更具有可比性。反之，如果你认为本企业的销售部经理职位比调查中所承担的责任要大一点，你也可以把调查的平均薪酬数据乘以 1.1，用修正后的数据。

（1）频率分析法。它是一种简单而直观的方法。即将调查所得到的与每岗位相对应的薪酬数据从高到低排列，然后看落入每一薪酬范围内的企业数量。数量越多，越表示接近于目前市场薪酬水平。表 8-8 给出的是以 2500 美元为间距的薪酬数据出现的频率分布表。

可以根据上面的频数分布绘制柱状图，如果形状很不规则，就需要对数据做进一步分析来评价数据的有用性。柱形图可以反映职位匹配、薪酬率的分布问题，或者反映采取非主流薪酬策略的企业。

表 8-8　　频率分布表

工资区间	平均工资在此范围内的公司数量
35000 美元～37500 美元	0
37501 美元～40000 美元	1
40001 美元～42500 美元	1
42501 美元～45000 美元	5
45001 美元～47500 美元	4
47501 美元～50000 美元	6
50001 美元～52500 美元	6
52501 美元～55000 美元	3
55001 美元～57500 美元	2
57501 美元～60000 美元	3
60001 美元～62500 美元	1

（2）居中趋势分析法。居中趋势分析通常有三种方法：算术平均数、加权平均数和中位数。

算术平均数是居中趋势分析应用最为普遍的一种方法，它不考虑不同企业中某岗位员工数的差异，而把一组所有的数相加再除以本组数的个数。表 8-7 中的简单平均数是 49738 美元（注：在任何计算中都不包括要使用本报告的公司的数据）。算术平均数的计算，给予调查中的每个公司的权重都是相同的。例如，G02 公司程序员只有 1 名，与有 297 名程序员的 E17 公司支付的薪酬所占的分量是相同的。这种方法虽然简单，但容易受到极端值的影响，因而在相加之前要首先剔除极端值，以提高结果的精确度。

加权平均数按每一名员工所占权重相同来进行计算，是一种比较科学的计算方法。每个公司的平均薪酬是根据该公司中从事该职位员工的人数来赋予权数的。由于加权平均数反映供求规模，因此，它能更为准确地反映劳动力市场状况。

第三种衡量中间趋势的方法是中位数，即把所有数据以上升或下降的顺序排列，而取数据系列中间数值的分析方法。如果，数据个数是奇数，则中间的那个数就是中位数；如果数据个数是偶数，则取中间的那两个数的平均数作为中位数。比如，在表 8-7 中，数据个数为 32，是偶数，则中位数为第 16 个数和第 17 个数的平均数，即（49713+49794）/2=49753.5。这种分析方法得出的数值比用算术平均数得出的数值更具有代表性，因为它的计算不受每个指标大小的影响。但是这种计算比较粗略，只能显示当前市场平均薪酬水平的大概情况。

（3）离中趋势分析法。薪酬率在中间趋势的分布称做离中趋势。标准差是指在频率分布中每个值偏离平均值的大小，即观察值比平均值大多少或小多少，它是用来描述离中趋势最常用的统计指标。在以表 8-7 中数据为基础的频率分布中，偏离平均值的标准差为 5445 美元，即有 68%的薪酬落在 44293 美元和 50183 美元之间。有关离中趋势的信息，使分析员更清楚地了解中间趋势与频率分布之间的关系，还可以用这个范围来判断企业的工资范围是否和市场的工资范围类似。

（4）四分值和百分比方法。四分值和百分比是薪酬调查分析中最常用的测量离中趋势的方法。此方法是通过小于某一数值的数据百分比来描述离散程度。以四分值为例，将某岗位的所在薪酬调查数据从低到高依次排列，平均划分为四组（百分比中分为 10 组），第一个四分位数（如表 8-9 中的 45904 美元）意味着市场上有 25%企业的薪酬比其低，第二个四分位数（如表 8-9 中的 49794 美元）表示市场上有 50%企业的薪酬比其低，其余以此类推。正如佳洁士公司的薪酬体系“薪酬定位在领先行列。基本薪酬水平与时常水平线保持一致（定位在市场薪酬线的 50 分位）。薪酬总额（包括福利和绩效薪酬）定位在市场水平线的 75 分位上”。其中的“50 分位”是指市场上有 50%企业的基本薪酬水平低于佳洁士公司；“75 分位”是指市场上 75%的公司的薪酬总额等于或小于它的薪酬总额。百分比分析方法和四分值分析的方法类似。

表 8-9　　　　四分值和百分比

39911 美元 ←	最少
40231	
42987	
42987 美元 ←	10%
43597	
43993	
44647	
45421	
45904 美元 ←	四分值 1
46244	
46791	
47983	
48299	
49328	
49521	
49713	

续表

49794 美元	←	四分值 2，50%
50216		
50280		
50995		
51152		
51462		
51729		
52778		
53074 美元	←	四分值 3
53173		
55095		
55479		
58441		
58766 美元	←	90%
59514		
62206 美元	←	最高

四分值和百分比分析表明了低于某一具体数值的观察值的百分比，是对标准差的补充，增强了薪酬专业人员对离散指标的理解，有助于企业制定公平、合理、有竞争力、有效的薪酬。

7. 撰写薪酬水平调查报告

分析完资料后，我们就要根据企业的需要做出相关的分析报告。薪酬调查分析报告通常分为综合性分析报告和专项性分析报告两种。综合性分析报告是对地区内不同性质、规模、行业领域的企业的薪酬与福利数据进行综合分析和处理，全面反映被调查地区企业的薪酬与福利的现状；专项性报告则根据企业需要，从参加薪酬调查的公司中选择一定数量、有可比性的公司，经过数据分析处理，获取针对性、指导性更强的专项薪资报告。

本章小结

本章重点介绍了有关薪酬水平调查的内容，包括薪酬水平调查的目的、发展及现状、种类及其影响因素、过程及操作方法以及薪酬水平与企业发展阶段及企业战略的关系等。

关键词

○ 薪酬调查　○ 薪酬水平　○ 调查方法　○ 调查报告

本章思考题

1. 什么是薪酬水平调查？
2. 薪酬水平调查的目的和意义是什么？
3. 薪酬调查的构成要素是什么？
4. 影响企业薪酬水平的因素有哪些？
5. 薪酬调查有哪些方法？
6. 薪酬调查的主要步骤是什么？

案例讨论

员工为何流失

某房地产集团属下一家物业经营管理公司，成立初期，该公司非常注重管理的规范化和充分调动员工积极性，制定了一套较科学完善的薪酬管理制度。公司得到了较快的发展，在短短的两年多时间里，公司的业务增长了110%。随着公司业务的增加和规模的扩大，员工也增加了很多，人数达到了220多人。

但公司的薪酬管理制度没有随业务发展和人才市场的变化而适时调整，还是沿用以前的制度。公司领导原以为发展已有了一定的规模，经营业绩理应超过以前，但事实上，整个公司的经营业绩不断滑坡，客户的投诉也不断增加，员工的工作失去了往日的热情，出现了部分技术、管理骨干离职，其他人员也出现不稳定的预兆。其中公司工程部经理在得知自己的收入与后勤部经理的收入相差无几时，感到不公平。他认为工程部经理这一岗位相对于后勤部经理，工作难度大、责任重，应该在薪酬上体现出这种差别，所以工作起来没有了以前那种干劲，后来辞职而去。因为员工的流失、员工工作缺乏积极性，致使该公司的经营一度出现困难。

在这种情况下，该公司的领导意识到问题的严重性，经过对公司内部管理的深入了解和诊断，发现问题出在公司的薪酬系统上：关键的技术骨干力量的薪酬水平较市场明显偏低，对外缺乏竞争力；公司的薪酬结构也不尽合理，对内缺乏公平，从而导致技术骨干和部分中层管理人员流失。针对这一具体问题，该公司就薪酬水平进行了市场调查和分析，并对公司原有薪酬制度进行调整，制定了新的与企业战略和组织架构相匹配的薪资方案，激发了员工的积极性和创造性，公司发展又开始恢复良好的势头。

? 思考与讨论题

1．该公司员工流失的原因是什么？
2．通过薪酬制度改革，企业达到了什么目标？
3．薪酬水平调查具有何种意义和作用？

第 9 章

人力成本管理

本章学习目标

1. 了解企业人力成本的构成因素以及影响人力成本的因素；
2. 掌握计算人力成本的方法；
3. 了解薪酬预算的含义和目标，掌握薪酬预算的方法；
4. 了解薪酬水平策略和薪酬结构策略的调整类型；
5. 掌握薪酬信息的管理方法。

引导案例

美国标准件公司是生产建筑和运输工具的产品制造公司。1981 年，该公司股价为每股 4.07 美元，而 1982 年则下降到每股 2.20 美元。为了控制人力成本，该公司冻结了工资，将高级职员的薪酬削减了 5%，并通过解雇和提前退休的办法使公司职员减少了 17%。对此，该公司副总裁深有感触地说：“这是一个艰难的过程，但并不十分糟糕。如果在 10 年期间内，你不得不考虑采取紧缩措施的话，那么，你很可能需要勇敢地应付一些你从未经历过的局面。”

思考与讨论题

1. 解雇和提前退休的办法是不是降低人力成本的最好方法？
2. 如果你是这个公司的决策者，应如何面对这样的局面？
3. 减员对公司的长期发展有什么影响？利弊如何？

9.1 企业人力成本的确定与控制模式

随着经济的发展，经济结构由以生产型为主向科技服务型为主的转变已经成为一种趋势。这一转变使得人力资源在企业生产经营和国家经济发展中所起的作用变得更为关键，加之国际竞争日渐激烈，亦使得人们对人力资源更加重视。

人力资源是指在一定区域内的人口总体所具有的劳动能力的总和，是存在于人的自然生命机体中的一种国民经济资源。人力资源是一种稀缺性资源，取得、开发和使用人力资源都需要付出很大的代价，特别是随着经济的发展、技术和管理的进步，企业竞争的焦点集中在人才的竞争上，谁拥有优秀的人才谁就能够在竞争中获胜。而企业为获得人力资源和优秀的人才，就需要很多的投资，这种投资在企业中就体现为人力成本。

薪酬和人力成本从本质上讲是一个问题的两个方面。薪酬是从员工角度来讲的，人力成本是从企业角度来讲的，企业付给员工的薪酬总和即构成了企业的人力成本。尽管人力成本在国外已经有了很成熟的理论和实践，在我国则由于长期受计划经济的影响，企业人力费用列支不规范，界定范围不明晰，给人力成本管理带来了很大的难度，因此人力成本管理的理论和实践都很不成熟。随着现在企业制度的建立，我国建立起新的会计制度，合理地界定了人力成本范围，规范了企业人力成本列支制度，企业人力成本的管理进入了新的阶段。我国的一些行业和企业已经开展对人力成本的统计工作，但许多企业对人力成本仍没有完整的概念，未对人力成本进行总量控制和核算，更缺乏对人力成本的分析和控制。在这种情况下，企业对人力成本进行合理的控制就显得尤为重要。

9.1.1 人力成本与人力成本控制的含义

企业管理的目标是赚取利润，管理的核心是人，企业最应努力挖掘的潜力是人力投入与产出的潜力。在当今日益竞争激烈的形势下，决策者们不得不高度重视人力资源管理和对人力资源成本及其价值的研究。我们国内许多企业尤其是高新技术企业也越来越认识到将知识员工与传统体力工人相区别，人力资源也不应再被视为简单的成本，而是和资金一样被看作企业的重要“资本”和宝贵“资源”。但是，人力资本作为一种可以创造价值的资本，必然会在使用过程中产生一定的成本——即人力成本。

国际劳工组织 1966 年对人力成本的概念定义为：人力成本是指雇主因雇佣劳动力而产生的费用。它包括对已完成工作的报酬，对有关未工作而有报酬的时间、红利和奖金、食品、饮料费用的支付及其他实物支付，雇主负担的工人住房费用，为员工支付的社会保障费用、职业技术培训费用、福利服务和其他费用（如工人的上下班交通费、劳保用品费和招工费用），被认为是人力成本的税收。

人力成本控制不等同于降低员工收入，也不意味着机械地减少人员。从投入-产出理论上讲，一定量投入与产出的比率不是无限量的，也就是说以最小的投入获得最大的效益只是人们的一种理论假说，在现实生活中是不可能做到的。企业的人力成本控制，就是要在确保经济效益和产品竞争力的前提下，保障员工的合法权利，寻求最佳的人力成本投入和产出的“度”。

9.1.2　企业人力成本的构成

按照人力资源的全过程管理原则，人力成本包括有关人力投资成本的各个项目。凡是涉及人力资源的取得、开发、使用、保障和离职等投入成本的都应加以反映。根据员工进入企业到最终离开企业的时间顺序，及企业对人力资源投资的不同目的，通常我们认为企业人力成本主要有人力资源的取得成本、开发成本、使用成本、保险成本、离职成本构成（见表 9-1）。

表 9-1　　企业人力成本构成表

一级指标	二级指标
取得成本	招聘成本、选择成本、录用成本、安置成本
开发成本	岗前教育成本、岗位培训成本、脱产培训成本
使用成本	维持成本、奖励成本、调剂成本
保险成本	健康事故保障成本、劳动事故保障成本、养老保障成本、失业保障成本
离职成本	离职补偿成本、离职前低效成本、空职成本

1. 人力资源的取得成本

人力资源的取得成本是企业在招募和录取职工的过程中发生的成本。具体包括：招募成本，它是为吸引和确定企业所需的人力资源而发生的费用，包括企业的广告宣传费用；选择成本，是企业为选择合格的职工而发生的费用；录用成本，是企业为取得已确定聘任职工的合法使用权而产生的费用；安置成本，是企业将被录用的职工安排在确定工作岗位上的各种行政管理费用；录用部门为安置人员所损失的时间费用；为新职工提供工作所需的装备费用；从事特殊工种按人员配备的专用工具或装备费用；录用部门安排人员的劳务费、咨询费等。

2. 人力资源的开发成本

人力资源的开发成本是企业为提高职工的生产技术能力，为增加企业人力资源的价值而产生的费用。具体包括：上岗前的教育成本，是企业对上岗前的新职工在思想政治、规章制度、基本知识、基本技能等基本方面进行教育所产生的费用；岗位培训成本，是企业为使职工达到岗位要求对其进行培训而产生的费用；脱产培训成本，是企业根据工作的需要，允许职工脱离工作岗位接受短期（一年内）或长期（一年以上）的培训而产生的成本，其目的是为企业培养高层次的管理人员或专门的技术人员。

3. 人力资源的使用成本

人力资源的使用成本是企业在使用职工的过程中而产生的成本。具体包括：

维持成本，是保证人力资源维持其劳动力生产和再生产所需的费用；奖励成本，是为激励企业职工，使人力资源发挥更大作用，对其超额劳动或其他特别贡献所支付的奖金；调剂成本，是调剂职工的工作与生活节奏，使其消除疲劳而发挥更大的作用，满足职工必要的需求，稳定职工队伍，并吸引外部人员进入企业工作而发生的费用。

4．人力资源保险成本

人力资源的保险成本是保障人力资源在暂时或长期丧失使用价值时的生存权而必须支付的费用。具体包括：健康事故保障成本，是企业承担的职工因工作以外的原因引起的健康欠佳不能坚持工作而需给予的经济补偿费用；劳动事故保障成本，是企业承担的职工因工伤事故应给予的经济补偿费用；退休养老保障成本，是社会、企业及职工个人承担的保证退休人员老有所养和酬谢其辛勤劳动而给予的退休金和其他费用；失业保障成本，是企业对有工作能力但因客观原因造成暂时失去工作的职工给予的补偿费用。

5．人力资源的离职成本

人力资源的离职成本是由于职工离开企业而产生的成本。包括：离职补偿成本，是企业辞退职工或职工自动辞职时，企业所应补给职工的费用；离职前低效成本，是职工即将离开企业而造成的工作或生产低效率的损失费用；空职成本，是职工离职后职位空缺的损失费用。

由于上述成本项目内容分列详细，有些成本是较明显且可测量的，而有些成本是隐蔽的、不便测量的，比如低效成本、空职成本。结合企业实际成本投入与计量，以上五种成本具体包括：取得成本（主要有招聘费）、开发成本（主要有培训费）、使用成本（工资、奖金）、保障成本（社会保险，即“五险一金”，养老、失业、医疗、工伤保险住房公积金）、离职成本（主要有补偿金）。

上述成本中某些成本增加会带来预期效益递增，而某些成本增加不能达到该效果。比如，增加奖金对员工的激励、促进作用肯定大于增加工资。因此，使用成本和保险成本按其构成成本性质、作用的不同，可以重新归类如下：使用成本包括工资、保险、福利，其中工资是每月固定的、并必须按时支付给提供了劳动的员工，它具有稳定性和个别性；社会保险是强制性的，所有企业必须按照相关规定足额、按比例上缴社会保险，这项费用也是不可缺少、必须固定支出的。关于职工福利费的提取，按照京财企二[2000]1858 号文件，企业按照职工工资总额的 14%提取。因此，福利费总额也是相对固定的，并且福利是每个员工都可以享受的，具体形式可以多样化，具有集体性和随机性。

激励成本，主要指奖金。奖金是企业为了鼓励员工提高劳动效率和工作质量而支付的额外报酬。企业根据经营业绩、员工个人工作绩效情况，可以制定相关奖励制度。作为双因素理论中的激励因素，奖金、期权等不是人人均等的，不具有“大锅饭”性质的，能调动员工的积极性。

这样，人力成本的构成由取得、开发、使用、激励、离职五项成本构成。在通信行业，一般人力成本占到企业总成本的 40%左右。

对于正常运营的企业来说，其主要的人力成本来自于人力资源的使用成本和保险成本，我们将主要介绍人力的使用成本和保险成本方面的内容。如果没有特别说明，以后所指的人力成本均指这两方面的总和。

在人力成本研究方面，以美国为首的西方发达国家进行得比较早，通常他们认为人力成本主要由雇佣人数、人均现金报酬和人均福利成本构成。雇佣人数包括核心工人和临时工；人均现金报酬包括工资和奖金等；人均福利成本包括健康和生命保险以及养老金等，其构成模型见图 9-1。该图所示的人力成本构成公式也是现在比较通用的。

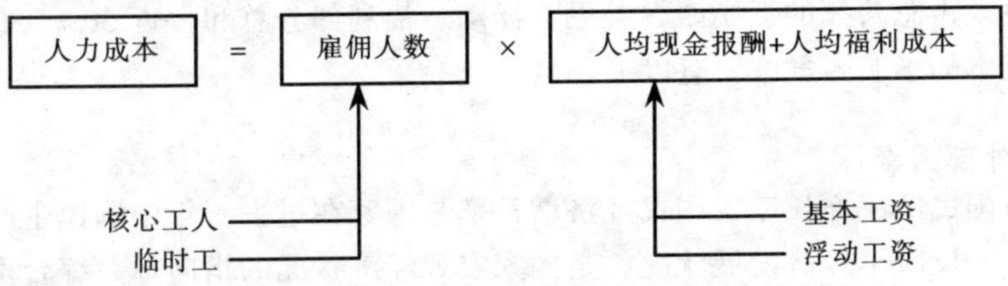

图 9-1　人力成本控制模型

从人力成本的主要内容来说，我国企业人力成本构成包括职工工资总额、社会保险费用、职工福利费用、职工教育经费、劳动保护费用、职工住房费用、工会经费和其他人力成本支出等。

（1）职工工资总额是指企业在一定时期内直接支付给本企业全部职工的劳动报酬总额，一般由计时工资、计件工资、奖金、津贴和补贴、加班加点工资、特殊情况下支付的工资等部分组成。

（2）社会保险费用是指国家通过立法对劳动者在生、老、病、死、伤残、失业时给予物质帮助的费用。社会保险费用由国家、企业和个人三方面分担。目前实施的社会保险有养老保险、工伤保险、失业保险、医疗保险和生育保险。

（3）职工福利费用是指在工资以外按照国家规定开支的职工福利费用。主要用于职工的医药费、医护人员工资、医务经费、职工因工负伤赴外地就医路费，职工生活困难补助、企业举办社会性服务机构中工作人员的工资，以及按照国家规定开支的其他职工福利支出，如独生子女费、丧葬抚恤费、福利设施费、探亲路费、上下班交通补贴、洗理费和解除劳动合同的费用。

（4）职工教育经费是指企业为职工学习先进技术和提高文化水平而支付的费用。

（5）劳动保护费用是指企业购买实际使用的劳动防护用品的费用。企业为劳动者免费提供符合国家规定的劳动防护用品，主要有工作服、手套等劳保用品、解毒剂、清凉饮料以及规定工种所享受的保健食品待遇。

（6）职工住房费用是指企业为改善职工住房条件支付的费用，主要用于缴纳住房公积金、提供住房补贴、职工宿舍折旧等。

（7）工会经费和其他人力成本支出包括工会经费、没有列入工资总额的劳动报酬、按规定对职工的特殊奖励等。

9.1.3 影响人力成本的因素

前面我们说到，人力成本的重要组成部分是使用成本和保险成本，即薪酬福利。在由北京外企太和企业管理顾问有限公司开展的2002年度电信行业人力资源薪酬福利市场调研活动中，电信行业中代表部门的薪酬构成基本上是7：3，即基本现金收入占总薪酬的近70%，补贴、浮动、福利部分总和占近30%。我们总结对人力成本的影响因素主要有以下几点。

1．外部因素

（1）国民经济增长率。国民经济增长率是国家在过去一年中国民生产总值的增长速度，反映了经济发展状况，是国家宏观经济状况的指向标，综合反映了国民经济各行业的发展速度，经济大环境的好坏影响企业发展的经济环境。2002年全国城镇单位在岗职工年平均工资为12422元（2001年为10870元，2000年为9371元）。2002年的平均工资增长率为14.2%，2001的增长率为16.9%。同期，2001年国民经济增长率为7.3%，2002年为8%。北京市统计局发布报告称，2003年一季度从业人员为467.3万人，比上年同期增加37.7万人；从业人员劳动报酬260.2亿元，增长17.5%；在岗职工平均工资5567元，比去年同期增加510元，增长10.1%，2003年第一季度国民经济增长达到9%。可见，近年来工资增长率高于同期国民经济增长率。

（2）通货膨胀率。通货膨胀率是衡量通货膨胀程度的指标。一般可以通过消费物价指数来衡量。如果名义收入不变，当年通货膨胀率为正增长，那么扣除物价上涨因素，实际收入反而降低了；如果通货膨胀率为负增长，即通货紧缩，那么实际收入将增加。因为物价降低了，同样的收入可以获得比以前更多的消费。实际上，中国最近几年的消费物价指数都在降低，处在通货紧缩状态。

（3）地区、行业间的人力资本市场行情。由于存在地区差别、行业不同，因此收入水平与所在的地区、行业有直接关系。中华英才网第六期英才薪资指数报告称，2002年电信行业的薪资水平依然雄踞各行业的榜首，年薪均值达到了52302元。绝对值与上一期持平，高出第二位医疗设备行业10%左右（上期高出20%）。上海的薪资水平首次位列全国各大城市之首，年薪均值达到了49180元；深圳的薪资水平退居全国各大城市的第二位，年薪均值达到了 47943 元（相对上期有 1000 元的降幅）。

（4）劳动力市场的供求状况。供求变化也会影响劳动力市场价格。供大于求，劳动力价格降低，供小于求，劳动力价格上升。例如在 2001 年以前，正是通信及 IT 业发展的高峰时期，有的企业为了争夺人才，纷纷去大学校园直接招聘，不惜出高价将所需人才招至麾下。而近两年通信市场的竞争愈加激烈，发展速度减缓，尤其是 2002 年，不断传来国际、国内大电信运营商、通信设备制造商赢利下滑、亏损，甚至倒闭的消息，通信设备制造业进入冬天，各企业纷纷裁员、减薪来降低成本。这时的劳动力市场供大于求，企业在紧缩时期对应届毕业学生的需求量有所减少。

2. 内部因素

（1）企业经营效益。企业经营效益直接关系员工的薪资水平。在深化收入分配制度改革进程中，政府的管理调控由直接变间接，由总量调控向水平控制转变。员工的收入完全与企业经营的业绩和风险相挂钩。有数据显示，经济效益增加 1%，挂钩的工资总额增加 0.3% ~ 0.7%。一般经营业绩在年底才能有结果，与业绩挂钩的工资一般会体现在奖金、浮动工资方面。

（2）往年人均薪资水平。结合公司历年人均薪资水平，确定新年度的人均薪资水平。由于工资的下降刚性，一般只有涨工资容易、降工资难。可以在确定的人均工资中，根据企业年度经营策略，适当调整薪资中固定工资、浮动工资、奖金、福利所占的比重。

（3）年度人力资源计划。根据企业年度战略规划来确定年度人力资源规划。首先，要根据企业发展战略目标确定人力资源发展战略方向，即企业确定未来几年的发展和经营目标后，要确定与之相配套的组织机构框架和运作模式，再根据机构设置和部门职责，确定部门岗位设置和岗位职责，即定岗定编，然后根据定岗定编后的情况，确定员工晋升、辞退、招聘计划、发展与培训计划和薪酬调整方案。

上述内容一环扣一环，因此每一个环节计划的制定必须具有可操作性，否则不能贯彻实施，也可由此导致企业战略目标不能实现。

（4）个人因素。每个员工的薪资与其个人因素有很大关系，这包括受教育程度、经验、绩效、职务高低、机会、个人协商能力等。

9.1.4　确定合理人力成本的计算方法

通常有三种确定合理人力成本的计算方法：劳动分配率基准法、销货净额基准法和盈亏平衡点基准法（见图 9-2）。每一种计算方法都是从不同的角度来衡量企业人力成本，下面我们将对每一种方法分别进行分析。

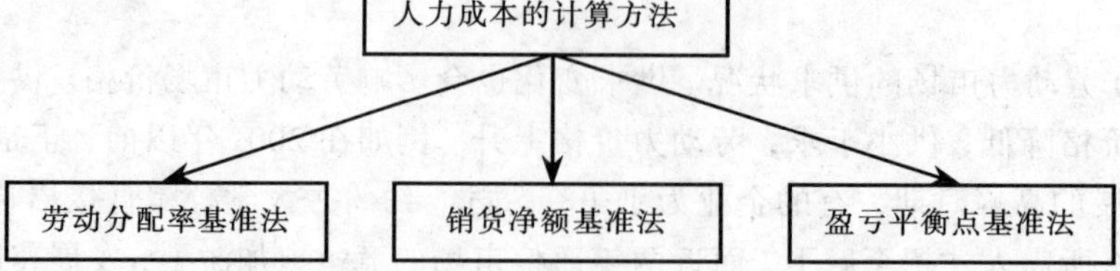

图 9-2 人力成本的计算方法

1. 劳动分配率基准法

劳动分配率基准法是以劳动分配率为基准,根据一定的目标用人费推算出所希望达到的目标销货额，或者根据一定的目标销货额，推算出可能支出的用人费及用人费总额增长幅度。

劳动分配率是指企业人力费用占企业附加价值的比率。附加价值，是由企业本身所创造的价值，是企业可用于进行分配的收入，即成为在资本与劳动之间分配的基础。

附加价值的计算方法有两种：

一种是扣除法，由销货净额扣除外购价值。其公式为：

附加价值=销售或生产额−外购部分
　　　　=销货净额−当期进货成本
　　　　=销货净额−直接原材料−购入零配件−外包加工费−间接材料

另一种是相加法，即将形成附加价值的各项因素相加。其公式为：

附加价值=利润+人力费用+其他形成附加价值的各项费用
　　　　=利润+人力费用+财务费用+租金+折旧+税收

关于企业劳动分配率的多少,基期可以从报表的有关数字中求得,本期可以从借贷平衡表中推算。也就是首先计算出附加价值中资本分配额及资本分配率，再计算出劳动分配额及劳动分配率。

2. 销货净额基准法

销货净额基准法，即根据实际用人费比率、上年度平均人数、平均薪资和本年目标薪资增长率，求出本年的目标销售额，并以此作为本年应实现的最低销售净额。其公式为：

目标用人费=本年计划平均人数×上年平均薪资×（1+计划平均薪资增长率）

目标销售额=目标用人费/人力费比率

下面我们举例说明：

假定某公司用人费比率为 20%，上年度平均薪资为 18800 元，本年度计划平均人数为 208 人，平均薪资增长 15%。本年销售额计算如下：

本年销售额=[18800×（1+15%）×208]/20%=2248.48（万元）

利用用人费率（用人费/销货额）还可计算销售人员每人的目标销售额。步骤是先确定销售员的用人费率，再根据销售员的月薪或年薪及销售员用人费率计算销售员的年度销售目标。其计算公式是：

销售人员年度销售目标=销售用人费/销售员的用人费率

下面我们举例说明：

假设某公司销售员的用人费率约为 3.12%，月薪平均为 2200 元（含奖金），且给予月薪共为 13 个月。该公司销售员年度销售目标的计算方法如下：

该公司销售人员年度销售目标=（2200×13）/3.12%=91.67（万元）

另外还可以根据毛利率及其用人费率，计算销售员目标销售毛利额及销售人员毛利与工资的大致比例，其公式为：

销售人员用人费比率=销售人员人力费总额/毛利额

目标销售毛利=某销售员工资/销售员用人费率

下面我们举例说明：

假设某公司毛利金额为 5500 万元，销售用人费 620 万元，公司中某销售人员月工资为 2800 元（含奖金），每年付薪 13 个月。该销售员年度目标销售毛利与月目标销售毛利的计算方法如下：

该公司销售员用人费率=620/5500=11.27%

该销售员年目标毛利=（2800×13）/11.27%=32.30（万元）

月目标销售毛利=32.30/12=2.69（万元）

3．盈亏平衡点基准法

盈亏平衡点，是指在单位产品价格一定的条件下，与产品制造和销售及管理费用相等的销货额，或者说达到这一销货额的产品销售数量。盈亏平衡点还可以简要的概括为公司利润为零时的销货额或销售量。其公式表达式为：

销售收入=制造成本+销售及管理费用

如果将制造成本和销售及管理费用划分为固定费（也称固定成本，指不随生产量多少而增减的费用，如折旧费、房租、间接人力费等）和变动费（也称变动成本，指随产销数量变动而增减的费用，如材料费、保管费、直接人力费等）之后，盈亏平衡点的销售收入的公式即为：

销售收入=固定成本+变动成本

为便于表达，上式可用下列符号表示：

P——单位产品售价（selling price unit）；

V——单位产品变动成本（variable cost per unit）；

F——固定成本（fixed cost）；

X——产量或销售量（measure of volume）。

这样盈亏平衡点的代数表达式为：

$$PX=F+VX$$

在盈亏平衡点所要达到的销售量为：

$$X=F/(P-V)$$

式中，$P-V$ 为每单位产品边际收益（marginal contribution）。

每单位产品的边际收益除以每单位的产品价格，为边际收益率，公式为：

$$边际收益率=(P-V)/P$$

将边际收益率代数式代入盈亏平衡点公式，得到盈亏平衡点的销售收入公式为：

盈亏平衡点的销售收入=固定成本/边际收益率

即：$PX=F/[(P-V)/P]=P\times[F/(P-V)]$

盈亏平衡点可用图形表示（见图 9-3）。

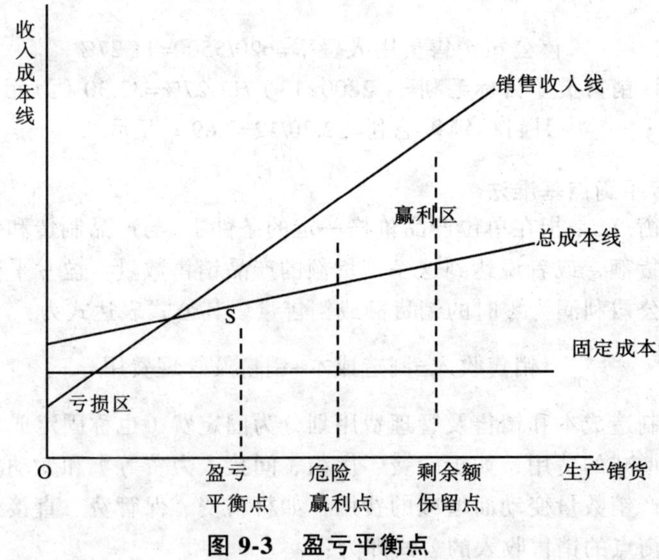

图 9-3 盈亏平衡点

盈亏平衡点基准法可用于以下三种用途：

（1）可用于计算一定人力费用总额下的盈亏平衡点之销售额及薪资支付的最高限度。下面举例说明。

假定某公司的固定费用为6000万元，其中用人费4200万元，边际收益率30%，该公司盈亏平衡点的销售收入的计算如下：

盈亏平衡点的销售收入=6000/30%=20000（万元）

用人费支付的最高限额，即最高用人费率为：

用人费/盈亏平衡点的销售收入= 4200/20000=21%

通过计算表明，用人费支出最高不得超过销货额的 21%，否则会造成亏损。

（2）可用于计算盈亏平衡点之上危险赢利点所应达到的销售收入，并继而推算出薪资支付的可能限度，即可能的人力费比率。危险赢利点是指销货额不仅能抵补全部成本支出，而且还能获得保证股东以适当股息分配的一定利润。

如以 E（Earnings）代表保证股东一定股息的利润，则：

$$PX= F+VX+E \qquad X=（F+E）/（P-V）$$

当企业受其生产能力或资源限制，在固定产量下的一定利润也能简单求得，即：

$$E=PX-（F+VX）$$

计算危险赢利点的销货额及人力费支付的可能限度的公式为：

危险赢利点的销货额=（固定费用+股息分配）/（1–法人所得税）/边际收益率工资支付的可能限度=人工费总额/危险赢利点之销售收入（可能人工费比率）

（3）盈亏平衡点还可用于盈亏平衡点之上余额保留点的销售收入，并进而推算出人力费用支付的适当限度，即合理人力费比率（也称之为安全人力费比率）。

剩余额保留点（也称安全赢利点）的销售额是指在抵补全部成本之后，在保证一定利润用于股东股息的分配之外，还有一定的剩余利润作为今后企业的各项发展及应付可能发生的风险之用。

计算剩余额保留点的销货额及人力费可能支付的适正限度的公式为：

剩余额保留点的销售收入=[固定费用+（股息分配+各项保留）/（1–法人所得）]/边际收益率

工资支付的适正限度=人工费总额/剩余额保留点之销售收入（合理人工费比率）

9.2 企业人力成本的控制

企业的目标是获得利润，企业存在的根本目的也是为股东获取最大利润，而利润是销售额减去成本的结果，因此，在经营的过程中企业要注意控制各项成本来最大限度地获取利润。企业运营成本包括固定成本和可变成本，可变成本通常是指企业的人力总成本。

如前面所说，企业人力成本构成包括人力资源的取得成本、开发成本、使用成本、保险成本、离职成本等。其中，人力资源的使用和保险成本是企业正常经营中主要的人力成本，占据了人力总成本的大部分。因此，企业往往更多地关注这两项成本的控制。而人力资源的使用和保险成本通常被大多数企业组合为员工的薪酬，因此，我们所说的人力成本控制也就主要从薪酬的控制来加以阐述。为了合理的控制人力成本，就需要建立一个合适的薪酬制度。而一个合理的薪酬制度的建立是从薪酬的预算开始的。

9.2.1 薪酬预算的含义和目标

对于任何一种经济活动而言，通过预算来进行成本控制都是不可或缺的一个环节。鉴于薪酬问题在经济上的敏感性及其对于企业财务状况的重要影响，薪酬预算也就理所当然地成为企业战略决策过程中的一个关键问题，这要求管理者在进行薪酬决策的时候，必须把企业的财务状况、所面临的市场竞争压力以及薪酬预算、薪酬控制等加以综合考虑。同样，在决定更新企业的薪酬结构、为员工加薪或者是实施收益分享计划的时候，薪酬预算也是企业确保薪酬成本不超出企业承受能力的一个重要措施。

所谓薪酬预算，实际上是指管理者在薪酬管理过程中进行的一系列成本开支方面的权衡和取舍。举例来说，在新的财务年度，管理者需要综合考虑外部市场的薪酬水平、员工个人的工作绩效、企业的经营业绩以及生活成本的变动情况等各种要素，并权衡这些要素在加薪中所占据的比重；这种权衡还发生在长期奖金和短期奖金之间——绩效加薪和根据资历加薪之间以及直接货币报酬和间接福利支出之间；此外，是主要以薪酬作为激励手段还是用其他人力资源管理手段来激励员工，同样是一个值得管理者们考虑的问题。事实上，在企业的财务资源一定的情况下，企业在薪酬管理、人员配备、员工培训和其他的一些管理措施之间所投入的财务预算存在着一种此消彼长的关系。因此，薪酬预算的多少可以很清晰地反映出企业的人力资源战略重心，它同时也是整个人力资源管理中的重要组成部分，直接关系到企业的经营成功和员工们的心理感受。在这种情况下，如果企业在薪酬预算方面不存在正式的制度而是任由管理者自由决定，那么就很可能在各种人力资源管理手段方面的投入出现较大偏差，而员工们可能也无法得到公平和公正的对待。为了避免这种情况，任何管理系统，包括薪酬预算，都应该追求操作的规范化，以利于企业实现提高效率、促进公平以及手段合法等几个方面的薪酬管理目标。

从某种意义上讲，薪酬实际上是企业和员工之间达成的一项隐性契约，它体现了雇佣双方就彼此的付出和给予达成的一致性意见。正是凭借这一契约，员工和企业之间的交换才得以实现。因此，在进行薪酬预算的时候，企业一般会希望凭借这一举措实现以下两方面的目标。

1．合理控制员工流动率，同时降低企业的劳动力成本

和所有的交换一样，发生在企业和员工之间就劳动力和薪酬所进行的交换也要遵循经济学中最基本的规律：双方都想在提供最小投入的情况下从对方身上获得最大的产出。具体到企业方面当从员工方面得到的收益逐渐增多的时候，企业在购买劳动力时需要支付的成本也在逐渐上升。因此，在企业劳动力成本的变动过程中，一定会出现能够满足企业的边际劳动力成本等于它所获得的边际劳动力收益，即达到所谓的均衡状态的一点。而薪酬预算最为重要的目标就在于找到这一均衡点，以实现劳动力成本和企业收益之间的平衡，保证企业所有者的收益最大化目标能够得以实现。

2．有效影响员工的行为

具体说来，薪酬预算能够施加影响的员工行为主要包括两个方面，即员工的流动率和他们的绩效表现。

（1）员工的流动率受到雇佣关系中诸多因素的影响，而薪酬水平是其中非常重要的一个影响因素。企业期望与大多数员工建立起长期而稳定的雇佣关系，以充分利用组织的人力资源储备，并节约在招募、筛选、培训和解雇方面所支出的费用；而员工通常会要求得到至少等于、最好超过其自身贡献的回报，否则就有可能会终止与企业的雇佣关系。鉴于此，企业在进行薪酬预算的时候，必须考虑如何才能有效地控制劳动力成本，同时还能保持一个较合理的员工流动率。

（2）员工的绩效表现对于企业而言也至关重要。为促使员工表现出优良的绩效，一种最简单的方法就是直接把绩效要求与特定岗位结合在一起，员工在与企业建立起雇佣关系的同时就已经明确了其需要达到的绩效标准。从薪酬预算的角度来说，如果企业在绩效薪酬或者浮动薪酬方面增加预算，而在基本薪酬的增长方面则注意控制预算的增长幅度，然后再根据员工的绩效表现提供奖励，那么，员工们必将会重视自身职责的履行以及有效业绩的达成，而不是追求岗位的晋升或者是加薪方面的盲目攀比。

9.2.2　薪酬预算的方法

从人力成本模型可以看出，为了管理人力成本，需要控制三个因素：雇佣（雇员的数目和工作时间)、人均现金报酬(例如工资、奖金等)和人均福利成本(如健康和生命保险、养老金)。现金和福利因素是本书的重点,但是如果我们的目标是更好地管理劳动力成本,则三个因素都需要考虑,同时,企业所采用的薪酬技术,例如工作分析和工作评价、技能薪酬计划、薪酬等级和薪酬宽带、收益分享计划等,在一定意义上也能够对薪酬控制发挥不小的作用。因此,我们主要可以从以下几个方面来控制企业的人力成本:控制雇佣量;控制人均现金报酬;控制人均福利成本;通过薪酬技术进行潜在的人力成本控制。

1. 控制雇佣量:计算人数和工时

管理员工的数量和工作时间是管理人力成本中最明显的也可能是最普遍的做法。显然,工资水平相同,人数越少所支付的工资额就越少。如果薪酬水平能够保持不变,员工的工作时间可以延长,那么企业就有利可图了。

(1)控制员工人数。在西方发达国家,有证据表明,解雇员工和关闭工厂对股票价格有有利的影响,这是因为股市对改善现金流和控制成本会做出正面的反应。然而,也有一些证据表明人员精简有不利的影响,诸如所培训的员工的流失以及不能达到企业预期的生产目标,通常通过精简所获得的收益比预期的要少。

因此,为了更好地控制人力成本,很多企业试图通过与不同的员工群体建立不同的关系来保护自己的员工。与核心员工之间建立长期的关系,彼此之间有一定的承诺;临时员工与核心员工相比,其成本相对较低,而且流动性更强。因此,企业可以通过对临时工招聘的限制或精简临时工而不是核心员工来保持灵活性并达到控制人力成本的目的。

(2)控制工时数。由于和调整员工人数相比,调整员工的工作时间往往比较方便和快捷,所以这种方法在企业经营过程中使用得更为频繁一些。但是,需要注意国家有关工作时间的法律、法规方面的规定。比如,我国规定在正常工作时间以外,加班时间的工资是平时的1.5倍,周末加班工资是平时的2倍,节假日加班工资是平时的3倍等。因此,对于企业来说,需要在调整员工人数和调整工作时间之间进行选择,看哪一种调整方式的成本更低,工作效率更高。

2. 控制人均现金报酬

控制人均现金报酬,包括管理人均工资水平、年度奖金、收益分享或利润分享等可变支出。有大量的方法帮助管理者们调整人均工资的水平。在此我们主要讨论两个基本的方法:薪酬总额控制法和员工工资晋升法。

(1)薪酬总额控制法是指首先对企业的总体业绩指标做出预测,然后确定下来企业所能够接受的新的薪酬总额。一旦确定了总体预算,接下来就是将该数额分配给每一位部门经理,由这些经理们来决定如何在每一位员工之间进行分配。有很多方法可用于做个体水平的预算。我们将考虑一种通过控制所提高的工资水平来进行预算的方法。该方法是通过预先确定人均工资增加比率来实行的,如图 9-4

所示。有几个因素将影响下一阶段人均工资水平的增长幅度：当期人均工资增长幅度、支付工资的能力、竞争性市场的压力、流动的影响和生活成本。

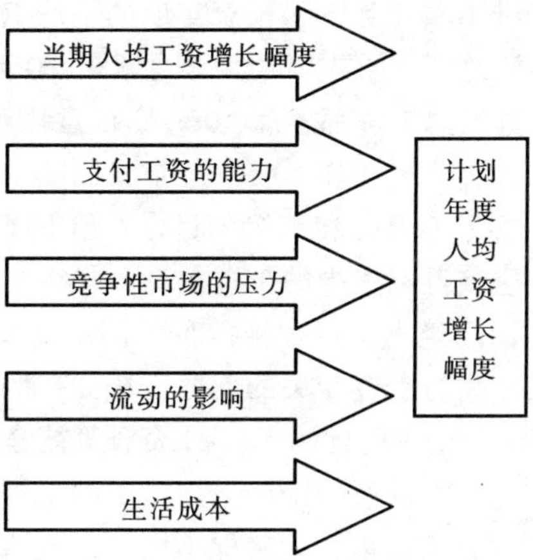

图 9-4 导致工资水平上升的主要因素

年度增长是指在过去一年中人均工资的增长比率，公式为：

工资水平增长率=100×（人均工资−年初人均工资）/年初人均工资

人均工资水平增加多少的决策部分取决于公司的财务状况。财务状况良好的企业希望在劳动力市场上维持自己的竞争地位，而且有些企业甚至通过奖金和利润分享来分享优异的财务业绩。相反，财务陷入危机的企业就不能维持市场上的竞争地位，解决这种危机的传统做法是减少员工数量，其他做法是通过基本工资和浮动工资的调整以减少人均工资增长率。

竞争性市场的压力：企业的竞争环境是千变万化的，企业通常根据市场上自己相对于竞争对手的竞争地位，来分析并确定自己的平均薪资水平，也经常按照市场上的平均薪资水平进行调整。

流动的影响即当员工离开时（通过解雇、辞职或者退休），会有拿较低工资的人替代他们。较低的平均工资将会减少那些与基本工资挂钩的福利的成本，如养老金等。因此，在整个人力成本中，流动所带来的影响既影响平均工资又影响福利成本。

很明显工资的增长与生活成本的提高是有关系的。当某一地区的生活成本提高时，企业将会考虑增加员工的工资，否则，员工将会对企业产生不满。但对员工的生活成本进行衡量又实在不是一件很容易的事情，这是因为关系到员工个人的消费模式、婚姻状况、抚养人数、年纪大小，乃至居住地点之间的地域差别；员工的生活成本反过来也与其领取的薪酬高低存在着一定的关联性。为了简便起见，企业普遍采取的做法是选取消费者物价指数（CPI）作为参照物，以产品和服务价格的变化来反映实际生活水平的变动情况。

当企业管理者在考虑以上所有的因素后决定下一年度员工平均工资上涨10%，就意味着该组织设定了以10%作为下一预算年度的平均工资增长的目标，同时也就确定了下一年度的薪酬总额。如果当年度薪酬总额是100万，则下一年度薪酬总额为110万。但并不是说每个员工的工资都上涨10%，它仅意味着在年末，包括所有员工在内计算出的平均工资将会比现在高10%。但是我们以什么方式来分配这10%的预算才能符合薪酬体系管理的目标和组织的目标？给下属分配预算。有很多方法可确定每一位部门经理应该得到多少的工资预算。有些人使用平均百分数的方法，在这种情况下，每一位部门经理都以本部门员工的工资额为基准获得相同比例的预算。而有些人则按照一些与工资相关的问题，比如按照部门所确定的流动率或者绩效，来决定分配给每一位经理的比例。一旦工资预算被分配给了每一个部门经理，就变成了一道限制：每一位经理所分配给下属员工的工资额被限定了。工资增加指导线被用来帮助经理做分配决策，它确保不同的经理赋予绩效相同和位置相同的员工相同的工资增加幅度。而且，指导线有助于控制成本。

还有一种较为常用的薪酬总额计算方法：根据薪酬费用比率推算合理的薪酬费用总额。在企业采取的各种薪酬预算方法中，这是最简单、最基本的分析方法之一。在本企业的经营业绩稳定且适度的情况下，管理者可以由本企业过去的经营业绩推导出适合本企业的安全的薪酬费用比率，并以此为依据对未来的薪酬费用总额进行预算；若本企业的经营水平不佳，则可参考行业的一般水平来确定出合理的薪酬费用比率，并由此推断合理的薪酬费用。薪酬费用比率的计算公式如下：

薪酬费用比率=薪酬费用总额/销售额

=（薪酬费用总额/员工人数）/（销售总额/员工人数）

由上式可知，如果要在维持一个合理的薪酬费用比率的前提下使薪酬费用总额能够有所上升，就必须增加销售额；换言之，薪酬水平的提高必须在平均销售额的上升范围内。应该注意的是，这里所说的薪酬费用是指为雇佣员工所支付的一切费用，不仅包括基本薪酬、可变薪酬，还包括各种福利费用。根据一般经验，薪酬费用总额与销售额的比例大致为14%左右，其具体数值又因企业的规模和行业而异。

（2）员工工资晋升法。员工工资晋升法与薪酬总额控制法相对应，它需要各部门经理提前预报他们准备在下一年度给每位员工增加多少工资。然后，再把这些数据汇总在一起，从而得到整个企业的薪酬预算。通常在企业经营过程中，企业管理者除了让员工分享企业利润外，为了增加员工的归属感和忠诚度，总会在允许的情况下，给员工增加工资。因此，用员工工资晋升法来进行企业薪酬预算比薪酬总额控制法更为常见。具体说来，整个过程应该包括以下这些步骤。

第一步，对管理者就薪酬政策和薪酬技术进行培训。在采用工资晋升法的情况下，各级管理者是决定企业的薪酬预算能否顺利进行的最重要的因素，因此，在实施具体的薪酬预算之前，有必要首先对他们进行培训。通过培训，使他们具备根据绩效表现向员工支付薪酬的意识，并掌握加薪和预算等方面的常规性薪酬技术。因此，培训的主要内容应该包括公司的薪酬政策、薪酬增长政策线、预算技术以及薪酬等级划分的原则等等。同时，就市场上的薪酬数据及其分布情况与这些管理者们进行沟通也是非常必要的。

第二步，为管理者提供薪酬预算工具和咨询服务。“工欲善其事，必先利其器”，在实际的薪酬管理工作中，向管理者提供一定的工具是十分必要的。这些工具应该包括薪酬预算说明书和工作表格。前者是对薪酬预算需要应用到的技术以及这些技术的具体使用方法做出的简要说明，它对管理者起到了引导性的作用，同时也有助于提高管理效率、降低管理成本；而工作表格则主要是提供特定员工在薪酬方面的一般性信息，例如一贯的绩效表现、过去的加薪情况、过去的加薪时间等，这些数据有助于管理者针对特定员工所采取的薪酬管理举措保持一致性和连贯性，实现内部公平。另一方面，为了促进组织内部薪酬预算的顺利进行，持续地向管理者提供咨询建议、薪酬信息以及对他们进行技术和政策上的支持也非常重要。

第三步，审核并批准薪酬预算。在管理者就各个部门的薪酬预算形成初步意见之后，就需要对这些意见进行进一步的审核和批准。事实上，这一个大步骤又可以细化为若干个具体的小步骤。首先，要对这些预算意见进行初步的审核，使它们与企业已经制定出来的薪酬政策和薪酬等级相符合；其次，把企业内部各个部门的薪酬预算意见汇总在一起，进行总体上的调节和控制，确保内部公平性和外部一致性的实现，保证各个部门之间的平衡；最后，管理层进行集体决议，确定出最终的预算意见，并确保得到决策层的批准。

第四步，监督预算方案的运行情况，并向管理者进行反馈。制定出薪酬预算方案以及得到决策层的认可并不意味着薪酬预算控制的完结。从某种意义上讲，这一过程才刚刚开始。在预算方案下达至各个具体部门并加以执行的整个过程中，管理者必须对该方案的执行状况进行严密监控，一方面要保持与员工交流的畅通，了解他们的看法和态度，并对他们的反映做出积极、快速的反馈；另一方面也要从企业全局的角度出发，做好因时因地对方案进行调整的准备。

3. 控制人均福利

人力成本的保险成本通常又称为福利，是薪酬中的重要内容。进入 90 年代，企业逐渐开始关注福利对人力成本的影响，也开始采取一些措施控制福利。最常见的做法如下。

（1）采用试用期。通常，新员工在试用期间（如 3 ~ 6 个月）被排除在福利保障之外；因此，有些企业就通过延长试用期来降低福利成本。

（2）福利限制。规定伤残收入保险给付不能超过收入的一定比例，在医疗保险中对一些特定的医疗项目规定最高金额。这些限制都是很常见的。

（3）共同支付。要求员工对福利保障支付固定或一定比例的额度。

（4）管理成本控制。将计划实施方案进行竞争性投标，以便降低成本。

（5）福利项目控制。经济效益比较好的公司或经济实力强大的公司通常给员工更多的福利，比如多交纳一些保险（五险一金），而一般的公司通常只交纳法律规定的保险（三险一金）。

4. 通过薪酬技术进行潜在的薪酬控制

前面我们介绍过的工作分析、职位评价、薪酬计划、薪资水平范围、绩效评估等除了其自身基本的目的外，这些方法对薪酬的预算控制也起到了一定的作用。

（1）最高薪资水平和最低薪资水平。这些范围为具体的工作设定了工资的最大值和最小值。规定最大值是一个很重要的成本控制方法。在理想状态下，它代表了组织对工作产出所赋予的最高价值。在岗位工资结构下，员工所拥有的技能和知识在另外的工作上可能会有更大的价值，但是工资的最大值代表了特定岗位的工作对组织的价值。例如，对领取工资范围最大值的飞机乘务人员而言，所谓最大值是指航空公司所支付给乘务人员的最高工资，而不管该乘务人员将工作做得如何。

薪资水平范围的最低值是工作的最小价值。通常低于最低工资的现象发生在实习生或处于试用期内的员工身上。如果杰出的员工得到了迅速的提升，但工资等级未能及时提高，也会发生其工资低于该范围内最低工资的现象。

（2）薪酬比较率。薪资水平中值体现了企业为适应外部竞争而制定的员工的薪酬政策线，而薪酬比较率可以让管理者知道特定薪酬等级的薪资水平中值，以及该等级内部岗位或员工薪酬的大体分布状况。公式为：

薪酬比较率=实际支付的平均薪酬/某薪酬等级的中值

低于 1.00 的比率表明，处在那个工资等级范围的员工的平均工资低于中点工资。换句话说，这意味着管理者支付的工资比已定的政策所要求的要少。可能的原因有：大部分员工都是新手或刚被雇佣；员工绩效很差。高于 1.00 的比率表明，处在那个工资范围的员工的平均工资高于政策的要求。可能的原因有：多数员工具有很深的资历；绩效表现突出；流动率低等。理想的情况是比率等于 1.00，即企业支付薪酬的平均水平等于薪酬中值。

（3）浮动工资。浮动工资有赖于绩效，但它并不计入员工的基本工资。浮动工资的本质是它必须在每阶段重新评估，这不同于奖金增加和工资全面上涨。

从人力成本的角度看，传统的工资增加方式不仅会影响到平均工资水平，同时也会影响到与基本工资相关的福利成本（如养老金）。因此，浮动工资与基本工资相比较，其比例越大，则企业人力成本的弹性也越大。

（4）成本分析。在工资增加之前需要先分析一下工资增加所带来的成本增加，企业通常在加薪前要进行分析，以便更好地决策，达到合理控制成本的目的。

9.3　薪酬策略的调整

9.3.1　薪酬策略的含义

薪酬策略是人力资源部门根据企业最高管理层的薪酬方针拟订的，它强调的是相对于同规模的竞争性企业来讲其薪酬支付的标准和差异。薪酬策略主要包括两个方面的策略，一是体现企业支付标准的策略，即薪酬水平策略；二是体现企业支付差异的策略，即薪酬结构策略。这些策略通过企业的工资等级和工资幅度、加薪条件、晋升、降级、调制、支付的机密性、小时工资率、加班、休假、工作时数和工作时间等各个方面的薪酬政策表现出来。薪酬策略的目标包括提高生产率、控制成本、实现对员工的公平对待和遵守国家法令。

企业的薪酬策略既要反映组织的战略需求，又要满足员工期望。薪酬与组织及其外部环境之间存在着一种依存关系，与企业的发展战略是契合的。企业的发展战略决定了企业的薪酬策略，企业的薪酬策略支持企业发展战略的实现。薪酬策略对企业发展战略的支持作用表现在通过薪酬策略向员工发出企业期望的信息，并对那些与企业期望一致的行为进行奖励。员工期望是企业制定薪酬策略需要考虑的重要因素，企业要根据员工的特点和不同需要，对不同年龄层次的员工采用不同的薪酬福利策略。薪酬策略与员工年龄层次的关系见表 9-2。

表 9-2　　薪酬策略与员工年龄层次的关系

年龄层次	员工特点与需求	薪酬策略	薪酬组合
青　年	有冲劲，无经验，向往物质利益，职业前途	鼓励创新，开拓	中等水平薪资，与业绩挂钩的高奖金，低福利
中　年	有经验，中坚力量，追求成就感，个人价值实现	鼓励充分利用经验和发挥技能	高薪资，一定水平的奖金，中等水平的福利
老　年	经验老到，要求稳定，获得尊重	鼓励将经验传授与善始善终	中等水平的薪资，低水平的奖金，高福利

9.3.2　薪资水平策略及调整

薪酬水平策略实质上就是企业薪酬的外部竞争力策略，其本质在于在市场既定的薪酬水平上设定一个对公司有利的最优报酬水平，在这一过程中，市场的薪资调查结果对其具有重要的借鉴作用。企业薪酬水平与市场水平的关系取决于企业设定的薪酬策略目标，企业可以根据不同的薪酬策略目标，将薪酬水平设定在高于、相当于或低于市场水平上。比如如果企业的薪酬策略目标是为了吸引和保持高质量的员工，降低员工对补偿的不满足感和提高生产率，则可以将薪酬水平设定在高于市场的水平；如果企业的薪酬策略目标是为了控制人力成本，则可以将薪酬水平设定在低于市场的水平。

薪酬策略目标是制定企业薪酬水平的基础，但是企业薪酬水平制定以后，并不是僵化不变的，为了加强薪酬策略目标的实现，需要不断对薪酬水平进行调整。薪酬水平调整的主要类型有以下几种：

1. 奖励性调整

奖励性调整又称功劳性调整，是针对员工做出的优良业绩进行的奖励，目的是为了激励员工的行为。

2. 补偿性调整

补偿性调整是为了补偿员工因通货膨胀而导致的实际收入无形减少的损失而进行的薪酬水平的调整。

补偿性调整有以下三种方式。

（1）等比式调整，即所有员工都在原有工资基础上调升同一百分比。等比式调整使工资偏高的调升绝对值幅度较大，似乎进一步扩大了级差，使工资偏低的员工容易产生不公平感。但等比式调整保持了工资结构内在的相对级差，使代表企业工资政策的结构线的斜率按统一规律变化。

（2）等额式调整，即全体员工不论原有工资高低，一律给予等幅的调升，是按平均率运行的。它似乎一视同仁，但因级差比的缩小，致使特征线上每一点的斜率按不同规律变化，影响了原工资结构。

（3）工资指数化。工资指数化是指工资与物价直接挂钩。员工工资用指数表示，实际工资收入等于工资指数乘以最低生活费，最低生活费则依物价的变动而变动。工资指数化的目的是为了消除物价波动对员工工资水平的影响，对员工工资根据物价指数的变动而相应进行调整，使工资的增长高于或至少不低于物价的上涨。

3. 效益调整

效益调整是当企业效益较佳，赢利颇丰时，将全体员工工资普遍调高。这种调整可能是浮动式的、非永久性的，效益欠佳时可能调回。

4. 工龄调整

工龄调整是指随着员工工龄的增加，逐年等额调升员工工资。

9.3.3 薪酬结构策略及调整

薪酬结构策略是企业在薪酬策略设计中，在薪酬的水平变化和层级化之间的最优化选择。在企业的薪酬策略中，企业可采用水平化的薪酬策略，也可采用层级化的策略。所谓水平化策略，是指企业的薪酬层次比较少，不仅最高薪酬水平与最低薪酬水平之间的差距小，而且相邻的薪酬档次之间的差距也很小。所谓层级化策略是指企业的薪酬层次比较多，最高薪酬水平与最低薪酬水平之间的差距比较大，相邻的薪酬档次之间的差距也比较大。对于薪酬结构策略，有两点需要引起注意：一是薪酬的水平化和结构化是相对的，而不是绝对的，没有一个标准能将两者完全分开；二是水平化策略或层级化策略没有优劣之分，采取哪种策略，完全取决于企业中工作的组织方式和评价标准。如果企业中强调团队合作，注意对团队绩效的考评，则宜采用水平化策略；如果企业强调个人能力，注重对个人绩效的考评，则宜采用层级化策略。

企业的薪酬策略也不是一成不变的，要定期进行调整。结构调整包括工资标准和工资等级调整两个方面，工资标准的调整主要参考市场工资率的变化，工资等级的调整主要是理顺企业员工的内部关系。具体做法如下：

1．采取不同方式调整高、中、低三个层次人员的薪酬比重

在企业薪酬总额中，高、中、低三个层次员工所占的薪酬比重是不一致的，高级管理人员人数少，但人均占有薪酬比重高；基层人员人数多，但人均占有薪酬比重低。因此在调整薪酬结构中，要根据不同层次的员工采取不同的措施。比如为了降低成本，对于高级管理人员采取降低录用率的措施效果较为明显；对于中级管理人员，可以采取调整固定工资和绩效工资结构的办法，相对提高绩效工资的比重，并加大对绩效工资的考核力度，使得大部分员工只能拿到固定工资，而拿不到绩效工资，这对于降低成本效果也较为明显；对于基层人员，则可以采取延长工作时间或尽量压缩企业规定的休假时间，但采取不增加工资或工资变化幅度不大的办法，同样会起到降低成本的作用。

2．调整工资标准和工资率

随着绩效工资制和弹性工资制的逐步推广和适用，对企业在员工收入分配上的灵活性提出了更高的要求，因此企业在调整薪酬结构时，广泛采用调整工资标准和工资率的措施。目前一些西方企业中出现的工资等级“宽波段化”趋向就是这一措施的典型做法。所谓“宽波段化”，就是对多个薪酬等级以及薪酬变动范围进行重新组合，从而使之变成只有相对少数的薪酬等级以及相对较宽的薪酬变动范围，这就是目前薪酬管理中出现的“宽带薪酬”趋势。其主要优点在于以下三方面。

（1）使企业在员工薪酬管理上具有更大的灵活性。新的“波段”设置以后，使同一水平工资的人员类别增加，一些下属甚至也和主管享受一样的工资待遇，而且员工薪酬浮动幅度加大，也对员工的激励作用加强。

（2）比较适合于一些非专业化的、无明显专业区域的工作岗位和组织，这些工作很难运用传统的工作评价和劳动测量计算员工的工资量。“宽波段”的工资制度则比较灵活，它只是划分一个工资范围，具体工资收入根据员工的绩效情况弹性处理。

（3）有利于增强员工的创造性和全面发展，抑制一些员工仅仅为获取高一等级的工资而努力工作的单一追求倾向。

9.4 薪酬的信息管理

9.4.1 薪酬的信息管理概述

薪酬的信息管理是指薪酬管理过程中的沟通。在企业制定和执行薪酬方案的时候，进行有效的信息沟通是非常关键的。这是因为，如果薪酬方案无法取得员工和管理人员的理解和配合，是很难达到预期的效果。薪酬信息告诉员工什么重要什么不重要。如果在某一岗位上有多于 1 年的工作经验会使你工资增加，那么工作年限便是很重要的。如果工资增加等于消费者物价指数的改变，那么生活成本就是很重要的。如果工资增加是因为换了内容更丰富的工作或取得了更好的绩效，那么更丰富的工作内容或更优异的绩效便是重要的。薪酬有力地传达了什么是重要的信息。因此，管理这些信息很重要。

在本书的前些章节，我们强调过一定要让员工们觉得薪酬制度是公正的。员工们对薪酬制度的感觉是通过管理者给他们的待遇，就他们的工资和绩效所进行的正式的沟通，以及参与薪酬体系的设计等来形成的。大量的资源被用于设计一套能激励有效的绩效和鼓励提高生产率的制度。前面我们讲过薪酬制度影响到员工的行为和态度，因此管理者和员工都必须理解它。

9.4.2 薪酬沟通的步骤及过程

薪酬沟通遵循信息沟通的一般原理，有比较成熟的模式可以借鉴。美国薪酬协会推荐了沟通的 6 个步骤，见图 9-5 所示。

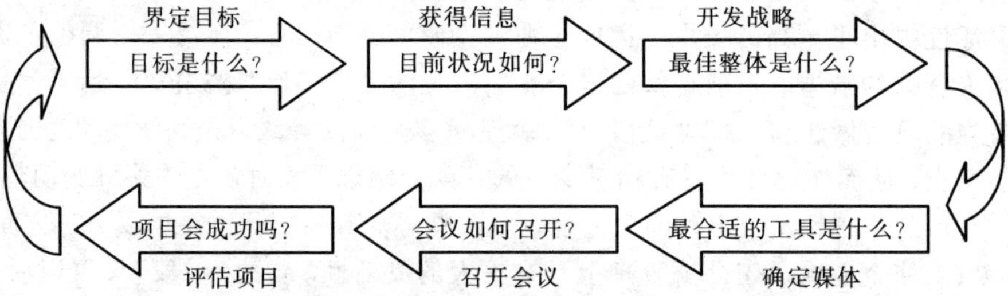

图 9-5 薪酬沟通

资料来源：乔治 · T · 米尔科维奇，杰里 · M · 纽曼，《薪酬管理》，中国人民大学出版社 2002 年版。

第一步是确定沟通的目标。目标可能是确保员工们全面理解薪酬体系的所有部分，也有可能是改变员工的期望，还有可能是将薪酬体系所包含的激励更好地变成资本等。当明确了目标之后，我们可以设计一本富有吸引力的小册子来进行宣传。

第二步是收集企业所有者、管理者和员工们现在的感觉、态度和对薪酬方案的理解等方面的信息。信息可以通过问卷调查、核心小组、正式和非正式的访谈来收集。一些研究表明员工们有时会误解工资制度。他们倾向于高估从事低水平工作的人的工资而低估从事高水平工作的人的工资。如果差异被错误地估计的话，则薪酬的激励效用就会削弱。而且，有证据表明，工资公开也会影响到员工对工资的态度。有趣的是，在估计工资差异的时候，工资政策公开的公司的员工与工资政策保密的公司的员工同样不精确。但是，工资政策公开的公司的员工倾向于对工资和工资制度表示更高的满意度。

第三步是开发一个沟通战略以完成最初的目标。没有一个标准的方法告诉我们应该沟通什么，但是我们可以根据企业的目标不同而开发不同的沟通策略。有的企业采取市场方法，像卖商品给顾客一样，把薪酬制度公布给员工和管理者，并调查他们对薪酬制度的态度。也有的企业使用“技术策略”，着眼于向员工和管理者提供更多的技术细节。这些细节可能包括：薪酬等级、特定薪酬等级的上限和下限、加薪的相关政策等。通过对这些信息的沟通，加深员工和管理者对薪酬体系的认识和理解，更好地实现沟通的目的。

沟通过程的第四步和第五步是根据信息和听众来确定最有效的媒体和进行沟通。图 9-6 推荐在具体细节和重点方面根据听众意见进行调整。例如总裁们对薪酬方案如何适应公司战略感兴趣；而管理者需要知道对下属员工如何利用薪酬方案的开发和激励功能；而员工们则可能想了解工资政策和过程，同时还想了解他们自己的工资是如何确定的。

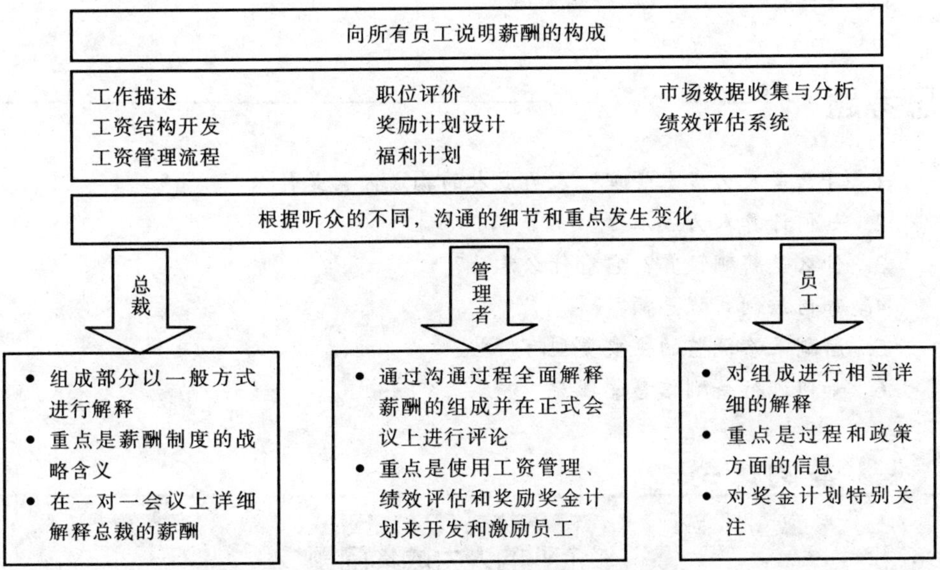

图 9-6　对不同的听众进行正式沟通

企业可以采用很多的沟通媒介进行沟通。比如视听媒介（幻灯片、活动挂图、录像带和电子会议等）；印刷品（薪酬手册、企业内部刊物、薪酬方案摘要和薪酬指南等）；人际媒介（会议）；电子媒介（E-mail 系统、信息中心、电话咨询等）。沟通媒介的选择很重要的一点是要综合考虑沟通效果和相应的沟通成本。只有采取最适合的沟通方式，才能使企业内部的薪酬沟通有最好的效果。

沟通过程的第六步建议对方案进行评估。比如它是否达到了自己的目标？工资沟通可能有意想不到的结果。例如，提供精确的工资信息最初能在员工中间形成一些短期的看法。长此以往，员工们就会在自己的工资和所感觉到的他人的努力和工资之间形成一种理性的看法。接受精确的信息可能会改变那些感觉。

本章小结

本章阐述了人力成本和人力成本控制的相关含义、构成以及影响因素，介绍了人力成本的计算方法、人力成本控制方式以及薪酬预算方法，对薪酬策略调整以及薪酬信息管理进行了介绍。

关键术语

- 人力成本
- 薪酬预算
- 薪酬总额
- 薪酬策略
- 薪酬沟通

思考题

1. 什么是人力成本管理？人力成本的构成因素是什么？
2. 如何计算人力成本？
3. 什么是薪酬预算？它有什么意义？
4. 如何控制薪酬总额？
5. 薪酬策略调整的主要类型有哪些？
6. 如何进行薪酬信息管理？

案例讨论

E 企业的人力成本问题

E 企业在 2000 年以前从事与通信设备相关的器件采购和简单生产，主要通过关系贸易，在中国通信市场飞速发展的有利条件下，获得了丰厚的利润，达到了上亿元的销售额和 100 多名员工的规模。为了企业的进一步发展，在具备一定的技术优势和市场优势条件下，该企业制定了进入通信设备制造领域的战略转型策略。对企业而言，战略转型的主要障碍来自两个方面，一是外部激烈的竞争，二是企业能力的欠缺。

在企业内部能力方面，关键的问题之一就是在人力资源方面，E 企业面临着巨大的挑战，即原来的贸易型和简单加工企业如果要在短期内快速转变为具备相当技术水平的产品研发和专业市场销售能力的企业，对现有人才结构就需要做非常大的补充和调整，而在通信行业，具备一定经验和能力的研发人才、市场人才非常紧俏。而且，企业由于转型，在一定时期内，销售收入会减少很多，而巨大的研发投入和市场投入更需要大量资金。

？思考与讨论题：

依据以上情况，该如何核算 E 企业的人力成本？

参考文献

[1] 冯宪．薪酬管理．杭州：浙江大学出版社，2005

[2] 曹兴，曾欣荣．高新技术企业薪酬体系设计原则分析． 硬质合金，2002（4）

[3] 盖勇，马愿．薪酬管理．济南：山东人民出版社，2004

[4] [美] 约翰·特鲁普曼．薪酬方案．上海：上海交通大学出版社，2002

[5] [美] Gerge T. Milkovich．薪酬管理（第六版），北京：中国人民大学出版社，2002

[6] 刘昕．薪酬管理．北京：中国人民大学出版社，2002

[7] 王长城等．薪酬案例诊断与推介．北京：中国经济出版社，2003

[8] 郑晓明，吴志明．工作分析实务手册．北京：机械工业出版社，2002

[9] 廖少宏．工作分析的未来发展趋势．中国人力资源开发网

[10] 彭剑锋．人力资源管理概论．上海：复旦大学出版社，2003

[11] 周文，刘立明，黄江瑛．工作分析与工作设计．长沙：湖南科学技术出版社，2005

[12] 姚若松，苗群鹰．工作岗位分析．北京：中国纺织出版社，2003

[13] [美] Gerge T. Milkovich，Jerry M. Newman．薪酬管理．北京：中国人民大学出版社，2002

[14] 周文，刘立明，黄江瑛．工作分析与工作设计．长沙：湖南科学技术出版社，2005

[15] 郑晓明，吴志明．工作分析实务手册．北京：机械工业出版社，2002

[16] 蔺益，顾磊，张和平．破解岗位说明书体系构建中的大难题．北京：机械工业出版社，2006

[17] 王璞．人力资源咨询实务．北京：机械工业出版社，2002

[18] 廖泉文．人力资源考评系统．济南：山东人民出版社，2000

[19] 王璞．管理咨询实务．北京：机械工业出版社，2002

[20] 芮立新，朱振国．岗位评价．北京：中国劳动出版社，1993

[21] 杜永全．中国企业岗位评价工作中的五大问题．中人网

[22] 吴志明，郑晓明．工作分析实务手册．北京：机械工业出版社，2002

[23] 陈维政，余凯成，程文文．人力资源管理与开发．北京：高等教育出版社，2004

[24] 刘昕．薪酬福利管理．北京：对外经贸大学出版社，2003

[25] 文跃然．薪酬管理原理．上海：复旦大学出版社，2004

[26] 康士勇．薪酬设计与薪酬管理．北京：中国劳动社会保障出版社，2005

[27] 仇雨临．员工福利管理．上海：复旦大学出版社，2005

[28] 宿春礼．现代公司年薪制方案设计．北京：中国财政经济出版社，2003

[29] 大卫·J·西克海利．销售团队的薪酬设计．北京：电子工业出版社，2004

[30] 陈思明．现代薪酬学．上海：立信会计出版社，2004

[31] 迈克尔·波特．竞争战略．北京：华夏出版社，1980